las 5 Necesidades Sexuales

— de —

Hombres & Mujeres

DR. GARY & BARBARA ROSBERG
con Ginger Kolbaba

TYNDALE HOUSE PUBLISHERS, INC
CAROL STREAM, ILLINOIS

Visite la apasionante página de Tyndale Español en Internet: www.tyndaleespanol.com

TYNDALE y la pluma del logotipo son marcas registradas de Tyndale House Publishers, Inc.

Las 5 Necesidades Sexuales de Hombres & Mujeres

© 2008 por Gary y Barbara Rosberg. Todos los derechos reservados.

Fotografía de la portada © por Jean-Claude Marlaud/Getty Images. Todos los derechos reservados.

Fotografía de los autores © 2004 por Martha J. Dameron Photography. Todos los derechos reservados.

Diseño: Ron Kaufmann

Edición del inglés: Lynn Vanderzalm

Traducción al español: Adriana Powell y Omar Cabral

Edición del español: Mafi E. Novella

Versículos bíblicos han sido tomados de la *Santa Biblia*, Nueva Versión Internacional® NVI®. © 1999 por la Sociedad Bíblica Internacional. Usado con permiso de Zondervan. Todos los derechos reservados.

Publicado en 2006 como *The 5 Sex Needs of Men & Women* por Tyndale House Publishers, Inc. ISBN-10: 1-4143-0183-9; ISBN-13: 978-1-4143-0183-9.

Library of Congress Cataloging-in-Publication Data

Rosberg, Gary, date.
  [5 sex needs of men and women. Spanish]
  Las 5 necesidades sexuales de hombres & mujeres / Gary & Barbara Rosberg con Ginger Kolbaba.
    p. cm.
  ISBN-13: 978-1-4143-1724-3 (sc)
  ISBN-10: 1-4143-1724-7 (sc)
  1. Sex—Religious aspects—Christianity. I. Rosberg, Barbara. II. Kolbaba, Ginger.
III. Title. IV. Title: Cinco necesidades sexuales de hombres & mujeres.
  BT708.R6213 2008
  248.8'44—dc22   2007038568

Impreso en los Estados Unidos de América

13 12 11 10 09 08
6   5   4   3   2   1

A

Jerry y Nancy Foster
Mike y Linda Colby
Tim y Michelle Vermillion

❧

*Ha sido maravilloso caminar juntos como un cuarteto
de parejas cultivando la amistad, el apoyo mutuo
y la responsabilidad desde 1979.*

*Nos hemos apoyado mutuamente desde el nacimiento
de nuestros hijos, durante su educación en la fe de Jesús,
durante sus matrimonios y durante esta etapa en la que nos
encontramos ahora, la de abuelos.*

*Hemos celebrado juntos buenos momentos y también nos
hemos apoyado durante el duelo por nuestros padres.*

*¡Continuemos fortaleciéndonos juntos hasta el final,
firmes en nuestros matrimonios, firmes en nuestra amistad
y firmes en nuestros esfuerzos por impactar al mundo
en nombre de Jesucristo!*

Los amamos.

❧

ÍNDICE

RECONOCIMIENTOS

"¿Que están escribiendo qué?" No se imaginan la cantidad de veces que nos han hecho esta pregunta cuando mencionamos que estábamos escribiendo un libro titulado *Las 5 Necesidades Sexuales de Hombres & Mujeres*. Escuchamos preguntas curiosas y vimos ruborizarse a algunas personas. Pero la mayoría nos dijo: "Estoy ansioso por tener una copia del libro."

¿Por qué este libro y su título despiertan tales reacciones? Nos parece que es porque Dios creó el sexo y porque tiene un plan grandioso para tu matrimonio en el área de la intimidad sexual. Pero también existe otra razón. Pensamos que a muchas personas, tal vez a la mayoría de las parejas cristianas, las han abrumado con tantos mensajes sobre el sexo que se sienten confusas, preocupadas y tienen muchas preguntas legítimas sobre lo que podría ser una vida sexual grandiosa dentro del matrimonio cristiano. El libro que tienes en tus manos ha sido cuidadosamente preparado, al igual que todos los libros que hemos escrito, pero este tiene la cualidad especial de proporcionar, tanto a esposos como a esposas, un caudal de experiencias, de capacitación e inspiración para lograr la vida sexual más extraordinaria que hubieran podido imaginar. Al igual que los demás libros que hemos escrito, este también ha sido un esfuerzo de equipo.

En el núcleo de este equipo se encuentran tres mujeres que han utilizado sus dones, sus talentos y su tiempo para ministrarnos a nosotros y a ustedes. La primera persona a la que queremos reconocer es a Ginger Kolbaba. Ella es la gerente editorial de la revista *Marriage Partnership [Compañerismo Matrimonial]*. Es una autora respetada en el campo de la literatura sobre el matrimonio y cuando, al comienzo de nuestro proyecto, decidimos buscar una colaboradora en el área literaria, su nombre encabezó la lista de opciones. Ginger se reunió con nosotros durante varios días en una ciudad histórica a orillas del Mississippi y nos ayudó a darle forma a este mensaje. Gracias, Ginger. Sinceramente, este libro nunca se hubiera escrito sin tu ayuda.

En segundo lugar queremos agradecer a Sarah Carroll por un excelente trabajo. Hoy Sarah es madre y se ocupa de atender a su pequeña bebé, pero durante varios años trabajó con nosotros como productora radial. La conocimos cuando tenía catorce años y presentó un ensayo para un concurso en nuestro programa radial. Ella ganó fácilmente el concurso. Luego colaboró estrechamente con nosotros mientras estudiaba en la universidad y cumplió un papel vital como productora de nuestro programa radial cotidiano. A comienzos del desarrollo de este manuscrito, ella colaboró en el diseño de las primeras etapas. Hacia el final del proyecto, regresó y nos ayudó enormemente en el control de las citas, las fuentes y mucho más. ¡Gracias, Sarah! El talento que has demostrado sólo podía ser superado por la pasión con la que te has dedicado al matrimonio y a la maternidad.

Y en tercer lugar, agradecemos a Lynn Vanderzalm, nuestra editora. Lynn fue una de las primeras personas a las que conocimos años atrás en Tyndale House Publishers. Desde aquel primer encuentro, pasando por la edición de nuestro primer libro para Tyndale (*The 5 Love Needs of Men & Women* —publicado en español por Editorial Unilit como *Las Cinco Necesidades de Amor de Hombres y Mujeres*), hasta los once libros siguientes, ella ha sido nuestro paladín y nos ha ayudado a producir los mejores libros que había en nuestro interior. Escuchamos a otro escritor referirse a Lynn como "el martillo de terciopelo" y creemos que esa imagen es acertada. Trabaja con los escritores con amor y con gracia y los alienta a seguir buscando hasta encontrar la mejor manera de brindar el mensaje a los lectores. Sobre todo, Lynn es una amiga querida y la honramos con este libro.

Agradecemos a nuestro equipo en el ministerio America's Family Coaches, así como también a la junta directiva, quienes a diario nos capacitan para hacer lo que más nos gusta —hablar y escribir, de diversas maneras: desde la radio a los libros, a las conferencias . . . para llegar al corazón de los matrimonios en los Estados Unidos y más allá. Todos los que conocen a los integrantes de nuestro equipo y a los de nuestra junta directiva comentan que se trata de personas notables. Y sin duda lo son. Los amamos y les expresamos nuestra gratitud.

Gracias a nuestros amigos queridos en Tyndale: Ron Beers, Ken Petersen, Carol Traver, MaryLynn Layman y otros. Nos hacen parecer mejor de lo que somos; les agradecemos este trabajo en conjunto, pero mucho más aún agradecemos su amistad. Es una gran experiencia tener la oportunidad de producir libros a la manera antigua, a través de una buena relación. Prometemos honrar a Jesucristo con este libro.

Y por último, agradecemos a nuestros hijos y nietos, quienes una vez más sacrificaron el tiempo que podían haber compartido con Papá y Gaga Rosberg (es decir, nosotros), para que pudiéramos escribir este libro. Prometimos que no los haríamos sentirse incómodos con este tema del sexo y creemos haber cumplido. Es un gozo ser sus padres y abuelos. El legado que tenemos para ustedes es nuestra pasión por el matrimonio y por Jesucristo. Nada podría ser mejor. Vigilen su corazón y sigan haciendo lo que mejor hacen . . . ¡amar a Jesús, amarse unos a otros y amarnos a nosotros!

Gary y Barbara Rosberg

CAPÍTULO 1

No se trata sólo de técnica

Cuando estábamos preparándonos para escribir este libro, nos tomamos un fin de semana y manejamos seis horas hasta un pueblito turístico donde estaríamos libres de distracciones e interrupciones. Durante nuestro último día allí, mientras caminábamos hacia un restaurante para almorzar, nuestra hija Sarah nos llamó al celular. Se la oía nerviosa acerca de lo que estábamos escribiendo.

—Mamá —dijo—, no están escribiendo un libro sobre técnicas sexuales, ¿verdad?

—¿Por qué? ¿Sería eso un problema?

—¿Van a hablar sobre su vida sexual?

—Sí, Sarah, contamos *todo* sobre nuestra vida sexual. —Barbara se reía mientras imaginaba el pánico en la mirada de nuestra hija—. Todo y con muchos detalles. Sin restricciones. ¿Crees que a tus amigos les interesará un ejemplar?

Después nos enteramos que la llamada de Sarah había sido provocada por una conversación que había tenido con cinco de sus amigas, todas casadas y de veintitantos años.

—Mientras cosíamos juntas —contó Sarah—, estábamos haciendo

lo de siempre, charlando y riéndonos, cuando una de las mujeres dirigió la conversación hacia el sexo. Dijo: "Me compré uno de esos libros técnicos, porque quiero satisfacer a mi esposo, ¡y experimentar yo misma un poco de placer!"

»Todas empezaron a chillar y a reírse y luego admitieron haber comprado también libros de técnicas.

»Mamá, tú sabes que yo no acostumbro hablar de este tipo de cosas, pero mencioné que tú y Papá estaban escribiendo un libro sobre el sexo. Todas abrieron grande los ojos y una de mis amigas dijo con la voz entrecortada: "¿Tus *padres*? ¡*Ehhhh*! ¿Tendrá ilustraciones? No van a hablar de su propia vida sexual, ¿verdad?"

»"Realmente espero que no" —respondí—. Pero entonces me di cuenta de que no sé sobre qué van a escribir. Una de mis otras amigas pensó que el tema del libro era genial y dijo: "¿Cuántos padres hay que estén dispuestos a ser tan abiertos acerca de su vida sexual?" Pero entonces alguien más acotó: "Sí, ¿pero a *ti* te gustaría leer detalles de *tus* padres haciéndolo? Quiero decir, ¡la sola imagen mental sería suficiente para someterme a terapia por años!"

»Así que, Mamá —dijo Sarah nerviosamente—, espero que tú y Papá no me avergüencen.

Mientras almorzábamos, Barbara recordó la charla que había tenido con Sarah.

—Me parece fascinante que todas esas chicas jóvenes hayan comprado libros de técnicas sexuales. Cuando nosotros estábamos recién casados, jamás se nos habría ocurrido comprar esa clase de libros. ¿Te imaginas si lo hubiéramos hecho? Yo me hubiera sentido avergonzada. Pero hoy, la generación de Sarah no sólo compra libros de técnicas sexuales, sino que está orgullosa de hacerlo.

—Creo que es genial que Sarah y sus amigas procuren que su vida sexual sea lo más satisfactoria posible —dijo Gary—. Estoy seguro que se consiguen buenos libros sobre la técnica sexual, pero me preocupa un poco que, al hacer hincapié en la técnica y en los aspectos físicos del sexo, se salten el aspecto más satisfactorio y profundo de una relación matrimonial plena. El matrimonio es mucho más que el sexo y el sexo es mucho más que el placer físico y la técnica.

Por supuesto, en la vida sexual existe la posibilidad de aprender técnicas y de practicarlas. En el matrimonio, Dios abre nuestra mente para volcar en ella toda la sabiduría que necesitaremos para la satisfacción sexual. Pero en poco tiempo nos damos cuenta que el disfrutar de una gran experiencia sexual implica mucho más que la simple relación física. Una relación sexual mutuamente satisfactoria que crezca, madure y se fortalezca en el transcurso de la vida matrimonial está más íntimamente relacionada con el vínculo espiritual, la conexión emocional, la mutua sumisión y el anteponer los intereses de la pareja a los propios que con lo relacionado a las posiciones, los puntos de placer y la técnica física. El contacto sexual es una *parte* pero no es el *todo* en el sexo.

El disfrutar de una gran experiencia sexual

implica mucho más que la simple relación física.

EL MISTERIO DEL SEXO

Una de las razones por las cuales decidimos escribir este libro se debe a que el sexo puede ser la parte más profundamente satisfactoria y rica de un matrimonio. El sexo, en la forma en que Dios deseaba que fuera expresado —dentro del contexto de una relación servicial y de cariño entre esposo y esposa— es un acto misterioso y sagrado que une a las parejas de maneras que no se alcanza a describir. Podemos hablar del placer profundo y estremecedor del orgasmo, pero las palabras fallan cuando tratamos de describir la unión que sienten esposo y esposa luego de entregar sus cuerpos el uno al otro. La Biblia nos dice que esta unión es un reflejo, un espejo de la unión entre Cristo y su cuerpo, la iglesia: "'Por eso dejará el hombre a su padre y a su madre, y se unirá a su esposa, y los dos llegarán a ser un solo cuerpo.' Esto es un misterio profundo; yo me refiero a Cristo y a la iglesia."[1]

El sexo, en la forma en que Dios deseaba que fuera expresado, es un acto misterioso y sagrado que une a las parejas de maneras que no se alcanza a describir.

Aunque el sexo puede brindarle a la pareja uno de los placeres más intensos del matrimonio, también tiene el potencial de llevarlos al dolor. ¿Por qué? Primero, el mismo misterio que acabamos de describir puede conducir al desacuerdo entre esposos y esposas. Cuando realizamos una encuesta para nuestro libro *Las Cinco Necesidades de Amor de Hombres y Mujeres*, aprendimos que la *intimidad* era la segunda necesidad expresada tanto por los esposos como por las esposas. Sin embargo, aprendimos que los hombres codifican *intimidad* como s-e-x-o y las mujeres la codifican como c-h-a-r-l-a. (En capítulos posteriores nos ocuparemos de estas diferencias.) Segundo, la mayoría de nosotros vino al matrimonio con expectativas irreales acerca del sexo, expectativas construidas en base a imágenes con cuerpos esculpidos y seducciones eróticas, creadas por los medios de publicidad. Comparamos nuestras propias experiencias con lo que vemos en la televisión y en las películas, o lo que leemos en los libros, y nos sentimos decepcionados. Quizás hasta estafados. Tercero, nuestra vida sexual puede causarnos daño porque muy a menudo vemos el placer sexual como algo que se trata de recibir más que de dar; estamos más concentrados en nuestras propias necesidades que en las de nuestro cónyuge. Una vida sexual grandiosa no deja lugar al egoísmo.

Una vida sexual grandiosa no deja lugar al egoísmo.

El sexo profundamente satisfactorio ocurre cuando esposo y esposa integran lo físico con los aspectos espirituales, emocionales, relacionales y psicológicos del sexo. Cuando todas estas facetas trabajan juntas, la pareja entra en el misterio de la unidad que Dios diseñó.

Dios creó a los varones y a las mujeres para que fueran seres sexuales. Sin embargo, muy pocos temas son tan confusos como el papel del sexo en el matrimonio. Cuando en nuestras conferencias enseñamos sobre sexo, la atmósfera en la sala cambia. Algunas personas están ansiosas por escucharnos hablar abiertamente sobre un tema que no se trata a menudo. Otras son curiosas, como si quisieran saber qué es lo normal. En cambio, algunas no pueden creer que hablemos del sexo a una audiencia mixta; consideran que el tema es tabú, algo de lo cual los cristianos no hablan —por lo menos, no en público y, muy probablemente, tampoco en privado. Muchas parejas experimentan culpa, vergüenza o confusión. Algunas se resignan a la idea de que el sexo jamás será lo que esperaban o deseaban.

Si tomamos en serio las imágenes que nos dan las películas, los programas de televisión y los libros acerca del sexo, llegaremos a la conclusión de que los solteros o las personas que viven aventuras extramatrimoniales tienen el mejor sexo. Pero no es así. Algunos estudios médicos han descubierto que el mejor y más satisfactorio sexo es el de los casados. Lo disfrutan con mayor frecuencia y tienen los más altos niveles de realización física y emocional. De hecho, 88 por ciento de las personas casadas reciben gran placer físico de sus relaciones sexuales y 85 por ciento se sienten emocionalmente satisfechas por la experiencia.[2]

El estudio para la investigación sobre el sexo en Estados Unidos se basa en una encuesta nacional de 1994 conducida por un equipo de investigadores de la Universidad de Chicago, que entrevistó a 3.400 personas. Cuando los investigadores preguntaron a los encuestados cómo los hacía sentir el sexo, los casados superaron a los solteros en cada parámetro. "Los casados no solamente son los que se sienten más realizados emocionalmente, porque se sienten amados, deseados y cuidados en los brazos del otro, sino que también describen elevados niveles de placer físico. Lejos de considerar monótona a la monogamia, 91 por ciento de los casados dicen que no están simplemente satisfechos con su vida sexual, sino que están entusiasmados."[3]

El sexo es intensamente satisfactorio cuando es compartido de la manera que el Creador lo diseñó. Es entonces cuando resulta más gratificante, más duradero, fortalece la relación y provoca respuestas eufóricas tanto en los esposos como en sus esposas.

¿Te sorprendería enterarte que uno de los escritos más eróticos sobre sexo está en la Biblia? El libro llamado Cantares registra las conversaciones que el rey Salomón mantenía con su amada; él no escatimó detalles al describir su amor íntimo por ella. A Dios le encanta el sexo grandioso. Y si él le ha puesto su sello de aprobación en el contexto del matrimonio, eso significa que debe ser algo que vale la pena experimentar y alcanzar.

El sexo grandioso no es solamente acariciar y juguetear en la cama, aunque también puede serlo. El sexo grandioso incluye una vida de aprendizaje y práctica. Requiere dedicación y disciplina.

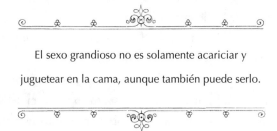

El sexo grandioso no es solamente acariciar y juguetear en la cama, aunque también puede serlo.

DECEPCIONADOS CON EL SEXO

A pesar de lo grandioso que puedan ser los encuentros sexuales de las parejas matrimoniales, hemos encontrado —en nuestro trabajo como consejeros, en el entrenamiento de personas a través del ministerio America's Family Coaches, en la conducción de nuestro programa radial para todo el país y durante nuestras conferencias— a miles de personas que tienen problemas con la intimidad sexual.

En muchos hogares, las parejas están confundidas y desilusionadas con el sexo.

En nuestros encuentros con la gente descubrimos mucha decepción e insatisfacción. ¿Por qué tantos cristianos casados tienen dificultades con la intimidad sexual? De todas las personas del mundo, deberían ser las que tienen la mejor y más increíble vida sexual. Después de todo, ¡adoran y sirven al Creador, el gran inventor y diseñador del sexo! Pero hemos comprobado que las parejas cristianas luchan tanto o más que las no cristianas.

Hace algunos años encuestamos a cientos de parejas de todo el país con el propósito de averiguar sus principales necesidades sexuales, sus deseos y sus luchas. La mayor parte de este libro está basada en lo que descubrimos en esa encuesta.

Hay un asunto que queremos dejar claro desde el principio. Cuando hablamos sobre necesidades sexuales a lo largo de este libro, no siempre las definiremos de la manera en que lo hacen otros autores. Muchos libros hablan de técnicas específicas u otras opiniones acerca de lo que tiene lugar durante el acto sexual. Nosotros definimos necesidades sexuales como lo que ocurre tanto *dentro* como *fuera* de la habitación. Lo que suceda o no fuera del dormitorio tiene un profundo impacto sobre lo que ocurrirá dentro del dormitorio.

Lo que suceda o no fuera del dormitorio tiene un profundo impacto sobre lo que ocurrirá dentro del dormitorio.

En cierto modo, este libro es una historia acerca de cómo asegurarte de que tú y tu cónyuge tengan la clase de intimidad sexual que siempre han deseado. Y la buena noticia es que nunca es tarde.

Si estás luchando con un problema sexual en tu matrimonio, no importa cuál sea, queremos que encuentres la esperanza, el estímulo y la sanidad necesarios para procurar la sexualidad plena. Si no estás experimentando una vida sexual satisfactoria con tu pareja, queremos liberarte de lo que te frena, guiarte a una conversación abierta y motivar el deseo de buscar lo mejor de Dios en tu alcoba.

Tenemos la esperanza de que este libro sea un manual del triunfador para ti. Queremos que tú y tu cónyuge tengan una relación exitosa. Cuando participas en una carrera, no te conformas sólo con correr, ¡también quieres ganar el trofeo!

Antes de seguir leyendo, piensa en tu relación sexual. ¿Qué puntaje se pondrían ustedes como pareja? ¿Están generalmente satisfechos pero quieren mejorar la marca? ¿Están decepcionados, se quedan con ganas de tener una experiencia sexual más profunda? ¿Están en serios problemas?

Desde el capítulo 3 al 7 abordaremos las cinco principales necesidades sexuales expresadas por los hombres y las mujeres a los cuales hemos entrevistado. Pero antes de seguir leyendo, escribe tu respuesta a estas cuatro preguntas:

1. ¿Cuáles son tus cinco principales necesidades sexuales?
2. ¿Cuáles diría tu cónyuge que son tus cinco principales necesidades sexuales?
3. ¿Cuáles crees tú que son las cinco principales necesidades sexuales de tu cónyuge?

4. ¿Cuáles crees que diría tu cónyuge que son sus cinco principales necesidades sexuales?

Todas estas preguntas son importantes. No solamente es importante que entiendas tus necesidades (¿cómo puedes comunicar tus necesidades si no sabes cuáles son?) sino que también es necesario que entiendas las de tu cónyuge. No sólo las que tú *piensas* que son sus necesidades, sino cuáles *realmente* lo son. La mayoría de nosotros aplica la Regla de Oro en su vida sexual: Si yo trato a mi cónyuge de la manera en que quiero que me trate, seremos felices y tendremos una vida sexual satisfactoria. Pero, como probablemente hayas descubierto y como repetidamente detallaremos en este libro, los hombres y las mujeres son distintos y tienen necesidades sexuales diferentes. Sólo cuando entendamos estas necesidades únicas, las nuestras y las de nuestro cónyuge, seremos capaces de tener relaciones sexuales profundamente satisfactorias.

La mayoría de nosotros aplica la Regla de Oro en su vida sexual:

Si yo trato a mi cónyuge de la manera en que quiero que me

trate, seremos felices y tendremos una vida sexual satisfactoria.

Como puedes ver, este ejercicio te demandará un poco de meditación y de comunicación sincera. Algunos de ustedes estarán preparados para esto mientras que otros no lo estarán. Cuando hablen entre ustedes, sean respetuosos. Las necesidades sexuales no son fáciles de analizar. Escucha con el fin de entender, no de juzgar. Haz preguntas clarificadoras.

No importa si no eres completamente consciente de cuáles son tus necesidades sexuales. Leer este libro aumentará tu comprensión. La definición de tus necesidades podría cambiar a medida que lo leas e intentes algunas modificaciones. Eso está bien.

Cuando leas los resultados de nuestra investigación, podrás estar de acuerdo o no con las respuestas. El punto no es si coincides o no; la meta es que conozcas mejor las necesidades de tu pareja y cómo satisfacerlas. Tu cónyuge o tú pueden tener necesidades que ni siquiera aparecen en nuestra lista de las cinco necesidades principales. ¿Quiere decir esto que ustedes son raros? Probablemente no. Cada uno de nosotros es único, una creación singular de un Dios cariñoso y sabio. El objetivo de una relación sexual satisfactoria es *entender* el carácter singular de tu cónyuge y comprometerte a *satisfacer* sus necesidades únicas.

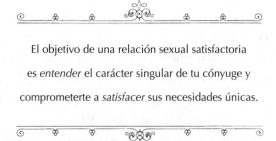

El objetivo de una relación sexual satisfactoria es *entender* el carácter singular de tu cónyuge y comprometerte a *satisfacer* sus necesidades únicas.

Entonces, si tus necesidades son diferentes a las enumeradas en los resultados de la encuesta, ¿es necesario que leas el libro? Creemos que sí, porque los principios subyacentes se aplican a una variedad de necesidades. Aun cuando las tuyas no sean las mismas, lee cada capítulo de principio a fin. Sabemos que aprenderás cosas que te desafiarán a elegir alternativas, a hacer preguntas esclarecedoras y a procurar cultivar la intimidad con tu cónyuge.

Cada historia que compartimos está basada en experiencias reales, aunque hemos cambiado los nombres y algunos detalles de los relatos para proteger la privacidad de las personas. Esperamos que sus historias te demuestren que no estás solo en los dilemas que enfrentan tú y tu cónyuge.

Muchas veces hablaremos en términos generales y separaremos los temas por género. Sin embargo, queremos aclarar que aunque estas diferencias se encuentran en un gran número de personas, de ninguna manera son la definición absoluta. A veces, la situación es a la inversa: quizás el esposo esté más en sintonía con sus emociones y la mujer esté más enfocada en el aspecto físico del sexo. Si esa es tu situación, por favor, sé consciente de que está bien. Tú y tu cónyuge no son anormales si no encajan exactamente en las estadísticas de nuestra investigación.

Aunque desarrollaremos temas y necesidades sexuales, no queremos dejarte sin la ayuda práctica sobre cómo avanzar hacia una intimidad sexual más profunda. Cada capítulo incluye consejos y sugerencias para ayudarte a comenzar de inmediato. No permitas que te abrumen. Elige unas pocas recomendaciones que tengan sentido en tu situación particular y concéntrate en ellas. Si bien no podemos dar garantías absolutas ni soluciones rápidas (cualquier cosa que valga la pena requiere esfuerzo y dedicación), estamos seguros que nuestras sugerencias te pondrán en el camino hacia una vida sexual más saludable y plena.

Puede ser que a lo largo de este libro digamos o recomendemos cosas que te molesten. En lugar de arrojar el libro al cesto, detente primero y piensa seriamente en lo que estamos diciendo. Pídele a Dios que arroje luz sobre aquellas cosas que puedan causarte dolor, ansiedad o ira. Pregúntate a ti mismo por qué te molestan estas afirmaciones. ¿Tal vez hay una pizca de verdad que no has estado dispuesto a enfrentar? Esperamos que seas abierto y que estés dispuesto a aceptar algunas cosas que tal vez sean difíciles pero que traerán un cambio positivo y duradero a tu vida sexual y a tu matrimonio.

CAPÍTULO 2

Redefiniendo el sexo

En un episodio de la serie cómica televisiva *Home Improvement [Mejorando la Casa],* Tim Taylor ("el hombre herramienta") y su esposa, Jill, hablan sobre la mejor amiga de Jill, que está de novia con Dave, el amigo de Tim. Un día, Dave le cuenta a Tim que está saliendo con otra mujer. Cuando Tim se lo comenta a Jill, ella de inmediato intenta telefonear a su amiga para decírselo. Tim se opone: "Mira, Jill, no es asunto nuestro."

Cuando Jill le dice a Tim que debería hablar sobre la situación con Dave, Tim se opone nuevamente:

—Los hombres no nos encontramos para hablar sobre relaciones.

—Ustedes hablan del sexo —le dice Jill.

—Pero sexo no es lo mismo que relaciones —responde Tim. Jill levanta las cejas asombrada y Tim entonces agrega—: Excepto entre nosotros.

A eso, Jill responde:

—Hasta ahora.

Tim representa una figura frecuente en nuestra cultura: los que consideran que el sexo es una entidad en sí misma, separada de la relación. Lo vemos una y otra vez. El sexo se presenta como el objetivo supremo. Hay una obsesión por "hacerlo" y "juntarse," sin expectativas de compromiso entre las dos personas. Hasta en el matrimonio el sexo puede convertirse en algo que adoramos, una especie de ídolo.

Aunque el sexo dentro del matrimonio es decididamente importante, no es la única parte del matrimonio que merece ser reivindicada. El aspecto sexual es sólo una parte de la estructura total que representa el matrimonio. Jamás podremos experimentar relaciones sexuales satisfactorias si no hay un vínculo adicional. En otras palabras, no podemos tener el uno sin el otro. Aunque muchas personas lo intentan, los resultados son inevitablemente desastrosos.

Jamás podremos experimentar relaciones sexuales
satisfactorias si no hay un vínculo adicional.

Dios nos creó para que nos relacionáramos con otras personas. Sin embargo, cada vez más, nuestra cultura desconecta al sexo de la relación. Pero el sexo es una parte importante de la relación para que esta resulte más satisfactoria y significativa. Sólo entonces podremos encontrar el mayor gozo. Esa es la manera en que Dios ideó las relaciones y es así como nos creó a nosotros.

LA LECCIÓN FUNDAMENTAL

Dios hizo a los hombres y a las mujeres para que fueran diferentes entre sí, y por lo general estamos a gusto con eso. Pero a veces, esas

diferencias hacen un reto del hecho de tener y sostener una magnífica vida sexual. ¿A qué se debe? ¿Es Dios cruel? No. Creemos que
Dios programó de manera diferente a los hombres y a las mujeres
para que pudiéramos apreciar el misterio del sexo y para que pudiéramos continuar aprendiendo acerca del otro.

Sí, el sexo está relacionado con el placer, pero muy a menudo se
nos escapa el propósito más trascendente del mismo y sólo buscamos la gratificación inmediata, el placer instantáneo, y se vuelve "el
sexo se trata de *mí.*" Sin embargo, esto es precisamente lo opuesto
al modo en que Dios opera —y lo opuesto a la manera en que Dios
quiere que *nosotros* operemos, especialmente en nuestro matrimonio
y en nuestra vida íntima. En última instancia, comprenderlo nos
lleva a redefinir el sexo.

Hemos llevado a nuestro dormitorio demasiadas expectativas
y puntos de vista que no deberían estar allí. Hemos prestado atención a nuestra cultura durante demasiado tiempo, definiendo al
sexo de maneras que disgustan a Dios.

Cuanto más trabajamos con parejas que tienen conflictos con el
sexo, más frustrados nos sentimos cuando las parejas cristianas permiten que la cultura les dicte lo que debe o no debe ocurrir en el
dormitorio. Es entonces que nos miramos el uno al otro y decidimos
que ya es suficiente. Como parejas cristianas, necesitamos resguardar
nuestros dormitorios y nuestros matrimonios, protegiéndolos contra
las influencias negativas. Necesitamos redefinir el entorno de nuestra
alcoba y reestablecer el propósito de Dios para nuestra vida sexual.

¿Estás *tú* engañando?

Un día, Pedro nos llamó por teléfono y preguntó desesperadamente
si él y Cristina, su esposa, podían encontrarse con Gary ese mismo

día. Al llegar, Pedro se desahogó con nosotros. Ese día, mientras revisaba su correo electrónico, encontró un mensaje que un compañero de la secundaria le había enviado a Cristina. Le escribía acerca del momento que habían pasado juntos en una reunión reciente. Luego Pedro encontró un mensaje explícitamente sexual de una futura cita que Cristina estaba preparando con este hombre. Se enteró de que ya habían tenido una relación sexual, algo que debería haberle pertenecido solamente a él.

Luego de escucharlo hablar, Gary le preguntó:

—¿Qué quieres hacer?

Puesto que Cristina había tenido relaciones sexuales con otro hombre, Pedro tenía la justificación bíblica para terminar el matrimonio, si decidía divorciarse.

Pedro miró a Gary y respondió:

—Jamás he engañado a mi esposa.

Pero entonces, después de un instante, se dio vuelta hacia Cristina y le dijo:

"Nunca cometí adulterio. Pero, como tengo que ser sincero conmigo mismo, debo confesar que *sí* te he engañado. He sido un adicto al trabajo. No me he ocupado de tus necesidades. No te he cuidado de la manera que necesitabas que lo hiciera. Te defraudé, y me defraudé a mí mismo."

Si eres sincero, quizás te parezcas mucho a Pedro: estás engañando a tu esposa. Antes de negarlo, piénsalo bien. Tal vez no estés engañándola físicamente mediante el adulterio o la pornografía, pero quizás estés defraudando a tu matrimonio por no practicar la vida sexual que honra a Dios tal como ha sido diseñada por él para tu esposa y para ti.

Engañamos cuando negamos afecto, cuando damos demasiado

de nuestro tiempo y energía a nuestros hijos o a otras personas. Engañamos cuando nos enredamos emocionalmente con amistades o colegas del sexo opuesto. Engañamos cuando no nos entregamos completamente en el sexo con nuestro cónyuge. Engañamos cuando nos volvemos egoístas con nuestra sexualidad, cuando el sexo o la falta de él se deben a la actitud de *yo, yo, yo* más que de *nosotros, nosotros, nosotros.*

El engaño es un asunto serio para Dios. Cuando engañamos, no lastimamos solamente a nuestro cónyuge; nos lastimamos a nosotros mismos, a nuestro matrimonio y también lastimamos nuestra relación con Dios.

Cuando nuestra vida sexual no es todo lo que debiera ser, es mucho más fácil culpar a alguien o algo que a nosotros mismos. Pero tenemos que preguntarnos sinceramente: ¿De qué manera estamos privándonos de una vida sexual exitosa y satisfactoria? ¿De qué manera nos estamos engañando a nosotros mismos? ¿De qué manera nos estamos estafando en nuestras relaciones físicas y espirituales?

¿Lo hacemos entregándonos a la fantasía? ¿Nos encerramos en nosotros mismos, por temor a ser demasiado vulnerables o a resultar heridos? ¿Se debe esta actitud a un vacío espiritual que nunca hemos llenado? ¿Tal vez no estamos completamente presentes mientras hacemos el amor con nuestra pareja por estar pensando en otras cosas?

Todas estas son distintas formas de engañar. Redefinir el sexo implica enfrentar nuestro egoísmo y admitir: Soy egoísta y mi egoísmo está impidiéndome a mí y a mi cónyuge lograr una vida sexual plena. El egoísmo está quitándome la posibilidad de desarrollar las cualidades de carácter que Dios quiere para mí.

Redefinir al sexo implica enfrentar nuestro egoísmo.

Cuando se trata del sexo, todos deseamos llegar al clímax, a la gran escena final. Si no logramos un orgasmo completo, con terremoto y espectáculo pirotécnico, pensamos que algo debe estar mal con nuestra técnica, nuestra sincronía, o con nuestro cónyuge. Sin embargo, en lugar de señalar con el dedo a estos factores, deberíamos redefinir el sexo para que el enfoque no esté puesto en nuestras necesidades, sino en las necesidades y deseos de nuestro cónyuge.

El buen sexo está centrado en el otro; significa concentrarte únicamente en tu cónyuge. El plan de Dios es que cuando te concentres en las necesidades de tu cónyuge, y él o ella tome en cuenta las tuyas, tu placer sexual y relacional será tan profundo que no querrás hacer nada que lo disminuya.

El buen sexo está centrado en el otro; significa

concentrarte únicamente en tu cónyuge.

Nuestra intimidad sexual está ligada a nuestra fe. Dios nos creó con un propósito y anhelamos que nuestra vida tenga relevancia. Al final de la vida, rendiremos cuentas ante nuestro Creador y eso también incluirá el área sexual. No será agradable estar de pie ante Dios y escuchar: "Yo tenía un hermoso plan y ustedes se lo perdieron." Si comprendemos esto, tenemos que preguntarnos: "Mi engaño ¿realmente vale la pena? ¿Acaso compensa lo que finalmente perderé?"

EL SEXO ES UN PRIVILEGIO Y UN DEBER

Mónica y Hugo se sentaron con los brazos cruzados frente a Gary. Ambos estaban convencidos de tener la razón y de que el otro estaba equivocado. Cada problema parecía ser culpa del otro. Finalmente, Gary mencionó el tema del sexo.

Mónica puso los ojos en blanco y se quedó callada. Hugo dijo con amargura:

—Hace meses que no tenemos relaciones.

Mónica lo atacó:

—¿Vas a echarme la culpa a mí por eso, Hugo? No te lo permito. Que no tengamos sexo no es culpa mía.

—¿Por qué dices eso, Mónica? —le preguntó Gary, intentando restablecer un poco de calma en la sala.

—¿Por qué debería entregarme sexualmente a él cuando ni siquiera intenta satisfacer alguna de mis necesidades?

—Eso no es verdad —le respondió Hugo—. Lo intenté, pero nunca fue suficiente.

—¿Cuándo, Hugo? Llegas a casa y no mueves un dedo, excepto para cambiar los canales con el control remoto. Me tratas como a una sirvienta. No me hablas, excepto cuando me necesitas para que vuelva a llenarte la copa. ¿A eso le llamas satisfacer mis necesidades?

—Bueno, si fueras un poquito más agradable, tal vez yo estaría más dispuesto. Si actuaras como si quisieras tener sexo de vez en cuando . . .

—¡Eres increíble! —dijo ella.

"Está bien, deténganse," dijo Gary. Había trabajado con Hugo y Mónica el suficiente tiempo en la consejería como para saber que ya era hora de tener una charla directa acerca de su vida sexual. "Mónica, Hugo, tengo algunas cosas que decirles y tal vez les resulte difícil escucharlas. Pero parte de mi trabajo es hablarles con la verdad, echar luz sobre aquellas áreas en las que tienen problemas y hacerlos responsables en esas áreas. No es algo personal. Es por el bien de su matrimonio."

Gary había captado su atención, a pesar de que lo hacían de mala gana.

"Cuando se casaron, Dios los llamó a una relación misteriosa y única, una relación para complementarse mutuamente, en la que dos personas se convierten en una sola mediante la intimidad física y emocional del sexo. Como esposo y esposa, están llamados a servirse el uno al otro, y eso incluye el privilegio y la responsabilidad de satisfacer mutuamente sus necesidades sexuales. Sólo ustedes pueden responder plenamente esa necesidad en el otro y eso forma parte de la voluntad de Dios para ustedes y para su matrimonio. Tal vez en este momento les suene a obligación satisfacer las necesidades sexuales del otro, pero es un deber que Dios los llama a cumplir.

"Mónica, para tu esposo, el acto físico sexual es una parte importante y fundamental del sexo. Tal vez eso no te guste, pero es así. Dios creó a tu esposo de esa manera. Por lo tanto, satisfacerlo es parte de tu responsabilidad. Si no lo haces, alguien o algo más lo hará. Y luego podrán correr lágrimas, pero tú serás en parte responsable. Si no se incluye lo físico, entonces no tienen una relación

Dios los llamó a una relación misteriosa y única, una relación para complementarse mutuamente, en la que dos personas se convierten en una sola mediante la intimidad física y emocional del sexo.

sexual. Y desde el punto de vista de Dios, ustedes no tienen realmente un matrimonio. Eso no es lo que Dios diseñó.

"Hugo, para tu esposa, lo físico no funcionará si los aspectos emocionales y relacionales de tu matrimonio no están bien cimentados. Es probable que esto no te guste, pero es así. Dios creó a tu esposa de esa manera. Por lo tanto, satisfacerla es parte de tu responsabilidad. Si tú no lo haces, algo o alguien más lo hará. Y luego podrán correr lágrimas, pero tú serás en parte responsable. Si no incluyes lo emocional y lo relacional, entonces no tienes una relación sexual. Y desde el punto de vista de Dios, ustedes no tienen realmente un matrimonio. Eso no es lo que Dios diseñó. El sexo es parte de un esquema mucho más grande. Una relación sexual saludable es fruto de una relación emocional y espiritual con tu esposa."

Era una charla fuerte para un amor fuerte. Hugo y Mónica necesitaban entender la seriedad del compromiso matrimonial. Tenían que reconocer que parte de ese compromiso es el mantenerse emocional, relacional y sexualmente disponibles el uno para el otro.

Gary los despidió con una tarea: durante las siguientes semanas, tendrían que concentrarse en satisfacer las principales necesidades de su cónyuge, sin quejas y sin actitudes negativas. Les pidió que se mostraran agradecidos de *poder* satisfacer esas necesidades. Para Hugo, significaba conectarse emocionalmente con Mónica y colaborar en los quehaceres de la casa. Para Mónica, se trataba de responder de una manera positiva a los requerimientos sexuales de Hugo.

Al cabo de una semana comenzaron a experimentar cambios en su matrimonio, gracias a que reconocieron su actitud equivocada y decidieron redefinir su relación.

¿Está bien no tener relaciones sexuales?

Hace poco, una mujer nos preguntó en una conferencia: "¿Está bien no tener relaciones sexuales? ¿Qué pasa cuando mi esposo y yo estamos estresados? ¿Qué debería hacer cuando mi esposo me pregunta si podemos tener sexo, pero yo no estoy de ánimo? Quiero ser una buena esposa, pero no sé cómo manejar estas situaciones de una manera cristiana."

Los esposos nos hacen preguntas similares: "Trabajo mucho todo el día y cuando llego a casa estoy agotado. ¿Dios realmente espera que yo invierta mis pocas energías para cultivar la relación con mi esposa? El sexo no me resulta difícil, ¡pero charlar sí! ¿Qué debería hacer cuando no tengo de qué hablar?"

¿Acaso es aceptable negarse a satisfacer las necesidades sexuales del cónyuge? ¿Qué dice la Biblia de tales situaciones? En un punto el apóstol Pablo analiza la receptividad sexual: "El hombre debe cumplir su deber conyugal con su esposa, e igualmente la mujer con su esposo. La mujer ya no tiene derecho sobre su propio cuerpo, sino su esposo. Tampoco el hombre tiene derecho sobre su propio cuerpo, sino su esposa. No se nieguen el uno al otro, a no ser de común acuerdo, y sólo por un tiempo, para dedicarse a la oración.

No tarden en volver a unirse nuevamente; de lo contrario, pueden caer en tentación de Satanás, por falta de dominio propio."[1]

Pablo deja en claro varias cosas. En primer lugar, el sexo se caracteriza por la igualdad y la reciprocidad. Cada cónyuge tiene la responsabilidad de satisfacer al otro. Pablo desafía a los cónyuges a no negarse el uno al otro, porque la unidad sexual bendice. En segundo término, la abstinencia dentro del matrimonio no es una buena decisión. Un comentario bíblico acerca de este pasaje hace las siguientes observaciones: "Aparentemente, la abstinencia que se menciona era una decisión unilateral, no una decisión de común acuerdo. Semejante práctica a veces conducía a la otra parte a la inmoralidad. Pablo ordenó que abandonaran esta actitud, a menos que se cumplieran tres condiciones: (a) la abstención de contacto sexual debía ser de *mutuo consentimiento*; (b) debían acordar de antemano un *período* de tiempo y al terminar el mismo debían reanudar el contacto sexual; (c) esta abstinencia tenía como propósito permitirles que se *dedicaran a orar* de una manera concentrada."[2]

Las pautas de la Biblia tienen el objetivo de que abandonemos la actitud de negarnos al sexo, a menos que ambos acordemos abstenernos por un tiempo con el propósito de dedicarnos a la oración. Si la decisión no es de mutuo acuerdo, si el período de abstinencia es indefinido o si el propósito es otro que el de la oración, entonces hemos entendido mal el plan de Dios. Jamás debemos utilizar la Escritura como un arma de control. La Biblia está para nuestra protección y beneficio. En esos momentos en que una pareja está comprometida en buscar a Dios mediante la oración intensa, el ayuno y el examen de la Biblia para obtener dirección y consuelo, dedicar tiempo y atención a la actividad sexual podría disminuir esa búsqueda. Pero cuando vuelvan a conectarse sexualmente, la experiencia puede ser más rica debido a la conexión espiritual que han tenido con Dios.

Ocasionalmente, una pareja necesita abstenerse de la intimidad sexual por causa de una herida profunda. Esto ocurre a menudo cuando uno de los cónyuges está enfrentando los efectos de un trauma severo, por ejemplo el abuso sexual en la infancia o la adicción de su pareja a la pornografía. En el capítulo 13 hablaremos más de estos temas.

Ser una sola persona en cuerpo y espíritu nos permite satisfacer con gusto las necesidades de ambos. Cedemos al deseo del otro, no sólo para experimentar satisfacción sexual sino también para enriquecer el matrimonio. En otras palabras, una vida sexual exitosa significa que nos esmeramos en servir a nuestro cónyuge.

"Antes de entender verdaderamente lo que significaba ser servicial con Carolina, yo hacía cosas amables y esperaba algo a cambio," le dijo Santiago a Gary. "Si hacía las compras, por ejemplo, contaba con que esa noche tendríamos sexo. Aunque no lo expresara de manera explícita, tenía la expectativa de que Carolina me correspondiera."

La relación de Santiago y Carolina cambió cuando él redefinió sus expectativas sexuales y comenzó a ser verdaderamente servicial con su esposa satisfaciendo sus necesidades.

El servicio genuino significa estar alerta a cómo podemos amar, ayudar, respaldar, elogiar, valorar, proteger y complacer a nuestro cónyuge, actuando desinteresadamente y sin esperar nada a cambio. No siempre es fácil. Las oportunidades de servir pueden llegar en momentos inconvenientes, a veces, cuando no estamos con ganas de hacerlo. Debemos entender que el sexo no se trata de mí y de mis deseos. Se trata de servir a la pareja que Dios me ha dado.

El servicio genuino significa estar alerta a cómo podemos amar, ayudar, respaldar, elogiar, valorar, proteger y complacer a nuestro cónyuge, actuando desinteresadamente y sin esperar nada a cambio.

Primera Parte

LAS CINCO NECESIDADES SEXUALES DE ESPOSOS Y ESPOSAS

CAPÍTULO 3

¿Qué necesitan los cónyuges el uno del otro?

Si estás casado, seguramente no te sorprenderá lo siguiente: Hombres y mujeres ven al sexo de maneras diferentes. Muy diferentes.

Este es el tipo de tema del que tratan los artículos de la revista *Cosmopolitan,* numerosos libros, series cómicas de TV y los monólogos de café teatro. La serie televisiva *Everybody Loves Raymond [Todos Aman a Raymond]* fue un éxito precisamente porque los guionistas comprendieron las profundas diferencias entre los géneros y las explotaron en tono de comedia. El problema es que se nos bombardea tan a menudo con estos enfoques que muchos cónyuges dejan de prestar atención, mueven la cabeza y balbucean: "Sí, sí, lo sé. Somos diferentes."

En algunas áreas del matrimonio, nuestras diferencias no importan demasiado: esposos y esposas pueden tener distintas formas de comunicarse o de disfrutar del tiempo libre. Pero como nuestras relaciones sexuales nos afectan profundamente, a veces las diferencias pueden resultar fuentes de conflicto.

Sin embargo, es importante recordar que Dios intencionalmente hizo diferentes a hombres y mujeres, y tenemos que celebrar esas diferencias. Nuestra existencia sería bastante distinta si hombres y mujeres fuéramos similares, si fuéramos parecidos físicamente, pensáramos de la misma manera, sintiéramos lo mismo y respondiéramos de la misma forma. Nuestras diferencias enriquecen y agregan diversidad, emoción y gozo al matrimonio.

Dios intencionalmente hizo diferentes a hombres y mujeres.

Por otro lado, nuestras diferencias también ocasionan desafíos. Tenemos que aprender cuáles son las diferencias y saber cómo manejarlas en nuestra relación matrimonial. Sabemos que nuestro cerebro y nuestros órganos sexuales están conectados de manera diferente. Al varón lo excita el estímulo visual; un hombre puede excitarse con sólo mirar a su esposa. Las mujeres son un poquito más complejas. Ellas necesitan "ser seducidas." Los terapeutas sexuales y los investigadores dicen que las mujeres demoran hasta treinta minutos en excitarse. Probablemente hayas escuchado bromas sobre esas diferencias.

Los estudios señalan que los hombres piensan en el sexo cada diecisiete segundos, mientras que las mujeres lo hacen cada diecisiete días, o en algunos casos, ¡cada diecisiete años![1] Aunque estas estadísticas apuntan a los extremos, ellas indican que existe una diferencia definida y la verdad es que la diferencia no va a cambiar. Las mujeres no han sido programadas para pensar en el sexo con la misma frecuencia que los hombres, pero eso no las hace mojigatas. Los hombres han sido programados para pensar en el sexo frecuentemente, pero eso no los vuelve unos pervertidos. Esto ya lo sabemos, ¿verdad? Entonces, si entendemos de qué se trata esta programación tan diferente, ¿por qué sigue siendo un problema para tantos matrimonios? ¿Por qué esposos y esposas lo olvidan y actúan como si fuera una noticia de último momento, o una mala noticia? ¿Y por qué continuamos permitiendo que estas diferencias nos impidan mantener relaciones sexuales saludables?

DIFERENCIAS DE GÉNERO

En nuestro trabajo como consejeros de parejas, hemos descubierto que el problema no es que las personas no comprendan las diferencias de género. El problema es que, aun reconociendo las diferencias, muchos no se toman el tiempo de estudiar, comprender y revalorizar esas diferencias como buenas y loables.

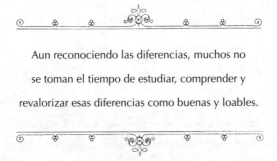

Aun reconociendo las diferencias, muchos no
se toman el tiempo de estudiar, comprender y
revalorizar esas diferencias como buenas y loables.

En lugar de eso, siguen suponiendo que la esposa responderá igual que su esposo y que el esposo responderá como su esposa. Aquí encontramos otra vez la perspectiva de la Regla de Oro: Si yo trato a mi pareja como quiero que me trate, seremos felices y tendremos una vida sexual plena. Este es uno de los peores malentendidos de todos los tiempos. Si has incorporado ese pensamiento, déjanos recordarte: lo que esperas *nunca* sucederá. Punto. Así de simple. Entonces, ¿qué hacer? ¿Debería la pareja resignarse a vivir una vida sexual aburrida o renunciar a ella?

¡No!

En nuestro matrimonio, siempre que hemos aplicado la Regla de Oro hemos chocado contra nuestras diferencias. Pero esas ocasiones pueden ser excelentes advertencias para aprender a conocer y valorar esas mismas diferencias. Dios nos hizo diferentes, pero también nos hizo complementarios para que pudiéramos equilibrarnos mutuamente, para hacernos uno.

Cuando le damos a nuestro cónyuge lo que *necesita*
—no lo que nosotros *pensamos* que necesita o quiere—
cumplimos el plan de Dios para la intimidad sexual.

¡La emocionante realidad de la intimidad sexual es que Dios nos creó diferentes para darle sabor a la cosa! Y en última instancia, esas diferencias son las que nos enseñan acerca de servir a la otra persona. Cuando le damos a nuestro cónyuge lo que *necesita* —no lo que nosotros *pensamos* que necesita o quiere— cumplimos el plan de Dios para la intimidad sexual. Y el premio es que, juntos, vivimos la verdadera intimidad.

Tenemos que darnos cuenta de que nuestras formas diferentes de acercarnos en la intimidad están bien y son normales, porque Dios nos hizo diferentes . . . a propósito. Y eso es bueno. Desperdiciamos demasiado tiempo tratando de amoldar a nuestro cónyuge como si fuera nuestro clon sexual. ¡Y después nos preguntamos por qué estamos frustrados y decepcionados! En lugar de aumentar nuestra frustración y aflicción, agrediéndonos mutuamente, alejándonos, y poniendo mala cara, aprovechemos esas oportunidades para aceptar las diferencias.

La realidad es que a menudo queremos las mismas cosas. El deseo más profundo de hombres y mujeres es ser uno. Él quiere contacto sexual; ella quiere contacto sexual. Quizás él quiera más contacto físico que ella y tal vez ella quiera más contacto emocional que él, pero cuando una pareja logra combinar el contacto físico con el emocional, encuentran el camino al sexo grandioso.

Para satisfacer nuestras necesidades tenemos que satisfacer las necesidades de nuestro cónyuge. Ambas están íntimamente conectadas. Desde luego, eso no significa que los hombres necesiten *solamente* lo físico y las mujeres *solamente* lo emocional. Ambos necesitan de las dos cosas. Lo que ocurre es que Dios nos programó para obtenerlo llegando por dos caminos distintos.

¿Cómo hizo Dios eso? Programó al hombre para que se sintiera conectado a su esposa experimentando el orgasmo. El acto físico sexual expone sus sentimientos y le permite mostrarse más vulnerable. El sexo le da un sentido de cercanía e intimidad. Está en mejores condiciones para concentrarse en sus emociones. Dios también programó a la mujer pero para que se sintiera conectada a su esposo experimentando la conexión emocional que le proporciona sentido de seguridad. De esa manera está en mejores condiciones para entregarse al sexo físico.

Dios creó a los esposos y las esposas para complementarse mutuamente: el hombre invita a su mujer a la intimidad a través del sexo y la esposa invita a su esposo a la intimidad mediante la conexión emocional. Juntos conforman un complemento total y placentero.

Fundamentalmente, mediante la intimidad sexual (conexión emocional y física), Dios nos llama a ser vulnerables y a servirnos mutuamente el uno al otro. Apela a que los hombres se conecten emocionalmente con sus esposas para lograr que sus necesidades físicas sean satisfechas; a las mujeres les pide que se conecten físicamente con sus esposos para de esa manera satisfacer sus propias necesidades emocionales. Esto provoca tensión, por cierto. ¡Pero es un excitante juego preliminar!

¿QUÉ NECESITAN REALMENTE LOS ESPOSOS Y LAS ESPOSAS?

Hasta aquí, sabemos que los hombres se estimulan visualmente y que se excitan con bastante facilidad y rapidez. También sabemos que las mujeres son más complejas y que necesitan alineación emocional, física, relacional y espiritual para excitarse físicamente. Pero ¿cuáles son exactamente nuestras necesidades sexuales? Si hombres y mujeres tuvieran que resumir lo que desean que su cónyuge entienda sobre sus necesidades sexuales, ¿cuáles serían las cinco principales necesidades que mencionarían?

Para entender mejor las necesidades sexuales particulares de hombres y mujeres, encuestamos a más de setecientos matrimonios a lo largo y ancho del país. Los resultados nos sorprendieron e impresionaron:

LAS CINCO PRINCIPALES NECESIDADES SEXUALES DE HOMBRES Y MUJERES

Necesidades Sexuales de los Hombres	Necesidades Sexuales de las Mujeres
1. Satisfacción mutua	1. Reconocimiento
2. Conexión	2. Conexión
3. Receptividad de la esposa	3. Caricias tiernas, no sexuales
4. Iniciativa de la esposa	4. Intimidad espiritual
5. Reconocimiento	5. Romanticismo

¿Cuál de los resultados te sorprende? ¿Cuáles coinciden con las necesidades que enumeraste después de hacer el ejercicio del primer capítulo? Repetimos: no te preocupes si tus listas no coinciden con los resultados de nuestra encuesta.

A medida que leas los siguientes cuatro capítulos acerca de las cinco principales necesidades sexuales de los hombres y las mujeres, aumentará la comprensión de tus propias necesidades sexuales y de las de tu cónyuge, de los obstáculos que podrían dificultar la satisfacción de esas necesidades y de las maneras prácticas de comenzar a satisfacer las necesidades únicas de tu pareja.

Sin importar la situación en la que se encuentren tú y tu cónyuge en este momento, cuando tomes en serio la meta de satisfacer las necesidades de tu pareja verás un cambio en tu relación. Tal vez no ocurra la primera vez que te conectes emocionalmente con tu esposa o la segunda vez que tomes la iniciativa de emprender la relación sexual con tu esposo. Pero una voluntad perseverante y una buena actitud provocarán un cambio positivo. Requiere compromiso.

No obstante, antes que nada, ten en cuenta estas dos cosas:

1. Piensa en tu nivel de compromiso. ¿Cuán dispuesto estás a procurar satisfacer consistentemente las necesidades sexuales de tu cónyuge? Si piensas: *Yo lo haré si él lo hace*, verás algunos cambios, pero estarás tratando de equilibrar la balanza constantemente. Y, aunque tal vez experimentes la plenitud sexual durante un tiempo, no lograrás mantener el nivel de gozo y de paz.

A lo mejor pienses: *¿Por qué tengo que ser yo el que haga el esfuerzo? ¡No es justo!* Tienes razón, si piensas a corto plazo. Satisfacer las necesidades sexuales de tu cónyuge requiere un enfoque a largo plazo. Alguien tiene que dar el primer paso. Si ambos se niegan rotundamente a iniciar el cambio, seguirán atascados.

O tal vez pienses: *¿Y qué de mí? ¿Qué pasa si yo satisfago las necesidades sexuales de mi pareja, pero él o ella no satisface las mías?* Aunque tal vez al principio no sientas que tus necesidades están siendo satisfechas, en la medida que te comprometas más, verás que tu cónyuge comienza a ceder y estará más dispuesto a satisfacer tus necesidades.

2. Habla con tu cónyuge. Escoge un encuentro nocturno, toma este libro y conversa con tu cónyuge sobre las necesidades sexuales. Pregunta y escucha con interés las respuestas. El objetivo no es persuadir a tu cónyuge ni explicarle por qué ves las cosas de otra manera. Tu objetivo debería ser aprender y entender las necesidades de tu cónyuge desde su punto de vista. Recuerda: sus respuestas no son una invitación al debate sobre las diferencias. Una vez que hayas escuchado, repite sus respuestas para asegurarte de que has comprendido correctamente. Si nunca han charlado juntos sobre el sexo, este es un momento ideal para empezar. Creemos que es tan importante hablar sobre la vida sexual que hemos dedicado todo el capítulo 10 al asunto. Por ahora, dile a tu cónyuge que este tema es tan importante para ti que estás dispuesto a dejar tu "zona de comodidad" para conversar al respecto. Puede resultar agotador conversar acerca de las necesidades sexuales; por lo tanto, no abras demasiados temas en una sola charla. Combina otro encuentro nocturno para continuar. Si necesitas ideas que te ayuden a conversar sobre estas necesidades, lee los capítulos 6 y 11 de nuestro libro *40 Unforgettable Dates with Your Mate [40 Citas Inolvidables con Su Pareja].*

TEMAS DE CONVERSACIÓN

¿No sabes cómo comenzar a hablar sobre sexo? Comienza haciendo las siguientes preguntas:

- *¿Cuáles son tus cinco principales necesidades sexuales?*
- *¿Cómo se presentan estas necesidades en nuestra vida cotidiana?*
- *Si desearas que yo atendiera a una de esas necesidades la próxima semana, ¿cuál sería?*
- *¿Cómo te sentirías si yo atendiera a esa y otras necesidades permanentemente?*
- *¿Hay algo del sexo que odies?*
- *¿Qué te incomoda del sexo?*

CAPÍTULO 4

Las tres principales necesidades sexuales de la esposa

Cómo está Juan? —preguntó Barbara a su amiga Ana durante un almuerzo.

Ana hizo una pausa:

—Bien, supongo.

—¿Qué quieres decir?

Ana suspiró:

—La verdad es que no estamos bien. Cuando recién nos casamos, Juan era muy atento. . . . Todo el tiempo me decía que yo era hermosa; nos tomábamos de la mano; me traía flores o me llamaba al trabajo nada más que para decirme que me amaba. Hasta orábamos juntos todas las mañanas antes de levantarnos de la cama. ¡Y el sexo era maravilloso! —Hizo otra pausa—. Ahora apenas nos hablamos.

Ana contuvo las lágrimas.

—No sé cuándo empezamos a desconectarnos —prosiguió después de un momento—. Lo único que sé es que comenzamos a discutir por el sexo. Juan está siempre listo. Puede soplar un poco de viento y él ya cree que estoy jugueteando para tener relaciones. No entiende que yo no soy así.

—¡Pocas mujeres lo son! —le dijo Barbara, tratando de consolar a su amiga.

—Sí, claro. . . . Él ya no molesta con eso, ni con el sexo, ni con nuestra relación, ni con nada. Lo que es peor, ya no quiere hablar del tema.

La historia de Ana es parecida a la de cientos de mujeres a las que escuchamos en todo el país. Anhelan tener una relación sólida con sus esposos, pero el sexo (al menos de la manera que ellas sienten que sus esposos lo ven) se cruza en el camino.

Cuando hicimos la encuesta a más de setecientas mujeres, descubrimos que ellas realmente desean la intimidad sexual y quieren una intensa relación sexual con sus esposos. Mientras analizábamos las tres principales necesidades sexuales, nos dimos cuenta de que estaban estrechamente relacionadas.

La conversación entre Barbara y Ana abarcó las tres principales necesidades sexuales de las mujeres: reconocimiento, conexión y contacto físico no sexual. Observa lo que el esposo de Ana solía hacer antes: le decía que era hermosa (reconocimiento); oraba con ella todas las mañanas y la llamaba por teléfono durante el día (conexión); se tomaban de la mano (contacto físico no sexual). Esposo: si quieres que tu mujer te desee sexualmente, que tome la iniciativa en la relación y disfrute del sexo contigo, es importante que entiendas que una relación sexual mutuamente satisfactoria no se da así como así. La buena noticia es que si comprendes una de estas necesidades, estarás más que cerca de entender también las demás. Requiere trabajo, pero los beneficios valen la pena.

Démosle un vistazo a cada una de estas tres necesidades sexuales.

RECONOCIMIENTO

Durante una conversación reciente, Eliana nos dijo: "De vez en cuando yo necesito saber que mi esposo reconoce y aprueba lo que hago por él y por nuestra familia. Cuando lo escucho decir: 'Gracias' o 'Hiciste un buen trabajo' o 'Eres una buena madre,' me siento más cerca de él y mucho más receptiva a sus propuestas físicas."

El reconocimiento es fundamental para una relación sexual exitosa. Es tan importante que 65 por ciento de las mujeres que encuestamos la ubicaron en el primer lugar de su lista de necesidades sexuales.

Entonces, ¿qué es exactamente el reconocimiento? En pocas palabras, reconocer a tu esposa significa afianzar su autoestima. Es prodigarle cumplidos sinceros, escuchar con atención lo que ella dice, darle oportunidad de que se desacelere de su ocupado ritmo de vida, decirle cosas halagadoras delante de otras personas y alentarla cuando esté desanimada. Reconocer es señalar lo que hace bien, pasar por alto sus errores y recordarle cuánto aprecias lo que ella hace.

El reconocimiento es especialmente importante durante la relación sexual. La mujer necesita escuchar cuán hermosa es y cuánto satisface a su esposo. La mayoría de las mujeres tienen problemas con su imagen física. No importa la edad o el buen estado físico que tengan, siempre se están comparando con otras mujeres o consigo mismas cuando tenían un cuerpo mejor, lo cual puede haber sido cuando estaban en la escuela secundaria. ¿Por qué crees que las mujeres preguntan constantemente: "¿Me veo bien con esto?" "¿Estoy gorda?"

CONEXIÓN

¡Qué día tuvo Julia! Habían despedido a varias personas de su sector de trabajo y una de ellas era su amiga. El proyecto que deseaba concluir ese día había quedado postergado porque un compañero había fallado. Su madre la había llamado para darle malas noticias sobre la salud de una amiga. Cuando Julia llegó a su casa, se sentía estresada, cansada y deprimida. Ingresó por el sendero de la entrada y vio a Benjamín en el garaje, trabajando en su Ford Fairlane 1967. Ella tomó su maletín y salió del automóvil.

—¡Hola, amorcito! —la saludó su esposo, mientras se limpiaba las manos grasientas con una toalla y caminaba hacia ella.

—Hola —dijo ella monótonamente.

Después de darle un beso, él le preguntó:

—¿Cómo te fue hoy?

—Horrible —respondió Julia.

—Qué pena. Lamento escucharlo. Hablemos de ello durante la cena.

Y con esas palabras, Benjamín volvió a besarla y regresó al garaje.

Mientras caminaba hacia la casa, Julia pensó cuánto amaba y apreciaba a Benjamín. Él lo hacía cada noche: cuando ella llegaba, Benjamín dejaba de hacer lo que estaba haciendo, le daba un beso y preguntaba: "¿Cómo te fue hoy?" Luego decía: "Hablemos de ello durante la cena." Durante la comida, compartían los sucesos del día y se relajaban juntos. Más tarde se acurrucaban el uno al lado del otro y veían el noticiero en la televisión.

En el libro *The Case for Marriage: Why Married People Are Happier, Healthier, and Better Off Financially [En Defensa del Matrimonio: Por Qué las Personas Casadas Son Más Felices, Más Saludables y Más Prósperas]*, la profesora en psicología Linda Waite y la experta en matrimonios Maggie Gallagher concluyen que las parejas casadas tienen mejores relaciones sexuales. Dicen que "el compromiso permanente y para toda la vida, expresado en el matrimonio, tiende a mejorar el sexo."[1] También consideran que "no hay mejor estrategia para lograr una sexualidad plena que relacionarse con alguien que se comprometa tanto como uno."[2]

Exactamente eso es lo que nos dijeron las mujeres de todo el país. Más de 59 por ciento mencionaron la conexión como una de las principales necesidades sexuales. Una de las claves para la excitación sexual de una esposa, para que se muestre receptiva y para que tome la iniciativa en el acto sexual, es una fuerte conexión emocional con ella. Las mujeres sienten que su vida sexual es satisfactoria cuando ambos miembros de la pareja reciben en primer lugar una conexión *emocional* o *espiritual*, y luego una conexión *física*. En otras palabras, cuando un esposo se conecta afectivamente con su mujer, la prepara para la intimidad sexual.

Las mujeres necesitan intimidad física, pero para ellas la cuestión no comienza ahí. Primero necesitan intimidad afectiva. Julia y Benjamín tienen una magnífica vida sexual. ¿Por qué? Porque Benjamín comprende que es importante ocuparse de las necesidades de su esposa. Interrumpe lo que está haciendo para saludarla con un beso, le pregunta cómo le fue, la escucha, se queda cerca de ella cuando miran televisión. Y aunque Julia esté cansada y estresada, como él se ha tomado el tiempo para acercarse a ella, lo cual la ayuda a relajarse, ella está más disponible para satisfacer las necesidades sexuales de su esposo y también las propias.

Benjamín entiende que la conexión debe mantenerse las veinticuatro horas de los siete días de la semana. Sabe que un piropo a las 10:30 no se convertirá en sexo a las 10:35; se da cuenta de que para satisfacer las necesidades de su esposa, él tiene que estar presente.

La mujer necesita experimentar conexión afectiva con su esposo todos los días. Esto es lo que las mujeres nos dijeron acerca de las formas ideales de conectarse con sus esposos:

- "Me conecto con mi esposo cuando él hace contacto conmigo, cuando me dice: 'Te amo y estoy pensando en ti.'"
- "Me siento conectada con mi esposo cuando él me pregunta de qué manera puede orar por mí y cuando comparte conmigo lo que Dios está enseñándole."
- "Nos conectamos cuando nos acariciamos y cuando realizamos actividades juntos, por ejemplo compartir las tareas domésticas, ir juntos al centro de compras o mirar la televisión. El contacto es en su mayor parte no verbal, pero de todas maneras es muy intenso para mí."
- "Mi esposo y yo damos largos paseos a pie o hacemos gimnasia juntos y charlamos. Eso me conecta con él."

Dios hizo que hombres y mujeres construyeran su relación de diferentes maneras. A través del sexo, el hombre conduce a la mujer a la relación física. A través de la conexión, la mujer lleva al hombre a la relación afectiva. Nos completamos el uno al otro. Ambos logramos una relación aunque tengamos maneras diferentes de invitar a la otra persona a entrar en ella.

A través del sexo, el hombre conduce a la mujer a la relación física.
A través de la conexión, la mujer lleva al hombre a la relación afectiva.

Los terapeutas sexuales cristianos Clifford y Joyce Penner lo expresan muy bien: "Para la mujer, el sexo es una experiencia integral de cuerpo y alma. Para ella es necesario que su esposo la atienda en su totalidad, no solamente en el área sexual."[3]

CONTACTO NO SEXUAL

—Cada vez que voy a besar a Karina —se quejó Jaime—, se aleja y después me dice: "En lo único que piensas es en el sexo. ¿No puedes besarme sin la necesidad de que termine en juegos eróticos?" ¿Por qué actúa así?

—Imagínate lo siguiente —le dijo Barbara—: Es casi de noche, la pila de ropa limpia está sin doblar, los niños gritan con hambre, la comida hierve en la olla y Karina piensa: *Si sólo tuviera quince minutos de tranquilidad para poder ordenar las cosas, terminaría lo que tengo que hacer y luego podría relajarme.* Entonces, de la nada, tú apareces y le das un beso grande y húmedo en la boca. Es la clase de beso que quiere decir: "Tenemos diez minutos antes de cenar y yo estoy listo para un poco de sexo."

—¿Y qué tiene de malo eso?

—Nada —respondió Barbara—. Pero aquí está la diferencia entre tú y Karina. El objetivo de ella es terminar con su lista de tareas. ¡Tu objetivo es Karina! Ella te ama, pero cuando tú escoges momentos inapropiados para avanzar hacia lo sexual, ella te ve como una pared que le impide terminar con esa lista, la que se hizo temprano en la mañana y que quiere completar antes de la cena. Ella no se opone al sexo; sólo que no está interesada en ese momento.

—Pero ¿por qué no puede completar las tareas más tarde?

—Porque no es así como funciona la mente de una mujer.

Gary podía darse cuenta de que Jaime no captaba la idea y entonces intervino:

—¿Cuál es tu deporte favorito?

—Fútbol —respondió Jaime, confundido.

—Si estuvieras jugando un partido de fútbol —le dijo Gary— y te encontraras solo frente al arco, a punto de patear, y tu esposa se parara frente a ti, ¿cómo te sentirías?

—Bloqueado.

—Imagina que Karina está jugando mentalmente al fútbol y tiene el control de la pelota. ¿Cómo piensas que te respondería ella si tu beso no fuera solamente un beso, sino un movimiento para impedir que cumpla su objetivo?

—Está bien, entiendo —admitió Jaime.

—*Después* de que ella haya hecho el gol, estará lista para celebrar . . . contigo.

—¿Así que mi beso fue una falta?

—Algo así. El beso en sí no fue el problema —le aclaró Gary—. El *tipo* de beso lo fue. Para Karina, el beso podría haber sido sencillamente una expresión de afecto, sin segundas intenciones. Podría haber sido una conexión genial. Pero para ti, el beso fue un gesto erótico, parte de la cuenta regresiva hacia el sexo.

Karina necesitaba lo que la mayoría de las mujeres necesitan y desean: contacto físico que no termine en una relación sexual. Necesitan sentirse seguras de que el esposo no inicia cada expresión física con la expectativa de llegar al acto sexual. En nuestra encuesta, más de 59 por ciento de las mujeres anotaron el contacto no sexual como una de sus principales necesidades.

Muchachos, tal vez estén pensando: *Espera un minuto, ¿qué tiene que ver el contacto físico no sexual con un libro sobre sexo?* Quizá hasta se pregunten: *¿Existe tal cosa como el contacto físico no sexual? ¿No se espera que gran parte del contacto físico entre un esposo y su esposa conduzca al sexo?* Las respuestas son: mucho, sí y no. En pocas palabras: El contacto no sexual, o afecto, es intimidad en sí mismo. No es el medio hacia un fin. En muchas situaciones, esa clase de contacto puede ser el fin.

El contacto no sexual, o afecto, es intimidad en sí mismo. No es el medio hacia un fin. En muchas situaciones, esa clase de contacto puede ser el fin.

"Tócame. No me toques." ¿Alguna vez has tenido esta experiencia con tu esposa? En un momento quiere que la toques y un minuto después no quiere que lo hagas. ¡Cualquier hombre se confundiría! Pero los hombres tienen que entender qué clase de contacto funciona con la mujer. Más de 80 por ciento de la necesidad de contacto fundamental para la mujer es no sexual. La mayoría de los psicólogos te dirá que una vasta mayoría de las mujeres aprecia y le encanta un abrazo, una caricia, un beso, tomarse de las manos —cualquier señal física de que ellas son especiales.

En primer lugar, hagamos una distinción entre contacto físico no sexual y contacto físico erótico preliminar. El contacto físico no sexual es el afecto cariñoso. Puede tener "entre líneas" el tono de la provocación sexual, pero no tiene como objetivo llegar al acto sexual. Por otro lado, el contacto en los juegos eróticos preliminares conduce a la pareja a la intimidad sexual. El problema se presenta porque, para el hombre, una cosa lleva a la otra; todo lo siente de la misma manera. Pero no es así para la mujer.

Durante una de nuestras conferencias, Carlos se nos acercó con una queja:

"Después de cenar, de limpiar la cocina y de hacer dormir a los chicos, mi esposa, Raquel, y yo nos sentamos en el sofá a ver una película en la televisión. Estiré mi brazo hacia ella y suavemente le froté el cuello y jugué con su cabello. Se derritió en mis brazos y me pidió que la abrazara. Pensé que todo estaba yendo de maravilla, así que comencé a besarle el cuello y a acercarme. ¡Y en ese momento se congeló! Se puso como loca y me dijo que quería que la abrazara, pero *nada más que eso.* ¿Qué quiere decir con 'nada más que eso'? Jamás la entenderé. Le doy el contacto físico no sexual que ella quiere y hasta ahí llegamos."

Muchachos, no se desanimen. Sabemos que tal vez sea difícil entender hasta qué punto un roce íntimo puede ser platónico. Comienzas masajeándole los hombros a tu esposa y ya te excitas y piensas que han entrado a la zona de intimidad sexual. Ella, en cambio, piensa que estás dándole un cariñoso masaje de hombros. Y cuando comienzas a avanzar, ella se resiste y da marcha atrás. ¿Qué pasó? Muchos hombres se han sentido "expulsados al sofá," precisamente cuando ansiaban llegar "a la cama" con su mujer. El hombre avanza desde el contacto no sexual (en el caso de Carlos, seamos sinceros, su contacto era más bien *sexual*) al intento de tener sexo, pero no lo logra. Es así de simple. Algunos hombres insisten en su acecho, fracasan y después sacuden la cabeza, desconcertados. En realidad, cuando satisfaces la necesidad de cariño de tu esposa, refrescas su espíritu desanimado y la ayudas a relajarse. Tú te brindas a ella, lo cual repone sus energías. Cuando la toques sin ninguna expectativa de terminar entre las sábanas, ella se sentirá mucho más segura contigo y más abierta a la posterior actividad sexual.

Pero cuando inicias el contacto con la expectativa de entrar a la zona de intimidad sexual, corres el riesgo de consumir la energía que le queda. ¿Por qué? Porque si tu esposa es como la mayoría de las mujeres, se pasa todo el día satisfaciendo las necesidades de los demás: dando, dando, dando. Se cansa y se consume. Cuando su esposo llega a casa y de inmediato adopta la actitud de "tomar," ella ya no tiene nada para dar. Está vacía. Y eso te anuncia que no habrá sexo por un largo tiempo. Ella necesita que tú seas un lugar seguro y libre de amenazas. El contacto no sexual recarga su energía y crea un espacio de seguridad. Sí, ella realmente quiere satisfacerte, pero necesita tiempo para recargarse. Puedes ayudarla a lograrlo mediante el afecto tierno sin dobles intenciones.

Ella necesita que tú seas un lugar seguro y libre de amenazas.

En su profunda descripción sobre las cualidades del amor, el apóstol Pablo nos recuerda que el amor "no es egoísta."[4] Puedes amar a tu esposa dejando de lado tus propias necesidades, sin exigir lo que esperas y siendo amable con ella mediante el reconocimiento, la conexión y el contacto físico no sexual.

Para una mujer, el sexo grandioso se da en el contexto de ser abrazada, de reír juntos, sentirse aceptada y compartir sentimientos.

La intimidad afectiva es intensamente satisfactoria para la mujer. Aunque esto no reemplace su necesidad de sexo, su necesidad afectiva es tan intensa como para su esposo lo es la necesidad física. Cuando el esposo satisface la necesidad afectiva de su mujer y la reabastece confirmándola, haciendo cosas juntos y mostrándose cariñoso, la mujer se siente abastecida y segura, y será mucho más fácil para ella estar dispuesta a entregarse sexualmente a su esposo.

Mariana, una madre joven, nos dijo:

"El hombre necesita saber que debe encender un interruptor invisible antes de que su esposa salte dentro de la cama y se convierta en una amante excelente. Yo soy una madre que se queda en casa y los niños están todo el día colgados de mis piernas. Generalmente, a la hora que mi esposo vuelve a casa, estoy molida. Mi día comienza con cosas tan domésticas como enseñar a los bebés dejar los pañales, ¿y se supone que tenga que finalizarlo excitando sexualmente a mi esposo? Sinceramente, si lo que mi esposo está pensando es en tener relaciones más tarde, yo necesito mucho cariño antes de siquiera poder pensar en eso. Necesita invertir en mí antes de tener sexo. Por ejemplo, cuando llama a casa a lo largo del día, me siento conectada con él. Cuando me besa en la mejilla antes de comenzar el día o me abraza cálidamente al regresar de su trabajo, está invirtiendo en mí."

ENTENDIENDO LAS NECESIDADES DE RECONOCIMIENTO, CONEXIÓN Y CONTACTO FÍSICO NO SEXUAL DE LA ESPOSA

¿Por qué son estas tres necesidades de reconocimiento, conexión y contacto no sexual tan importantes para la mujer?

1. Ayudan a construir la confianza. Las actitudes negativas, la duda, la inseguridad, el temor, la culpa y el enojo matarán rápidamente el deseo sexual. En cambio, el reconocimiento, la conexión y el contacto afectivo pueden contrarrestar esas emociones y ayudar a la pareja a vincularse. Para la mujer, la confianza es un fundamento esencial para una vida sexual sana. Lidia nos contó: "No puedo entregarme completamente a mi esposo si no me siento segura con él, si no confío en él. La confianza y la seguridad hacen que me relaje y me brinde a él de cuerpo y alma."

2. Ayudan a la mujer a estar dispuesta a complacer a su esposo. Hace algunos años, una encuesta preguntaba qué podían hacer los empleadores para motivar a sus empleados. Los empleadores se sorprendieron al enterarse que la respuesta número uno no tenía nada que ver con los ingresos o con los beneficios laborales. Los trabajadores decían que necesitaban ser valorados.[5] Si el reconocimiento y la valoración motivan a que las personas trabajen mejor, ¿por qué no motivarían a una esposa a esforzarse por satisfacer las necesidades de su esposo? La respuesta es: *lo hacen*. La gratitud, expresada mediante el reconocimiento y la conexión, es un poderoso motivador.

El varón necesita poca o ninguna preparación para activarse sexualmente, mientras que la mujer necesita tiempo para estar emocional y mentalmente preparada. Por eso es importante que el esposo satisfaga las necesidades típicas de su mujer, porque de esa manera la ayuda a prepararse para el sexo. Cuando le preguntas a tu esposa cómo le fue ese día, cuando te interesas por su salud, cuando le agradeces todo lo que ella hace, cuando le dices que está linda, su corazón se enternece por ti. Este es su juego erótico preliminar. Entonces está lista para acercarse a ti físicamente.

3. Ponen en marcha el motor sexual de la mujer. Créase o no, el satisfacer la necesidad de reconocimiento, conexión y contacto físico no sexual de tu esposa enciende su deseo. Tu contacto no sexual la hace sentirse amada por quién es ella, no por su cuerpo, no por lo que es capaz de darte físicamente, sino porque la amas tanto como para dejar de lado tu propio deseo. Cuando tu esposa se sienta amada, estará más dispuesta y preparada para avanzar hacia ti y satisfacer tus necesidades también.

Satisfacer la necesidad de confirmación, conexión y

contacto físico no sexual de tu esposa enciende su deseo.

4. Reducen la tensión y el estrés de ambos cónyuges. El contacto físico es un mensajero importante que comunica cuidado y conexión. Cualquiera que se haya sentido aliviado por un masaje o confortado por un abrazo sabe cuán poderoso puede ser el contacto físico. Sin una palabra, el contacto expresa un mensaje de amor, conexión y aceptación.

Dios creó nuestra piel con delicadas terminaciones nerviosas que liberan químicos positivos y saludables dentro de nuestros cuerpos: endorfinas y oxitocinas, las sustancias químicas del bienestar. El contacto suave y los abrazos cálidos pueden accionar pequeños impulsos nerviosos a través de todo el cuerpo. Una simple caricia en la nuca transmite un mensaje de contacto al cerebro a través de una red de más de 100 miles de millones de neuronas. El cerebro recibe e interpreta el mensaje táctil y entonces estimula la producción y liberación de endorfinas, las cuales dan una elevada sensación de dicha y bienestar. El contacto físico incrementa la actividad cerebral y eleva la atención. También afecta a las hormonas, así como a los patrones de sueño.[6]

El contacto físico beneficia tanto al donante como al receptor. Los investigadores han descubierto que algunos esposos de clase A podrían prolongar su vida dos años si les dieran a sus esposas un abrazo largo y suave al principio y al final de cada día.[7]

5. Generan una química positiva en la relación. Los expertos dicen que las parejas que se demuestran cariño físico generosamente nutren un saludable vínculo de conexión. La química y los sentidos están íntimamente relacionados y el tacto es uno de los sentidos más fuertes. ¿Cuál es la química en tu relación? ¿Todavía sientes el revoloteo en tu corazón cuando tu cónyuge te toma de la mano? Si no es así, tienes la posibilidad de cambiar. Puedes programar tu cerebro para tener una buena química con tu cónyuge. El escritor Norman Cousins advirtió que el cerebro humano es el depósito farmacéutico más grande del mundo. Sostenía que ninguna farmacia tiene tantos químicos o combinaciones químicas disponibles como el cerebro humano. Si nuestros cerebros tienen todas las sustancias químicas necesarias para producir pasión y atracción, sólo tenemos que descubrir la manera de darle una orden a nuestro cerebro para que libere una determinada cantidad de sustancia química a la corriente sanguínea.

La química sola no basta para mantenerse juntos en una relación a largo plazo, pero sin química, la relación de una pareja es frágil y vulnerable. Si a la mujer se la despoja del contacto físico no sexual en su matrimonio, ella podría sentirse atraída hacia otro hombre que le tome las manos al conversar, o que la abrace.[8]

6. Favorecen la salud física y emocional. Hace algunos años, investigadores de la UCLA hicieron un hallazgo interesante: para estar física y emocionalmente sana, la persona promedio necesita recibir ocho a diez contactos afectuosos por día de una persona amada.[9] Varios otros estudios confirman que el contacto tierno fortalece no sólo la salud emocional (comunicando aceptación genuina, seguridad y consuelo) sino también la salud física, acrecentando la longevidad y ayudando al fortalecimiento óseo.

SATISFACIENDO LAS NECESIDADES DE TU MUJER INCLUSO CUANDO NO TIENES GANAS

Joaquín se paró frente a Gary, incrédulo:

—Eso suena genial. Pero la verdad es que para mí es difícil reconocer a Milena y conectarme con ella cuando en realidad lo que prefiere es irse a dormir, pasar tiempo con los niños, o tener tiempo para sí misma. Lo único que escucho son comentarios de este tipo: "¿Por qué no sacas la basura cuando te lo pido?" o "Nunca me escuchas cuando te hablo" o "Me gustaría que fueras más romántico."

—Tienes razón —le contestó Gary—, es difícil. Pero muchas veces el amor demanda que hagamos cosas que no nos son fáciles. Dios nos llamó a sacrificarnos por amor al otro. Sospecho que si comenzaras a satisfacer la necesidad de reconocimiento, de conexión y de cariño que ella tiene, se mostrará más receptiva.

El especialista en familias Gary Smalley escribe acerca de un esposo que tuvo una experiencia similar. La respuesta que le dio a su esposa produjo un cambio radical:

> Una pareja que reñía constantemente decidió pasar una semana sin levantarse la voz y sin criticarse. Cada vez que alguno de los dos se enojaba, lo anotaba en un papel y de-

jaba la "queja" dentro de una caja. Finalmente llegó la noche del sábado y el esposo decidió ser el primero en hablar. Abrió la caja y comenzó a leer docenas de notitas. Sus ojos reflejaban el dolor y la decepción de sí mismo a medida que leía las quejas de su esposa. "Durante seis meses estuviste prometiendo arreglar la lámpara y todavía no lo has hecho." "Nunca pones tus medias en la ropa sucia." "Estoy harta de tener que ir recogiendo todo lo que dejas a tu paso." Luego, llegó el turno de ella. Abrió la caja y sacó el primer trozo de papel y lo leyó con un nudo en la garganta. La siguiente nota le llenó los ojos de lágrimas. Después de sacar tres notas más y leerlas rápidamente, se echó a llorar. En cada nota de la caja, se leía: "Te amo." "Te amo." "Te amo."

Como muchos esposos, quizás te hayas engañando pensando que algún día tus quejas finalmente convertirían a tu esposa en la mujer perfecta. Pero mostrar amor incondicional, ternura y no quejarse pueden transformar a una maniática oponente en una mujer amante, humilde y cariñosa. Es imposible exagerar la importancia que tiene expresar aprobación y verbalizar tus sentimientos. Cuando le haces cumplidos, le agradeces, la abrazas fuerte y alardeas de ella, algo sucede en su interior. Cuando le expresas reconocimiento, ella se abre, conecta su corazón al tuyo y luego dirige su cuerpo y deseo sexual hacia ti. Recién después de que sus corazones se encuentren, sus cuerpos podrán encontrarse.[10]

A veces te exigirá esfuerzo darle a tu esposa el reconocimiento y la conexión que ella necesita. Requiere imaginación brindarle la clase de contacto físico que ella valora. Se necesita coraje para pronunciar palabras de amor a tu esposa, especialmente si ella te desanima. Requiere sacrificio y sabiduría poner su valor por encima del tuyo. Necesitarás creatividad para mostrar tu aprecio por ella. En medio de las ocupaciones de la vida y el estrés de mantener a toda la familia en marcha quizás sea difícil, pero bien vale la pena intentarlo. Ama a tu esposa con todo tu corazón.

¿QUÉ SUCEDE CUANDO LAS NECESIDADES DE LA MUJER NO SON SATISFECHAS?

¿Cuáles son las consecuencias de no satisfacer las necesidades sexuales de tu esposa? Cuando no haces el esfuerzo de satisfacer sus necesidades, el precio es más que la "falta de sexo." Cuando una mujer se siente desconectada de su esposo, se siente amenazada y puede reaccionar de varias maneras.

1. Podría sentirse decepcionada. Cuando la mujer se siente desconectada de su esposo, no se siente cuidada, apreciada ni valorada. Quizás actúe como si estuviera todo bien, pero se siente vacía. Seguramente no tomará la iniciativa para tener relaciones. Tamara, por ejemplo, experimenta decepción cada vez que le pregunta a su esposo cómo le fue ese día, pero él jamás se lo pregunta a ella. "Es un gesto sencillo y amable," nos dijo. "Sé que si fuera un amigo, no lo trataría así. No se conecta conmigo, pero sí espera que yo me conecte físicamente con él. No es así la cosa."

2. Podría sentirse rechazada. Los primeros tres meses del matrimonio de Nancy no fueron lo que ella esperaba. Ella deseaba compañerismo, romanticismo y amistad, pero Ricardo, su esposo, estaba consumido por su trabajo como entrenador de un equipo de *softball* femenino. Adulado por estar a cargo del equipo y por la atención que recibía de las chicas en el campo de juego, dedicaba su energía al trabajo, no a su esposa. En una ocasión Nancy se sintió tan sola y excluida que fue a esconderse en un puesto de refrescos cercano al campo de juego, esperando que su esposo viniera a buscarla. Él no lo hizo. No sólo su esposa se sentía frustrada, el matrimonio también sufría. Ambos pagaron un alto precio por la falta de voluntad de Ricardo para satisfacer las necesidades de su esposa.

3. Podría empezar a dudar y desconfiar. Cuando las necesidades de una esposa no son satisfechas, su imaginación puede apoderarse de ella. Puede empezar a dudar de que su esposo la ame, la desee y la valore. Cuando duda de los sentimientos de él, quizás también empiece a dudar de sus intenciones. Una vez que eso sucede, la confianza puede erosionarse.

4. Podría considerar a su esposo como alguien egoísta. Viviana nos dijo: "Necesito que Martín, además de *decirme* que me ama, me lo *demuestre*. Cuando no hace esas pequeñas cosas como tomarme de la mano en el auto, besarme mientras hago la cena, preguntarme cómo me fue ese día, me demuestra que ya no se interesa por mí. Empiezo a sentir que él no es más que un egoísta." Para protegerse a sí misma, la mujer quizás comience a justificar su propio egoísmo. Quizá deje de intentar ser una buena esposa y se concentre más en ser una buena madre, hija, empleada o amiga. Tal vez ya no le preocupe preparar la cena cada noche, o controlar que el baño o la ropa estén limpios. Tal vez ya no sea tan paciente con los defectos de su esposo. Quizá ya no se vista para agradarlo, ni tome la iniciativa en las relaciones sexuales, ni responda a sus propuestas.

5. Podría volverse irritable y resentida. Una esposa cuyas necesidades no son satisfechas estará más a la defensiva con su esposo y le echará la culpa de los problemas. Brenda nos confió de qué manera la calman aun los más pequeños momentos de conexión: "Recientemente, mi esposo y yo fuimos a un congreso. Los primeros días estuve de mal humor porque él se entretuvo atendiendo a todo el mundo. Por ejemplo, se sentaba en una mesa con otras personas y no me guardaba un lugar. Eso me fastidiaba y me desquitaba poniéndome irritable. Pero una noche, mientras estábamos en una sesión general, él puso su mano en mi espalda y me acarició. Mi irritabilidad se desvaneció y me calmé. Eso era todo lo que yo necesitaba."

6. Podría alejarse sexualmente. Una esposa decepcionada puede distanciarse de su esposo tratando de protegerse a sí misma, a sus emociones y a su espíritu sensible. Tal vez rechace las propuestas de su esposo poniendo excusas. Su negativa podría aumentar hasta convertirse en un "no" permanente. Si accediera a tener relaciones sexuales, tal vez se sentiría vacía. Ese es el caso de Victoria, que ha estado casada durante cuarenta años. A todos les parece que es un buen matrimonio, pero ella no estaría de acuerdo. La única ocasión en que su esposo la toca, por ejemplo, es cuando quiere tener relaciones sexuales. Esta conducta la ha privado de todo goce sexual. "En el instante que me toca, me congelo. Me siento como un objeto para el sexo, no como alguien de quien él gusta y con quien disfruta."

7. Podría alejarse emocionalmente. La esposa cuyas necesidades no son satisfechas puede desconectarse o cerrarse emocionalmente. Cuando Laura acudió a Gary por consejería, abrió su corazón y habló de su dolor, llorando amargamente, expresando su anhelo de que las cosas mejoraran. Pero como las cosas no cambiaron en su matrimonio (su esposo siguió ignorando sus pedidos de reconocimiento y de conexión), algo cambió en su interior. Un año más tarde, ella se sentó en la oficina de Gary con el rostro endurecido, sin emoción y sin lágrimas. "Estoy cansada de suplicar," dijo. "Se acabó." Lo más doloroso era que en el fondo la solución era simple: que su esposo le expresara reconocimiento, la acariciara y se conectara con ella.

8. Podría tratar de castigar a su esposo. Es una triste realidad, pero cuando una esposa se siente frustrada y enojada al extremo, a veces recurre al castigo. Quizás ignore a su esposo o se retraiga emocional y físicamente. Tal vez intente manipular y controlar a su esposo a través del sexo. Cuando la esposa ha sido herida o rechazada por su esposo, cuando él no la valora ni se conecta, ella puede desesperarse hasta el punto de tratar de lastimarlo negándose a tener relaciones sexuales.

9. Podría buscar satisfacer sus necesidades en otra persona. Hemos aconsejado a cientos de mujeres que han abandonado su compromiso matrimonial, y en casi todos los casos, la razón fue que sus esposos dejaron de conectarse con ellas: de conversar, de tocarlas, de halagarlas. Entonces, ellas estiraron el brazo fuera de su matrimonio, y encontraron a un hombre que estaba dispuesto a hacerlo.

La mayoría de las aventuras sexuales empiezan con una conexión afectiva: compartiendo información personal, encontrándose con frecuencia, riendo juntos, compartiendo problemas de sus respectivas parejas o coqueteando. Shirley Glass, autora de *Not "Just Friends"* *[Algo Más Que "Buenos Amigos"]* informa que "82 por ciento de las personas que tuvieron aventuras comenzaron siendo amigos, vecinos o compañeros de trabajo y luego se convirtieron en protagonistas de un engaño. Nunca imaginaron que sus amigos y colegas llegarían a ser compañeros de conspiración en amores ilícitos."[11]

Una continua amistad íntima con alguien del sexo opuesto muy a menudo se convierte en sexual y resulta amenazante y dolorosa para un matrimonio. También dice Glass: "Las amistades que se desarrollan en un nivel emocional y luego se vuelven sexuales son más proclives a ser vividas como un profundo apego afectivo. En mi muestra clínica, 83 por ciento de las mujeres y 58 por ciento de los hombres que tuvieron relaciones sexuales extramatrimoniales dijeron que tenían un fuerte o muy profundo apego emocional a su compañero de aventura."[12] Las personas van a donde son comprendidas. Una mujer nos compartió que cuando un hombre la ayudó a ponerse el abrigo, su cálido roce le produjo escalofríos y se excitó. Otra nos contó cómo un compañero de oficina la tocaba siempre en

La mujer responde al hombre que se interesa por su corazón.

cierta parte de la espalda para alentarla y ella se excitaba.

Una vez escuchamos a alguien decir: "El césped no es más verde del otro lado; es más verde donde se le riega más." Si tú no expresas reconocimiento y amistad a tu esposa, ¿quién lo hace? La realidad es que la mujer responde al hombre que se interesa por su corazón. Cuando un esposo no le da a su mujer el reconocimiento que necesita, deja el corazón de ella completamente abierto para que otro hombre se conecte.

Cómo satisfacer las necesidades sexuales de tu esposa

Los párrafos anteriores son recordatorios sencillos de lo que pasa cuando las necesidades de la mujer no son satisfechas. Te alentamos a invertir en tu esposa. Ámala. Satisface sus necesidades, por su bien y por el de tu matrimonio. ¿Cómo puedes hacerlo? Escoge algunas de las siguientes sugerencias y comienza el proceso de satisfacer las necesidades sexuales de tu esposa.

1. Sé consecuente. Si le das reconocimiento sólo cuando ella ha hecho algo bien o se ha desempeñado bien, en realidad puedes causar más daño que beneficio. Empezará a sentir como si tu amor estuviera basado en su rendimiento. En lugar de eso, apruébala *a ella*. Agradécele las cosas que hace por ti y por la familia. Recibe de buena gana sus consejos y sus puntos de vista. Elogia sus intentos.

2. Valórala sólo "porque sí." Dile "te amo" en cualquier momento. Alardea de tu esposa. La mujer se siente profundamente fortalecida cuando escucha que su esposo expresa amor y aprecio por ella frente a otros. Amanda nos contó: "El otro día escuché a mi esposo diciéndole a su madre las cosas que le gustan de mí. Me sentí tan reconfortada por su amor que cuando esa noche mostró deseos por tener intimidad física, yo también me entusiasmé."

3. Haz que se sienta hermosa. Las imágenes retocadas, las tapas de las revistas, las estrellas cinematográficas y las modelos sugieren que solamente ciertas figuras físicas son hermosas. Tu esposa necesita escuchar que le digas que ella es hermosa. Cuando la mujer se siente segura con su cuerpo, está más dispuesta y más ansiosa de buscar y disfrutar del sexo. La apariencia (el peso, la talla, la medida de su busto), es un tema delicado para las mujeres; puede construir o derribar una estupenda vida sexual. Jamás te burles del cuerpo de tu esposa.

Silvia nos dijo: "Me sorprendió cuando estábamos en el cine y mi esposo susurró en mi oído: 'Eres hermosa.'" Si tienes esa clase de pensamientos acerca de tu esposa, ¡exprésalos!

Algunas mujeres tienen dificultades para aceptar su imagen corporal. Daniela odiaba su figura. Ramón sentía que la timidez de su esposa era irracional, por lo tanto cada día le decía: "Eres hermosa así como eres." Hasta le compró un espejo de mano y le pintó las palabras: "Soy hermosa." Puso el espejo cerca del lavamanos en el baño y le preguntó a Daniela: —¿Me amas?

—Sí, tú sabes que sí —le contestó ella.

—Entonces quiero que cada vez que entres al baño tomes este espejo. Quiero que lo mires y leas las palabras que he escrito en él. Aunque no las creas, quiero que las digas en voz alta. Quiero que sepas que eso es lo que yo pienso de ti. Creo que tú eres hermosa, tanto por dentro como por fuera.

A regañadientes, Daniela accedió al pedido de su esposo. Cada vez que iba al baño, levantaba el espejo y repetía las palabras "Soy hermosa." Luego de unas pocas semanas, se dio cuenta de que empezaba a creer lo que estaba diciendo. No es que creyera que era completamente hermosa, pero empezó a notar que tenía una linda sonrisa. Luego comenzó a gustarle la forma en que su cabello brillaba con mechones plateados. Decidió que sus pechos no eran pequeños, sino "adecuados."

Un día, cuando Ramón le dijo, "Te ves hermosa," ella le sonrió y dijo, "¿Cómo le gustaría a mi hermoso esposo hacerle el amor a su hermosa esposa?"

Ramón se ocupó de las necesidades de su esposa con perseverancia y amor, y su decisión valió la pena.

Un hombre llamó a nuestro programa de radio y nos dijo: "Yo realmente pienso que mi esposa tiene sobrepeso y tiene que bajar unos kilos. No es nada atractiva para mí. Me cuesta trabajo excitarme."

Lo desafiamos con nuestra respuesta: "Si le dices a tu esposa que tiene que bajar unos kilos, lo más probable es que no lo haga y será la muerte de la intimidad sexual, lo cual matará también otros aspectos de tu relación."

Si una mujer sabe o piensa que su esposo no se siente atraído por ella y que no aprecia su cuerpo, se desconectará de él. Sentirá que su amor por ella es condicional. Parte de la responsabilidad del hombre de amar a su esposa "como Cristo amó a la iglesia" es confirmarla y alentarla.[13]

Si les resulta difícil excitarse, hagan el amor con la luz apagada. Cambien de posiciones. Si el esposo quiere ayudar a su mujer a que sea más agradable físicamente, puede invitarla: "Tengo ganas de dar una caminata. ¿Quieres venir conmigo? En el camino puedes contarme cómo te fue durante el día." Es conectarse con ella sin criticar su silueta. Otra manera es comenzar a decir lo que *es* hermoso para ti: su sonrisa, sus ojos, sus pechos, sus manos, su risa, su corte de cabello. Alienta a tu esposa. Ora por ella.

Haz una lista de diez cosas que te gustan del físico de tu mujer. Junto a cada ítem de tu lista, indica cómo la elogiarías en esa área. Luego, la siguiente semana, practica elogiándola y alentándola.

4. Averigua qué piensa. Para la mujer, 99 por ciento del sexo está en su mente. Allí es donde empieza el interés o el desinterés sexual. Si se siente guapísima (aun si no lo es), se desempeñará sexualmente como si lo fuera. Averigua con qué está batallando tu esposa: la traición de una amiga, un trabajo insatisfactorio, una madre criticona, un hijo enojado o distante, la pérdida de un trabajo o una depresión. Cuando el esposo descubre lo que está pasando por la mente de su mujer, está más capacitado para alentarla.

5. Inclúyela en tu vida. Luis es un gran fanático del rugby.

Aunque a Emma no le interesa tanto este deporte, asiste a todos los partidos con él. "No se trata del espectáculo," dice ella. "Más bien se trata del hecho de que él me pide que lo acompañe, y sé que es sincero cuando me invita. Él podría ir con su hermano y pasarla mejor. Pero me elige a mí. Me incluye en su mundo." También invita a tu esposa a tu mundo laboral. Tu trabajo es una parte enorme de tu identidad y tu esposa quiere saber qué es lo que te entusiasma y te desafía de ese mundo. Comparte con ella tus éxitos y tus fracasos. Ella no te lo pregunta para juzgarte; te lo pide porque genuinamente quiere ser parte de tu vida.

6. Haz contacto visual. Mírala a los ojos cuando ella habla y mantén la mirada. "Cuando mi esposo capta mi mirada y la mantiene mientras estamos cenando," dice Cecilia, "me estremezco. Es como si los niños, su desorden y el ruido no existieran. Sólo estamos nosotros dos." Usa tus ojos para coquetear con tu esposa.

7. Apruébala verbalmente durante el acto sexual. Cuando un hombre le habla a su mujer durante el acto sexual, le comunica que está mentalmente presente. La manera más fuerte de lograr esa conexión es expresar lo que ella significa para ti y cuánto la aprecias. Aprueba su aspecto físico, dile que estás disfrutando su cuerpo. Describe su cuerpo con palabras bellas. (Investiga de qué manera describía Salomón a su amada en el libro de Cantares en el Antiguo Testamento.) Dile cuánto te encanta mirarla a los ojos porque son la ventana de su alma y su alma es pura y hermosa. Dile que te encanta sentir su piel suave contra la tuya. Dile qué bien proporcionada es y que Dios le dio unas maravillosas curvas; que ella lleva la feminidad mejor que cualquier otra mujer que tú conozcas. Dile que te gustaría explorar hasta el último rincón de su cuerpo, como un artista explora una obra maestra. Dile que huele bien, que sabe bien y que se siente bien al tacto. Dile que ella te da placer; que está haciéndolo bien. Entusiásmate con sus intentos de complacerte sexualmente. Recuerda: las mujeres saben responder, así que si le haces saber que estás "entusiasmado," ella también estará más "entusiasmada."

8. Quédate junto a ella después. Luego de haberse disfrutado mutuamente en lo físico, valora a tu esposa, conéctate con ella, quédate junto a ella y abrázala. No te des vuelta dando las buenas noches ("Zas, bam, gracias, señora"). Sé tierno. Gocen juntos de la calidez de haber hecho el amor de la manera que solamente Dios pudo haberlo creado. Dile cuánto disfrutas de estar casado con ella. Ella necesita de esa conexión verbal para cerrar el momento.

9. Aprende de ella. Con frecuencia, la mujer quiere que su esposo diga algo para conectarse con ella luego de que ha sido lastimada, o cuando está exhausta o indignada, pero a la mayoría de los hombres eso no le sale fácilmente. Por ejemplo, cuando tu esposa se siente herida, tal vez creas adecuado decirle: "Eres una mujer fuerte; saldrás a flote." Pero quizás tu esposa necesite consuelo más que un elogio. ¿Cómo sabrás lo que ella necesita? Preguntándoselo. Tal vez esto suene forzado o antinatural, pero pregúntale: "¿Qué necesitas que te diga en este momento?" Tu esposa puede enseñarte y ayudarte. Quizás ella diga: "Simplemente pregúntame si estoy bien," o "Solamente quiero que me abraces." Tal vez al principio sea incómodo responder a lo que ella te pide, pero es mejor que adivinar y equivocarse. Preguntarle a tu mujer y aprender de ella puede ser revelador. Con tu espíritu abierto y tu deseo de conectarte con ella de la manera que ella necesita y prefiere le darás ánimo.

10. Identifica lo que necesita y prefiere en cuanto al contacto

físico. Para identificar el "tono de contacto" de tu esposa, pregúntate lo siguiente:

- ¿De qué manera me expresa mi esposa el contacto físico?
- ¿Qué me pide con mayor frecuencia?
- ¿De qué se queja? (¿Se queja cuando la tocas demasiado, demasiado poco, con demasiado erotismo?)
- Aprende en qué momento tu esposa prefiere un abrazo no sexual. El abrazo no sexual indica: "Vas por buen camino." "Estoy orgulloso de ti." "Me gustas mucho." El abrazo sexual se extiende hasta las zonas erógenas y dice: "Me gusta sentirte. Me gustaría explorarte más." Hay un momento para el abrazo sexual y otro para el no sexual. Descubre cuándo tu esposa necesita y aprecia cada clase de contacto.

11. Pregúntale cómo lo estás haciendo. Una noche, cuando estábamos preparándonos para acostarnos, Gary se puso inusualmente serio y me preguntó: "Barbara, ¿estoy satisfaciendo tu necesidad del contacto no sexual? ¿Te acaricio lo suficiente?" Confieso que en un primer momento pensé usar esta pregunta para obtener todos los masajes de espalda, de hombros y de pies que pudiera, pero luego decidí no aprovecharme y le respondí: "Sí, lo estás haciendo muy bien." Entender que él quería conectarse conmigo de esa manera me dispuso a conectarme sexualmente con él.

12. Si estás confundido, aclara. Si sientes confusión acerca del contacto no sexual, habla de ello. Las esposas pueden decir: "Cuando me abrazaste, sentí que lo hacías por algo más que el mero abrazo. Lo sentí como el jugueteo erótico preliminar." Ustedes, los esposos, pueden preguntar: "¿Qué clase de contacto no sexual necesitas?" Una relación se rompe cuando la pareja define el contacto no sexual desde dos puntos de vista diferentes. Es mejor preguntar y saber exactamente lo que está pensando tu cónyuge que tratar de leer su pensamiento, lo cual podría provocar un conflicto.

13. Programa tiempo para la conexión. Tu esposa necesita una dieta constante de apreciación, estímulo, tiempo de conversación, contacto no sexual y ayuda con los quehaceres de la casa. Ella recibirá ese apoyo siempre y cuando lo recuerdes constantemente. Muchachos, eso probablemente signifique que tengan que anotar en sus agendas: "ayudar con las tareas de la casa."

He aquí algunas sugerencias de cosas útiles que pueden hacer en distintos momentos:

- **Los primeros quince minutos que están juntos durante la noche.** Cuando se reencuentren por la tarde, ya sea que uno o ambos hayan estado afuera en el trabajo, usen los primeros minutos para conectarse. La manera en que se conecten ayudará o no a que se sientan contentos de volver a estar juntos. Eviten quejarse o señalar las cosas que no pudieron hacer. Hagan que el otro se sienta feliz de volver a estar juntos. Los primeros quince minutos marcan el tono del resto de la noche.

  Steve Stephens, autor de *20 (Surprisingly Simple) Rules and Tools for a Great Marriage [Veinte Reglas y Herramientas (Sorprendentemente Simples) para un Matrimonio Grandioso]*, llama a su esposa, Tami, todos los días antes de salir del trabajo, para que sepa a qué hora llegará y para preguntarle si ella necesita que él compre algo en camino a casa. También lo hace para averiguar cómo está todo. Stephens escribe: "Cuando llamo, percibo el nivel de estrés de Tami. Algunas noches todo está bien, pero otras veces, escucho un tono de voz que comunica: 'Ven a casa lo antes posible porque los niños están volviéndome loca y no sé por cuánto tiempo más podré soportarlo.' Esas son las noches en que sé que Tami necesita que lleve comida hecha a casa o que saque a los chicos a cenar a McDonald's, o que le dé un descanso sentándome con los niños a mirar la televisión mientras ella sale de la casa por un rato."[14]

Una noche, Steve llegó a casa, miró la sala hecha un desorden y dijo: "¿Qué has estado haciendo todo el día?" Tan pronto como las lágrimas llenaron los ojos de su esposa, se dio cuenta de que había metido la pata: "Discúlpame. Déjame intentarlo de nuevo." Salió fuera de la casa, dio una vuelta a la manzana y volvió a tocar el timbre. Cuando ella abrió, él la rodeó con sus brazos, le dio un gran beso y le dijo: "¡Soy el hombre más afortunado del mundo por estar casado con la chica más linda del mundo! Te extrañé todo el día y estoy contento de haber llegado por fin a casa." Haz todo lo posible para conectarte con tu esposa cuando estén nuevamente juntos al final del día.[15]

- **Cada día.** Si es posible, comunícate con tu esposa durante el día. Cuando estés en casa, tómense un rato para estar solos y hacer algo que los dos disfruten: una caminata, mirar un video, jugar a algo, cocinar, o charlar tomados de la mano. Toca cariñosamente a tu esposa por lo menos cinco veces por día. Besarse, abrazarse y tomarse de la mano son todos contactos saludables. "Las parejas que se conectan físicamente de algún modo cada día tendrán relaciones sexuales más a menudo y lograrán más placer cuando lo hagan," escriben Clifford y Joyce Penner en *Relaciones Extraordinarias*.

- **Tres veces por semana.** Pregúntale a tu mujer: "¿Cómo puedo ayudarte? ¿Cómo puedo aliviar tu estrés?" Pregunta qué puedes hacer para colaborar con las tareas de la casa. Captarás su atención si tomas la iniciativa de colaborar lavando los platos o doblando la ropa limpia. Si te haces cargo de algunas de sus obligaciones, aliviarás una gran carga de sus hombros y liberarás su energía para compartirla sexualmente contigo.

- **Cada fin de semana.** Organiza una cena para ustedes dos solos. Pueden hablar de cualquier cosa, a excepción de estos tres temas: los niños, las finanzas y los temas candentes. En lugar de eso, hablen de lo que le interesa a tu esposa. Muéstrate interesado e interesante. ¡Y apaga el celular! (Si quieres ideas para iniciar conversaciones, lee nuestro libro *40 Unforgettable Dates with Your Mate*. En él incluimos ideas para cinco niveles diferentes de interacción, desde "Mete tus pies en el agua" a "Zambúllete de cabeza.")

- **Una vez por mes.** A estas alturas, quizás estés preguntándote, *¿Y el horario para el sexo?* ¡Es una pregunta razonable! Conversa con tu esposa y pregúntale si pueden contar con una noche por semana para tener relaciones sexuales y disfrutarse mutuamente. Reserven una noche al mes para probar nuevas ideas y darle variedad a su vida sexual.

CAPÍTULO 5

Las tres principales necesidades sexuales del esposo

Todo bien, Juan? —le preguntó Fernando a su amigo mientras jugaban golf un sábado por la tarde.

—Ehhh —contestó Juan, algo distraído—. Sí, bien.

—Has tirado la pelota a todos los hoyos de arena. Estás jugando muy mal. ¿Cuál es el problema? ¿Ana no te da nada?

Juan suspiró.

—Es difícil, digamos que su palabra favorita es *no*. Hace seis meses que no tenemos relaciones.

Fernando murmuró sorprendido:

—Solamente estaba bromeando, hombre. ¿Está tan mal la cosa?

—Así es. —Juan intentó darle otro golpe a la pelotita de golf.

—¡Mujeres! —dijo Fernando.

—Es que no la entiendo —continuó Juan—. Cuando estábamos recién casados, estábamos juntos todo el tiempo. Nunca nos alcanzaba. Ahora, si tan sólo la *toco*, se pone rígida y actúa como si yo fuera un acosador. Me hace sentir como un pervertido.

En el capítulo previo analizamos las tres principales necesidades sexuales de las mujeres: reconocimiento, conexión y contacto físico no sexual. Ahora, miremos las tres principales necesidades de casi setecientos hombres a los que encuestamos: satisfacción mutua, conexión y receptividad.

¿Alguna de ellas te sorprende? A menudo las mujeres se asombran de que la necesidad número uno en la encuesta masculina sea la mutua satisfacción; hubieran arriesgado que la primera necesidad es la descarga sexual. Pero la encuesta muestra que si bien el acto físico es una parte importante de la intimidad sexual para el hombre, no es el aspecto más importante. El hombre quiere satisfacción para su esposa tanto como para sí mismo. Observa que una de las necesidades, la de conexión, está en el segundo lugar tanto para los esposos como para las esposas.

Así como las principales necesidades de las mujeres están relacionadas entre sí, las de los hombres también están interconectadas. Todas tienen que ver con la relación.

Exploraremos estas tres necesidades y ofreceremos sugerencias sobre cómo satisfacerlas.

SATISFACCIÓN MUTUA

Desanimado por algunas cosas que sucedían en su matrimonio, Bernabé pidió una consulta con Gary.

—Nunca me he sentido tan solo —le dijo.

—¿Por qué dices eso? —le preguntó Gary.

—Paula y yo solíamos hacer el amor todo el tiempo. Luego comenzamos a pasar por largos períodos sin hacerlo. Ahora no lo practicamos en absoluto.

—¿Cuándo fue la última vez?

—Hace ocho meses —contestó Bernabé.

—¿Por qué pasó tanto tiempo?

—No lo sé —dijo Bernabé—. Durante varios meses esperé a que ella tomara la iniciativa, que mostrara algo de interés, que extrañara tener relaciones conmigo. Cuando por fin junté valor como para preguntarle al respecto, ella me contestó: "Es que no lo necesito." Cuando le dije que yo sí, me dijo: "Bueno, yo puedo acostarme allí y dejarte que hagas tu parte."

—¿Y tú hiciste eso?

—Durante un tiempo, sí —respondió, casi avergonzado—. Necesitaba alivio. Pero fue desagradable para los dos. No quiero sexo con Paula si ella no está conmigo. Necesito saber que ella está disfrutándolo tanto como yo. Necesito saber que estoy complaciéndola y que ella quiere complacerme a mí.

Bernabé no es el único frustrado. Una vez un hombre nos comentó que su mujer le había dicho: "Si no fuera por el sexo, disfrutaría del matrimonio."

Al principio, cuando comenzamos a comentarle a la gente acerca de este libro, muchas mujeres decían: "¡Cinco necesidades sexuales! Pensé que los hombres tenían una sola: ¡hacerlo!" Luego, cuando les informamos que nuestra encuesta indicaba que las tres principales necesidades para el hombre son la satisfacción mutua, la conexión y la receptividad, las mujeres quedaron gratamente sorprendidas. Una mujer comentó: "Realmente, esto me ayuda. Tomás y yo no hablamos mucho sobre relaciones sexuales y yo di por sentado que era como la mayoría de los hombres: siempre con ansias de sexo. Quizás sus necesidades sean más profundas y complejas de lo que yo pensaba. Debo hablar con él de este tema. Aunque la mutua satisfacción no fuera su necesidad prioritaria, me sentiría aliviada de saber que él está tan interesado por mi placer como por el suyo."

Sí, el hombre necesita una descarga física. De hecho, no sólo la desea, sino que realmente la necesita. La testosterona aumenta en su sistema y necesita liberarla. Sí, es cierto, piensa mucho en el sexo, pero Dios también lo creó con un fuerte deseo de necesitar que su esposa disfrute de la experiencia tanto como él.

Más de 67 por ciento de los hombres que contestaron nuestra encuesta colocaron la satisfacción mutua como su principal necesidad sexual. Mencionaron su convicción de que una buena relación sexual es aquella en la que *ambos* cónyuges experimentan satisfacción mientras hacen el amor.

Una buena relación sexual es aquella en la que *ambos*

cónyuges experimentan satisfacción mientras hacen el amor.

Muchas parejas sí experimentan esta relación sexual equilibrada. Con un brillo en sus ojos, Patricia nos comentó: "En los treinta y seis años de nuestro matrimonio, Félix siempre ha considerado mi placer, mi llegada al orgasmo, como una prioridad. No puedo recordar una vez en que haya buscado su placer antes que el mío. No es que yo logre siempre un orgasmo, pero él siempre se muestra paciente conmigo. Confío en él y también estoy comprometida con que él quede satisfecho." Félix hizo estos comentarios: "Cuando sé que Patricia está gozando al hacer el amor, soy un tipo feliz. De hecho, me excita intensamente sentir que ella está respondiendo. Me siento tremendamente satisfecho cuando sé que puedo darle placer." No es difícil de imaginar que Patricia y Félix tienen una vida sexual plena.

A menudo, a los hombres les resulta difícil expresar sus necesidades y temores. Aunque el comportamiento de un hombre sugiera que siente que el sexo es todo para él, en su interior desea desesperadamente satisfacer a su esposa tanto como él quiere sentirse satisfecho. A eso se debe que el hombre se sienta amenazado cuando piensa que su mujer está insatisfecha con la vida sexual que tienen.

La satisfacción sexual es más que el simple alivio físico para el hombre. El propósito del sexo mutuamente satisfactorio no es solamente el orgasmo, sino la satisfacción mediante una conexión afectiva y espiritual. En su libro *Learning to Live with the Love of Your Life [Aprender a Vivir con el Amor de Su Vida]* Neil Clark Warren, el fundador de e-Harmony, escribe: "Una vida sexualmente satisfactoria no depende solamente de llegar al orgasmo. Mientras que apenas 29 por ciento de las mujeres dicen llegar siempre al orgasmo durante la relación sexual, comparado a 75 por ciento de los hombres, el porcentaje de mujeres y hombres que consideran su vida sexual 'intensamente' satisfactoria en lo físico y lo emocional es casi el mismo: 40 por ciento."[1]

El hombre se siente varonil cuando puede complacer a su esposa. Gary ha descubierto en su consejería que casi la mitad de la autoimagen del hombre está ligada a su sexualidad; ¡en algunos hombres esta cifra trepa a 90 por ciento! Con frecuencia, el hombre se pregunta: *"¿Soy un buen amante? ¿Soy competente? ¿Lo hago bien?"* Por lo tanto, cualquier hombre a quien su mujer le diga: "Puedo acostarme allí y dejar que hagas tu parte," escuchará dentro de sí un *no* rotundo a esas preguntas y sentirá agredida su autoestima.

El hombre se siente varonil cuando puede complacer a su esposa.

La autora Shaunti Feldhahn escribe: "Un hombre [me dijo]: 'Todos creen que las mujeres son más emocionales que los hombres. Y todos creen que cuando se trata de sexo, los hombres sólo quieren "hacerlo" y las mujeres están más en la emoción y en el abrazo. Por lo tanto, las mujeres consideran que para el varón allí no hay emociones. Pero las *hay*, y cuando [las mujeres] le dicen que no al esposo, están interfiriendo con esas emociones.'"[2]

Esposas, sus esposos realmente quieren darles placer. Un amigo nuestro lo expresó muy bien: "A todos los hombres les gusta pensar que son pequeños superhéroes. Eso no cambia cuando entran al dormitorio." Cuando una mujer recibe placer de su esposo, él se siente deseado. Sus interludios sexuales íntimos afirman su masculinidad. Le comunican: "Me encantan las cosas que te hacen un hombre."

Cuando Natalia nos escuchó hablar acerca del deseo del hombre por complacer a su esposa, respondió desafiante: "¿Ah sí? ¿Entonces, por qué cuando mi esposo llega al orgasmo, se da la vuelta y se duerme, sin preocuparse jamás de que yo llegue al clímax?" Aunque la mayoría de los hombres realmente desean que su esposa experimente un orgasmo maravilloso, la trágica realidad es que algunos esposos equivocadamente usan a su mujer para el sexo. Si el hombre sólo tiene sexo para aliviarse él, es posible que esa pareja tenga otros problemas matrimoniales. Quizás el hombre esté luchando con temas internos. Nos detendremos en ellos en los capítulos posteriores.

CONEXIÓN

Esteban estaba cocinando unas hamburguesas a la parrilla en su casa cuando su esposa, Gabriela, pasó junto a él camino a la mesa y lo rozó fuertemente. "Ay, discúlpame," le dijo coquetamente. Él levantó la mirada mientras ella sonreía y le soplaba un beso.

Pocas horas después, la observó un rato mientras ella limpiaba una mancha de salsa en la barbilla de su hijo. Ella le guiñó un ojo. *Soy un hombre afortunado*, pensó. Un poco más tarde, esa noche, cuando las visitas se habían marchado y él y Gabriela habían limpiado la casa, Esteban acostó a los chicos y bajó hacia la sala para mirar un rato televisión. Gabriela caminó hacia él, se inclinó y lo besó en la cabeza.

—Oye —le dijo él, estirándose hacia ella y tomándola del brazo—. Siéntate conmigo.

—No puedo —contestó ella—. Todavía tengo que terminar de hacer algunas cosas antes de poder relajarme.

—Olvídate de eso ahora. Luego te ayudaré. Ven y siéntate conmigo.

—¿Prometes que me ayudarás? —insistió Gabriela.

—Lo juro.

—Está bien, pero si no lo haces, tendrás problemas.

Él sonrió cuando ella se sentó y se acomodó junto a él para ver televisión.

Esteban cumplió su promesa y la ayudó a terminar con las tareas de la casa; luego se fueron a la cama e hicieron el amor.

Nada hace que un hombre se sienta más cerca de su esposa que estar física y emocionalmente conectados. Por ese motivo, 66 por ciento de los hombres ubicaron la conexión como una de sus principales necesidades sexuales. En el dormitorio, conectarse es algo bien definido: es contacto sexual. Para el hombre, la relación sexual forja la conexión, de la misma manera que para la mujer lo hace conversar y ayudar con los quehaceres domésticos. Es así de simple.

Nada hace que un hombre se sienta más cerca de su esposa que el estar física y emocionalmente conectados.

Esteban y Gabriela estaban conectados física *y* emocionalmente. Cuando Gabriela había empujado de manera juguetona a Esteban esa tarde, cuando sus miradas se encontraron, cuando ella le hizo un guiño, cuando lo besó en la cabeza y cuando el día culminó para ellos haciendo el amor, ella se conectó con su esposo.

La mayor parte de esas conexiones no son un gran expendio de energía. Pero sí demandan cierta reflexión. ¿Cuáles son las cosas sencillas que una mujer puede hacer para decir: "Eres importante para mí" o "Eres una prioridad" o "Te amo"? Tocarle el brazo, rascarle la espalda, apretarle el brazo cuando pasas junto a él, acariciarlo con el pie o rozarse las rodillas por debajo de la mesa, tomarse de la mano, tocarle la rodilla cuando van en el auto, buscar su mirada y sostenerla unos instantes, tirarle un beso. Esas son poderosas formas en las que un hombre y su mujer se conectan. Cuando la esposa entiende las necesidades sexuales de su esposo, tanto dentro como fuera del dormitorio, le dice claramente que desea conectarse con él.

Igual que las mujeres, los hombres desean ser comprendidos, escuchados, aceptados, cuidados y alentados. Este tipo de conexión se da cuando la esposa busca aprender qué es importante para su esposo: el trabajo, los deportes, sus opiniones, sus emociones escondidas. Cuando una mujer se conecta con su esposo de estas maneras, no sólo le demuestra el valor que ella le da a la relación, sino cuánto lo valora a él.

Un día, el verano pasado, yo (Gary), estaba viendo un partido de los Cachorros, el equipo de béisbol de Chicago. Barbara había empezado a limpiar la casa antes de que vinieran nuestros hijos de visita. Entró en la sala y me preguntó qué estaba mirando.

—Están jugando los Cachorros —respondí—. Quiero ver las dos últimas entradas. En un ratito te ayudo a dejar todo listo para la visita de los chicos.

—Sigue mirando el partido —me dijo Barbara—. Yo puedo ordenar las cosas. A ti te encantan los Cachorros.

Tengo que admitir que me sorprendí cuando Barbara respondió eso. Normalmente no me molestaría ayudarla, pero realmente pensé que ella querría que la ayudara *en ese momento*. Cuando ella dijo que no era necesario, me inspiró el deseo de pasar tiempo con ella. Me sentí comprendido, sentí que se había conectado conmigo. Después del partido, fui a la cocina a dar una mano.

Barbara dejó de limpiar el mostrador y me miró.

"Sé que te has recargado de trabajo últimamente. ¿Estás encontrando tiempo para relajarte?"

La pregunta me desconcertó. Ella había observado mi tensión

y se preocupó por mi bienestar. Nuevamente, sentí una conexión con ella.

—¿Te gustaría ir a caminar? —me preguntó.

—¿Ahora?

—Claro —respondió y dejó caer el trapo sobre el repostero—. Podemos terminar de limpiar cuando volvamos. Es más importante que nos tomemos un descanso.

Aunque la casa no estaba completamente limpia y nuestros hijos estaban a punto de llegar, hicimos una pausa. Mientras nos dirigíamos a nuestro sendero de caminatas preferido, Barbara me tomó de la mano y me hizo preguntas acerca de mi trabajo. Cuando nos sentamos en un banco, me acarició suavemente el cuello. Empecé a aflojarme, compartiéndole mis pensamientos. Le compartí cuán ansioso me sentía debido a las crecientes presiones laborales. Barbara escuchó con paciencia e interés, y oramos. Luego sugirió que me tomara media hora para relajarme cuando regresáramos a casa.

Cuando caminamos de regreso, me sentí más cerca de Barbara. Después de que nuestros hijos se marcharon esa noche, estaba ansioso por sentir a mi esposa físicamente cerca y debido a que nos habíamos conectado emocionalmente, ¡ella también estaba ansiosa! Esa noche experimentamos una culminación física de la conexión mental, emocional y espiritual que se había producido durante el día.

¿Qué hizo Barbara para preparar la escena, la confianza y la seguridad que nos llevó a un significativo momento de sexo? Se conectó con mi necesidad de terminar de ver un partido que no era tan importante y honró mi necesidad permitiendo que me relajara durante media hora. Ingresó a mi mundo, me escuchó, me acarició y me dio ánimo. La unión física que luego experimentamos celebró nuestro amor mutuo.

Ahora bien, ¡no estamos sugiriendo que las esposas deberían permitir que sus esposos miraran deportes mientras ellas limpian! A veces Barbara *sí* necesita que yo la ayude en ese instante y yo apago la televisión y la ayudo. Pero en esta situación en particular, ella reconoció que yo necesitaba un rato de ocio. La razón por la cual la conexión mejora la relación sexual de la pareja es que aumenta la dependencia emocional del esposo para con su esposa. Su atracción hacia ella aumentará. Reirá con ella. Sus características le parecerán atractivas en lugar de molestas. La aceptará completamente.

La franqueza y la confianza emocional mantienen íntimamente unidas a las personas. El terapeuta matrimonial David Kantor dice: "La sexualidad primitiva y la libido que naturalmente vienen en nuestra herencia biológica son pequeñas y, con el tiempo, juegan un papel decreciente en la intimidad sexual. Si ese deseo juvenil no es reemplazado por un profundo dar y recibir, a la larga no tendrán una vida íntima. Pero cada vez que nos conectamos a un nivel profundo, sentimos la necesidad de intimidad sexual. Hay algo en el ser conocido y en ser recibido que es fundamental para la experiencia del deseo."[3]

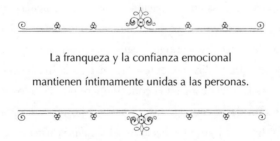

La franqueza y la confianza emocional
mantienen íntimamente unidas a las personas.

Un estudio dirigido por el investigador psicológico y matrimonial John Gottman, de la Universidad de Washington, descubrió que la conexión emocional era el elemento que faltaba en los matrimonios que terminaban en divorcio. Gottman y su equipo filmaron a parejas mientras conversaban e interactuaban. Al principio, los resultados parecían irrelevantes, hasta que los investigadores se dieron cuenta de lo siguiente: las parejas hacían intentos para conectarse emocionalmente y sus respuestas a esos intentos determinaban la calidad de su relación. Estos avances emocionales podían tener la forma de una pregunta, una mirada, un toque cariñoso en el brazo, o una simple expresión que comunicaba: "Quiero sentirme conectado contigo."

La investigación de Gottman demostró que los esposos que finalmente se habían divorciado ignoraban los avances emocionales de sus esposas 82 por ciento de las veces, comparado con solamente 19 por ciento de los hombres con matrimonios estables. Las mujeres que luego se divorciaron ignoraban los avances emocionales de sus esposos la mitad de las veces, en tanto que aquellas que continuaron desatendían sólo 14 por ciento de los acercamientos de sus esposos.

Gottman y sus investigadores se encontraron con que la típica pareja feliz puede producir unas cien insinuaciones en el transcurso de una cena. Piensa en tu relación. ¿Con qué frecuencia tratas de conectarte con tu cónyuge? ¿Cuán a menudo ignoras o rechazas sus intentos de conectarse contigo? Según Gottman, la satisfacción en tu vida sexual está directamente relacionada a la frecuencia con la cual tomas la iniciativa para la conexión y respondes a los intentos de conexión de tu cónyuge. Esposas: sus esposos se sentirán honrados, valorados y atraídos hacia ustedes cuando ustedes hagan el intento de conectarse o cuando respondan a sus insinuaciones.[4]

Conectarte con las emociones de tu esposo no es algo tan fácil como charlar tomando té con una amiga. Muchos hombres crecen

La satisfacción en tu vida sexual está directamente relacionada
a la frecuencia con la cual tomas la iniciativa para la conexión
y respondes a los intentos de conexión de tu cónyuge.

con la mentalidad de que ser fuertes y no mostrar sus emociones
es lo que los hace "hombres." En su libro *Conéctase con Su Esposo,*
Gary Smalley escribe: "Con el cerebro masculino saturado de testosterona, no es difícil darle a un muchacho el mensaje de que las
emociones y los sentimientos sólo son para las niñas."[5]

A menudo los varones no tienen la amplia gama de emociones
que caracteriza a las mujeres porque no han sido criados para ex-
perimentarlas o expresarlas. En una oportunidad Jack, el hermano
mayor de Gary, involuntariamente lo golpeó encima del ojo con
un bate de béisbol. Gary recuerda las palabras de su hermano: "¡No
llores y no le digas a Mamá!" ¿Cuál era su mensaje? No *experimentes*
emoción y no la *expreses.* Esposas, aunque sus esposos *sí* experimentan emociones, con frecuencia las expresan de una manera que no
tiene sentido para ustedes. Así que, sean pacientes con ellos. Ellos
quieren experimentar y expresar sus emociones, pero a menudo no
saben cómo hacerlo apropiadamente.

A veces, la mejor forma de liberar las emociones de un esposo
es satisfaciendo su necesidad sexual. Carmela nos relató: "Durante
años he intentado conectarme con el mundo de Felipe, pero él
me deja afuera. No me permite acceder a lo que está pensando."

Cuando los hombres se ven a sí mismos demasiado estresados, ansiosos, o afrontando una pérdida, se repliegan para protegerse. Se cierran para evitar los conflictos y las conversaciones. Sin embargo, hacer el trabajo de conectarse con lo que él piensa y sueña puede producirle un cambio de 180 grados. Muchas veces eso ocurre a través del sexo, ese momento en que los hombres bajan la guardia y se permiten ser más vulnerables. Le sugerimos a Carmela que en lugar de tratar de forzar a Felipe para que hablara y compartiera sus sentimientos, debía concentrarse en estar más disponible sexualmente para él, coqueteando, haciéndole insinuaciones sexuales a lo largo del día.

Varias semanas más tarde Carmela nos llamó.

—No lo van a creer —nos dijo—. Hice lo que ustedes me dijeron. Dejé de lanzarle indirectas y comencé a concentrarme en satisfacer las necesidades sexuales de Felipe. Anoche, él propuso que saliéramos a caminar y verdaderamente se abrió conmigo. Me habló de lo que está pasando en su trabajo y de cómo se siente él. Fue una de las mejores conversaciones que hemos tenido en años.

La descarga sexual ayuda a que el hombre se abra emocionalmente.

—Así que el sexo era su conexión, ¿eh? —le dijimos, tratando de no reírnos.

Era claro que podíamos creer lo que nos había contado. La descarga sexual ayuda a que el hombre se abra emocionalmente.

Lo que frustra a una mujer es que su esposo busque tener relaciones cuando ella se siente desconectada, enojada o preocupada. Muchas esposas nos han preguntado: "¿Cómo es posible que mi esposo quiera querer tener relaciones conmigo cuando no estamos conectados?" La respuesta es esta: El hombre se conecta más fácilmente con su esposa a través del sexo que hablando acerca de las emociones. Es más capaz de conectarse con las emociones de ella y ser sensible una vez que se siente seguro y que sus necesidades están satisfechas. Es importante que la esposa comprenda que el sexo es la avenida que conduce a la conexión con su esposo.

Esposas, quisiéramos sugerirles intentar un experimento. Las próximas tres veces que hagan el amor, esperen unos treinta minutos después del sexo (a menos que sea muy tarde) y entonces inicien una conversación tanteando las aguas. ¿Están más receptivos? ¿Tienden a conectarse más? Nuestro presentimiento es que, la mayoría de las veces, la respuesta será positiva. Después de tener sexo, los hombres pasan por un momento en el que quieren descansar y desconectarse. Esto es principalmente a causa de la liberación psicológica y el deseo físico de recuperarse. Pero después de media hora o algo así, se muestran tiernos. Disminuye el cansancio, las mentes están claras y puede que estén más abiertos a ustedes.

RECEPTIVIDAD

"¿Por qué ella jamás quiere tener sexo?" le preguntó Diego a Gary. "Yo hago lo que puedo para satisfacer sus necesidades. Sé que tiene la agenda completa. Antes de que tuviéramos hijos, ella me satisfacía. Le encantaba hacer el amor, quedarse en la cama los sábados a la mañana y estar conmigo. Ahora es todo un problema si quiero tener relaciones con ella. Me doy cuenta que está cansada por su trabajo, los niños y todo lo que está haciendo, pero ¿hasta cuándo tendré que esperar para ver que ella responda a mis necesidades?"

Cuando una esposa rechaza los requerimientos de su esposo, él a menudo interpreta la falta de respuesta sexual de ella como "No me interesas" o "Tus necesidades no son importantes." La receptividad de la esposa es tan importante para el hombre que casi 63 por ciento de los hombres encuestados la ubicó como una necesidad fundamental.

Al escuchar esto, las mujeres comúnmente nos preguntan: "¿Quiere decir que nunca puedo contestar: 'Esta noche no'?" En absoluto. Habrá ocasiones en las que el sexo no es una buena idea. Pero es importante comprender qué comunicarás con tu negativa. Cuando una mujer rehúsa una propuesta sexual, su esposo se siente emocionalmente rechazado —y en el fondo, los hombres son extremadamente susceptibles. Muchas personas creen que las mujeres son las susceptibles. Si bien eso es cierto, los hombres a veces son hasta más sensibles, especialmente en el área del sexo.

Cuando la mujer responde a la necesidad sexual de su esposo, él se siente amado. Pero cuando lo ignora o lo rechaza abiertamente, se siente no deseado y no amado. Se siente herido por las miradas de desdén, los intentos con desgano y las quejas de su mujer.

El sexo es la forma en la que el hombre se siente cercano. Cuando la esposa lo rechaza o ignora sus propuestas sexuales, le envía el mensaje de que no quiere estar cerca de él. Quizás algunas de ustedes estén negando con la cabeza: *Eso no es lo que yo quiero dar a entender cuando no estoy lista ante cada guiño o contacto sexual.* Tienes razón. Aunque tal vez tu esposo sepa en su cabeza que no quieres comunicar ese mensaje, a su corazón le resulta difícil no creerlo.

El sexo es la forma en la que el hombre se siente cercano.

Una de las mayores amenazas al sentido de valor de un hombre es su sexualidad. Luego de que la mujer le dice: "Esta noche no," quizás su mente se llene de pensamientos irracionales: *Se preocupa más por los niños que por mí. Para ella soy una pérdida de tiempo. Para ella, su lista de cosas para hacer es más importante que yo. A lo mejor soy un mal amante.*

La mayoría de ustedes, señoras, conocen el poder de esta clase de pensamientos irracionales. Ustedes también luchan con ellos. Cuando sus esposos hacen una propuesta sexual y esperan su respuesta, quieren que ustedes los *deseen.*

En su libro clásico *Love Life for Every Married Couple [La Vida Amorosa de Cada Matrimonio],* Ed Wheat escribe: "El hombre desea intensamente la receptividad de su esposa. Ella puede darle ese hermoso regalo y deleitar su corazón. Sin embargo, a juzgar por mi correspondencia y entrevistas de consejería, muchas mujeres no entienden cuán importante —tanto física como psicológicamente— es la relación sexual para sus esposos. Parecen no darse cuenta que evitar el sexo o no mostrarse receptiva afectará al matrimonio en su totalidad, de la manera más negativa. A la esposa desinteresada debo darle la siguiente advertencia: cuando no haya intimidad física entre tú y tu esposo, cualquier clase de intimidad emocional y espiritual que hayan tenido tenderá también a apagarse."[6]

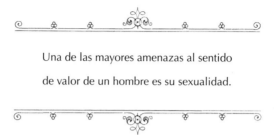

Una de las mayores amenazas al sentido
de valor de un hombre es su sexualidad.

Nadie explica mejor los beneficios de la receptividad de la mujer como Kevin Leman. En su excelente libro *Música entre las Sábanas* escribe:

> Un esposo sexualmente satisfecho hará cualquier cosa por ti. El sexo es una necesidad tan básica para el hombre que cuando esta área está bien cuidada, él se siente valorado y actúa en consecuencia. Un esposo sexualmente satisfecho se dirige hacia el trabajo pensando: *Estoy tan contento de estar casado con esta mujer. ¡Debo ser el tipo más feliz del mundo!* Y luego se dirige a casa pensando: *¿Qué cosa especial puedo hacer por mi esposa esta noche?* En lugar de sentirse molesto por sus pedidos de detenerse en la tienda o tener que revisar una cañería que gotea, un esposo sexualmente satisfecho mostrará buena voluntad. En lugar de estar frío y distante cuando le hables, él querrá escuchar lo que tengas para decir.
>
> Quizás algunas mujeres que estén leyendo este libro puedan pensar: *Lo intenté y no funcionó.* No se trata de "intentar"; esto tiene que convertirse en un estilo de vida. Un buen momento de sexo hará que un hombre esté agradecido —por un tiempo. Pero si es rechazado las

próximas cinco veces, él pensará en esos cinco rechazos, no en aquella única noche especial. . . .

Un esposo sexualmente satisfecho se sentirá bien consigo mismo. Gran parte de lo que somos como hombres está ligado a la manera en que nuestra esposa nos responde sexualmente. . . . Cualquier tipo sano quiere ser el héroe de su mujer. . . . Quizás no sea el jefe en su trabajo, tal vez no tenga el automóvil más veloz, . . . puede que el cabello se le esté cayendo y a la vez le esté creciendo la barriga, pero si su amorcito lo ama lo suficiente como para de vez en cuando dejarle unos rasguños en la espalda al calor de la pasión, se sentirá el rey del mundo. ¿Por qué? Porque puede complacer a su mujer.[7]

Responder a los avances sexuales de tu esposo construirá su confianza sexual y lo volverá más tierno y atento. Se convertirá en un amante más seguro que te complacerá de maneras más maduras y apropiadas. Aunque normalmente la mujer necesita ternura antes de tener relaciones sexuales, el hombre con frecuencia necesita del sexo para experimentar ternura.

Aunque normalmente la mujer necesita ternura
antes de tener relaciones sexuales, el hombre con
frecuencia necesita del sexo para experimentar ternura.

"Y recuerda," escribe Shaunti Feldhahn en su libro *Sólo para Mujeres*, "si le respondes en el aspecto físico, pero sólo lo haces para satisfacer su necesidad, sin comprometerte, en realidad no estás satisfaciendo sus necesidades. Sería igual que mandarlo a cortar el césped. Así que, disfruta del regalo de Dios de la intimidad, ¡y aprovéchalo al máximo!"[8]

Esposos, permítannos ofrecerles algunas ideas acerca de la capacidad de responder de sus mujeres. En primer lugar, recuerden que la receptividad sexual es diferente en el hombre que en la mujer. El hombre puede estar inmediatamente listo para tener sexo. Tal vez la esposa esté diciendo: "¿Te gustaría—?" y el esposo ya responda que sí antes de que ella termine la pregunta. ¡No hay que darle muchas vueltas! Él está dispuesto para eso. ¿Por qué? Porque los hombres piensan regularmente en el sexo, lo cual quiere decir que no necesitan tiempo para prepararse. Las mujeres son diferentes. Piensan con menos asiduidad en el sexo, posiblemente unas pocas veces al mes. ¿Y esas historias de Hollywood en que las mujeres se excitan de inmediato ante una mirada seductora? Son eso: historias de Hollywood, escritas mayormente por hombres que . . . piensan en el sexo muchas veces al día. Pero en realidad, cuando un hombre le sugiere a su esposa tener relaciones sexuales, es probable que ella no haya pensado para nada en el sexo ese día. Por lo tanto, probablemente *no* esté de humor para entrar en acción de inmediato.

Cuando el esposo dice: "Cariño, ¿quieres tener sexo?" lo que a menudo pasa por la mente de la mujer es esto: *Hummm, sexo. Sexo. No había pensado en eso. Veamos: todavía tengo que terminar de lavar la vajilla, tengo que lavar el uniforme de fútbol de Juancito para mañana y necesito responderle el llamado a Sara para decirle que hornearé galletitas para la reunión de mañana. Sexo. Bueno, sí, suena bastante bueno.*

Cuando ella está lista para decirle a su esposo: "Sí, me gustaría," él habrá tomado su titubeo como una negativa. Se sentirá rechazado y empezará a impacientarse y a frustrarse. Antes de que ella pueda decir que sí, el hombre habrá perdido el entusiasmo y se sentirá agraviado.

Molesta por el comportamiento de su esposo, el pensamiento de la mujer es: *Claro, tener sexo suena muy bien . . . pero no contigo.* El esposo metió la pata al enojarse. *Podría* haber tenido sexo, pero por no comprender que a la mujer le lleva un poco más tiempo responder, reaccionó negativamente y cosechó una profecía de autocumplimiento: no tendrá sexo esa noche.[9]

En segundo lugar, la mujer necesita ser tratada con respeto y honor. Ninguna mujer quiere sentir que su esposo la ve como un objeto sexual o que la usa para su placer sexual. A veces, lo que tú deseas que la excite puede ser una desconexión para ella. Descubre qué la hace sentir apreciada y segura.

Tercero, recuerda que aunque tú puedas compartimentar, dejar de lado los temas sin resolver y de todos modos tener relaciones sexuales, para tu esposa no es tan sencillo. Amanda lo resume bien: "A veces, cuando Daniel quiere tener sexo, yo no me siento lista porque todavía estoy preocupada por otras cosas. Si lo que me perturba tiene que ver con Daniel, tenemos que aclarar las cosas antes de que pueda entregarme a él. Y aun cuando lo que me aflija no tenga nada que ver con él, para mí es difícil responderle. Estoy intentando aprender a no hacerlo sufrir por tener cosas sin resolver en mi cabeza, pero necesito de su paciencia."

Cuarto, algunas mujeres tienen problemas con el sexo. Una mujer nos escribió diciendo: "No me interesa tener relaciones sexuales con mi esposo. Si fuera por mí, podría pasarme el resto de mi vida sin tener sexo. Amo a mi esposo y le he pedido a Dios que me dé un impulso sexual activo, pero no ha ocurrido." A esta mujer pueden estar pasándole una serie de cosas en su vida, o en su matrimonio, pero existen dos posibilidades: que esté herida por haber sido abusada sexualmente en el pasado, o que el sistema hormonal de su cuerpo no esté funcionando con normalidad. Trataremos ambos temas en capítulos posteriores. Si tu esposa tiene una grave falta de receptividad, tal vez sea necesario que ambos indaguen más profundamente. Tal vez tu esposa tenga que consultar a un médico. Si ella ha sufrido abusos sexuales, pueden considerar consultar a un consejero cristiano para que la ayude a encontrar la sanidad de esas heridas.

Esposas, permítannos ofrecerles algunas ideas también para ustedes. Primero, como lo dijimos en el párrafo anterior, algunas mujeres tienen problemas con el sexo. Durante un seminario, Nelly nos compartió que ella se siente reacia a tener relaciones porque raramente llega al orgasmo. Asocia el sexo con sentimientos de frustración y de decepción. Nos preguntó: "¿Por qué tendría que responder si sé que no será sexualmente placentero para mí?" Nelly no es la única en esa situación. En un estudio, la Asociación Médica Americana comprobó que 40 por ciento de las mujeres entre 18 y 59 años relataron que experimentan alguna clase de disfunción sexual que las lleva a una pérdida del deseo de hacer el amor.[10]

Si no estás logrando el orgasmo, visita un médico que pueda examinar tu sistema suprarrenal para saber si tu cuerpo está produciendo la cantidad necesarias de hormonas. Si el examen revela que no hay una razón física para tu incapacidad, toma en cuenta las tensiones, los medicamentos, los posibles abusos o heridas sexuales en tu pasado, u otros factores que podrían estar afectando tu cuerpo. Lee el capítulo 8 para un análisis más completo sobre estos factores. Lo importante es que muchas mujeres tienen dificultad en alcanzar el orgasmo. Pero no aceptes que ese es tu destino en la vida. Trata de encontrar algunas soluciones que mejoren tu vida sexual, y como consecuencia, la de tu esposo.

Segundo, si estás luchando con actitudes negativas en relación al sexo debido a tu educación o a otras razones, esfuérzate para equilibrar tu perspectiva. Yasmín nos contó: "Mi madre y mi abuela me metieron en la cabeza que el sexo era sucio. ¿Qué puedo hacer con esa enseñanza que me impartieron las mujeres de mi vida y aun así convertirme en la mujer sexy que mi esposo desea? Cuando quiero animarme, esos mensajes me dan vueltas en la cabeza y me enfrío antes de excitarme."

Nuestras actitudes están formadas por muchas fuerzas: los amigos, la familia, los medios de comunicación, la publicidad, por nombrar sólo algunas. Si estás luchando con actitudes dañinas, pídele ayuda a Dios. Deja que sea la Biblia la que moldee tu actitud. Recuerda que Dios creó la relación matrimonial y el sexo, y consideró *buena* a su creación. Si necesitas ayuda adicional para encontrar equilibrio, habla con un amigo de confianza o con un consejero bíblico.

¿QUÉ SUCEDE CUANDO LAS NECESIDADES SEXUALES DEL ESPOSO NO SON SATISFECHAS?

En su libro *Relaciones Extraordinarias,* los terapeutas cristianos Clifford y Joyce Penner analizan qué sucede cuando los hombres tienen conflictos sexuales: "Cuando un problema sexual invade el matrimonio, ataca tu autoestima y la de tu esposa. Mientras peor se sienta cada uno, ambos responderán con una debilidad típica. Puede ser que se aparten, se vuelvan más agresivos, se muestren despectivos, se frustren o se enojen, o dañen la relación. Los conflictos sexuales tienen una forma de perpetuarse. . . . Los cónyuges se evitan el uno al otro porque no quieren volver a fallar. Cuando finalmente se conectan, ambos están ansiosos y sienten la presión de lograr hacerlo. La probabilidad de tener éxito disminuye y el problema crece."[11]

Hace algunos años, una mujer nos envió este mensaje por correo electrónico: "Anoche, mientras estábamos en la cama, mi esposo dijo: '¿Es cierto que yo no te excito y que no tienes deseo de tener relaciones conmigo?' Tuve que ser totalmente sincera y le respondí: 'Sí y no sé por qué. Me gustaría que no fuera así. Me parte el corazón que no estemos sexualmente en la misma sintonía.'"

La esposa debe entender que cuando ella hace un esfuerzo poco entusiasta por tener sexo con su esposo, él recibe estos mensajes:

- "En este momento, preferiría estar haciendo cualquier otra cosa antes que hacer el amor contigo. No vales mi esfuerzo."
- "No haces nada bien."
- "No me gustas como antes."

Cuando el hombre recibe estos mensajes, ya sea que la esposa tenga la intención de enviarlos o no, se siente rechazado y reacciona de distintas formas.

1. Podría distanciarse sexual y emocionalmente. Cuando un hombre se siente desconectado y percibe que no lo respetan, quizás no lo verbalice. En lugar de eso, tal vez se aparte. Cuando la esposa rechaza un pedido sexual de su esposo, no es que él sienta que su intento ha fracasado; siente que *él* es un fracaso. La mujer tal vez diga: "No es eso lo que estoy transmitiendo." Quizás tenga razón, pero eso es lo que su esposo *siente*. Aun cuando ella se niega por un motivo válido, al hombre el rechazo le suena de una sola manera: rechazo. Y cuando el rechazo se repite, él se cierra.

2. Podría resentirse y enojarse. Cuando el hombre no siente satisfecha su necesidad, intentará solucionarla, controlarla o modificarla. Si no lo logra, es posible que antes de alejarse a alguna otra parte, hacia la soledad o hacia otra mujer, se frustre y se enoje. La frustración surge de sentirse incomprendido, no respetado ni escuchado. El enojo no resuelto luego se convierte en amargura o resentimiento y termina en aislamiento.

Tal vez exprese desilusión. Aunque no sea capaz de decir: "Me siento decepcionado," tú lo percibirás. Tal vez frunza el ceño o haga una mueca. Su enojo puede ser pasivo-agresivo: no coopera, no escucha, evita el contacto, o llega tarde a casa sin haber llamado antes. O quizás su enojo se exprese en forma de crítica o de comentarios duros.

Un hombre nos envió esta triste historia:

> Durante treinta y cuatro años ansié recibir satisfacción sexual de mi mujer. El sexo fue un tema delicado desde la primera semana de casados. Durante años, le pedí y le rogué tener intimidad física. Ella rara vez respondía. Cuando hicimos el amor, unas pocas veces pareció sentir placer y unas pocas veces me sentí satisfecho yo, como si redescubriera a la mujer con la que me había casado. Intenté de muchas maneras no necesitar del sexo y no culparla a ella. Cientos de veces traté de esperar a que ella me deseara, pero jamás lo hizo. Finalmente, hace unos tres años, me di por vencido.

Sólo así logré algo de paz a pesar de la triste condición de nuestro matrimonio.

El fin de semana pasado la llevé a nuestra posada favorita. La primera mañana mencioné el tema de hacer el amor. Ella respondió: "Probablemente no pueda por causa de mi espalda." Lo acepté y en realidad no me sentí sorprendido. Con desgano, ella participó en mi alivio. No le pedí nada más durante el resto del fin de semana. Cuando nos alejamos del lugar, ella expresó su preocupación porque no habíamos hecho el amor. Luego, camino a casa, volvió a mencionarlo. Sentí que empezaba a enojarme y cuanto más pensaba en eso, más loco me ponía. Tenía ganas de decirle algo, pero sabía que si la acusaba a ella de ser el motivo por el cual no habíamos tenido sexo, se pondría a llorar y no se solucionaría nada. No puedo soportar más todo esto.

Muchas de las emociones del hombre pasan a través del portal del enojo. El miedo, la frustración, la irritabilidad, la tristeza, el rechazo, el dolor, todas ellas se expresan frecuentemente por medio del enojo. Si bien este hombre manifestaba enojo, también sentía todas esas otras emociones. El enojo acumulado a menudo se manifiesta en el aislamiento, el resentimiento, la amargura y la depresión. Si el esposo expresa enojo en relación con el sexo, invariablemente, esta fuerte emoción es una emoción secundaria que cubre una emoción aún más vulnerable.

3. Podría volverse vulnerable a la tentación sexual. Aunque tal vez el esposo no engañe físicamente a su esposa, es probable que comience a fantasear o a desear estar con otras mujeres. Eso le ocurrió a Gregorio. Durante los once años de su matrimonio, Cristina, su esposa, tuvo sexo muy pocas veces con él y cuando lo hacía, solía decirle: "Hagamos esto rápido, así puedo irme a dormir."

"Después de varios años de esta situación," nos contó Gregorio, "empecé a pensar que era mi destino en la vida y que tendría que aprender a vivir con ello. 'Todo lo puedo en Cristo que me fortalece,' ¿verdad? Pero no está dando resultado. Por mi trabajo, tengo que estar cerca de varias mujeres y algunas de ellas han expresado cierto interés en mí. Hasta hace poco, nunca había considerado serle infiel a mi esposa, pero su rechazo (aunque ella no lo vea así) me ha empujado a la fantasía y me he sentido atraído hacia otras mujeres que no consideran que sea tan horrible tener relaciones íntimas conmigo. No puedo creer que esté pensando de esta manera. Pero tampoco puedo quitarme estos pensamientos de encima."

La oportunidad de la satisfacción sexual fuera del matrimonio está constantemente disponible para el hombre. Aunque el esposo es personalmente responsable de ser fiel y mantener los límites sexuales, el comportamiento de la esposa contribuye a su vulnerabilidad ante la tentación.

Aunque el esposo es personalmente responsable de ser fiel y mantener los límites sexuales, el comportamiento de la esposa contribuye a su vulnerabilidad ante la tentación.

La mayoría de los hombres está acostumbrado a obtener una respuesta por sus actos. El trabajo les da un salario. Correr los hace transpirar. La iniciativa conduce a un resultado en muchas áreas de su vida. Pero cuando la mujer rechaza su iniciativa sexual, él se molesta, a veces en forma pasiva, otras en forma indirecta y quizás hasta abiertamente.

En *Making Sense of the Men in Your Life [Comprender a los Hombres de Su Vida]*, Kevin Leman escribe: "Esposa, en el siglo XXI tu desinterés sexual hacia tu compañero es una actitud sumamente peligrosa. Quizás en el Jardín del Edén, donde no abundaban las imágenes sexuales, se podía manejar la apatía. Pero no estamos en el Jardín del Edén y tu esposo no vive en un mundo puro. Si quieres que te sea fiel, lo menos que puedes hacer es no darle razón alguna para que busque en otro lugar."[12]

Como esposa tienes una gran influencia en la vida sexual de tu esposo. Cuando te comprometes a involucrarte plenamente con él antes, durante y después de la relación sexual, lo ayudas a mantenerse completamente concentrado en ti.

ENCUESTA: ¿ESTÁS CONECTÁNDOTE CON TU ESPOSO DE LA MANERA QUE ÉL LO NECESITA?

Responde sí o no a las siguientes declaraciones/afirmaciones:

∞ *Habitualmente le digo que él es mi único amor y que cuando nos conectamos intelectual, emocional y espiritualmente, la relación sexual es maravillosa.*

∞ *Me visto provocativamente—sólo para la mirada de mi esposo.*

∞ *Estoy atenta a los momentos en los que las necesidades sexuales de mi esposo crecen y entonces yo tomo la iniciativa para iniciar la relación.*

∞ *Coqueteo con mi esposo provocándolo sexualmente y a conti-*
nuación satisfago sus necesidades.

∞ *Me conecto con los pensamientos de mi esposo descubriendo*
y aprobando sus ideas, pensamientos y sueños. Sé que eso le
provoca pasión.

∞ *Estoy dispuesta a divertirme durante la relación sexual.*

∞ *Cuando veo que mi esposo se cuida de ver escenas provocativas*
en la TV o en el cine o mujeres en público, confirmo su pureza
y compromiso conmigo.

∞ *Amo completamente a mi esposo y voy más allá de lo superficial*
de sus emociones para ayudarlo a comprender qué otros senti-
mientos puede experimentar.

∞ *Disfruto de conectarme espiritualmente con él y recordarle que*
su sed espiritual hace que yo quiera entregarme sexualmente
a él.

¿Cómo respondiste a las frases de la encuesta? Si contestaste que
sí a la mayoría de las preguntas, es probable que estés conectándote
a las necesidades sexuales de tu esposo y a otras que pueda tener.
Si contestaste que no a la mayoría, afianza tus respuestas positivas,
admite las áreas que no habías reconocido y pídele a Dios que te dé
ojos y corazón abiertos al cambio.

Cómo satisfacer las necesidades sexuales
de tu esposo

Los párrafos previos son advertencias de lo que puede suceder
cuando las necesidades del esposo no son satisfechas. Te alentamos
a invertir en tu esposo. Ámalo. Satisface sus necesidades, por su bien
y por el bien de tu matrimonio. ¿Cómo puedes lograrlo? Escoge

algunas de las próximas sugerencias y comienza el proceso de satisfacer las necesidades sexuales de tu esposo.

1. Toma conciencia de que el sexo juega un papel importante para ayudar a los hombres a encarar la vida. El sexo tiene la milagrosa habilidad de clarificar la mente del hombre, ayudándolo a resolver problemas. Las mujeres suelen resolver las cosas hablando; los hombres suelen resolverlas teniendo sexo con su esposa.

2. Di sí tan a menudo como puedas. La manera más rápida de alimentar la conexión es acceder a tener sexo. Básicamente, si una mujer entiende una sola cosa de este capítulo, tiene que ser la importancia de decir sí. Si quiere conectarse con su esposo, la mejor manera de hacerlo es a través del sexo.

3. Si tienes que decir no, no lo digas de inmediato. Cuando tu esposo quiere tener relaciones sexuales contigo, no cierres inmediatamente la puerta. Reconócelo como una necesidad real y considera que tu respuesta positiva es una manera en la que puedes amar y servir a tu esposo. Recuerda de nuevo las palabras del apóstol Pablo: "El amor es paciente, es bondadoso . . . no es egoísta."[13] Si tienes que decir que no, prepárate para dos cosas: dar una razón sincera para la postergación y luego sugerir un momento en el que estarás más disponible para responder a sus necesidades.

4. Decídete a disfrutar del sexo. En realidad, el sexo comienza en la mente. Puedes elegir disfrutar del sexo, o puedes escoger no hacerlo. Tu decisión se convierte en un camino para tu relación, dentro y fuera del dormitorio. En la mayoría de las parejas con las cuales hablamos, encontramos que las mujeres disfrutan del sexo cuando se deciden a disfrutarlo.

5. Ayuda a tu cónyuge a saber qué te da placer. Si tu esposo no sabe cómo complacerte, enséñale. Los hombres no saben leer la mente, especialmente en la cama. El gran mito es que los hombres automáticamente saben cómo ser grandes amantes. ¿De dónde viene este mito? ¿De dónde creemos que los hombres aprenden estos secretos para la pasión? ¿Del vestuario de la escuela secundaria? No es precisamente el pináculo de conocimiento. ¿De las películas? Tampoco es la vida real. Tu esposo necesita saber qué te da placer. Cuando estén haciendo el amor, pon tu mano sobre la suya y guíalo. Susúrrale al oído lo que realmente te gustaría que él hiciera. No hay nada embarazoso o vergonzoso en esa clase de comunicación.

6. Supera la timidez. Dios nos creó para que seamos sexuales, para que seamos vulnerables. Esposa, empieza a expresar tus necesidades. Los dos se beneficiarán cuando seas más específica acerca de lo que deseas en la alcoba. Confía en nosotros, tu esposo no responderá con disgusto ni se sentirá escandalizado. Esposo: asegúrate de no hacer mal uso de esa confianza. Lo que tu esposa y tú hagan no es para compartir con tus amigos. Lo que hacen en el dormitorio es privado.

7. Ten presente que las emociones de tu esposo tal vez no funcionen como las tuyas. La mujer pasa fácilmente de una emoción a otra. Por ejemplo, si el esposo no le habla mucho, ella puede pensar: *¿Qué hice mal esta vez? ¿Está cansado de mí? ¿Le pido demasiada ayuda en los quehaceres domésticos? ¿Pensará que estoy gorda y vieja? Tal vez haya alguien en la oficina que le parece más interesante y atractiva.* La mujer puede ir de la A a la Z en cuestión de sesenta segundos. Mientras tanto, él piensa: *Estoy muy cansado. Lo único que quiero esta noche es mirar esa película de acción por TV.* Muchos hombres no piensan más allá de la primera emoción hasta que se presenta un problema que resolver. Normalmente no sobreanalizan ni repasan la lista de causas y efectos. La esposa hará un progreso en su matrimonio cuando se dé cuenta de esta verdad.

8. Acepta el reto de 10 por ciento. Esposa, ¿qué pasaría si respondieras sexualmente a tu esposo 10 por ciento más de lo que lo haces ahora? ¿Cuándo puedes empezar a poner en práctica este desafío? La próxima vez que tu esposo diga algo parecido a esto: "Estaba pensando que tal vez podamos contratar a una niñera el sábado por la noche y pasar un rato solos." "Tengo ganas de que vayamos a la cama temprano esta noche. ¿Puedes hacer dormir a los niños ahora?" "No hemos hecho el amor en varias semanas. ¿Podemos pasar un rato a solas?"

Muchas mujeres nos preguntan: "¿Estoy satisfaciendo su necesidad si respondo que sí muchas veces pero no todas?" Sí, pero en realidad es una pregunta equivocada. El número no es lo importante. Lo que cuenta es la *naturaleza* de la respuesta y la conexión que ocurre cuando tú y tu esposo están a la expectativa y procuran la mutua satisfacción sexual. Hasta un pequeño cambio en tu receptividad puede darle a tu esposo mucho más placer y mejorar tu matrimonio.

9. Imagina un plan de juego. Quizás sea de ayuda establecer un plan de juego para que tu esposo no tome tu vacilación como algo que tiene que ver con su persona. El plan de juego puede incluir los siguientes aspectos:

- *Si tienes que decir que no, sé clara respecto al motivo.* Si Anita no se siente receptiva a las propuestas sexuales de su esposo, debe decirle por qué. Tal vez sea cansancio, temor de que los chicos los escuchen o un conflicto no resuelto. En lugar de aislarse, se expresa con gracia y le explica a Alejandro lo que está sintiendo. Cuando él entiende lo que ella ve como obstáculos, tiene más posibilidades de ayudar a resolver el tema. A veces no pueden hacerlo, y entonces se ponen de acuerdo en postergar el encuentro sexual, pero se prometen intentarlo en los próximos días.

- *Saber qué esperar.* Cuando la mujer no puede responder, una de las mejores cosas que puede hacer es decirle a su esposo cuándo podrán tener sexo, ya sea más tarde esa noche o al día siguiente. Generalmente, eso resuelve la situación de una manera mucho mejor que decir: "No tengo ganas de hacerlo" y dormirse enseguida. Conversen acerca de cuántas veces por semana les gustaría tener sexo, para que ambos sepan qué esperar. Alguno de ustedes tal vez se sienta incómodo sobre hacer planes con antelación respecto al sexo, como si ponerlo en el calendario lo forzara. Aun así, a muchas parejas les da resultado programarlo de antemano; de esa manera evitan las conjeturas y el conflicto de la situación, proporcionando a la pareja ritmo y expectativa. Si el hombre sabe que él y su esposa tendrán sexo una vez por semana (o tres veces, o más), puede comenzar a mejorar la conexión y lograr una respuesta entusiasta por parte de su mujer.

- *Cumple una promesa de sexo.* Si tienes que decir que no, asegúrate de que esa negativa sea "No en este momento, pero pronto." Recibimos esta carta electrónica de Jorge: "Mi esposa y yo no mantenemos relaciones íntimas con regularidad (lo hacemos una vez al mes). Hace casi dieciocho años que estamos casados. Honestamente, yo estoy tratando de satisfacer sus necesidades, pero casi he renunciado a perseguirla para hacer el amor. La mitad de las veces ella siente que estoy persiguiéndola y la otra mitad, me contesta: 'Sí, pero después.' Eso sería genial, si ese 'después' realmente llegara."

Esposas: no digan más "después." Esto es muy importante. Entendemos que a veces habrá que volver a postergar. Pero un matrimonio sano se basa en la confianza; tu esposo tiene que poder confiar en que cumplirás lo que dijiste. Si el "después" nunca llega, tu cónyuge pronto dudará de tu palabra, no sólo en el área sexual sino también en otras áreas.

• *Conozcan las necesidades y ritmos sexuales del otro y demuestren empatía.* "Si necesito decirle que no a Marcelo," explicó Noelia, "jamás diría simplemente no, dejando librado a su imaginación adivinar el motivo, especialmente porque sé que cuando él está decepcionado, siempre piensa lo peor. Lo que hago es tomarle el pulso emocional. Le pregunto: '¿Lo necesitas en este momento más que ninguna otra cosa?' Si me responde que sí (puedo confiar en que me dice la verdad), hago a un lado mis propias necesidades y disfruto de satisfacer las suyas. Nunca recurro al sexo si me voy a sentir amargada o enojada, durante o después. También tomo en cuenta cuándo fue la última vez que tuvimos relaciones; si han pasado más de dos días, tomo en serio su deseo. O me pregunto a mí misma si hacer el amor lo ayudará a pensar con más claridad al día siguiente, si reducirá su estrés o lo ayudará a luchar en mejores condiciones la batalla de la pureza. O puedo preguntarle: '¿Se trata solamente de un momento de regalo?' Si lo es y yo no puedo cambiar mi situación, entonces programamos tener sexo en otra oportunidad."

CAPÍTULO 6

Las otras necesidades sexuales de la esposa

En los dos capítulos anteriores analizamos las tres principales necesidades sexuales tanto del hombre como de la mujer. A pesar de todas las diferencias entre varones y mujeres, nuestra encuesta sugiere que los esposos y las esposas desean esencialmente lo mismo en su vida sexual: relación, intimidad y satisfacción. Las diferencias surgen de la manera en que cada uno reivindica esas necesidades: los hombres a través del acto físico, las mujeres a través de la conexión emocional. En los próximos dos capítulos nos ocuparemos del resto de las principales necesidades sexuales de hombres y mujeres. Tal vez te interese saber que esas necesidades también están interrelacionadas.

Las otras dos necesidades sexuales que mencionaron las mujeres de nuestra encuesta fueron intimidad espiritual y romanticismo. ¿Cómo están conectadas estas dos necesidades? Tanto la intimidad espiritual como el romanticismo se practican fuera del dormitorio y también con y por tu cónyuge. Cuando ambas necesidades están satisfechas, el resultado será una mejor vida sexual.

INTIMIDAD ESPIRITUAL

Por fin se desahogó Susana. A través de lágrimas de frustración le dijo a su esposo, Jeremías, que se sentía miserable.

—¿Qué? —preguntó Jeremías—. ¿Cómo puedes sentirte miserable? Tienes todo lo que necesitas. No tienes que trabajar, yo tengo un buen ingreso, vivimos en un lugar increíble, nos vamos de vacaciones a lugares encantadores, te soy fiel. ¿Qué más quieres?

—Te pido constantemente que vengas a la iglesia conmigo, que ores conmigo, pero te niegas —contestó Susana.

—¿De eso se trata? —le preguntó incrédulo—. ¿Te sientes miserable en tu matrimonio porque no cumplo con la cuestión de ir a la iglesia? No es lo mío, Susana. Y de todas maneras, a veces te acompaño.

—Pero tengo que suplicártelo.

—Es que no me siento cómodo ahí. ¿Por qué no podemos aceptar que tenemos intereses distintos?

El esposo muchas veces hace todo lo que puede para cuidar a su esposa y proveer para ella, pero a veces no se ocupa de cuidar su alma, su espíritu, sus creencias más profundas y sus pasiones. La esposa espiritualmente insatisfecha cambiaría todas las vacaciones del mundo por un poco de intimidad espiritual con su esposo.

El esposo muchas veces hace todo lo que puede para cuidar a su esposa y proveer para ella, pero a veces no se ocupa de cuidar su alma, su espíritu, sus creencias más profundas y sus pasiones.

¿Sabes de qué manera el ocuparte de la vida espiritual de tu esposa responde a una necesidad sexual? Las mujeres de todo el país nos dicen lo mismo: "Cuando mi esposo toma el liderazgo espiritual orando, leyendo la Biblia o yendo a la iglesia, me siento atraída hacia él de una manera más profunda. Me hace sentir tan segura que estoy ansiosa por entregarme completamente a él."

Las mujeres toman tan en serio la intimidad espiritual con sus esposos que 58 por ciento la ubicaron entre una de sus principales necesidades sexuales. Si piensas que son sólo nuestras encuestadas las que sienten que las cosas espirituales afectan lo que sucede en el dormitorio, revisa una encuesta conducida por el Proyecto Nacional del Matrimonio de la Universidad Rutgers. Los destacados expertos en familia David Popenoe y Barbara Dafoe Whitehead reexaminaron a la institución matrimonial en Estados Unidos. En 2001, Gallup reunió la información para el estudio del Proyecto Nacional del Matrimonio, que incluía encuestas a 1.003 adultos que tenían entre veinte y veintinueve años. Los resultados indican que la conexión emocional y *espiritual* se ubica muy por encima de otras necesidades, incluyendo la estabilidad económica. Casi 81 por ciento de las mujeres entrevistadas relataron que es más importante tener un esposo que pueda comunicar sus sentimientos más profundos que tener uno que gane un buen salario. Una abrumadora mayoría (94 por ciento) cree que un cónyuge debería ser, primero y principalmente, un amigo del alma.[1]

¿Qué nos dice esa información? Que las mujeres anhelan un hombre que pueda conectarse con su parte más profunda: la espiritual.

En *Para Que el Amor No Se Apague*, Gary Smalley escribe sobre encontrar el poder para seguir amando: "¿Por qué el peregrinaje espiritual es tan importante? Los investigadores matrimoniales están

Las mujeres anhelan un hombre que pueda
conectarse con su parte más profunda: la espiritual.

encontrando una correlación entre el viaje espiritual y la satisfacción en el matrimonio. Howard Markman, Scott Stanley y Susan Blumberg informan que la religión tiene un impacto favorable sobre el matrimonio. Escriben que las parejas religiosas 'son menos propensas al divorcio . . . muestran niveles algo más elevados de satisfacción . . . niveles inferiores de conflicto sobre temas cotidianos . . . y niveles superiores de compromiso.'"[2] De un modo parecido, el experto matrimonial Nick Stinnett descubrió que una característica común a los matrimonios y a las familias más felices era una fe en Dios compartida y activa.[3]

Si quieres liberar una profunda pasión en tu esposa, toma en serio conectarte espiritualmente con ella.

¿QUÉ ES LA INTIMIDAD ESPIRITUAL?

Tendrán una profunda intimidad espiritual cuando tengan un deseo mutuo y sincero de estar cerca de Dios, cuando busquen la dirección de Dios para su matrimonio, incluyendo su vida sexual. Intimidad espiritual implica que en medio del conflicto se honran y se respetan mutuamente. No se menosprecian el uno al otro, tratando de ganar; piensan de qué manera quiere Dios que actúen en la situación. Se unen más a través de la oración. Tienen en cuenta los principios bíblicos para la vida y el matrimonio. Hacen partícipe a Dios en todos los aspectos de su matrimonio, incluyendo la relación sexual.

La mujer desea profundamente buscar a Dios *con* su esposo. Quiere tener conversaciones espirituales, leer la Biblia con él y orar juntos. La mujer se siente atraída por su esposo cuando él le brinda liderazgo espiritual.

Tu esposa necesita que seas el "protector de su alma."

Dios ideó al hombre para que fuera el líder espiritual dentro del matrimonio, y tu esposa quiere que tengas éxito en ese sentido. Cuando lideras espiritualmente a tu esposa, ella se siente animada para confiar más en ti. Cuando un hombre y una mujer construyen su matrimonio sobre el compromiso fundamental de buscar a Dios por sobre todas las cosas, son capaces de compartir temores, ansiedades, alegrías y sueños. Pueden experimentar una verdadera honestidad, con la seguridad de que se aman incondicionalmente el uno al otro y de que ninguno abandonará jamás el compromiso.

CÓMO SATISFACER LA NECESIDAD DE INTIMIDAD ESPIRITUAL DE TU ESPOSA

Elige algunas de las siguientes sugerencias y comienza el proceso de satisfacer la necesidad de intimidad espiritual de tu esposa.

1. Pregúntale qué necesita. La mejor manera de empezar a satisfacer la necesidad de tu esposa es preguntarle cómo le gustaría que construyeras la intimidad espiritual con ella. No dejes que te dé respuestas generales. Averigua exactamente lo que quiere decir. Si ella dice: "Quiero que seas el líder espiritual en nuestro matrimonio," pregúntale qué significa eso para ella en un nivel práctico y diario. Luego, empieza a concretar sus pedidos.

2. Sé sincero sobre tus sentimientos incómodos. En el artículo "How Honest Are Couples, Really? [¿Qué Tan Honestas Son las Parejas, Realmente?]" de la revista *Reader's Digest,* el autor informaba los resultados de una encuesta que mostraba que a los hombres les gustaría hablar de temas más profundos que deportes o dinero, pero no saben cómo hacerlo. Casi un tercio de los hombres desearían poder conversar abiertamente con sus esposas acerca de asuntos espirituales. El investigador matrimonial John Gottman comentó al respecto: "Eso realmente me impresionó. Destaca el sentido de nuestra vida, aquello que valoramos. Para los hombres es difícil hablar de eso."[4]

En un estudio canadiense similar, 42 por ciento, tanto de esposos como de esposas, desearían poder hablar abiertamente con sus cónyuges sobre temas espirituales. "Esto refuerza la noción de que hoy en día mucha gente siente un vacío en relación a la espiritualidad y a los valores, y les gustaría poder hablar al respecto con su compañero," dice Sue Johnson, directora ejecutiva del Instituto para la Pareja y la Familia de Ottawa.[5]

Si te sientes incómodo al hablar de cosas espirituales, empieza de a poco. Una forma de comenzar es que cada uno comparta la historia de su vida espiritual. Utiliza las siguientes preguntas para saber más acerca de la fe de tu compañera:

- ¿Qué creían tus padres sobre Dios, Jesús, la iglesia, la oración y la Biblia?

- ¿Cómo y dónde aprendiste acerca de Dios, Jesús y el Espíritu Santo? ¿A qué edad comenzaste a aprender?
- ¿Qué te preguntabas acerca de la fe cuando eras niña y adolescente? ¿Quién te dio las respuestas?
- ¿Memorizaste algunos versículos bíblicos cuando eras niña? ¿Cuáles recuerdas ahora?
- Siendo niña, si hubieras podido hacerle algunas preguntas a Dios, ¿cuáles habrían sido?
- Si pudieras hacerle preguntas a Dios ahora, ¿cuáles serían?
- Durante tu infancia, ¿hubo alguien a quien tenías como ejemplo de cristiano pero te decepcionó? Si eso ocurrió, ¿de qué manera te afectó como adulta?
- ¿De qué manera afectaron tu fe los momentos difíciles?
- ¿Cuál ha sido la experiencia espiritual más importante de tu vida?

4. Ora *por* tu esposa. Más que cualquier otra cosa, más que las flores, los dulces, las velas, las cenas o los regalos, tu esposa necesita que seas el "protector de su alma." Ora por ella a lo largo del día. Ora por sus luchas y por sus sueños. Pídele a Dios que te muestre maneras de satisfacer sus necesidades.

5. Ora *con* tu esposa. La oración es probablemente el lazo más fuerte que une a una pareja. Tal vez al principio les resulte incómodo hacerlo, así que utiliza estos consejos para minimizar la timidez y tomar conciencia de la presencia de Dios en tu vida.

- Dediquen un momento para orar juntos. Puede ser lo primero que hagan en la mañana o en cualquier otro momento del día que les sirva a ustedes. Si hacerlo a diario les parece una meta demasiado elevada, oren juntos una vez por

semana, tal vez los domingos por la tarde. Si les resulta
cómodo, oren juntos mientras dan un paseo o se trasladan
en el auto.

- Compartan pedidos de oración con frecuencia. Expresarse las
necesidades es una forma importante de abrir el corazón y saber por dónde comenzar a satisfacer las mutuas necesidades.

- Conversen acerca de cómo Dios les ha contestado sus oraciones en el pasado.

- Comiencen con algunos minutos de oración en silencio.

- Cuando estés con tu esposa, rodéala con tus brazos y ora:
"Señor, te pido que la bendigas. Tomo sus necesidades y te
las presento para que la guíes. Estoy muy agradecido de que
ella sea mi esposa."

- Oren en voz alta el uno por el otro, por su matrimonio
y por su familia.

- Lean juntos la Biblia. Prueben leer los Salmos a modo
de oraciones.

- Compren un libro de oraciones y díganlas.

- Lean juntos nuestro devocional mensual, *Renewing Your
Love [Renovando Tu Amor],* que ofrece temas diarios para
fortalecer el matrimonio, preguntas para ayudarlos a compartir y oraciones para conectarlos espiritualmente.

6. Alienta espiritualmente a tu esposa. Para comenzar, com-
pleten juntos estos cuatro enunciados:

- Podrías ayudarme a crecer en la fe mediante . . .
- Me siento más cómodo orando contigo cuando . . .
- Podríamos crecer juntos en nuestra fe si . . .
- Podríamos servir juntos a Dios mediante . . . [6]

7. **Transfórmate en una caja de resonancia espiritual.** Ponte en sintonía y escucha a tu esposa. Si ella tiene una necesidad más grande que la tuya de hablar de cosas espirituales, no te desanimes. Escucha. Haz preguntas. Comparte con ella tus puntos de vista.

8. **Concéntrate en las fortalezas espirituales de tu esposa.** Cuando la veas tomar una decisión difícil basada en sus convicciones, apóyala y anímala. Cuando sea ella la que te lleve a Dios, permite que lo sepa.

9. **Practiquen el perdón.** Cuando tengan una discusión o ella te haya herido o frustrado de alguna manera, sé consciente de que cualquier ofensa sin resolver puede bloquear todo tipo de intimidad (emocional, física y espiritual). Cuando sientas que hay una pared entre ustedes, es que algo está mal. Reconoce tus errores. Pide perdón. Y cuando tu esposa haga lo mismo, perdónala. Si necesitas ayuda en esta área, sugerimos que leas nuestro libro *Sana las Heridas en Tu Matrimonio,* que ofrece una mirada detallada sobre cómo resolver conflictos en el matrimonio.

ROMANTICISMO

La necesidad sexual que ocupó el quinto lugar entre las respuestas de las mujeres a nuestra encuesta fue el romanticismo. Casi 53 por ciento de las mujeres señalaron el romanticismo como una necesidad sexual importante. Sospechamos que muchos de ustedes, muchachos, están pensando: *Perfecto, de todas las necesidades sexuales de mi esposa, esta es la que más conozco. En esta soy un experto. Soy Don Juan.*

Caballeros, no quisiéramos deshacer sus ilusiones, pero para la mayoría de las mujeres, romanticismo no es lo mismo que sexo. Hace algunos años realizamos una encuesta sobre cómo definen al *romanticismo* los esposos y las esposas y descubrimos que los hombres y las mujeres difieren bastante. De los hombres que encuestamos, 50 por ciento dijeron que la cosa más romántica que su esposa había hecho incluía sexo, 25 por ciento dijeron que tenía que ver con la comida y el otro 25 por ciento dijeron que tuvo que ver con hacer algo juntos. De las mujeres encuestadas, *ninguna* de ellas mencionó en forma directa el sexo en su interpretación del romanticismo; la mayoría de ellas sentía que el romance era el resultado de pasar juntos momentos agradables. La esposa se siente tratada con romanticismo cuando su esposo hace cualquier cosa que demuestre que se interesa por ella y que piensa en ella: especialmente llamadas telefónicas o notas, sorpresas, algo fuera de lo común y de lo cotidiano. También se siente de esa manera cuando su esposo conversa con ella sin distraerse, cuando la abraza y la besa todas las mañanas.

El romanticismo es el puente entre el amor y el sexo; por lo tanto, cuando no se satisface la necesidad del romanticismo de la mujer, le resulta difícil moverse y avanzar hacia lo sexual. Siente a su esposo como alguien preocupado y distante más que como a su amante. ¿Aun así aceptaría tener relaciones sexuales? Probablemente. Pero para ella no es tan excitante o agradable como podría serlo.

Gregory Godek, escritor, orador, esposo y romántico incurable, comparte su pasión por el romance en su libro *1001 Ideas para Ser Románticos*. Declara: "El romanticismo crea un contexto dentro del

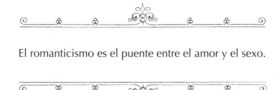

El romanticismo es el puente entre el amor y el sexo.

cual la sexualidad puede adquirir un mayor sentido. El romanticismo focaliza a la sexualidad hacia un propósito de amor: el crecimiento de la intimidad. Sin romanticismo, el sexo no es más que seducción. Sin el romance, el sexo puede volverse un hábito vacío o una obligación monótona. Con el romanticismo, el sexo pasa a tener relación con el amor. Con el romanticismo, el sexo se transforma en dar y no solamente tomar."[7]

Muchas cosas pueden desalentar el romanticismo: los malos entendidos, las distracciones propias del hogar, el trabajo, los hijos y la vida. Pero sin una dosis de romanticismo, la relación sexual se volverá aburrida y se marchitará. El romanticismo es imprescindible si quieres que tu intimidad sexual sea más profunda.

Hace algunos años, un conocido psicólogo norteamericano, el Dr. Phil, encuestó a 37.000 personas y averiguó mucho acerca de la importancia del romanticismo.

No es sorprendente que el romance sea central para nuestra definición del amor: 94 por ciento responde que regalar flores, tomarse de la mano, o salir una noche con su pareja son características del amor (sólo 6 por ciento dice que esas cosas son hechas por obligación o por culpa). Casi dos tercios también incluyen como actos de amor tareas domésticas tales como sacar la basura, bañar a los niños o lavar los platos. Estas acciones le comunican a nuestro cónyuge: *Quiero que tu vida sea mejor y haré sacrificios para garantizar que eso suceda.* Nuestros encuestados no parecían ser materialistas o superficiales. . . . El dinero no es un factor decisivo, como tampoco parece serlo el aspecto físico: 82 por ciento no amaría menos a su cónyuge si él o ella aumentara 45 kilos. *Honestidad, atención, entrega, respeto* y *ternura* fueron las palabras que las personas encuestadas asociaron más con el amor. El elemento central del amor verdadero es que sientas que le perteneces; los románticos lo llaman tener un alma gemela.[8]

Entonces, ¿qué es el romanticismo? El amor es un *sentimiento;* el romanticismo es el amor en *acción.* El romanticismo es algo que haces para expresar el amor que sientes. ¿De qué manera lo logras? La clave es conocer a tu esposa. Una mujer comentó que su esposo piensa que comprar una tarjeta es malgastar tres dólares, así que ella no le regala tarjetas. Pero él sí se las regala porque sabe que a ella le gustan. Algunas mujeres consideran romántica una cena en casa a la luz de las velas, mientras que otras consideran más romántico salir a cenar. A algunas mujeres les molesta que su esposo gaste dinero del que no tienen, por lo que prefieren un picnic en el parque antes que una comida costosa. El romanticismo debe ser hecho a la medida de tu esposa y de sus preferencias.

El amor es un *sentimiento;* el romanticismo es el amor en *acción.*

Algo que puedes hacer es preguntarte a ti mismo: Cuando estaba saliendo con mi esposa e intentaba ganarme su corazón, ¿qué cosas captaban su atención? Los hombres suelen dejar de pensar en esas cosas una vez que se casan. Sienten que una vez que ya ganaron a la chica, el trabajo está cumplido. De ahí en adelante, todo es viento a favor. Pero eso sencillamente no es verdad. El esposo debe darse cuenta de que las responsabilidades de la vida desgastan a su esposa. Ella necesita que él sea romántico una y otra vez.

Cuando los hombres escuchan la palabra *romanticismo,* suelen sentirse intimidados. Se les presentan dos imágenes: un signo monetario (dinero) y el tictac de un reloj (tiempo). Imaginan que tendrán que pasarse una semana pensando en qué hacer, una semana planificando el evento especial, ¡y una semana trabajando para poder pagarlo! Algunos tipos inmediatamente se sacuden de encima la idea del romanticismo, pensando: *Qué tontería, la sensiblería no es para mí.*

Pero el verdadero motivo por el que muchos hombres se sienten intimidados por el romanticismo es porque tienen miedo a ser rechazados. Tal vez el esposo le haya pedido muchas veces a su esposa que reservara dos sábados por mes para salir de noche, pero ella siempre tenía una excusa: estaba cansada, los chicos la necesitaban, la casa estaba hecha un lío. O quizás el esposo haya renunciado a ser romántico con su esposa porque tiene miedo de que a ella no le gusten sus ideas románticas. Pero dejando que los gane el temor, dañarán su deseo de intimidad sexual. Se les escurrirá la pasión del matrimonio y crecerán la apatía o el resentimiento.

¿Qué obstáculos perturban el romanticismo? Cuando encuestamos a las parejas acerca de su idea del romanticismo, les pedimos que nos dijeran cuál era el principal obstáculo para el romanticismo. Las siguientes son algunas de sus respuestas:

- Ocupación y fatiga
- Distracciones: trabajo, iglesia, conflictos sin resolver
- Tensiones económicas
- Decepciones ("Yo estaba pensando en una cena con luces tenues, en un restaurante tranquilo; él estaba pensando en el bufé de pizza en la cantina de la ciudad.")

- Corazones no dispuestos
- Falta de creatividad
- Tareas pendientes
- Indiferencia

CÓMO SATISFACER LA NECESIDAD DE ROMANTICISMO DE TU ESPOSA

Varones, tenemos buenas noticias. Según nuestra encuesta, ser romántico con tu esposa a menudo significa hacer cosas simples que no requieren de mucho tiempo ni dinero. Una esposa dijo: "Son las pequeñas cosas las que demuestran que se preocupa por mí."

Escoge algunas de las siguientes sugerencias para iniciar el proceso de satisfacer la necesidad de romanticismo de tu esposa:

1. Instrúyete sobre las necesidades de amor de tu esposa. ¿Qué la hace sentirse apreciada y amada profundamente? Obsérvala. Pregúntale qué significa el romance para ella y cómo puedes satisfacer esa necesidad, y luego escucha atentamente sus respuestas.

2. Sé tierno. Un elemento importante del romance es la ternura. Toma su mano y acaríciala. Toca su rostro. Juega suavemente con su cabello. Recuérdale por qué te enamoraste de ella.

3. Demuéstrale a tu esposa que te importa. Presta atención a las cosas que le gustan. Por ejemplo, a Alicia le gusta vestirse elegantemente cuando sale con su esposo, pero él no lo hace. Para ella es muy importante que él se dé una ducha, que huela bien y se ponga buenas ropas cuando salen a cenar.

María Eugenia nos contó su historia sobre cómo su esposo hacía el esfuerzo de hacerle saber que ella le importaba. "Solía viajar mucho por trabajo y una noche mi vuelo de regreso fue cancelado. Sabía que el atraso amenazaba un plazo de entrega que tenía para un proyecto laboral. Llamé a mi esposo desde el aeropuerto y tan pronto como oí su voz, me puse a llorar. Extrañaba estar en mi casa. Volví al hotel y veinte minutos después llamaron a mi puerta. Un empleado del hotel trajo mi helado favorito, por pedido de mi esposo."

4. Recuerda los días que son importantes para tu esposa. Llena tu calendario o tu agenda electrónica con recordatorios del cumpleaños de tu esposa, los aniversarios importantes que le gustaría celebrar, el día de los enamorados y cualquier otro día que sea importante para ella. Luego, celebra esos días con una tarjeta, un regalo, flores, una salida, cualquier cosa que sea significativa para ella. Si no estás seguro de lo que le gusta, pregúntale.

5. Sorpréndela. A las mujeres les encanta ser sorprendidas. Puedes lograr eso de maneras muy sencillas. Escríbele un mensaje de amor en un cartelito y pégaselo en su espejo del baño. Una mañana, prepárale el desayuno. Regálale una tarjeta sin otra razón que expresarle: "Estuve pensando en ti." Lleva a casa algo que le guste. Envíale flores a casa o a su trabajo. Regálale una experiencia de "spa." Prepara un baño con algunas de sus fragancias florales favoritas, enciende velas en el cuarto de baño y dile que se relaje durante todo el tiempo que desee. Organiza una salida nocturna, pero no dejes que ella sepa adónde van. Pídele que esté preparada a tal hora y hazle saber qué clase de vestido sería adecuado que use para la ocasión. Y entonces disfruten de la noche juntos.

6. De vez en cuando causa sensación. Julieta nos contó esta historia: "Después de treinta años de casados, sentíamos que lo habíamos hecho todo: escapadas de fines de semana, cenas y películas, partidos de todo tipo de deportes, picnics y caminatas. Y como soy una mujer que ya pasó los cincuenta, no me entusiasmaba demasiado ponerme el mismo vestido y salir a cenar. ¡Pero mi esposo se las ingenió para hacer algo que me dio vuelta la cabeza! Una semana antes de nuestra salida me dijo: 'Tú eres mi Cenicienta y quiero que te sientas como tal.' Una noche, cuando llegué a casa del trabajo, mi vestido de Cenicienta estaba sobre la cama; un disfraz que él escogió y me compró. ¡Lo acomodó sobre la cama como si hubiera una persona dentro de él! Era hermoso: de mi talle y mi color preferido. En nuestro cuarto había puesto una mesita en la que había unos exquisitos entremeses que había comprado en mi panadería favorita. Puso algunas fotografías de nuestra infancia sobre la mesa y en el centro colocó una flor. Después de la comida, dijo: 'Quiero que vivas la magia de Cenicienta, así que iremos al teatro de Cenicienta.' Disfruté mucho del teatro, pero la noche aún no había terminado. Mi esposo me anunció que iríamos al Castillo de Cenicienta y me llevó a mi restaurante favorito. No sólo me hizo sentir joven y hermosa, sino que había pensado en el traje, los entremeses, nuestras fotografías, las entradas para el teatro y mi restaurante predilecto. ¡Es tan estupendo ser amada de esa forma!" La mayoría de nosotros no podemos pagar esa clase de despliegue, pero de vez en cuando es bueno dejar un recuerdo.

7. **Compartan "códigos especiales" secretos.** "El romanticismo es algo que él hace solamente para mí y para nadie más," dijo Nadia. "Por ejemplo, a menudo me transmite 'Te amo' apretándome el brazo o el hombro cuando estamos con otras personas y no puede decirlo en voz alta. Eso me recuerda que él está pensando en mi y que me ama." Otra mujer dijo: "Cuando estamos en público o si estoy saliendo en el vehículo, levanta dos dedos, lo cual quiere decir 'Te amo.'" Crea un código secreto que sólo compartan tú y tu esposa.

8. **Escápense.** A medida que aumentan las responsabilidades fa-

miliares y los desafíos, los esposos y las esposas pierden el rastro de las necesidades del otro. A veces es necesario escaparse de las presiones del hogar para volver a conocer a tu cónyuge. Organicen una noche para estar juntos. Hagan un largo paseo al campo y tomen caminos que no conozcan. Disfruten la aventura. Váyanse de la ciudad, ¡sin los niños! Tomen mini-vacaciones.

9. Desconcéntrense un poco. En lugar de hacer la consabida salida de cena y cine, vayan a ver una película extranjera o una excéntrica película independiente. En lugar de cenar en la terraza, abran una manta en el patio trasero y coman bocaditos de manteca de maní y jalea. Recuéstense afuera sobre una manta y cuenten las estrellas, busquen una en particular, di algo que te encante de tu esposa.

10. Si lo piensas, hazlo. En su artículo "Strategic Romance [Romanticismo Estratégico]," Jim Mueller escribe: "Si tienes una ocurrencia romántica durante el día, ¡actúa! Levanta el teléfono y haz la reserva para la cena; detente en el camino y compra la tarjeta; llama a tu esposa y dile: 'Te amo.' Yo soy cliente permanente de un florista. Lo único que tengo que hacer es levantar el teléfono y cargar la orden en mi cuenta, así de fácil."[9]

UNA LISTA DE ROMANTICISMO

¿Necesitas algunas otras ideas para el romanticismo? Investiga la lista de romanticismo de Greg Godek.[10]

A diario:
> Piropea a tu pareja.
> Pasen juntos treinta minutos ininterrumpidos.
> Comuníquense a lo largo del día.

Lleva a cabo un gesto pequeño e inesperado.

Di "Te amo" por lo menos tres veces al día.

Agradece a tu compañera por algo.

Busca conceptos románticos en el periódico.

Date un minuto extra para el beso de despedida.

Semanalmente:

Trae a casa un pequeño regalo inesperado.

Comparte alguna forma de intimidad física.

Salgan juntos una noche.

Comparte dos conceptos que hayas aprendido esta
semana.

Escribe por lo menos una notita de amor.

Envíale alguna carta electrónica a tu compañero.

¡Hagan el amor!

Planifica algo especial para el fin de semana venidero.

Mensualmente:

Planifica una sorpresa romántica.

Reabastece tu reserva de tarjetas de saludos.

Salgan a cenar una o dos veces.

Alquilen por lo menos dos películas románticas.

¡Hagan el amor varias veces!

Hagan planes para una escapada romántica de tres días
en los próximos tres meses.

Organiza un evento romántico relacionado con la
temporada del año en que están.

Anualmente:

Toma la decisión de ser más creativo en tu romanticismo.

Haz planes para tu próximo aniversario.

Piensa en una manera diferente de celebrar el cumpleaños de tu cónyuge.

Repasa tus planes para las próximas vacaciones.

Crea una categoría especial para el "romanticismo" en tu presupuesto hogareño.

Organiza con bastante anticipación el día de los enamorados.

CAPÍTULO 7

Las otras necesidades sexuales del esposo

Las dos últimas necesidades sexuales que enumeraron los varones encuestados están ligadas a su sentido de valor. El hombre tiene una fuerte necesidad de que su esposa tome la iniciativa en la relación sexual y de que lo apruebe.

Iniciativa sexual

Nora sabía que su esposo, Enrique, había tenido una semana difícil en el trabajo. Como abogado de su pequeño pueblo, había sido contratado para representar a un cliente muy importante en un caso de fraude y estaba trabajando mucho tiempo.

Una tarde cuando regresó a casa, Nora le preparó una taza de chocolate. Luego se sentó frente a él, le sacó lentamente los zapatos y empezó a masajearle los pies.

—Eso me gusta —dijo Enrique, cerrando los ojos.

—Sé de algo más que te hará sentir bien —respondió Nora.

Abrió un ojo y la miró. Ella levantó las cejas y lentamente movió el pie de él hacia el espacio entre sus pechos.

—Creo que puede interesarme —dijo él, dejando la taza de chocolate.

Nora se puso de pie, tomó la mano de Enrique y lo llevó al dormitorio.

¿Cómo hizo sentir esto a Enrique?

"No te puedo decir cuánto significó para mí el gesto de mi esposa. Cuando ella tomó la iniciativa para tener relaciones sexuales, fue como si estuviera gritándome, '¡Te amo tanto! Entiendo que has estado bajo presión. Quiero regalarte sexo. Sé cuánto te complacerá y te aliviará. Disfrutemos nuestros cuerpos.' ¡Guau! ¿Qué tipo no se sentiría como un rey después de que su esposa hace algo así? Ah, y de paso, ¡el sexo fue *increíble*!"

En un capítulo anterior, cuando analizamos la necesidad del hombre de que su esposa responda a sus propuestas, dijimos que si ella se resiste, afecta la confianza y la autoestima de su esposo. Si la receptividad de la esposa fortalece la autoestima del hombre, piensa cuánto comunicará el hecho de que ella *inicie* la relación sexual. Los hombres que contestaron a nuestra encuesta lo pensaron bien. Alrededor de 61 por ciento de ellos clasificaron la iniciativa sexual de la esposa como una necesidad sexual principal.

Al hombre le gusta la espontaneidad. Es tan importante que la esposa entienda este concepto que es bueno repetirlo: al hombre le encanta la espontaneidad. El esposo necesita que su mujer inicie la relación sexual para saber que él no es el único que se preocupa por su vida sexual. Cuando ella toma la iniciativa, se da cuenta de que a ella le importan sus necesidades, que lo ama y que piensa en él. Cuando ella toma la iniciativa le permite descansar de la tarea de ser el que siempre tiene que hacerlo, librarse del temor a la falta de reciprocidad y disfrutar de un encuentro sexual espontáneo. La iniciativa de la mujer lo libera de la presión de comenzar el proceso de la intimidad sexual.

Al hombre le gusta la espontaneidad.

Cuando la esposa le dice a su esposo cuánto lo admira o se preocupa por él, reafirma la autoestima de él. Cuando ella lo busca sexualmente, él se siente en la cima del mundo. Se dice a sí mismo: *Ella me desea. Me quiere de amante.* Él quiere gritarle al mundo: "¡Todavía le parezco atractivo!"

¿No es eso lo que quieres en tu matrimonio: un esposo feliz, profundamente satisfecho, protegido y realizado? Cumple la fantasía de tu esposo: ser deseado y anhelado por *ti.* Él no desea una seductora de un programa televisivo nocturno. Él te desea a ti: su esposa.

Cumple la fantasía de tu esposo: ser deseado y anhelado por *ti.*

Kevin Leman escribe: "Emocionalmente, es muy satisfactorio para el hombre estar casado con una esposa que esté interesada sexualmente en él. El hombre es externo. Si quieres que un hombre se sienta deseado y necesitado, no alcanzará con palabras; tienes que buscarlo sexualmente."[1]

En una conferencia reciente, Susana nos comentó, "Si la iniciativa es importante para Gastón, entonces yo he estado ciega en esta área de nuestro matrimonio. Yo disfruto del sexo. Me gusta responderle. Un par de veces, cuando estuvimos a solas en una convención de negocios, yo tomé la iniciativa para que hiciéramos el amor y eso lo volvió loco. Tenía un brillo en los ojos que me hacía acordar a nuestro primer año de casados. Pero pensé que era algo 'de las vacaciones.' Ahora me doy cuenta de que le estoy comunicando que sólo me importa el sexo si él la desea, no si yo lo deseo a él. Estoy empezando a darme cuenta de que él realmente se sentiría homenajeado si yo preparara el terreno para el sexo coqueteando e invitándolo."

De todas las necesidades sexuales, tomar la iniciativa parece ser la más difícil de poner en práctica para muchas mujeres. Tal como lo vimos en un capítulo anterior, la mayoría de las mujeres habitualmente no piensan en el sexo, por lo tanto no se les ocurre iniciar algo que no tienen en mente. Pero cuando las mujeres sí piensan en el sexo, tal vez consideran que con responder es suficiente. Es más, algunas mujeres creen que la iniciativa sexual es más un lujo que una parte necesaria del matrimonio. Pues bien, están equivocadas.

CÓMO SATISFACER ESTA NECESIDAD DE INICIATIVA

Señoras, dispónganse a abandonar su zona de comodidad y comiencen a tomar la iniciativa sexual en sus matrimonios. Aquí hay algunas ideas para ayudarlas:

1. Recuerda que tu esposo es un ser sexual. Hónralo tomando en serio su necesidad de tener relaciones sexuales contigo. Considera un disfrute y un privilegio ser la que Dios ha escogido para satisfacer esas necesidades.

2. Mírate a ti misma como un ser sexual. "Me considero una persona cariñosa. Me encanta abrazar, escuchar y estar con mi esposo," dice Diana. "Hasta me encanta el romanticismo, pero no me considero una persona sexual. Me cuesta un gran esfuerzo sentirme sexy; no me sale naturalmente." Aunque algunas mujeres son más conscientes que otras de su sexualidad, la mayoría no piensa a menudo con un punto de vista sexual. Pero cuando les preguntamos a las mujeres: "Cuando te sientes descansada, cuando tu esposo se conecta emocional y espiritualmente, y te sientes segura, ¿te sientes sexy?" la mayoría de las mujeres responde que sí.

3. Niégate a aceptar los mitos acerca del sexo. Con frecuencia la mujer piensa que tiene que estar de humor para iniciar el sexo. Es así como Clifford y Joyce Penner responden a ese mito: "En la vida real, cuando le dediquen mayor preparación, anticipación, charla, guía y programación a sus momentos sexuales, probablemente serán mucho mejor. Si esperas que una misteriosa energía erótica te arrebate antes de tener relaciones sexuales, quizás no las tendrás con mucha frecuencia."[2]

4. Mantén vibrante la relación sexual dentro de tu matrimonio. Muchas mujeres piensan que no existe nada que puedan hacer para aumentar o mantener su deseo sexual —que simplemente va y viene. Pero recuerda algo que hemos dicho en alguna otra parte de este libro: el sexo comienza en la mente. Empieza por pensar en el sexo. Prepárate para ello. Márcalo en tu agenda personal. Toma la iniciativa sexual con tu esposo por lo menos dos veces al mes. Guarda energía para el sexo. Ora por él, pidiéndole a Dios que te dé el deseo de iniciarlo con tu esposo.

La ventaja de tomar la iniciativa es que elegirás el momento. Cuando eres tú la que toma la iniciativa, puedes prepararte mental y emocionalmente con anticipación y, por consiguiente, ajustar la lista de cosas pendientes. Crea un "código" con tu esposo para hacerle saber que estás pensando en tener relaciones con él. Por ejemplo, llámalo o envíale un mensaje durante el día diciéndole: "Esta noche a las 9:00 es nuestra cita." Tu esposo sabe que esa "cita nocturna" quiere decir que quieres tener sexo con él, y que a las 9:00 tendrá un encuentro contigo y que nada lo impedirá.

Luego prepárate de maneras que para ti tengan sentido. Extrae algunas ideas de la siguiente lista de consejos del terapeuta sexual Douglas Rosenau:

- Presupuesta cierto monto de dinero para tu vida sexual y gástalo en lencería, sábanas nuevas y en salidas nocturnas o fines de semana afuera.
- Cada tanto usa una prenda íntima sexy a lo largo de todo el día y deja que la sensación de usarla te haga pensar en el sexo.
- Por lo menos una vez al mes, planifica una sorpresa sexual con la que intentarás excitar a tu esposo.
- A pesar del cansancio o del poco interés, inicia el sexo al menos una vez por semana.
- Diviértete con la excitación visual de tu esposo y déjale ver tu cuerpo desnudo en momentos insólitos, sólo para disfrutar de sus reacciones.
- Toma un baño de espuma al final de un día agotador. Es un gran afrodisíaco y te pone en sintonía con tu cuerpo.
- Permítete disfrutar de imágenes sexuales de tu esposo y tú.

Luego, con límites que ambos hayan acordado, haz que las fantasías se hagan realidad esa noche.

- Usa un perfume especial asociado con hacer el amor y úsalo la noche o el día que te hayas propuesto iniciar la actividad sexual.[3]

5. Presta atención a las respuestas sexuales de tu cuerpo. Pídele a Dios que te ayude a ser más sensible a tus pensamientos sexuales y deseos. Hasta un parpadeo puede ser un punto de partida. Aprovecha el aumento del deseo sexual durante tu ciclo hormonal. Un estudio publicado en *Human Reproduction [Reproducción Humana]* dice: "Los investigadores estiman que la libido de la mujer puede aumentar durante la ovulación o que su atractivo sexual hacia su compañero se incremente. Puede ser también que el coito acelere la ovulación."[4]

6. Sé un poco más osada. Una de las principales razones por las que la mujer no toma la iniciativa sexual es porque está nerviosa y tiene miedo. Sus temores expresan: *No sé cómo hacer esto. Será incómodo y vergonzoso. Se reirá de mí y me rechazará. Él lo hace mejor; esto no es natural para mí.* Las mujeres que no son muy osadas en lo sexual prefieren quedarse con lo seguro. Pero la práctica lo hará más natural y menos incómodo. Arriesgar tu orgullo para complacer a tu esposo le demostrará tu amor por él. Aun si al principio es incómodo para ti, tu esposo se sentirá honrado y amado si haces el esfuerzo.

7. Pídele sugerencias a tu esposo. Fuera del dormitorio, durante el día, pregúntale a tu esposo algunas cosas específicas que puedas hacer para tomar la iniciativa. El hombre sueña con que su esposa lo busque para tener sexo, que lo desee. Pregúntale cuál sería su experiencia sexual ideal y cómo deberías iniciarla. Muchos hombres fantasean sobre la manera en que sus esposas podrían tomar la iniciativa en el sexo. Pregúntale qué ha soñado siempre que harías para empezar a hacer el amor con él. Los consejeros matrimoniales David y Claudia Arp tienen una gran idea llamada "¡Esto es lo que me gustaría!"[5] Pídele a tu esposo que haga una lista de lo que le gustaría que tú hicieras para iniciar la relación sexual. Luego categoriza las sugerencias de su lista, utilizando el siguiente sistema de valoración:

- ¡Me encantaría!
- Tengo dudas sobre esta opción.
- No me siento cómoda haciendo eso.

Esto te ayudará a decirle a tu esposo lo que estás dispuesta a hacer o con lo que te sientes cómoda para tomar la iniciativa, pero siempre permanece abierta a trabajar por el sueño de tu esposo (si es apropiado).

8. Practica. ¿Cuál es el viejo cliché? Si al principio no tienes éxito, inténtalo nuevamente. Tu esposo no se reirá de ti ni te rechazará porque te escapes de la rutina para dar chispa a tu vida. Lo más probable es que te aplauda. (Hasta puede que te ofrezca trabajar horas extra para darte más dinero para que compres lo necesario para otras ocasiones en las que tomes la iniciativa.)

Los terapeutas sexuales dicen que cuanto más sexo tiene la pareja, más lo disfruta. Más lo disfruta, más lo practica. Parte de hacerlo bien es disfrutar del sexo durante el proceso. ¡Diviértete! Es una aventura. Arriésgate.

Reconocimiento

—No entiendo por qué Javier está tan retraído —le dijo Lilia a Gary durante una sesión de consejería. A lo largo de toda la sesión, no tuvo nada bueno para decir de su esposo. Javier se desplomó en el asiento, mirándose fijamente las manos. Según su esposa, él era incapaz de hacer algo bien. Lilia se quejó—, Sinceramente no entiendo cuál es el problema.

—¿Cómo es tu vida sexual? —le preguntó Gary.

—¿Qué vida sexual? Jamás he tenido un orgasmo con él. Él no me excita. No es bueno en el sexo. Suponía que todos los hombres sabían lo que hacían. —Rió con amargura—. Seguro que Javier no lo sabe —dijo, cruzándose de brazos y echándole una mirada fulminante.

—Empiezo a darme cuenta —dijo Gary.

Una sonrisa complacida se dibujó en el rostro de Lilia, como si esperara que Gary estuviera de acuerdo con su evaluación sobre la incompetencia de su esposo.

—Lilia, ¿cuándo fue la última vez que le dijiste algo agradable a Javier? —preguntó Gary.

—¿Qué? —Lo miró, un poco sorprendida.

—¿Cuándo fue la última vez que lo aprobaste?

—¿Y eso qué tiene que ver?

—Tiene mucho que ver, Lilia —le respondió Gary—. Como su esposa, ejerces un enorme poder sobre Javier y sobre tu matrimonio. La manera en que decidas manejar ese poder determinará la fuerza y el disfrute de tu relación.

Cada vez que Lilia hace un comentario desdeñoso sobre la sexualidad de Javier, es como si le clavara un puñal en el alma. El alguna vez orgulloso, eficiente, cariñoso y divertido Javier se fue desgastando por la queja continua de su esposa. El comportamiento de ella logró que él dudara de su propio valor, que se retrajera, que se amargara por su culpa y que a la vez dejara de satisfacer las necesidades de su esposa. Las dudas sobre su propio valor y su habilidad sexual podrían empezar a afectar su trabajo, sus otras relaciones, su vida espiritual y su fe.

Es verdad que la situación de Lilia y Javier parece extrema, pero hemos escuchado innumerables conversaciones en las que esposos y esposas no tienen nada bueno para decir del otro. Sólo podemos suponer que si no se aprueban verbalmente en público, tampoco lo harán en el dormitorio.

Probablemente la mayoría de las esposas no se dé cuenta de cuánto poder tienen sus palabras y su actitud. Las palabras pueden derrumbar o edificar a sus esposos. Si la mujer quiere que su esposo sea todo lo que Dios quiere que sea, tiene que valorarlo de todas las maneras posibles.

Si la mujer quiere que su esposo sea todo lo que Dios quiere

que sea, tiene que valorarlo de todas las maneras posibles.

El reconocimiento es tan importante para el esposo que 55 por ciento de los hombres que respondieron a la encuesta la calificaron como una necesidad principal. Lo que Lilia y muchas mujeres que actúan como ella no entienden es que la autoestima del hombre a menudo es frágil, especialmente en el área del sexo. Él necesita que su esposa —más que nadie— confirme su masculinidad. Si su mujer no lo hace, ¿quién lo hará? Cualquiera puede aprobar sus cualidades laborales, su intelectualidad o su habilidad para los deportes. Pero solamente la esposa puede conocer la parte más sensible, profunda, vulnerable e íntima de un hombre. Sólo su esposa puede darle el reconocimiento sexual.

Si un hombre descubre que en su trabajo nadie aprecia su habilidad, quizás busque otro trabajo en el cual las personas valoren lo que tiene para ofrecer. Si en la iglesia nadie aprecia sus dones espirituales, podrá buscar otro lugar donde lo reconozcan. De manera similar, si la esposa no alienta, aprecia y aprueba a su esposo —particularmente su sexualidad— quizá salga a buscar a alguien que sí lo haga. Solamente la esposa tiene la habilidad de engrandecer o disminuir a su esposo en la vulnerable área de la sexualidad. La esposa es la única persona que está lo suficientemente cerca de su esposo como para levantarlo o derribarlo.

La esposa es la única persona que está lo suficientemente

cerca de su esposo como para levantarlo o derribarlo.

La mujer del libro de Cantares del Antiguo Testamento comprendió la importancia del reconocimiento. A lo largo del diálogo, ella alardea de las cualidades de su enamorado como amante. Mira, por ejemplo, este pasaje: "¡Cuán hermoso eres, amado mío! ¡Eres un encanto!... Cual manzano entre los árboles del bosque es mi amado entre los hombres. Me encanta sentarme a su sombra; dulce a mi paladar es su fruto."[6] Tal vez no te sientas cómoda usando estas palabras, pero ningún esposo resistirá a una mujer que le diga, "Eres un amante increíble. Me excitas. Me complaces. Apuesto a que ninguna otra mujer tiene un esposo que la satisfaga de la manera que tú lo haces conmigo."

Si no escucha esas palabras de reconocimiento, el esposo puede volverse inseguro. Peor aún, escuchar palabras negativas puede paralizarlo. Fernando nos compartió:

—A mi esposa no le gusta hacerme el amor.

—¿Por qué no? —le preguntamos.

Hizo una pausa. Se le veía como si estuviera tratando de decidir si expresar o no el verdadero motivo. Finalmente dijo, —No le gusta mi esperma. Piensa que el sexo es demasiado sucio. Así que resopla con disgusto cuando yo llego al orgasmo y luego hace un gran escándalo por tener que limpiar.

Quizás la esposa de Fernando no lo sepa, pero su comportamiento es como un puñal para su espíritu. Los hombres toman esos comentarios y acciones de una manera tremendamente personal. ¿Te diste cuenta de que él dijo, "No le gusta mi esperma"? Es una parte de él, algo que no puede cambiar. Por lo tanto, él escucha: *Eres un perdedor,* y siente que su esposa no lo ama, que él no podrá tener éxito.

Una mujer nos preguntó, "¿Pero qué pasa si mi esposo no es bueno en la cama?" Si la mujer tiene alguna dificultad para experimentar el orgasmo, si ella no vive las sensaciones estremecedoras que vienen con el juego amoroso, si el sexo la aburre, tiene que comunicárselo a su esposo, pero debe hacerlo de una manera alentadora que lo confirme. Decir en medio del acto sexual: "Olvídalo, esto no funciona," no es la manera más adecuada. En vez de eso, di algo como: "Te amo, eres muy atractivo. Quiero vivir el mejor sexo posible contigo. Quiero que me hagas gritar de pasión. Pero todavía no lo he logrado. ¿Me ayudarás?"

Esta actitud produce varias cosas. En primer lugar, dice, *Te deseo.* Segundo, respeta la autoestima del esposo. Tercero, le da a él un problema para resolver. Recuerda: a los hombres les encanta resolver cosas. Y si una mujer le pide a su esposo que la ayude a "mejorar" su respuesta sexual, es muy probable que él asuma el rol con total seriedad.

Cómo satisfacer la necesidad de reconocimiento de tu esposo

A continuación te damos algunas ideas para que comiences a satisfacer la necesidad de reconocimiento de tu esposo:

1. Apruébalo por lo que él es. La aprobación comienza fuera del dormitorio. Es un estilo de vida, no una técnica. Hazle saber que lo valoras. Cuando lo admires, dilo en voz alta. Cuando tome una decisión que requiera de valor, reconócelo y elógialo. Reconoce cuando demuestra perseverancia en su trabajo y díselo. Ayúdalo a que sepa todas las cosas buenas que observas en él.

2. Apruébalo por ser un buen amante. Dile a tu esposo que te gusta la forma en que te ama; lo que te gusta de su cuerpo. Si no sabes cómo hacerlo, pídele consejo a él: "Quiero aprobarte como amante, pero quiero hacerlo bien. ¿Cómo puedo demostrarte o decirte lo buen amante que eres?" ¡Te garantizamos que ningún hombre rechazará una pregunta como esa!

3. Practica la Regla de Oro. Esta es una situación en la cual la

Regla de Oro funciona bien. Trata a tu esposo de la manera que te gustaría que él te tratara a ti. Habla con él (y sobre él) de la forma que te gustaría que hablara de ti. Así de simple. Sé generosa en elogios y admiración.

4. Comprende que para los hombres, la imagen física es importante. A medida que envejece, su cuerpo cambia. Su tono muscular disminuye, empieza a perder el cabello y le cuesta más mantenerse en forma. Al hombre le encanta escuchar que a su esposa la impresiona y la excita mirar su cuerpo, abrazarlo y acariciarlo. Por lo general la mujer no se estimula visualmente, y por consiguiente es probable que no se excite demasiado mirando el cuerpo de su esposo. Pero el esposo necesita saber que a su mujer le gusta lo que ve, que él tiene todo lo que ella necesita. Puede ser algo nuevo para algunas mujeres, pero cuando una esposa hace un comentario aprobatorio sobre el cuerpo de su esposo, la confianza de él crece notablemente.

Segunda Parte

ENRIQUECIENDO TU VIDA SEXUAL

CAPÍTULO 8

Cuando sus libidos no armonizan

A lo largo de este libro hemos compartido historias de parejas que tuvieron problemas en su matrimonio porque su instinto sexual no siempre estuvo al mismo nivel. En la mayoría de las situaciones, el instinto del hombre es más fuerte que el de su esposa. Hemos ofrecido consejos para que la pareja pueda cambiar sus actitudes y comportamiento y pueda crecer en su capacidad de amar y servir el uno al otro a fin de lograr el equilibrio y la satisfacción en su vida sexual.

Sin embargo, a veces tenemos que tomar en cuenta, además de las actitudes y comportamientos, otros factores que contribuyen a la existencia de problemas sexuales. Cuando Dios creó a los machos y a las hembras, les dio un impulso fisiológico para tener sexo, con el fin de procrear. El vehículo de nuestro cuerpo para regular y provocar ese instinto sexual son las hormonas, que no son iguales en el cuerpo masculino y el femenino. Normalmente, el cuerpo del hombre tiene más testosterona (la hormona de la excitación), la cual se desplaza constantemente por todo su organismo. El cuerpo femenino también tiene testosterona, pero no tanta. Como consecuencia, la mujer normalmente no tiene el mismo nivel de deseo sexual que el hombre. Eso no es bueno ni malo; simplemente es distinto. Debido a los diferentes niveles de testosterona, el hombre es con frecuencia el iniciador de la actividad sexual; la mujer es la que responde. Es otra de las maneras en que Dios hizo distintos al hombre y a la mujer para que se complementen y para que trabajen juntos para formar un todo.

ENTENDIENDO EL PODER DE LA TESTOSTERONA

Mientras la testosterona aumenta fisiológicamente en el cuerpo masculino, su anticipación de la conexión sexual también crece. Es como si el cuerpo del hombre estuviera en un lavadero de autos en el cual, en breves intervalos, la testosterona empapa todo su sistema. Él no puede evitar que eso suceda, de la misma manera que no puede evitar respirar.

Gary Stewart y Timothy Demy, autores de *Winning the Marriage Marathon [Ganando el Maratón del Matrimonio]*, comparten su comprensión acerca del impacto de la testosterona en el cuerpo del hombre:

> Los hombres tienen diez veces más testosterona que las mujeres. Este hecho a menudo hace que el comportamiento masculino sea muy confuso para las mujeres. El impulso sexual masculino es estimulado por una hormona que transforma al hombre más apacible en un ser agresivo en el momento en que se encuentra en un ambiente íntimo con la mujer de sus sueños. La testosterona es como una botella de nitroglicerina inestable. Al golpearla podría explotar; mézclala con los ingredientes adecuados y seguramente obtendrás una reacción. Con frecuencia a la mujer la desconcierta

la manera en que el hombre puede despertarse a la mañana, mirar a su esposa, que tiene el cabello despeinado y mal aliento, y aun así estimularse sexualmente. El hecho es que la testosterona trabaja mientras el cuerpo descansa: Al amanecer, la testosterona está en su nivel más alto.[1]

En su libro *El Hombre Sexual*, Archibald Hart hace observaciones similares: "Inmediatamente después de sentirse sexualmente satisfecho, el varón normal quizás sea capaz de concentrarse en cualquier otra cosa —durante un rato. Pero es sólo cuestión de tiempo y sus pensamientos lo llevarán nuevamente al sexo. . . . Claro que el hombre promedio piensa en otras cosas, como el fútbol y la política, pero finalmente, todos los caminos mentales conducen a la fijación central: sexo. . . . Fuerte, urgente, enérgico e impaciente, el instinto sexual domina la mente y el cuerpo de todo hombre saludable. Nos guste o no, así son las cosas."[2]

Los hombres fueron creados para necesitar del alivio sexual. Cada hombre tiene un ritmo sexual: la medida de tiempo que puede transcurrir hasta desear el alivio físico. Este ritmo sexual es como cualquier otro ritmo corporal, como la frecuencia con la que nuestro cuerpo necesita de alimento. Todos tenemos ritmos de comidas. A lo mejor el tuyo sea como el de Gary. Todos los días, alrededor de las diez de la mañana, y generalmente en medio de una reunión, su estómago empieza a gruñir y él se da cuenta que necesita comer. ¿Qué pasaría si Gary se preparara un emparedado y Barbara le dijera con desaprobación: "Acabas de comer ayer. En lo único que piensas es en comer. ¡Qué obsesivo!" ¿Estaría haciendo lo correcto? No. Comer es algo que Dios programó para que hiciéramos regularmente. Todo el tiempo nuestro cuerpo nos dice que comamos.

¿Qué sucedería si luego del reproche de Barbara él no comiera el emparedado? ¿Cuánto tiempo crees que pasaría para que él no sólo pidiera un emparedado, sino también una ensalada, papas fritas, un helado, una porción de pizza, los restos de comida china, los pimientos de la semana pasada y una cucharada de mantequilla de maní? ¡No te rías! ¡Las personas que están a dieta lo hacen todo el tiempo! Se llama un atracón, y a menudo la comida que devoramos no es la más sana.

Tu esposo necesita liberar la acumulación de testosterona. Si no tiene relaciones sexuales, su cuerpo liberará la testosterona mediante un sueño erótico o una secreción nocturna. Pero el sexo es mucho más placentero. Si el hombre no obtiene ese alivio de su esposa, podrá aguantar un tiempo. Quizás muestre irritabilidad, frustración, aislamiento, pero finalmente puede que se dé un atracón y haga algo que ambos lamenten.

Hemos escuchado a una innumerable cantidad de mujeres decir: "No es mi problema. Es responsabilidad de mi esposo mantenerse fiel a este matrimonio." No lo negamos, pero piensa en esto por un momento: Dios creó el contrato matrimonial en el cual un hombre y una mujer permanecen conectados el uno con el otro para toda la vida. Eso quiere decir que la esposa es para el esposo la *única* válvula de escape sexual que honra a Dios. ¿Qué comunica si le niega a él esa salida? "No me entregaré a ti, pero sí espero que te mantengas fiel a mí." ¿Ves cuán injusto y cruel es esto?

Cuando tu esposo se acerque a ti por sexo, ¡piensa lo que él está diciendo acerca de ti! Te desea *a ti*. Quiere volverse vulnerable *contigo*. Quiere compartir la relación más íntima que una persona pueda tener *contigo*. Respeta su necesidad de ti. Aliéntalo. La peor cosa que puedes hacer es avergonzar a tu esposo o decirle: "Lo único

La esposa es para el esposo la única válvula de escape sexual

que honra a Dios.

que te interesa es el sexo." Ámalo sacrificialmente, aun si no estás de ánimo.

En su excelente libro *When Two Become One [Cuando Dos Se Vuelven Uno],* el terapeuta sexual Christopher McCluskey y su esposa, Raquel —ambos consejeros matrimoniales—, brindan estas palabras: "Aceptar hacer el amor en esos momentos debería ser distinto a hacerlo de un modo mecánico. Aunque tu libido no esté acelerada, puedes ser una participante activa *amando* a tu esposo; no le entregues obedientemente tu cuerpo mientras tu mente y tu corazón se alejan. Tal vez lo que él necesite sea en parte la conexión emocional contigo, algo que le resulta más fácil de lograr mientras hacen el amor. Cuando se entrega al goce sexual, estás viendo a tu esposo en su estado más vulnerable y transparente."[3]

Aunque quizás muchas mujeres no "necesiten" tener sexo con tanta frecuencia como sus esposos, la mayoría dice que cuando se entregan físicamente, disfrutan de la experiencia sexual y él se vuelve emocionalmente más asequible. Cuando esposo y esposa se excitan y llegan al orgasmo, disfrutan de la experiencia. ¡Así lo diseñó Dios!

El orgasmo es beneficioso en sí mismo. El terapeuta cristiano Shay Roop enumera nueve razones por las cuales el orgasmo es bueno para ti:

1. El orgasmo estimula tu humor. Aumenta tus niveles de serotonina y endorfina, químicos cerebrales que te hacen sentir bien.

2. El orgasmo te ayuda a relajar. Llegar al clímax libera la oxitocina, una sustancia química relajante y adherente en el cerebro, que reduce el estrés.

3. El orgasmo ahuyenta los resfríos. Refuerza tu sistema inmunológico aumentando los linfocitos que batallan contra las infecciones.

4. El orgasmo tonifica tus músculos. ¡Sí, es verdad! Especialmente los del suelo pélvico femenino, que cumplen una función activa en el parto y que controlan el flujo de la orina.

5. El orgasmo mantiene el nivel de estrógeno. El estrógeno tiene múltiples funciones, incluyendo la de mantener la piel flexible y elástica, proteger los huesos y mejorar la memoria y el humor.

6. El orgasmo incrementa el deseo. Alcanzar el clímax aumenta los niveles de testosterona. Lo que no usas, lo pierdes.

7. El orgasmo evita el dolor. Elimina ácido láctico y otros productos sobrantes de tus músculos, manteniéndolos sanos y sin calambres.

8. El orgasmo alivia la tensión sexual. Tener nuestras necesidades sexuales satisfechas por nuestro cónyuge nos protege de tener una "mirada errante."

9. El orgasmo los mantiene unidos. Es la máxima unión física que puedes compartir con tu cónyuge.[4]

CUANDO LOS IMPULSOS SEXUALES DIFIEREN CONSIDERABLEMENTE

La mayor parte de las personas que han estado casadas por varios años saben que su deseo sexual fluctúa. Con frecuencia eso quiere decir que en determinadas épocas del matrimonio, el impulso sexual de alguno de los dos es mayor que el del otro. Esto puede provocar un conflicto porque un cónyuge quiere tener relaciones sexuales pero el otro no siempre comparte el mismo nivel de entusiasmo. Escuchamos innumerables historias de hombres y mujeres cuyos matrimonios sufren conflicto respecto a la frecuencia con la que tienen sexo.

Como hemos dicho muchas veces en este libro, el esposo generalmente tiene un impulso sexual más activo por su alto nivel de testosterona. Pero no siempre es así. Algunos expertos indican que en casi 30 por ciento de los matrimonios que han examinado, es la mujer la que tiene un impulso sexual más alto.[5]

¿Cómo se explican esas diferencias y de qué manera se pueden manejar en tu matrimonio? ¿Qué puedes hacer si ha disminuido tu deseo sexual? Antes de contestar estas preguntas, nos gustaría compartir contigo dos historias.

A los diecinueve años de casada, Elsa se chocó contra una pared. Federico y ella siempre habían disfrutado del sexo y, aunque ella estaba luchando contra una enfermedad crónica, hacían el amor varias veces a la semana. Pero ella sentía como si su deseo sexual estuviera en un punto muerto. Perdió el interés por el sexo y esto comenzó a afectar su matrimonio. Cuando Federico le sugería que hicieran el amor, ella ponía excusas. Como sucede en muchas parejas, el cónyuge con la libido más baja es el que determina la cantidad, la duración y las circunstancias de las relaciones sexuales. Elsa sabía que no estaba bien poner excusas y se echaba la culpa por no estar entusiasmada de gozar del sexo con su esposo.

Cuando Elsa consultó con una médica internista acerca de su libido, la doctora le restó importancia al tema y le dijo que no se preocupara. "Si te angustias es peor." Varios meses más tarde, Elsa habló sobre el tema con su ginecóloga y le pidió que comprobara sus niveles hormonales. La ginecóloga le respondió, "No es necesario. La capacidad de respuesta sexual es cuestión de la mente. Ve a una librería y compra algunos libros eróticos. Eso te ayudará." Elsa salió frustrada de la consulta. No sólo estaba en desacuerdo con el consejo de su ginecóloga, sino también estaba irritada porque ambas doctoras habían demostrado tan poco interés.

Algunos años después, Elsa fue a una clínica naturalista para someterse a un tratamiento por su enfermedad crónica. En el transcurso de la consulta inicial, mencionó su bajo nivel de libido. Esta vez el médico le ordenó estudios para determinar la producción hormonal de su cuerpo, y los resultados fueron importantes para abordar las inquietudes de Elsa. El médico le explicó: "Es muy comprensible que tengas un impulso sexual bajo. La evaluación de tu sistema indica que la secreción de adrenalina es casi nula. No sólo tus niveles de progesterona y testosterona están muy bajos, sino que los precursores de esas hormonas también lo son. Podemos ayudarte."

Elsa se sintió aliviada. No tenía que reprocharse el problema. No era su culpa que no pudiera excitarse tan seguido como ella y Federico hubieran querido. El doctor le dio hormonas bioidénticas que, con el tiempo, equilibrarían su sistema adrenal y no sólo la ayudarían en su enfermedad crónica, sino que mejorarían su deseo sexual. Fue una pena que Elsa pasara tantos años desanimada, culpándose por algo que tenía un origen fisiológico.

Gary tuvo una experiencia parecida. Hace algunos años, y luego de una cirugía que afectó el nivel hormonal de Barbara, ella buscó tratamiento con una médica clínica que se especializa en terapia de reemplazo de hormonas. El tratamiento hormonal estaba funcionando tan bien que Barbara le comentó a la doctora algunos de los síntomas preocupantes que había comenzado a advertir en Gary: fatiga, incapacidad para concentrarse y falta de motivación.

La doctora dijo, "Por lo que dices, me parece que algo anda mal en el sistema adrenal de Gary." Entonces Barbara empezó a orar para que él aceptara ir al médico y se hiciera un estudio. Le dijo a Gary que lo amaba, que quería lo mejor para él y lo alentó para que visitara a su médica.

Gary aceptó con muy pocas ganas. Cuando la doctora habló con él sobre los resultados, le dijo: "Gary, tienes un gran problema, pero puedo ayudarte. No volverás a sentirte como cuando tenías veinticinco años, pero tu cuerpo recuperará lo necesario para funcionar nuevamente de un modo más normal." Con el tiempo, pudo reponer sus niveles hormonales disminuidos. Gary se siente fantástico y ha recuperado una sensación general de bienestar.

LOS FACTORES QUE AFECTAN TU DESEO SEXUAL

Estas dos historias ilustran varios de los factores que influyen en el deseo sexual de los hombres y las mujeres.

1. Desequilibrio hormonal. Ni el cuerpo de Elsa ni el de Gary estaban produciendo niveles suficientes de ciertas hormonas. Somos creaciones admirables, y la disminución de hormonas puede causar un desequilibrio físico a gran escala, lo cual puede afectar tu deseo sexual y tu matrimonio. Si sospechas que tienes un desequilibrio, busca ayuda. Quizás tengas que insistir hasta encontrar a alguien que te haga un estudio hormonal, como Elsa. Pero vale la pena insistir. No tomes sustancias hormonales sin la recomendación de tu médico; las hormonas funcionan en un delicado equilibrio que debe ser monitoreado por un especialista. Muchas veces, el sexo es lo último que provoca que un hombre reconozca un desequilibrio hormonal. A menudo, son otros factores, como en el caso de Gary.

2. Enfermedad. En el caso de Elsa, una enfermedad crónica contribuyó al bajo funcionamiento adrenal, que le provocó una disminución de la libido. Nuestros cuerpos están hechos de manera compleja, y lo que sucede en una parte del cuerpo también afecta a muchas otras partes. El cónyuge que muestra falta de interés sexual tal vez esté sufriendo de un desequilibrio en la tiroides, un principio de diabetes, una enfermedad cardiaca, un endurecimiento en las arterias o muchas otras enfermedades —y estas necesitan definitivamente de atención médica profesional. Los médicos pueden recurrir a los análisis de sangre y a muchas otras herramientas de diagnóstico para detectar las condiciones que puedan estar afectando a la libido.

Si tu cónyuge está enfermo, tú y tu matrimonio encaran un desafío especial. La persona enferma tiene que hacer todo lo posible por recuperar su salud, y el otro cónyuge tiene que encontrar maneras de apoyar a su pareja y acompañarlo en su enfermedad. Julio y Luciana compartieron algunas opiniones de su experiencia al enfrentar la enfermedad del sistema inmunológico de Luciana:

"Julio es sensible a mi enfermedad y ha dejado de tomar la iniciativa en el contacto sexual, lo cual al principio era bueno porque me evitaba la presión. Pero ahora depende de mí tomar la iniciativa cuando me siento bien. . . . Yo quiero darle placer a Julio, pero me cuesta mucho [porque me siento muy débil]. Me di cuenta de que era un problema tanto espiritual como físico y sexual, por lo tanto, oré y pedí sabiduría. Muchas veces en el matrimonio el Señor me ha permitido sacrificarme por el bien de mi esposo o de mis hijos, por lo que le pedí al Señor que me ayudara a servir de verdad a Julio en nuestra experiencia sexual. . . . Poco a poco estoy aprendiendo a tomar la iniciativa, aun cuando no tenga deseos sexuales. Como resultado de confiar en Dios y elegir servir a Julio, hemos vivido momentos de profunda intimidad, placer y paz. . . ."

Julio . . . coincide: "Dios nos ha ayudado a Luciana y a mí a encontrar el camino a través de nuestras dificultades sexuales. Descubrí que era importante confesarle mi enojo y frustración a Dios y pedir ayuda. Él ha sido fiel. También pienso que es importante saber que mientras el esposo y la esposa están redefiniendo su vida sexual por causa de la enfermedad, deben estar atentos y no acercarse en lo más mínimo a cualquier situación en la cual pudieran ser tentados. Podemos respetar las limitaciones de nuestro cónyuge y nuestro matrimonio optando por no usar la enfermedad como excusa para ser infieles de cuerpo o mente."[6]

3. Medicamentos. Elsa también se dio cuenta de que muchos medicamentos que estaba tomando por su enfermedad afectaban su libido. Tal vez ese sea un factor también para ti. Entre los medicamentos que son conocidos por afectar a la libido están algunos antidepresivos, medicamentos para bajar la presión sanguínea, algunos reductores de colesterol y otros. Si piensas que tus medicamentos pueden estar afectando tu deseo sexual, habla con tu médico. Una mujer expresó un dolor sincero por la falta de interés sexual de su esposo: "Debido a que mi esposo toma medicamentos que le bajan la libido casi a cero, a menudo me siento no deseada. Mi imagen corporal, ya inestable, se derrumba cuando mi esposo no me desea. Tiendo a suponer que soy yo o mi cuerpo aquello que le quita el deseo. Aunque sé que es a causa de los medicamentos, no puedo evitar sentirme no deseada, especialmente cuando le pido sexo y él no quiere." Si se sienten identificados con la historia de esta pareja, ténganse paciencia, pero también trabajen para encontrar "el camino a través de las dificultades sexuales," como dijo Julio.

4. Tensión. Todos enfrentamos tensiones, ya sea en nuestros trabajos, afrontando las exigencias de cuidar a una familia, resolviendo conflictos, o en muchas otras situaciones. Las tensiones pueden ser físicas, emocionales, mentales y espirituales. Estas tensiones, que son parte de nuestro estilo de vida moderna, pueden agotar nuestro cuerpo alterando nuestro nivel hormonal y disminuyendo profundamente nuestra capacidad de respuesta sexual. Gary se dio cuenta de que su agotamiento hormonal fue en parte el resultado de un período estresante posterior a la muerte de su padre, una etapa que le exigió mucho, tanto en lo personal como en lo profesional.

Admite que el estrés puede interferir con tu deseo sexual. Cuida tu cuerpo, tu mente y tu espíritu. Haz ejercicio físico. Separa tiempo para relajarte y renovarte. Medita en la Palabra. Si el estrés es una seria amenaza para tu vida sexual, busca consejería profesional.

5. Depresión. A veces la falta de interés sexual puede ser resultado de la depresión, la cual puede reducir las hormonas. Los hombres y las mujeres responden a la depresión de diferente forma. A menudo, los hombres no la reconocen ni la comprenden, y puesto que no se sienten tan cómodos como las mujeres en cuanto a hablar de sentimientos y emociones, pueden pasar años sin que la depresión sea diagnosticada. Repetimos: si sospechas que estás sufriendo depresión, ponte en contacto con un médico que pueda diagnosticarla y tratarla. Como hemos mencionado, algunos antidepresivos pueden suprimir la libido, así que habla con tu médico de las alternativas.

6. Edad. La fluctuación en tu deseo sexual puede ser el resultado de la edad. La mayoría de los varones llega a la cumbre sexual entre los finales de la adolescencia y los veintitantos años, mientras que las mujeres comúnmente la alcanzan una o dos décadas después. Ese solo factor puede explicar la falta de coincidencia en la libido y la frustración en la relación. Trátense con gracia el uno al otro. Reconozcan que la edad afecta su deseo sexual y aprendan a ajustar sus expectativas.

7. Embarazo y parto. Los cambios hormonales relacionados con el embarazo y el parto también pueden afectar el deseo sexual. Las hormonas de las mujeres que amamantan, incluyendo a aquellas que influyen en el deseo sexual, fluctúan durante el período de lactancia; el menor entusiasmo de la madre por el sexo puede enfriar también el deseo del esposo.

8. Conflictos sin resolver. A veces, el deseo sexual disminuido es el resultado de cuestiones emocionales, y el conflicto lidera la lista de factores que pueden disminuir el deseo sexual. Cuando esposo y esposa discuten y tienen conflictos, les resulta difícil hacer a un lado sus diferencias y saltar a la cama. O tal vez traten de contraatacar negándose a tener sexo porque están enojados por cuestiones de dinero, a causa de los niños, o por cualquier otro motivo.

En nuestro libro *Sana las Heridas en Tu Matrimonio,* ayudamos a las parejas a reconocer las "brechas abiertas" (los conflictos sin resolver) que afectan su relación. Estos conflictos resultan de las ofensas que nos perturban, de la ira que sentimos cuando nuestro cónyuge nos hiere, o de las discusiones que parecen no tener fin. Cuando no se resuelve el conflicto en el matrimonio, es probable que los cónyuges eviten tener sexo.

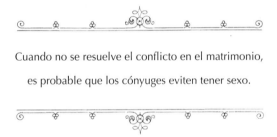

Cuando no se resuelve el conflicto en el matrimonio,

es probable que los cónyuges eviten tener sexo.

Los esposos a menudo encaran de manera diferente estos conflictos. En muchos casos, la esposa analizará la situación y la resolverá a través de la conexión con su esposo. La mujer habla del conflicto, lo siente, lo expresa y pasa a otro tema. En otras instancias, la mujer se siente tan herida que se aparta de su esposo y rechaza el contacto sexual. Al hombre por lo general le resulta más difícil procesar el conflicto y pasar a otro tema. Cuando hay una brecha abierta, muchas veces se frustra y se enoja, y gastará energía tratando de "arreglar" o resolver el problema. Cuando eso no funciona, se aparta y se aísla, e internaliza el enojo. Finalmente, el enojo reprimido acaba en úlceras, dolores de cabeza, estrés y hasta en depresión.

Nuestros amigos Jim y Carol Anderson-Shores han dirigido representaciones dramáticas en nuestras conferencias. En cierta oportunidad presentaron un episodio que ilustra este problema. Carol está perdiendo la paciencia por no poder encontrar una tarjeta en la que ha escrito notas de investigación para el informe que está escribiendo. Jim, que de antemano quiso conectarse con Carol, pierde interés en hacerlo cuando comienza a absorber la ansiedad, la tensión y la frustración que la embargan. Ella se desahoga, él lo personaliza. Ella despotrica, él trata de arreglarlo. Cuando encuentra la tarjeta, ella quiere un beso pero él la rechaza. Cuando ella le pregunta, "¿Por qué me rechazas?" él responde, "No lo sé, pero cuando lo averigüe, te lo diré." Perfecta ilustración. En la dramatización, Jim está demostrando su falta de consciencia del conflicto no resuelto y no puede cambiar las marchas tan rápido como Carol. Solamente sabe que "algo anda mal."

A los cónyuges heridos por un conflicto les resulta difícil involucrarse en la relación sexual y en otras formas de intimidad. Aprende a reconocer tus conflictos sin resolver, a trabajar para cerrar la brecha conversando sobre el tema, a perdonarse el uno al otro y a reconstruir la confianza.

A los cónyuges heridos por un conflicto les resulta difícil involucrarse en la relación sexual y en otras formas de intimidad.

9. Asuntos emocionales sin resolver. A veces, el deseo sexual de los cónyuges se ve disminuido por asuntos sin resolver tales como el abuso sexual, la traición, la infidelidad o la pornografía. Estos son temas serios que pueden afectar el interés y la actividad sexual. Pensamos que son tan importantes que les hemos dedicado un capítulo entero, capítulo 13, para abordarlos de una manera más completa y ofrecer esperanza y ayuda.

Otro tema emocional que puede afectar tu deseo sexual es la culpa. ¿Estás escondiendo algo? ¿Estás teniendo alguna aventura afectiva o sexual? ¿Estás luchando contra la lujuria o contra sentimientos homosexuales? ¿Te masturbas? La autoestimulación puede bloquear tu capacidad de responderle a tu cónyuge en la medida que caes en la decepción y la autosatisfacción. Aunque experimentes el alivio físico de la autoestimulación, quizás encuentres un vacío en tu alma, espíritu y corazón. El alivio apresurado a menudo produce sentimientos de culpa y vergüenza.

10. Disfunción eréctil y eyaculación precoz. El hombre le da mucha importancia a su desempeño sexual. Si siente que no puede cumplir, evitará por completo la situación vergonzosa. Y con frecuencia, falla en darse cuenta de que en algún momento, la mayoría de los hombres experimenta la eyaculación precoz o la incapacidad de tener una erección. Eso no lo hace menos hombre ni un mal amante. Mujer, si tu esposo lucha en alguna de estas áreas, sé paciente y apóyalo. Jamás lo rebajes ni critiques su desempeño. Lamentablemente, muchos hombres han tratado de "curar" su disfunción eréctil consiguiendo una receta de Viagra u otra droga similar, pero esta no es la solución, sino una venda. Muchas veces, la solución puede ser tan sencilla como un incremento de testosterona.

Cómo afrontar la falta de sincronización de libidos

Muchas parejas descubren que su deseo sexual no está perfectamente alineado. En varias oportunidades a lo largo del matrimonio, por todas las razones que hemos señalado, uno de los dos tiene menor deseo sexual. ¿Cómo puedes atravesar esos momentos con éxito? Lee las siguientes sugerencias y elige una o dos que te resulten apropiadas:

1. **Aprecia lo que tienes.** Mira lo bueno de la relación. En vez de quejarte por las deficiencias, acepta con gratitud lo que tienes. Confirma a tu cónyuge. Cada vez que pienses en algo que te encanta de tu esposo o esposa, dilo en voz alta para que ambos escuchen las palabras alentadoras. Halaga y edifica la autoestima de tu cónyuge.

2. **Oren uno por el otro.** Si uno de los dos está luchando con un deseo sexual disminuido, ora pidiéndole a Dios que te dé paciencia y comprensión. Pídele que bendiga a tu cónyuge. Pídele que les ayude a encontrar maneras creativas de expresar y experimentar una satisfactoria relación sexual.

3. **Expresa tus deseos.** Si eres tú quien tiene el deseo sexual más intenso, aprende a comunicar tus necesidades sexuales sin criticar ni exigir. Dile a tu cónyuge que quieres estar cerca de él o de ella, que quieres estar fuera de la zona de peligro, que quieres experimentar un nivel de intimidad más profundo. Las muchas sugerencias del capítulo 10 te ayudarán a hablar sobre tus necesidades sexuales.

4. **Satisface la necesidad de tu cónyuge.** Un hombre nos relató que tenía problemas con su libido disminuida y que esto frustraba a su esposa. Se daba cuenta de que si no hacía algo al respecto, haría que su mujer corriera el riesgo de buscar satisfacción fuera del

matrimonio. Él le dijo: "Estoy luchando. Mi deseo sexual no es el que debería ser y no sé por qué. Pero te amo como mi esposa y no quiero provocar que incurras en una situación pecaminosa. Dado que tu libido es más elevada, déjame que me ocupe de tu necesidad." Él colaboró para que su esposa llegara al clímax y, mientras lo hacía, con frecuencia se daba cuenta de que él también se excitaba. Pero, aun si no lo hacía, podía amarla, servirla y satisfacer su necesidad.

Recuerda que no en todos los encuentros sexuales tienen ambos que llegar al orgasmo. Este es un gran objetivo, pero quizás no todas las veces suceda. Lo importante es mantenerse cerca uno del otro, comunicarse su amor de manera física y verbal, y permanecer en el compromiso de satisfacer las necesidades de cada uno.

Cómo ponerte de ánimo cuando no lo estás

Entonces, ¿qué puedes hacer si tu deseo sexual es menor al de tu cónyuge? Luego de tener en cuenta los factores que hemos mencionado en este capítulo, puedes intentar algunas de las sugerencias resumidas a continuación.

1. Ora. Pídele a Dios que te aumente el deseo sexual por tu esposo o tu mujer. Si al principio no te sientes cómodo haciéndolo, recuerda que Dios creó el deseo sexual, y quiere que vivas el placer que proviene de disfrutar una satisfactoria vida sexual.

2. Moldea tus actitudes. Según el terapeuta sexual cristiano Douglas Rosenau, el "sexo es 80 por ciento imaginación y 20 por ciento fricción."[7] La mente es el centro de comando de todos los sentimientos sexuales. Diariamente pasan por tu mente miles de pensamientos determinando cómo te ves a ti mismo y qué hacer. ¿Qué piensas de ti mismo como amante? Si piensas: *Realmente el sexo no me interesa mucho; no es tan excitante* o *Espero que no quiera* *tener sexo esta noche* o *El sexo no es más que otra tarea doméstica*, entonces no estarás de ánimo. Aunque tal vez declares que no puedes remediarlo, creemos que puedes cambiar esos pensamientos. Tus sentimientos y actitudes provienen de tus pensamientos. Por lo tanto, piensa en el intenso placer sexual y la libertad que Dios ideó para la pareja. Piensa qué maravilloso es que tu cónyuge te desee y te busque a *ti*. Cuanto más pienses en ti y en tu cónyuge como personas a las cuales Dios les ha dado deseos y necesidades sexuales, más te abrirás a tu cónyuge en lo sexual.

3. Préstale atención al deseo sexual. Si tu deseo sexual es bajo, entrénate para reconocer el más leve sentimiento o deseo sexual. Estos pueden ser notables puntos de partida. Si el sentimiento te llama, ve tras él. No lo dejes ir. Menciónale tu deseo a tu cónyuge y, si es apropiado y posible, actúa de acuerdo a tu deseo. Será un gran estímulo para ambos.

4. Recuerda las experiencias pasadas. Si sientes que tu deseo sexual está en un punto muerto, piensa en ocasiones en que hayan tenido una relación extraordinaria. ¿Qué lo hizo tan excitante? ¿El repetir aquel momento haría que vuelvas a excitarte así? Reemplaza las actitudes negativas por recuerdos positivos. Recuerda por qué te enamoraste. Piensa en las oportunidades en las que tu vida sexual fue un chisporroteo. Luego, intenta recuperarlo.

5. ¡Simplemente hazlo! Como hemos dicho en alguna otra parte de este libro, algunas veces es bueno hacerlo. Simplemente haz el amor, aun si no estás de ánimo. Por supuesto que no queremos decir que tengas que convertirte en un esclavo sexual o que te sientas usado. Pero así como hacemos cosas que no tenemos ganas en muchas otras áreas de nuestra vida, a veces tiene sentido mantener interés en el sexo, aun si no estamos del todo acelerados. Sin embargo, asegúrate de tener la actitud correcta. No es el momento de pensar: *De acuerdo, simplemente voy a sonreír, aguantar y darle un poco de placer.* Este es el momento de recordar que somos llamados a servirnos el uno al otro con amor sacrificial. Es la clase de amor que Julio y Luciana se demostraron durante la enfermedad de ella y del cual hablamos anteriormente en este capítulo. Los momentos de libido baja son las oportunidades en que las parejas pueden demostrarse el amor de Cristo, honrando la necesidad del otro y poniéndola por encima de la de uno mismo.

6. Ejercicio. ¡El ejercicio físico no es sólo por tu salud! Las investigaciones confirman que hasta el ejercicio más moderado aumenta las endorfinas y puede incrementar la intensidad de la excitación sexual. Haz ejercicio con regularidad, aun si son sólo veinte minutos de caminata tres veces por semana, como parte de tu plan para aumentar tu deseo sexual. Si es posible, caminen juntos. Busquen un parque o una senda peatonal que les permita inspirarse con la naturaleza y usen el rato de caminata para hablar de lo que harán ese día, de sus alegrías y sus desafíos.

7. Haz cosas que atraigan a tus sentidos. Los psicólogos dicen que nuestros sentidos tienen una poderosa influencia en las experiencias sexuales. Primero, préstale atención a tu sentido del *olfato*. Las asociaciones mentales con cierto olor pueden hacerte volver a recuerdos lejanos, cambiar tu actitud, calmarte y estimularte. Busca una vela con un aroma que desees asociar con los momentos de intimidad sexual. Cuando tu cónyuge quiera tener relaciones y tú no estés de ánimo, enciende la vela y date tiempo para permitir que la asociación te anime. Los perfumes, la colonia o las lociones con esencias pueden tener el mismo efecto.

Segundo, toma consciencia de tu sentido del *tacto*. Si un masaje suave te ayuda, hazlo una parte de tu rutina. Pídele a tu esposo o esposa que use un aceite o una loción perfumada para frotarte suavemente el cuerpo, comenzando por tus hombros y espalda, pero luego moviéndose hacia las zonas erógenas, que puedan incrementar tu sentido de excitación sexual. Luego, relájate y goza del placer sensual.

Tercero, préstale atención a tu sentido de la *vista*. Si eres estimulado visualmente, pídele a tu cónyuge que colabore usando ropa, especialmente ropa interior, que te excite. O pídele que se quite esa prenda para estimular tu excitación. Prueben hacer el amor en diferentes posiciones, con iluminación diferente. Una vez que estén seguros de tener privacidad, hagan el amor sobre una manta, cerca de un espejo o frente a un fuego crepitante. Hagan el amor en el piso de la sala. Prueben fuera de la casa, ya sea en una galería cubierta durante una tormenta o en un lugar apartado en una tarde soleada. La cuestión es que uses tu imaginación y tu sentido de la vista de maneras que contribuyan a tu excitación.

Finalmente, sé consciente de cómo puede contribuir el sentido del *oído* a tu deseo sexual. La música puede estimular al cuerpo. Busca un CD que te ponga de buen ánimo y escúchalo solamente cuando tengan intimidad sexual. Pronto asociarás la música con la placentera experiencia sexual.

CAPÍTULO 9

Cuando estás demasiado cansado para tener sexo

Cuando Andrés llegó al camino de entrada de su casa a las seis y media de la tarde, estaba molido. Doce horas antes había llegado al edificio de Chevrolet, donde trabaja como recepcionista de clientes, y vio que ya lo estaban esperando ocho automóviles en fila. Estaba retrasado antes de que su día comenzara. Estuvo luchando todo el día con un torrente continuo de clientes impacientes y gruñones. El día había sido tan intenso que ni siquiera había tenido tiempo de atender su celular o de ponerse en contacto con su esposa, Beatriz, aunque fuera sólo para saludarla.

De regreso, no tenía ganas de hacer otra cosa que besar a su esposa, conseguir algo para comer, dejarse caer en el sofá y mirar CNN y ESPN. Esperaba que Beatriz hubiera preparado una rica cena. Tenía hambre. Andrés ingresó a la casa, pero en lugar de ser recibido por el olor de la comida, en la puerta estaba Beatriz, nerviosa y molesta.

—Llegas tarde —le dijo, arrojándole un trozo de papel.

—¿Qué es esto? —El papel tenía una lista de números telefónicos y direcciones.

—Se ha hecho tarde —dijo ella—. No contestaste el teléfono. Se suponía que tenías que ir a buscar a los mellizos Jackson y llevarlos a ellos y a Liliana al entrenamiento de fútbol. Luego tenías que recoger a Jonatán de su clase de batería y llevarlo al grupo de jóvenes.

—¡Un momento! —dijo Andrés. No estaba de ánimo como para pasarse la noche transportando chicos—. ¿Por qué no los llevas tú?

—Porque Joel tiene que llegar en diez minutos o el entrenador del equipo de béisbol no lo dejará jugar —explicó exasperada—. Hoy nos toca a nosotros buscar a Daniel, a Tomás y a Samuel. Me están esperando. Después tengo mi estudio bíblico y . . .

Andrés quedó paralizado.

—¡Joel, nos vamos! —Dio vuelta y agarró su cartera, estirándose para darle un beso a su esposo—. Disculpa, cariño —le dijo con un poco más ternura—. Es sólo por una temporada.

—Parece una temporada eterna —refunfuñó él, esquivando a su hijo, que bajó corriendo las escaleras y se trepó al auto.

—Consigue algo de comida rápida si tienes la oportunidad —le gritó Beatriz mientras se metía en el auto—. Nos vemos a la noche. ¡Te amo!

Andrés suspiró, tiró su bolso en la mesa de la cocina y volvió a salir de la casa. Más tarde, esa noche, estaba acostado en la cama, esperando que Beatriz terminara de cepillarse los dientes en el baño. Unos minutos después, ella apagó la luz y se metió a la cama. Se acurrucó a su lado y él pudo sentir el roce del camisón sedoso contra su muslo.

Algo se le encendió en el cerebro. *Eso solía excitarme.*

Andrés y Beatriz estaban tan estresados y agotados que durante varias semanas no habían hecho el amor. No podía recordar la última vez —y tenía que admitir que no parecía molestarle, y tampoco a ella. Él estaba exhausto, pero su mente seguía dándole vueltas. *¿Por qué nuestra vida está tan fuera de control? Ya no hacemos el amor —y ni siquiera nos importa. ¿Así serán los próximos cincuenta años?*

EL ENEMIGO NÚMERO UNO DEL SEXO

Gran cantidad de terapeutas sexuales y consejeros matrimoniales nombran al cansancio como el enemigo número uno de la intimidad sexual. Cuando la pareja está exhausta, una de las primeras cosas que desaparece es el sexo. Es muy común que los primeros años, vividos como una prolongada luna de miel intensamente sexual, cambien abruptamente durante los años de crianza de los hijos.

Un ejemplo de este cuadro de agotamiento lo representan Lía y su esposo en el programa de televisión *Amas de Casa Desesperadas*. En uno de los primeros episodios de la serie, vemos cuán increíblemente cansados están. Lía y su esposo tienen cuatro hijos, algunos de los cuales padecen el síndrome de déficit de atención. Un día, el esposo de Lía vuelve a su casa de un viaje de negocios, sin tener idea de lo cansada y rendida que está ella por cuidar y andar todo el día detrás de los niños. Cuando él le dice que quiere tener sexo, ella le responde, "¿Tengo que *hacer* algo?" ¡Está tan cansada! Finalmente, están en la cama y ella expresa su preocupación por el control de la natalidad. Él no tiene un preservativo, así que le dice, "¡Arriesguémonos!" ¿Arriesgarse, con cuatro chicos que la están volviendo loca? No está de acuerdo. ¡Pierde su compostura y lo rechaza!

Esta escena muestra lo importante que es este tema para muchas parejas. Estamos tan ocupados, sobrecargados y agotados que sencillamente no tenemos tiempo para hacer las cosas que necesitamos o que solíamos disfrutar. Entonces, ¿dónde encontramos tiempo para disfrutar al otro si todo el mundo está robándonos la energía?

En un artículo de *Redbook*, la escritora Susan Crain Bakos declara que "se estima que 24 millones de mujeres estadounidenses dicen no tener tiempo, estar demasiado cansadas o simplemente no estar de humor para tener relaciones sexuales."[1] Tienen estrés laboral, estrés por sus hijos, estrés doméstico, la presión de la competencia en el matrimonio, en la iglesia, etcétera, etcétera. Por lo tanto, cuando el esposo quiere sexo, con frecuencia la mujer ve esa necesidad como un enemigo. No es que *él* sea el enemigo; sus necesidades sexuales lo son.

"Nunca pensé que el sexo sería un problema en mi matrimonio," dijo Cristina. "Me encantaba el sexo cuando éramos recién casados. El sexo solía conectarnos a mi esposo y a mí. Ahora nos separa. Después de criar tres hijos, estar atenta a las comidas y a la casa, ser líder de un grupo de jóvenes, trabajar y cuidar a mis padres, el sexo es el último ítem en mi lista. No es que no ame o no desee a mi esposo; ¡es que estoy agotada! Desde que me levanto enfrento las exigencias de mis hijos, mis jefes y mis clientes. Para cuando le toca el turno a mi esposo, ¡ya no tengo nada para dar! No quiero que mi esposo se sienta rechazado o que se enoje cada vez que le digo que no, pero no tengo alternativa. Estoy demasiado cansada."

Una de las diferencias típicas de la manera en la que el hombre y la mujer viven el agotamiento es que aun cuando el hombre está extenuado, puede encontrar la energía suficiente como para tener relaciones sexuales. No así la mujer. Cuando ella está agotada, la sola idea de tener sexo puede hacer que quiera desmayarse. Debido a que sus mecanismos de excitación son más complejos, le demanda más tiempo y energía. Ella disfruta del sexo, pero tal vez piense que el clímax no justifica el esfuerzo. Así que cuando la esposa piensa: *¿Tengo que hacer algo?* no es una reflexión acerca de las habilidades de su esposo para hacer el amor. Más bien, es una expresión sobre lo cansada que ella está.

¿Por qué será que cuando estamos estresados y sobrecargados de trabajo, dejamos que se nos escapen las cosas que son más saludables para nosotros? La oración, el tiempo a solas con Dios, con nuestro cónyuge y con nosotros mismos. El ejercicio físico, la comida saludable, el sexo. Si se nos pasa por la cabeza el sexo —aunque sea fugazmente— pensamos: *Realmente me gustaría tener sexo, ¿pero en qué tiempo y con qué energía?*

La verdad es que necesitamos el sexo para mantenernos sanos. Pero no debería ser algo que hagamos como un deber. Tenemos que hacerlo porque lo *deseamos*, porque los beneficios son muchos y, sobre todo, porque estamos comprometidos con nuestro matrimonio. Admitámoslo: si fracasamos en hacer todo lo posible por nuestro matrimonio, lo demás ya no importa. A menudo escuchamos a las personas decir: "Soy la única persona que puede hacer de madre (o padre) para mis hijos." ¿Sabes qué? Tienen razón, pero aún más importante es el hecho de que *tú* eres la única persona óptima como amante de tu cónyuge. Eres la única persona que puede satisfacer las necesidades sexuales de tu pareja. Toda la comunidad puede ayudar a criar a un niño, pero tú y solamente tú puedes satisfacer las necesidades sexuales de tu cónyuge. Después de Dios, el compromiso más importante que puedes tener en tu vida es con tu pareja. Punto. No con tus hijos. No con tu trabajo. Ni con tu agenda, ni con el trabajo en la iglesia.

"¡Pero . . . !" te escuchamos protestar. Tienes una deuda con tus hijos y es la de tener un matrimonio sensacional. Es allí donde se sentirán seguros. Eso quiere decir que tú y tu cónyuge deben encontrar tiempo en la sobrecargada agenda y en sus atareadas vidas para tener sexo con regularidad.

Eres la única persona que puede satisfacer las necesidades

sexuales de tu pareja.

HACER QUE EL SEXO SEA UNA PRIORIDAD

Conocemos un matrimonio en el que ambos trabajan y tienen que trasladarse una gran distancia para llegar a su trabajo. La esposa se levanta a las cinco de la mañana para despertar a su hijito de tres años, prepararlo y llevarlo a la casa de su hermana, que lo cuida. Lo deja allí en camino a su empleo.

Un día, mientras nos compartían lo desconectados que se sentían, les sugerimos que tenían que tomarse un fin de semana solos en algún lugar apartado. "No tenemos tiempo para darnos una escapada," dijo la mujer. "Ya estoy demasiado abrumada. Los fines de semana tenemos que salir a hacer las compras. Además, no alcanza el dinero y no le puedo pedir a mi hermana que cuide a Sergio también durante el fin de semana."

La pareja describía su dilema de una manera que parecía comprensible. (¿No lo hacemos todos?) Pero la realidad es que elegimos nuestras prioridades. Esta pareja no está cuidando su matrimonio. Es verdad, los hijos llegan. A veces los dos tienen que trabajar. Sí, a veces te parece que no puedes pagar una niñera.

Pero si quieres que tu matrimonio funcione, el sexo no es opcional; proteger a tu matrimonio tampoco lo es. La Biblia no dice: "Por tanto, no se nieguen a tener relaciones sexuales. La única excepción a la regla puede ser cuando están muy cansados, si han trabajado de más, si tienen demasiados compromisos, o no pueden pagar a alguien que les cuide los niños." La Biblia considera al sexo tan importante que sugiere que la única excepción para no practicarlo es cuando una pareja decide dedicar tiempo exclusivo a la oración. La Biblia dice que el sexo marital es un privilegio único, un deber y un derecho.[2]

Gabriel y Sandra tenían una vida sexual intensa en los primeros años de su matrimonio. Poco a poco fueron encontrándose con algunas dificultades. Tuvieron al pequeño Mauro, cuyas necesidades ocuparon un lugar privilegiado, generándole a Gabriel un sentimiento cada vez más ambivalente en la medida que sentía que sus necesidades ya no eran importantes. Sandra trabajaba fuera de la casa, se levantaba temprano en la mañana para atender a Mauro, se ocupaba de las tareas domésticas en la medida que podía y trataba de hacer todo bien al mismo tiempo. El trabajo de Gabriel se volvió más exigente, lo pasaron por alto en un ascenso y comenzaron a tener cada vez más tensiones económicas. Estaban demasiado agotados y absorbidos por las necesidades que tenían como para pensar en el sexo. La conexión que les parecía tan natural sólo cuatro años atrás empezó a desvanecerse ante sus ojos.

Podemos dejar de lado el sexo y asegurar que es "por una temporada." Pero muy pronto la temporada se vuelve una costumbre. Ese es el momento en el que la situación se arraiga en el corazón y nos volvemos ciegos a lo que estamos haciendo. Pero las necesidades de conexión relacional y sexual no desaparecen.

Yo (Gary) recuerdo cuando estaba preparando mi doctorado y pasaba muy poco tiempo con mi familia. Trabajaba doce horas diarias; en vez de amantes, Barbara y yo parecíamos compañeros de habitación. Un día Barbara me dio un artículo sobre Paul Tsongas, quien era candidato presidencial en ese momento. A Tsongas le habían diagnosticado cáncer y luego de tomarse un tiempo para el tratamiento, anunció que se retiraba de la campaña presidencial. Algunos periodistas le preguntaron por qué renunciaba a una oportunidad de pasar a la historia. Él respondió: "No conozco ni un solo hombre que en su lecho de muerte haya dicho: 'Me gustaría haber pasado más tiempo en la oficina.'"

Esa noche, en la cama, después de leer el artículo, pensé, *¿Por qué me habrá dado Barbara este artículo?* Ahí comencé a darme cuenta que yo necesitaba tomar algunas decisiones difíciles acerca de mi vida y mi matrimonio. Tenía que decirle que no a algunas cosas para poder mejorar el tiempo que pasábamos juntos. Así que Barbara y yo estudiamos a fondo nuestras agendas, tratando de resolver qué recortar. Renuncié a comités, incluso a algunos prestigiosos que yo sentía que podían favorecer mi carrera. Tuve que empezar a decirle que no a actividades que me alejaban de mi familia. Fueron decisiones duras. Pero, poco a poco, siendo firmes, nuestro matrimonio recuperó parte de su fortaleza. Pronto comenzamos a ver el cambio. Esas pequeñas decisiones nos dieron resultado.

En la vida de las parejas que están demasiado ocupadas, la cola mueve al perro. La vida los está corriendo. ¿Y para qué, en verdad? Ganan el mundo pero pierden su matrimonio, que en esencia es como perder una parte del alma.

De todos los obstáculos sexuales, el cansancio es el tema que mejor podemos controlar. Es el único terreno en el que los cónyuges pueden ayudarse a recuperar el equilibrio. ¿Cómo? Puede ser modificando las prioridades, trabajando menos, rechazando actividades que no benefician al matrimonio o pidiendo ayuda. El darle al sexo un lugar prioritario comunica este mensaje: Mi tiempo y mi intimidad contigo —emocional, espiritual y sexual— es más importante que anotarme en otro campeonato de bolos y tener que salir otra noche cada semana.

Nada hiere más el orgullo del hombre que saber que él ocupa el puesto veinticinco en la lista de tareas de su esposa. Y lo mismo sucede cuando la mujer se da cuenta de que es la última entre las prioridades de su esposo. Sé sincero por un momento . . . ¿podrías estar descuidando a tu cónyuge?

Hacer tiempo para el sexo

De todas las amenazas del dormitorio, el cansancio es uno de los que requerirá un cambio de comportamiento. Recuperar el equilibrio en tu vida exigirá disciplina. Tendrás que buscar alternativas para el cuidado de los niños. Significará recortar horas de trabajo. Significará aprender a decir que no. A continuación ofrecemos sugerencias para empezar a realizar cambios y hacer de tu intimidad sexual lo prioritario en tu matrimonio.

1. Autoexamínate. Pregúntate: ¿En qué me beneficia este ritmo? ¿Cuál es la compensación? ¿Me hace sentir bien conmigo mismo? ¿Estoy buscando la aprobación de los demás? ¿Soy una persona complaciente? ¿Soy un perfeccionista? ¿Me da independencia? ¿Me permite mantener el control?

Las respuestas pueden ser la clave de por qué estás manteniendo a tu cónyuge sexualmente distante. Algunas personas se esconden detrás de la actividad. Un hombre nos relató, "Estoy trabajando doce horas diarias porque quiero ser reconocido. Me doy cuenta del problema, pero para mí esa recompensa es más segura que esperar algo de mi mujer."

El matrimonio nos llama a darlo todo, a comprometernos *completamente*. No se trata de la recompensa, no se trata de lo que obtenemos del matrimonio ni de lo que nuestro cónyuge puede hacer por nosotros. El matrimonio es una decisión de vivir una vida que honre a Dios. Se trata de crecer y madurar espiritualmente. La única manera en que eso puede suceder es cuando entendemos el sacrificio que implica nuestro compromiso matrimonial.

Si descubres que te llenas de tareas para evitar la intimidad o para esconder un conflicto sin resolver, quizás necesites indagar más profundo. No vaciles en buscar a un profesional que te ayude a recuperar la integridad en tu matrimonio. El capítulo 13 aborda algunos de los temas más delicados que tal vez necesites encarar.

El matrimonio nos llama a darlo todo,

a comprometernos *completamente*.

2. Renuévate. ¿Qué actividades te renuevan? ¿Un baño de espuma a solas al final del día? ¿Mirar un partido de fútbol sin interrupciones? ¿Caminar solo a través del parque escuchando un audiolibro o un CD relajante? ¿Regalarte un ramo de flores? ¿Tomarte media hora por día para leer una novela emocionante? ¿O pasar media hora meditando relajadamente? ¿Ir hasta el café del barrio, tomar un café con leche de a sorbos, o escribir en tu diario? ¿Es ese rato que dedicas a correr a la orilla del río? Reponer la energía tiene que ser parte de la rutina diaria. Conocemos a una mujer que usa las dos horas diarias que viaja a su trabajo para escuchar sus audiolibros favoritos. "No podría explicarlo," nos dijo, "pero enfrascarme en un buen audiolibro hace el viaje menos arduo y me hace una persona más amable, tanto en la ruta como con mi familia. Me ayuda a relajarme de tal manera que, cuando llego a casa, estoy lista para dedicarme a mi familia."

3. Evaluar las prioridades. La pareja necesita reconocer que tiene un problema en común que requiere una solución compartida y esa solución puede requerir sacrificio mutuo para beneficio mutuo. Siéntense y aborden juntos el tema. Cuando les pedimos a nuestros encuestados que nos dijeran qué les *disgustaba* del sexo, el cansancio apareció al comienzo de la lista de 58 por ciento de los cónyuges. En otra encuesta, 80 por ciento de las madres primerizas dijeron que su vida sexual estaba deteriorada por la sencilla razón de que estaban demasiado cansadas para hacer el amor.[3]

A menudo escuchamos esta declaración: "El sexo no es una de mis prioridades." Para ser sinceros, a muchos hombres les daría escalofríos si supieran en qué puesto de la lista colocan el sexo sus esposas. Cuando realizamos la encuesta para nuestro libro *Las Cinco Necesidades de Amor de Hombres y Mujeres,* la intimidad quedó en el decimotercer lugar de importancia para las mujeres. A algunas de ustedes tal vez les sorprenda que haya quedado tan alto. Pues bien, algunas personas que respondieron a una encuesta en Florida estarían de acuerdo. Respondieron: "El sexo aparece apenas antes de la costura recreacional" —está en el número treinta y siete de la lista. ¡Ay!

Estar atareado puede parecer algo temporal, pero si no alimentas tu vida sexual ahora, tal vez luego sea demasiado tarde. Cuanto más se aleje una pareja, más largo y más difícil será el camino de regreso a la intimidad.

Desde la perspectiva del esposo, tal vez él diga: "Sólo quiero un poco de sexo de vez en cuando. Para eso no hace falta demasiado tiempo." Pero no se trata sólo de sexo; se trata de crear el *entorno* para el sexo y la intimidad sexual. Si quieres que tu matrimonio honre a Dios, si quieres un matrimonio sólido y confiable, es fundamental que se pongan de acuerdo en que, contra viento y marea, se darán algún tiempo todas las semanas para relajarse y divertirse juntos.

Evalúa tus prioridades. Si pagar la hipoteca de tu casa requiere que los dos trabajen, ¿qué es más importante, la casa o el matrimo-

Si quieres que tu matrimonio honre a Dios, si quieres un matrimonio sólido y confiable, es fundamental que se pongan de acuerdo en que, contra viento y marea, se darán tiempo todas las semanas para relajarse y divertirse juntos.

nio? ¿Por qué no mudarse a una casa más chica y concentrarse en el matrimonio? ¿A quién le importa lo que piensen los demás? Tal vez mucha gente compare las opciones: *Una linda casa frente a sexo con mi cónyuge. Mmm. Prefiero la casa linda.* Les parece justificable postergar a su cónyuge. Pero si lo desatienden sexualmente, probablemente en poco tiempo estarán vendiendo la casa porque su matrimonio se habrá deteriorado. Conocemos a demasiadas personas que compraron una casa costosa que los obligó a ambos a trabajar y terminaron divorciándose. Esa es la realidad, amigos. Hay que perder, o los dos perderán —y lo más probable es que resulte doloroso y tenga consecuencias a largo plazo.

Entrena tu mente hasta que entiendas que decir no a las cosas que no benefician al matrimonio es decirle sí a tu matrimonio. Con frecuencia, cuando decimos que sí a las actividades extraescolares de los hijos, cuando participamos en todos los comités de la iglesia, cuando trabajamos horas extra . . . les decimos que no a nuestros cónyuges y al sexo. Adivina quién sufre más cuando hacemos eso. Todos y todo. Cuando nos negamos a cuidar y a nutrir nuestra intimidad sexual, en última instancia le decimos que no a tener hijos sanos, al trabajo y a la iglesia.

Comprendemos que la presión de tratar de darles a tus hijos todas las oportunidades es intensa. Pero tal vez ellos también estén cansándose. Tenemos unos amigos que les han dicho a sus hijos: "Practicarás un deporte por año; elige." Fue una conmoción para el sistema familiar, pero esta pareja se había dado cuenta de que tenían que cambiar algo o se dirigían hacia un desastre. Una vez que este matrimonio se puso firme, volvieron a pasarla bien. Se hicieron nuevamente amigos uno del otro; tuvieron tiempo para el sexo. Su matrimonio y su familia mejoraron.

Un matrimonio con demasiadas tensiones y ocupaciones pierde su fortaleza. Es como una banda elástica que ha perdido su elasticidad. Tiras demasiadas veces de él, se afloja y no sirve más. Achicar la agenda ayudará al matrimonio a recuperar la elasticidad y la fortaleza.

Tomen sus agendas, siéntese juntos y conversen acerca de sus horarios. Háganse estas preguntas:

- ¿Qué es de absoluta prioridad?
- ¿Qué parece una prioridad absoluta pero no lo es?
- ¿Qué podemos dejar de hacer, por lo menos por esta temporada?
- ¿Qué día podemos reservar para salir, pasar un rato los dos solos, tener una buena relación sexual, divertirnos, disfrutarnos mutuamente?

Si están agotados a causa de sus responsabilidades familiares, tienen que contratar, sobornar o amenazar a sus padres, vecinos, amigos o miembros de su iglesia para que cuiden a sus hijos y ustedes puedan salir solos. Ofrezcan intercambiar el cuidado de los niños con otra pareja. Es importante que cada tanto suspendan todo, se vayan solos a algún lugar sólo para divertirse y hacer el amor. Esta es una prioridad, un deber.

4. Programa tiempo para tu relación sexual. Programar tu relación es especialmente importante cuando te sientes exhausto. Ten en cuenta que el sexo tal vez no sea tan espontáneo como lo era en los primeros años de casados. Pero cuando las agendas están sobrecargadas deben tomar medidas intencionales y proactivas.

Anótenlo en sus agendas. Reserven los jueves en la noche o los sábados en la mañana, lo que sea mejor para ustedes, durante un mes. Háganse un esquema, porque de otra manera no lo lograrán. Si es lo que hace falta durante una temporada, háganlo. Tienen que volver a recordar: *¡Oh, sí! ¡Esto es muy divertido!*

5. Vuelve a incluir el *sabbat* en tu semana. Dios estableció en su agenda, y en la nuestra, un tiempo para renovarnos. Sabía que nos enredaríamos con nuestras cosas "importantes" y descuidaríamos los momentos de refrigerio y placer.

El descanso del *sabbat* era tan importante para Dios que lo incluyó entre los Diez Mandamientos. Es uno de los más importantes, amigos, junto a "no adorar a otros dioses." De hecho, está puesto *antes* que "no matarás" y "no cometerás adulterio."[4] Si Dios se toma el descanso tan en serio, nosotros también debemos hacerlo.

En una entrevista con la revista *Marriage Partnership*, el escritor Randy Frazee relata la experiencia de insomnio que tuvo durante cuarenta y cinco días. Finalmente, cuando ya no pudo más, consultó a su médico y este le dijo que tenía un problema con su sistema adrenal. Randy había pasado tanto tiempo sin descansar adecuadamente que su sistema siguió a toda marcha. Su doctor le dijo: "Elige: múdate a Borneo, o cambia de estilo de vida. Si no lo haces, te sucederá algo serio." Randy descubrió que cuando tu cuerpo no tiene tiempo para recuperarse, en algún momento te lo cobra. Tus relaciones sufren, tu sueño sufre, tu vida sexual sufre.[5]

Nuestra amiga Annie nos relató la conversación que había mantenido con una amiga judía sobre el sexo y el *sabbat*. La mujer le dijo a Annie:

—Hay ciertas cosas que siempre trato de hacer en el *sabbat*. Una de ellas es tener relaciones sexuales con mi esposo.

—¿En serio? —le preguntó Annie—. Pensé que el sexo era considerado como trabajo y que ustedes no debían trabajar durante el *sabbat*.

—Oh, no —contestó la mujer judía—. Tener sexo con tu esposo en el *sabbat* vale puntos dobles para Dios. Puedes conseguir muchos puntos por las cosas buenas que haces. Pero si tienes sexo con tu esposo durante el *sabbat*, vale doble.

Ya sea que Dios dé puntos o no, tenemos que entender que Dios provee descanso, refrigerio y diversión cuando los cónyuges alimentan su vida sexual. Esta mujer judía comprendió la importancia que Dios le da al sexo.

6. Organiza una escapada. No uses como excusa el problema económico. Ahorra para una escapada. Una vez al mes váyanse a algún lugar. Vayan al motel al final de la calle; consulten en Internet los hoteles económicos en su zona; vayan a un sitio de campamento y alquilen una cabaña. Si sus amigos van a salir durante el fin de semana, pregúntenles si pueden prestarles la casa.

Para organizar una escapada hace falta un poco de creatividad y voluntad. Una pareja encontró una manera económica de pasar algo de tiempo a solas. Inscribían a sus hijos en una clase o actividad, los dejaban allí y durante esa hora o lo que durara la clase, iban a casa y hacían el amor. Eso es voluntad y creatividad.

7. Apaga la televisión. La televisión es un gran ladrón de tiempo. En lugar de encenderla en la noche, ¿por qué no se sientan afuera y escuchan a los pájaros? Caminen. ¡Vayan al dormitorio y jueguen!

CAPÍTULO 10

El elefante en el dormitorio:
Hablemos del sexo

No sé qué hacer. Hace cuatro años que estamos casados y nunca he tenido un orgasmo. Por eso los finjo. No quiero decírselo a mi esposo porque le dolería. Por eso miento. Sé que no estoy haciendo lo correcto. Pero no sé qué hacer."

Recibimos este mensaje electrónico de una mujer que nos escucha por la radio, pero muchos cónyuges podrían decir lo mismo: Soy desdichado en mi vida sexual y, (1) se lo dije a mi cónyuge, pero nada cambia o (2) no se lo dije porque no quiero herirlo. Y en lugar de encontrar alivio, estas parejas continúan sufriendo en silencio.

¡No tiene por qué ser así! Las cosas cambian cuando comenzamos a comunicarnos con claridad sobre nuestra experiencia sexual. Muchos *creen* que se están comunicando, pero la mayoría simplemente asume que su pareja adivinará sus pensamientos.

El consejero matrimonial Kevin Leman dice que comprobó que la mayoría de las parejas pasa 99,9 por ciento de sus relaciones sexuales haciendo el amor y 0,1 por ciento hablando acerca de ello. Sugiere que sería una proporción más adecuada que dedicaran 90 por ciento a hacer el amor y 10 por ciento a conversar.[1]

De acuerdo con un estudio del *Journal of Sex and Marital Therapy [Revista de Terapia Sexual y Matrimonial]*, hombres y mujeres creen que el otro sexo no tiene interés en conversar acerca de los detalles de su comportamiento en la cama. Sin embargo, resulta interesante que los mismos hombres y mujeres expresaron que la comunicación franca acerca de la relación sexual les parecía algo importante. Aun así, la mayoría de las parejas rara vez conversa con libertad acerca de lo que les gusta y de lo que no.[2]

A menudo la gente nos dice: "*¿Hablar* del sexo con mi cónyuge? No me resulta fácil.*"* Aunque se sientan incómodas hablando acerca de su relación sexual, ya sea por la frustración o por el pudor, las parejas necesitan hacerlo. ¿Por qué? Porque la relación sexual es uno de los aspectos más importantes de la relación matrimonial, y cuando está fuera de equilibrio, afecta al resto del matrimonio. Es así porque la relación sexual no podrá ser mejor ni más satisfactoria a menos que se *hable* del tema.

Aunque se sientan incómodas hablando acerca de su relación sexual, ya sea por la frustración o por el pudor, las parejas necesitan hacerlo.

¿QUÉ NOS IMPIDE HABLAR DEL SEXO?

A muchos de nosotros no se nos enseñó a hablar del sexo. Algunos de ustedes crecieron en una familia en la que papá y mamá disfrutaban del sexo y les enseñaban cosas saludables acerca de él. Pero otros crecieron en un hogar donde el sexo se consideraba sucio o donde los padres simulaban que el sexo no existía. Muchos padres se sienten incómodos al hablar de temas sexuales y por esa razón no lo hacen. En consecuencia, perdemos el rumbo. Aprendemos sobre sexo en el vestuario del colegio, en las novelas románticas y en las películas. Luego nos casamos y nos sentimos incapaces de expresar en forma adecuada nuestras necesidades sexuales. En muchos casos, no significa que no queremos hablar. Lo que ocurre es que no sabemos de qué manera hacerlo. Nos sentimos temerosos o inseguros en cuanto a cómo encarar el tema.

A veces las parejas no hablan acerca del sexo porque están enredadas en pecados sexuales. Si Roberto está mirando pornografía en Internet, entonces es poco probable que hable del sexo con su esposa. Si Soledad mantiene conversaciones íntimas con su supervisor o recurre a una sala de conversación para satisfacer sus necesidades de romance, es poco probable que aborde temas íntimos con su esposo.

Muchas parejas no hablan acerca del sexo porque tienen miedo de enfrentar un conflicto. *Si hablo de esto, podríamos caer en una discusión,* piensan.

Para algunas personas la conversación sobre sexo es como un enorme elefante en la habitación. Quisiéramos admitir que está ahí, pero caminamos alrededor de él en puntas de pie, con la esperanza de que si no lo mencionamos, todo se mantendrá bien. Pero el tiempo y la experiencia demuestran que el elefante todavía está allí y procura entrar poco a poco al dormitorio. De modo que es hora de que lo reconozcamos y aprendamos a comunicarnos.

Entonces, ¿cómo le pide sexo el esposo a la esposa? ¿Cómo expresa la esposa sus necesidades y deseos sexuales? ¿De qué manera podría sentarse una pareja para conversar acerca de su relación sexual?

Pidiendo sexo

Nos hace gracia cuando la gente nos pregunta: "¿Qué tengo que decir?" Vacilan, titubean, hasta que al fin murmuran: "Bueh, quizás esta noche . . . hummm . . . podríamos . . . ya sabes qué . . ." Dan vueltas alrededor del tema con eufemismos y expresiones ambiguas.

Qué liberador sería para la esposa ser consciente de sus necesidades sexuales y decirle a su esposo: "¿Podrías venir al dormitorio dentro de cinco minutos? Quiero tener sexo." Quizá no tendría que ser tan directo, pero tal vez podría serlo.

Un esposo le envía mensajes electrónicos a su esposa, del estilo: "No hemos tenido oportunidad de abrazarnos y de hacer el amor desde hace varios días. ¿Te parece que podrías reservar algo de energía para retozar en la cama esta noche?" Deja la invitación abierta. No es una exigencia.

Cuando la esposa reciba el mensaje, tendrá tiempo de reaccionar. A veces responderá: "Acepto tu invitación y espero el momento con entusiasmo," y se preparará para el encuentro amoroso de esa noche. En otras ocasiones dirá: "Ha sido un día muy pesado, estoy exhausta. No tengo problemas contigo, sólo que estoy cansada. Quizá sería mejor mañana." Comunica con claridad un sí o un no, pero lo hace de una manera que no expresa rechazo. Cuando dice no, da una razón y le asegura a su esposo que no tiene problemas con él. En realidad no dice que no; dice que hoy no. La comunicación clara y honesta evita la necesidad de adivinar.

Una mujer nos relató acerca de su "almohada sexual." De un lado dice "Esta noche sí" y del otro "Mañana sí." Esta pareja emplea un poco de humor, pero de esa manera comunican sus necesidades.

Un aspecto de la expresión de las necesidades sexuales es tener la libertad de hacer preguntas de seguimiento. La palabra *no* nunca debiera usarse sola durante una conversación sobre sexo. Es más, elimina el *no* de tu vocabulario sexual y reemplázalo por *ahora no.* Si le pides sexo a tu pareja y te responde "Ahora no," puedes continuar con la pregunta "¿Entonces cuándo?" Completa la conversación. No dejes lugar a los malos entendidos.

CREANDO UN VOCABULARIO SEXUAL

Una de nuestras amigas, terapeuta sexual cristiana, nos comentó que cuando estaba estudiando para obtener su título tuvo que aprender a sentirse cómoda al hablar de cualquier asunto sexual. Debía ser capaz de pronunciar cualquier término o frase sexual, parte anatómica o palabras de la jerga popular. Aunque al principio se sentía incómoda, cuanto más practicaba, más fácilmente podía hacerlo. Eso es lo que tienes que lograr cuando hablas con tu pareja.

A menudo le decimos a la gente que practique hasta que lo sienta natural. Tengan sexo hasta que lo sientan natural. Actúen como si amaran profundamente a su cónyuge hasta que lo sientan natural. Hablen del sexo hasta que lo sientan natural. Un aspecto de este aprendizaje es desarrollar un vocabulario sexual que ambos cónyuges puedan dominar. En muchas ocasiones, la esposa piensa que si enciende una vela, su esposo entenderá que ella quiere tener sexo. Un esposo tal vez piense que si acaricia los pechos de su esposa mientras ella lava la vajilla, está dándole una clara indicación de que quiere tener sexo. Es fundamental para la pareja hablar de manera clara y directa. Eso requiere usar un vocabulario que ambos comprendan.

Dediquen una tarde o una noche a conversar en pareja y pregúntense: "¿Cuáles son algunas de las maneras claras en que podemos comunicar nuestro deseo sexual?" Será divertido descubrir las respuestas. Aprenderán algo nuevo y pondrán las bases de un vocabulario sexual. Tal vez se sorprendan con algunas de las sugerencias. Un esposo quizás diga: "¿Sabes, cariño? Necesito sexo" o bien "Abrazarte de esta manera me excita. ¿Qué te parece si lo hacemos?" o "Cariño, ¿qué tal retozar un poco esta noche?" Una esposa dirá: "Ansío pasar tiempo en tus brazos. ¿Te gustaría descubrir adónde nos lleva eso?" o bien "Me iré temprano a la cama. Si me acompañas, estoy dispuesta a juguetear un rato." Digan cualquier cosa que les dé resultado. Desarrollen su propio vocabulario para expresar sus necesidades sexuales.

Cuando nuestros hijos eran más pequeños, usábamos el código *zona de peligro.* Cuando Gary decía: "Estoy en la zona de peligro," yo entendía que expresaba: "Chica, lo necesito y te necesito. Lleva a los niños al jardín o a la casa de los vecinos. Nos iremos arriba y cerraremos el dormitorio con llave." Cuando yo usaba las palabras codificadas, expresaba: "Deja pasar el noticiero esta noche. Pondremos a los niños a dormir temprano, nos encerraremos en el dormitorio y haremos el amor."

Alcancen el punto en el que ambos conozcan las reglas y puedan sentir el matiz divertido cuando hablan del sexo. A medida que desarrollen más confianza en este terreno será cada vez más fácil.

Hablando del asunto

Seamos honestos. ¿Cuándo fue la última vez que hablaron, que *realmente* hablaron, acerca del sexo entre ustedes? ¿Sabían que esto es, de lejos, lo menos que pueden hacer para mejorar la relación sexual? Es verdad.

En su libro *Música entre las Sábanas,* Kevin Leman escribe que parte de la razón por la que no hablamos sobre el sexo es porque no queremos sentirnos mal ni queremos que nuestra pareja se sienta mal. "¿Quién quiere escuchar que no es bueno en la cama? ¿Y quién quiere decirlo? Lo que generalmente ocurre es que las soluciones relativamente simples son ignoradas. Algunos cónyuges se conforman por una década o más con algo que no les gusta porque no se atreven a hablar del tema; no quieren herir a su pareja. Otros han dejado pasar los años negándose un deseo, porque no se atreven a pedirlo."[3]

Es hora de comenzar de nuevo. Tomen el compromiso de hablar sobre el sexo.

¿Por dónde comenzar? Pues bien, el mejor momento para hablar del sexo no es durante la relación sexual. No es cuestión de vestirse con un negligé, encender las velas, poner la música y luego hablar de lo que te gusta y de lo que no te gusta.

El sexo pertenece al dormitorio, pero hablar acerca del sexo pertenece a cualquier lugar *excepto* al dormitorio. A causa de la naturaleza delicada y sensible del sexo, hablar sobre él requiere un lugar neutral. Podría ser en los sillones del jardín. O tomando un café. O en el parque. No es recomendable discutir los problemas sexuales mientras se sostiene la relación sexual.

El sexo pertenece al dormitorio, pero hablar acerca del sexo pertenece a cualquier lugar *excepto* al dormitorio.

Si al comienzo resulta intimidante, tal vez puedan incluirlo mientras conversan sobre otros temas, por ejemplo, cuando están analizando otros aspectos de su relación como pareja y el tema sexual entra como parte de la charla. Oren antes de conversar. Pídanle a Dios que esté con ustedes, que los ayude a comunicarse con claridad, con amabilidad y cariño. Pídanle que le abra el corazón y la mente a su cónyuge para que escuchen sus inquietudes y sus pedidos. No olviden pedirle que les abra el corazón y la mente a ustedes mismos para escuchar lo que piensa su pareja.

Las primeras conversaciones no deben ser amenazantes. Avancen con tanta cautela como sea necesario para el miembro más tímido de la pareja. Les sugerimos varias preguntas, en diferentes niveles, que los ayudarán a poner en marcha la conversación.

PARA COMENZAR

- ¿Cómo aprendiste sobre el sexo en tu infancia? ¿Cómo te enseñaron?[4]
- ¿Cuáles son tus tres mejores recuerdos de nuestra relación sexual durante estos años?
- ¿Piensas que el sexo conduce a la intimidad, o que la intimidad conduce al sexo?
- ¿Qué es lo que más te agrada de nuestra relación sexual?
- ¿Disfrutas del sexo conmigo? ¿Hay algo que podría mejorar?
- ¿Existe suficiente variedad en nuestra vida sexual?
- ¿Con qué frecuencia quieres hacer el amor?
- ¿Qué puedo hacer fuera del dormitorio para que nuestra vida sexual te resulte más satisfactoria?
- ¿Cuál es el ambiente en el que has deseado siempre hacer el amor?
- ¿Qué palabras o acciones a lo largo del día o de la semana

preparan el clima para pasar un momento extraordinario de sexo?

PARA CONTINUAR

- ¿Deberíamos anotar el sexo en la agenda, para asegurarnos de tener tiempo a solas? ¿Cómo podemos evitar que pase mucho tiempo sin tener sexo?
- ¿Qué es lo que más te excita de mí? ¿Qué quieres que haga para aprovechar esa peculiaridad?
- Cuando tienes estrés, ¿tener sexo resulta útil, reconfortante, difícil, o te genera ansiedad? En esa situación, ¿cómo podemos facilitar la intimidad?
- ¿Sientes ansiedad ante la relación sexual? ¿Cuándo y por qué te ocurre?
- ¿Te gustaría que tomara la iniciativa más a menudo? ¿Cómo te gustaría que lo hiciera?
- ¿Qué satisface tus necesidades emocionales cuando tenemos sexo?
- ¿Te parece que tenemos suficiente privacidad para nuestros momentos íntimos? ¿Qué tendríamos que hacer para garantizar nuestra privacidad?
- ¿Te gusta el lugar donde hacemos el amor? ¿Te agrada el ambiente?
- ¿Te gusta el momento del día en el que generalmente hacemos el amor?
- ¿Doy la impresión de que el sexo fuera más una obligación que un placer? ¿Tienes alguna sugerencia acerca de cómo podría cambiar?

- Completa esta oración: Cinco cosas que podrías hacer durante la semana para excitarme son . . .

Para ser más específicos

- Dime tres maneras en las que te gustaría que te acaricie.
- Nómbrame tres cosas que te quitan la motivación.
- Dime tres cosas que puedo hacer o decir para excitarte.
- En lugar de hacer _____, ¿podríamos intentar _____?
- ¿Cuáles son las posiciones sexuales que más te gustan?
- ¿Estás experimentando la libertad que deseas?
- ¿Qué parte de mi cuerpo encuentras más excitante? ¿Cuáles de mis gestos te resultan más excitantes?
- ¿Cómo quieres que te hable? ¿Te gustaría que hablara o que hiciera más ruido durante el sexo o preferirías menos?
- ¿Estoy acariciando tus zonas preferidas?
- ¿Estamos haciendo todo lo que te gusta?
- ¿Qué te gustaría que hiciera más?
- Si tuvieras todo el tiempo y la energía del mundo y nuestra cama fuera un lugar para jugar, ¿qué querrías hacer conmigo?
- ¿Qué es lo que más te gusta cuando te sorprendo?

Es fundamental que las preguntas y las respuestas no contengan juicio. Si uno de los dos dice: "Me gusta cuando . . ." y el otro muestra un gesto de disgusto, eso rápidamente pondrá fin a la comunicación. Mantengan una actitud abierta. Escucha a tu pareja. Confirma y respeta su valor para hablar sobre el sexo. Si en última instancia tienen algunas diferencias, conversen sobre ellas sin lastimarse mutuamente. Recuerden que están creciendo juntos. Hablen con gratitud y afirmación.

PAUTAS PARA QUE LA COMUNICACIÓN FUNCIONE

⌒ **Pauta #1: Habla *con* tu pareja, no *a* ella.** *Comparte tus sentimientos acerca de lo que están experimentando y sobre lo que necesitan. Luego escucha a tu cónyuge. Sé curioso. Aprende de tu cónyuge.*

⌒ **Pauta #2: Evita la crítica y la grosería.** *Los comentarios críticos bloquean al cónyuge y a la comunicación. ¿Degradas a tu cónyuge, su apariencia, lo que es o lo que hace? ¿Lo tratas con desprecio, como si te molestara, en lugar de hacerlo como a alguien valioso? Muéstrale respeto y honra.*

⌒ **Pauta #3: Confirma a tu pareja.** *Haz que la afirmación y el aprecio sean parte habitual en tu conversación sobre el sexo. Dile a tu cónyuge aquello que hace bien. Exprésale afirmación en palabras.*

⌒ **Pauta #4: Evita mostrarte a la defensiva.** *Muestra apertura a lo que tu cónyuge quiere decirte. Escucha sin defenderte. Aprende de qué manera puedes convertirte en un mejor amante. Haz preguntas de comprobación para verificar que entiendes lo que tu cónyuge te expresa.*

ANALIZANDO LAS CUESTIONES MÁS DELICADAS

En algunas ocasiones es necesario compartir cuestiones delicadas. Por ejemplo, si tienes dificultades con el sexo por algo que te ocurrió en el pasado o por un problema actual, habla de ello con tu cónyuge. Sé honesto. Si sufriste abuso sexual o adicción al sexo, o si en la actualidad estás habituado a mirar pornografía, necesitas analizar esas cuestiones porque tienen un enorme impacto en tu matrimonio. Son asuntos tan importantes que los abordaremos en detalle en el capítulo 13. Si necesitas ayuda profesional, no tengas miedo ni vergüenza de admitirlo.

Otros temas delicados podrían ser el peso o la higiene, porque afectan la intimidad sexual. Son temas que deben ser manejados con amor y cuidado.

Con frecuencia escuchamos a personas bien intencionadas que dicen cosas tales como: "No importa si tienes sobrepeso. Tu esposo es tan fácilmente excitado que ni siquiera se dará cuenta." Aunque hasta cierto punto eso sea verdad, es cierto que la obesidad es algo que puede dificultar una vida sexual sana. Hemos recibido docenas de cartas de hombres y mujeres que suplican ayuda porque sus cónyuges están excedidos en treinta kilos o más. Recibimos un llamado en el que una oyente de la radio nos dijo: "¿Qué puedo hacer con mi esposo? Aumentó cuarenta y cinco kilos y quiero ayudarlo, pero no sé cómo motivarlo para que baje de peso."

Seas hombre o mujer, el peso está ligado a la autoestima. De modo que si este es un factor que está afectando tu vida sexual y quieres hablar al respecto, construye primero una red de apoyo. Asegúrate que tu pareja no se sienta juzgada o despreciada. Si no tienes esa seguridad, la otra persona se sentirá criticada y en lugar de motivarla, le provocarás desánimo.

Si eres tú quien está excedido de peso, no cargues el problema a tu pareja. Toma la responsabilidad de cambiar. La verdad es que cuando no te cuidas a ti mismo, abres la posibilidad de que tu pareja se sienta visualmente estimulada por personas que sí se cuidan. Debes hacer todo lo que esté a tu alcance para cuidar el cuerpo que

Dios te ha confiado. Debes amar a tu pareja y amarte a ti mismo lo suficiente como para cuidarte físicamente.

Muchas personas nos han dicho algo que no se han atrevido decirle a su cónyuge: "Es desagradable hacer el amor con mi pareja porque no huele bien. Me gustaría que se bañara (o se lavara los dientes o se pusiera desodorante) antes de venir a la cama." Amigos, esto es fácil de solucionar. Sé considerado con tu esposo o con tu esposa. Asegúrense de estar limpios y perfumados cuando se ofrezcan el uno al otro. Si necesitan conversar acerca de la higiene, Kevin Leman aporta algunas buenas ideas. Por ejemplo, esta sería una manera de encarar el tema: "Cariño, en muchas ocasiones quieres hacer el amor, pero no te has duchado. No llegas a la cama oliendo agradable y ya me conoces, tengo una nariz de sabueso. Me encanta el aroma de tu cabello recién lavado, pero a menudo hueles a trabajo. Te amo y me encanta estar contigo. No me es fácil decirte esto, porque no quiero herirte, pero con sólo ducharte estaría más dispuesta a responderte."[5]

También podrías sugerir que se duchen o se bañen juntos y luego decir lo maravilloso que huelen limpios y recién lavados. Lo importante es ser positivo y extremadamente sensible y amable.

CONVERSANDO SOBRE LÍMITES EN EL SEXO

Uno de los beneficios de hablar sobre la vida sexual es el de determinar qué es aceptable y qué no lo es. A veces el esposo o la esposa querrían probar algo nuevo pero no saben si su pareja lo encontrará excitante o desagradable. El momento de agregar nuevas actividades sexuales no es cuando están haciendo el amor. De esos temas hay que hablar fuera del dormitorio. Conversar anticipadamente evita la incomodidad, la vergüenza o la posibilidad de herir a tu cónyuge.

Los terapeutas matrimoniales Louis y Melissa McBurney ofrecen algunas pautas sobre límites en el sexo en su artículo "Christian Sex Rules [Normas Sexuales Cristianas]," uno de los más leídos y solicitados de la revista *Marriage Partnership*.[6] Mientras comentan lo que les parece bien y lo que no para la relación sexual, tomen en cuenta estos límites.

Cuida la exclusividad del matrimonio. Un aspecto de ser una sola persona en el matrimonio es el de no dar lugar a terceros. El sexo entre dos personas no debe convertirse en un espectáculo o en la oportunidad de incluir a otras personas en el dormitorio, ya sea de manera física o emocional. Cuando un matrimonio pierde la exclusividad, abre la puerta para la desconfianza, la ansiedad y la comparación.

En su popular programa de televisión, Oprah Winfrey dedicó un segmento a debatir sobre una tendencia que parece estar ganando aceptación dentro de un sector del público norteamericano.

Se conoce como "swinging," una alternativa en la que el matrimonio decide agregarle sabor a su vida sexual mediante la inclusión de otras personas. La pareja concurre a un club donde comparte la cena con otras parejas y evalúa la posibilidad de poder congeniar con alguna de ellas. Luego intercambian parejas. Si una pareja no desea sostener relaciones con otras, simplemente puede observar a las que sí las mantienen.

Las parejas a las que entrevistó Oprah estaban conformadas por profesionales, líderes, maestros de escuela dominical y amas de casa. Estas personas no consideraban que estuvieran cometiendo actos de infidelidad; ambos cónyuges estaban de acuerdo en tener sexo con otras parejas y estaban participando juntos en esta actividad. Incluso le comentaron a Oprah que el swinging había fortalecido sus matrimonios. Aseguraron que después de juguetear con otras parejas, regresan a su dormitorio y tienen mejor sexo que nunca. Estamos convencidos de que esto es una farsa, una mentira de Satanás. El swinging podrá resultar atractivo, satisfactorio o exótico, pero en pocos años estas parejas descubrirán la verdad: caer en la trampa del swinging nos deja vacíos y lastimados.

No podemos cometer pecado con nuestro cuerpo sin que nos dañe el alma, porque cuerpo y alma son inseparables. El apóstol Pablo se ocupa de este tema cuando escribe: "Huyan de la inmoralidad sexual. Todos los demás pecados que una persona comete quedan fuera de su cuerpo; pero el que comete inmoralidades sexuales peca contra su propio cuerpo. ¿Acaso no saben que su cuerpo es templo del Espíritu Santo, quien está en ustedes y al que han recibido de parte de Dios? Ustedes no son sus propios dueños; fueron comprados por un precio. Por tanto, honren con su cuerpo a Dios."[7]

Dios diseñó el matrimonio como una relación exclusiva a largo plazo. Lo único que garantiza seguridad, confianza y satisfacción plena es respetar ese diseño.

Asegúrate de que ambos estén de acuerdo. Cualquier cosa que decidan probar debe ser aceptable para ambos miembros de la pareja y debe ayudar al matrimonio a crecer. Si un esposo sugiere algo, pero la esposa no se siente cómoda con la propuesta, sugerimos que sea respetuoso de los sentimientos de su esposa y no la arrastre a un terreno en el que se sentiría incómoda o rebajada. Esta es una cuestión de respeto y honra dentro del matrimonio. Si bien es importante hablar acerca de los deseos sexuales, respetar al cónyuge es más importante que imponer un deseo.

Practica sólo aquello que proporcione placer físico y emocional.

¡El sexo debe ser placentero! Si no lo es, podría causar resentimiento y distanciar a la pareja. Asegúrate que el sexo entre ustedes se mantenga saludable. Una pareja cristiana nos dijo que quería experimentar con el sometimiento en su vida sexual. El problema con el sexo sadomasoquista es que está basado en el poder o la dominación, y no en el amor desinteresado y servicial. El sexo no debe lastimar ni causar sufrimiento a ninguno de los dos.

Continúa completando el acto sexual. Aunque puede resultar maravilloso y divertido intentar formas creativas de obtener placer, nada debiera reemplazar la unión genital, a menos que por alguna razón fuera físicamente imposible. Cuando se completa la penetración se construye un lazo mucho más fuerte en la pareja.

Cuida tu relación. Por sobre todas las cosas, el sexo forma parte de la relación. Asegúrate de que lo que hagas favorezca a la relación. Mantente sintonizado con tu cónyuge y sólo con tu cónyuge. Una de las amenazas más peligrosas para la intimidad sexual es la de incorporar fantasías sexuales o pornografía. Estas pueden robarle a la relación el carácter exclusivo que Dios se propuso que tuvieran. En el capítulo 13 analizaremos los problemas que puede provocar la pornografía y cómo puede superarlos la pareja.

CAPÍTULO 11

Mantener la diversión y el entusiasmo en el sexo

Durante una entrevista con los terapeutas sexuales cristianos Clifford y Joyce Penner, Neil Clark Warren preguntó: "¿Qué porcentaje de parejas puede alcanzar una relación sexual mutuamente satisfactoria?" Los Penner respondieron: "100 por ciento. Nunca trabajamos con algún matrimonio que consideráramos incapaz de alcanzar un alto nivel de satisfacción mutua." Comentaron que un tercio de las parejas obtiene este grado de satisfacción sin esforzarse para lograrlo.[1] Sin embargo, si ustedes pertenecen a los otros dos tercios, aún tienen la posibilidad de lograr ese nivel elevado de satisfacción sexual.

Con frecuencia, las parejas nos preguntan cómo pueden mantener la diversión y el entusiasmo en el sexo. Nuestra respuesta es la siguiente: Manténganse conectados. Lo que le da al sexo plenitud y alegría es el estar conectados, cuerpo a cuerpo *y* corazón a corazón. A continuación les mencionaremos catorce maneras para lograrlo. Pruébenlas y luego desafíense a generar otra ideas creativas y divertidas.

1. **Bésense profundamente.** ¿Recuerdas el tipo de besos que se

daban cuando recién se enamoraron? ¿Todavía se besan de esa manera profunda y apasionada? Por supuesto, en el matrimonio habrá besitos en la mejilla o besos sobre los labios al pasar. Pero procura recuperar los besos apasionados. Date tiempo. Disfruta del contacto y del sabor de los labios de tu pareja. Pregúntale a tu cónyuge cómo le gustaría que lo besaras y practica hasta que salga perfecto.

2. Disfruta después del sexo. Saborea la intimidad que se siente después del sexo. Continúen abrazados. Dile a tu cónyuge lo bueno que fue y cuánto lo amas. Varones, si después del sexo se dan media vuelta y se ponen a roncar, perderán el momento más íntimo con sus esposas. Abrácenlas con ternura. Acarícienles el cabello y díganles que las valoran.

3. Cuida la higiene. Esto es muy simple. Antes de tener relaciones, cepíllate los dientes. Toma una ducha o báñate. Explorar y abrazar el cuerpo del otro es mucho más agradable cuando tiene un aroma fresco.

4. Acondiciona el ambiente. Prepara el clima, ya sea con velas, con música o con la temperatura de la habitación. Piensa en el ambiente como una especie de juego erótico preliminar. Si tienen niños que podrían entrar en el dormitorio sin llamar, pónganle cerradura a la puerta y úsenla. Mantén el dormitorio ordenado y libre de elementos de trabajo.

5. Aprende acerca de las zonas erógenas de tu cónyuge. No adivines. Pregunta. Dediquen una tarde o una noche, recuéstense el uno al lado del otro y comiencen por la cabeza de su cónyuge. Besen y acaricien cada parte del cuerpo del otro. Pregunta: "¿Cómo se siente? ¿Te hace estremecer? ¿Qué te gustaría: que te acariciara más, o menos?"

Un episodio de la comedia *Friends [Amigos]* se refería a las diferentes zonas erógenas. Obviamente, los personajes hablaban del sexo que se practica fuera del matrimonio, algo que, por supuesto, no aprobamos. Sin embargo, los que escribieron el guión aportaron algo interesante sobre varones y mujeres. Monica y Rachel identificaban siete zonas erógenas. El varón, Chandler, dijo: "Bromeas. Yo creía que eran cuatro." Una de las mujeres respondió: "¿Ves? Ese es tu problema. Tú cuentas uno, dos, cuatro. Te saltas tres, cinco y seis. ¡Ah, y faltan los dedos de los pies! Siete." Muchachos, su esposa tiene otras zonas erógenas además de los pechos y la vagina. Exploren y descubran a cuáles caricias responde más. Aunque es bueno avanzar hacia el clímax, no olviden disfrutar en el camino. Es increíble.

6. Procura comprender lo que tu esposa entiende por satisfacción.

—No comprendo, Gary —me dijo Daniel una tarde durante un congreso—. Hago todo lo que puedas imaginar en la cama, pero Jimena no siempre tiene un orgasmo.

—¿Te parece que eso le molesta a Jimena? —le pregunté.

—No, en realidad no —dijo—. Parece satisfecha. Tampoco puedo entender eso.

—Eso se debe a que muchas mujeres se sienten satisfechas aunque no tengan un orgasmo.

Daniel me miró con los ojos muy abiertos, sin entender. —¿Qué?

Esposos, si quieren *satisfacer* a su esposa, deben modificar su definición de satisfacción. Por supuesto, a las mujeres les gusta el clímax (¿a quién no?), pero también pueden disfrutar haciendo el amor aunque no alcancen la cima. De hecho, la mayoría de las mujeres se sienten satisfechas aunque no tengan un orgasmo cada vez que hacen el amor. Para la mujer el orgasmo es tan placentero como para el varón, aunque para ella no sea imprescindible en cada ocasión. Las mujeres disfrutan de la sensualidad de los abrazos, los besos y las caricias tanto como del estremecimiento del clímax. El placer sexual de la mujer se produce en muchos niveles además del orgasmo.

¿Sabes lo que satisface a tu mujer? Si no lo sabes, pregúntaselo. Si el orgasmo es importante para ella, asegúrate de colaborar con ella para alcanzar esa meta. Recuerda lo importante que es el juego erótico. Como ya dijimos, a una mujer le lleva más tiempo excitarse. Esto significa que el varón debe ser paciente mientras se ocupa de la necesidad que tiene su esposa de ser acariciada suavemente, abrazada y besada, a la vez que recorre sus zonas erógenas. Procura un ritmo con tu esposa. ¿Es mejor que ella alcance el orgasmo primero? ¿Llegan juntos al orgasmo? La clave es "quedarte con ella" mientras hacen el amor. Aun después de haber eyaculado, continúa buscando la manera de satisfacerla. Si ella no alcanzó el orgasmo antes, sigue estimulándola y observa las señales, a fin de que puedan avanzar hacia la culminación. Continúa con la estimulación manual directa del clítoris, ya sea dentro o fuera de la vagina, o con el contacto oral (asegúrate de que esto sea aceptable para ambos). Si interrumpes las caricias, tu mujer perderá la excitación y, si quiere llegar al orgasmo, tendrán que comenzar de nuevo. Si no lo alcanza, no significa que no se sienta satisfecha, pero probablemente no tendrá la descarga fisiológica.

7. **Comprende, acepta y valora los apogeos sexuales.** La mayoría de los hombres alcanza su apogeo sexual poco antes o después de los veinte años. La mayoría de las mujeres lo alcanza una década más tarde. Con frecuencia, el deseo sexual de la mujer aumenta cuando está en los treinta o en los cuarenta. A medida que el varón

avanza en edad, crece su parte emocional. A lo largo de cada etapa, la pareja crece y aprenden el uno del otro, y se vuelven más pacientes y sensibles a las necesidades mutuas. Esta es una bendición de Dios, porque le da a la pareja un mayor sentido de longevidad y permanencia. Muchas parejas no disfrutan de esta oportunidad porque se divorcian, sin entender que sólo mediante la permanencia de toda la vida puede un matrimonio desarrollar verdadera intimidad y confianza.

8. Comprende los diferentes tipos de sexo. A menudo la pareja siente la presión de tener sexo "perfecto," con espectáculos pirotécnicos y orgasmos múltiples. No sacarán el primer premio en todas las ocasiones. No importa. Ambos están conectándose. A veces el sexo será algo rápido, para satisfacer la necesidad del momento. A veces será sexo funcional, cuando tendrás que razonar: *No tengo ganas, pero mi pareja me necesita ahora mismo.* En otras oportunidades puede ser sexo consuelo, cuando la vida ha producido devastación, y el único alivio y seguridad se encuentran en los brazos de tu cónyuge como amante. Serás afortunado cuando comprendas que los diferentes tipos de sexo apuntan, en última instancia, hacia el principal propósito del sexo: relacionarse. La meta no es el orgasmo. La meta es conectarse como pareja.

9. Procura que el sexo apasionado sea el más frecuente. No te apures. En nuestra encuesta sobre el sexo, preguntamos a las mujeres qué odiaban acerca del sexo. El apuro ocupaba el quinto puesto. Si construyeron un fundamento sólido y dedicaron tiempo a crecer juntos y a descubrirse, entonces querrán variar las formas de tener sexo. Pero cuando una mujer se siente repetidamente insatisfecha y percibe que su esposo siempre busca su propio placer, se sentirá usada y vacía. Ella desea experimentar el espectro completo del sexo, con sus matices físico, emocional, espiritual y relacional.

Con esto no estamos diciendo que el sexo rápido sea malo. No lo es. Pero no puede ser siempre así. Sería igual que comer solamente comida rápida. No está mal pasar de vez en cuando por la ventana del restaurante para comprar hamburguesas con papas fritas, pero si lo haces todos los días, dañará tu salud. Que tu meta sea el sexo placentero que satisface a ambos.

10. Comunica qué tipo de sexo necesitas. Si tu expectativa es un encuentro rápido, pero tu cónyuge desea que sea prolongado y apasionado, probablemente ambos se frustren. Expresa tus deseos y necesidades. Volvamos al ejemplo de la comida rápida. Si están en el automóvil camino a cenar y ella piensa que están yendo a un lugar elegante, entonces no entres al restaurante de comida rápida. Aclaren las expectativas. No olvides que las mujeres necesitan prepararse mentalmente para tener sexo. Pueden hacerlo mejor si saben a dónde quieren llegar. Si la esposa sabe que la idea es tener sexo rápido, puede estar preparada para eso, aunque sepa que no alcanzará el clímax. La mayor parte del tiempo lo disfrutará igual a pesar de que no tenga la misma culminación que su esposo.

11. Aprende cuáles son los estímulos sexuales que le agradan a tu pareja. Con frecuencia hacemos bromas sobre los estímulos femeninos y masculinos. Por lo general decimos que los varones tienen un solo estímulo sexual: todo. Las mujeres son un poco más complejas. Pero hablando en serio, dado que los hombres se estimulan por la vista, pueden excitarse cuando ven a su esposa desvistiéndose, desnuda, o usando vestimenta provocativa. Por lo general, las mujeres no responden de la misma manera. Por eso, el esposo necesita descubrir cómo estimular sexualmente a su esposa. ¿Qué la excita? La mejor manera de identificar los detonantes sexuales de tu esposa es preguntárselo y observar su respuesta.

Te mencionaremos algunas categorías que pueden ayudarte a entender a tu esposa. Cada una de ellas es una piedra fundamental de conexión. Tal vez tu esposa sea del tipo de mujer "tócame": le gustan los abrazos y las caricias. Quizás sea del tipo "háblame": le gusta que la valoren verbalmente y disfruta del juego verbal anticipado. Quizás sea una mujer "escúchame y comparte conmigo": se mostrará más receptiva después de conectarse contigo mediante una conversación. Tal vez sea una mujer "de acción": le gusta que seas ordenado y ayudes con el trabajo de la casa. Podría ser una mujer que necesita "alimento espiritual": está más dispuesta para el sexo después de conectarse contigo mediante la oración, la lectura de la Palabra y la conversación sobre asuntos espirituales.

12. ¡Sigue practicando! El sexo produce el deseo de más sexo. Hacer el amor estimula en el cerebro los elementos químicos asociados con el deseo. En consecuencia, cuando decidimos tener sexo y nos damos cuenta que disfrutamos del encuentro, aumenta nuestra libido y eso conduce al deseo de tener sexo más a menudo.

13. "¿Por qué no?" Cuando nuestro pequeño nieto me pide algo (escribe Barbara), me encanta responderle "¿Por qué no?" Él dice: "¿Puedo tomar un helado?" y yo le respondo: "¿Por qué no?" Entiende tan bien la respuesta que ha comenzado a imitarme: "¿Por qué no, Abuelita?" Me encanta, porque de alguna manera le estoy expresando que soy su principal animadora. Cualquier cosa que él desea, la concedo.

¿Sabes? Así quiero ser en mi matrimonio. ¿No lo quieres tú también? Yo quiero confirmar y animar a mi pareja.

Comienza a decirle *¿Por qué no?* a tu pareja. Supongamos que tu esposo te llama y anuncia: "Esta noche, cuando llegue a casa, disfrutaremos de la cena y el uno del otro." Respóndele "¿Por qué no?" Supongamos que tu esposa te manda un correo y anuncia: "Los niños estarán practicando deporte durante dos horas, desde las 4:30. ¿Te parece que puedes volver más temprano? Haré que valga la pena." Dile: "¿Por qué no?" Permítete disfrutar del sexo. Muéstrate dispuesto a complacer a quien te ama. Adopta la actitud de "¿Por qué no?"

14. Ayuda a tu esposa a responder sí a estas preguntas que toda mujer se hace. Si puedes ayudarla a responder afirmativamente, estará más dispuesta a arrojarse en tus brazos.

¿Me sentiré segura y protegida? Las mujeres necesitan la seguridad tanto como los varones anhelan el éxito. Tu esposa se siente segura cuando está rodeada por tus brazos. Se siente segura cuando provees el sostén de la familia. Se siente segura cuando la perdonas y la aceptas. Se siente segura cuando sabe que le eres fiel.

¿Me aceptará? Una mujer necesita saber que, no importa cuál sea su apariencia ni cuántos errores cometa, estarás de su lado y la seguirás amando. La clave de la aceptación es el perdón y el reconocimiento, especialmente cuando acaba de cometer un error. Si pasa vergüenza ante otros, de inmediato recurrirá a ti para sentirse aceptada. Si te ríes con los demás, se marchitará de dolor. Cualquier esposa capta la falta de aprobación de su esposo.

¿Seré valorada? Es natural que tu esposa desee agradarte. Le gusta que estés satisfecho con sus logros, sus percepciones o sus consejos. Anhela escuchar: "Lo hiciste bien" o "Trabajaste duro esta semana; te invitaré a cenar para que no tengas que cocinar." Tu valoración la anima a continuar con el esfuerzo de cada día. Inúndala con tu aprecio y verás cómo aumenta su deseo sexual.

¿Me escuchará? Es muy probable que tu esposa enfrente sus emociones conversando y necesita que la escuches. Dado que los varones usan la conversación para resolver problemas, quizás des por sentado que debes solucionar cualquier cosa de la que ella está hablando. Tu habilidad para resolver problemas es grandiosa cuando tu esposa está buscando una respuesta lógica para un problema, pero en muchas ocasiones ella solamente quiere que la escuches. Eso la ayuda a aliviar el estrés y a ver las cosas con más claridad. Cuando tu esposa comience a hablar, puedes preguntarle: "¿Deseas que te escuche, o se trata de algo que quieres que yo te ayude a resolver?"

¿Me sentiré animada? Una mujer necesita que su esposo la anime en sus anhelos, sus intereses, sus metas y especialmente en su amor a Dios. Obsérvala. Averigua qué es lo que anhela, qué asuntos ocupan sus pensamientos, con qué sueña, cuáles son sus metas. Luego, aprovecha cada oportunidad que tengas para animarla.

CAPÍTULO 12

Dios en el dormitorio

Algunos lectores tal vez se sientan impresionados por el título de este capítulo. Dios . . . ¿en el dormitorio? Quizás el pensamiento los ponga incómodos. Después de todo, ¿no es el sexo un asunto privado?

La mayoría de nosotros piensa que al entrar en el dormitorio y cerrar la puerta para tener sexo, de alguna manera Dios cierra los ojos. Y si nos detenemos a pensar en que nos mira mientras tenemos relaciones, nos sentimos incómodos, como si él no debiera interesarse por ese aspecto de nuestra vida.

Pero sí está interesado. No a la manera de un voyeur, por supuesto. Pero no olvidemos que fue él quien *creó* el sexo. No fue un error cósmico. Lo planificó de manera magistral. Hasta podríamos decir que es casi la cumbre de su creación. Sin duda, la creación de las estrellas, los planetas y las galaxias es algo asombroso. Diseñar las fases lunares y las mareas del océano es fantástico. ¿Y el sexo? ¡Es lo máximo! En eso se superó a sí mismo.

No hay por qué maltratarse con la culpa o la incomodidad al pensar que Dios está en la habitación cuando estás haciendo el amor con tu pareja. Nos imaginamos que, cada vez que una pareja hace el amor y ambos cónyuges se comprometen activamente y se entregan por completo el uno al otro, Dios está allí alentándolos: "¡Qué bueno!" Lo imaginamos sonriendo y compartiendo su alegría con los ángeles. "Yo lo diseñé," alardea. "Bastante bueno, ¿no?"

Es *muy* bueno.

Sólo piensa por un momento en lo siguiente. Dios proveyó de una manera maravillosa para la sexualidad humana. En un artículo de *Christianity Today*, "Holy Sex: How It Ravishes Our Souls [Sexo Santo: Algo Que Nos Cautiva el Alma]," el reconocido autor Philip Yancey dice:

> El ser humano macho tiene el pene más largo entre todos los primates y la hembra es el único mamífero cuyos pechos se desarrollan antes del primer embarazo. Casi todos los demás mamíferos pasan por un momento concreto durante el cual la hembra es receptiva o está en celo; la hembra humana, en cambio, puede ser receptiva en cualquier momento, no sólo una o dos veces al año. Además, la especie humana es casi la única en la cual la hembra experimenta orgasmo y los seres humanos continúan teniendo relaciones sexuales mucho tiempo después de haber concluido la etapa de engendrar niños. ¿Por qué tanto sexo?
>
> La clave está en el vínculo. Los seres humanos viven el sexo como un encuentro personal, no sólo como un acto biológico. Somos la única especie que habitualmente copula cara a cara, de tal modo que los compañeros se miran mientras se unen y tienen contacto con todo el cuerpo. . . . Por haber estudiado algo de anatomía, me

maravillo al imaginar a Dios diseñando la fisiología del sexo: las partes blandas, las partes húmedas, los millones de células nerviosas sensibles a la presión y al dolor y a la vez capaces de producir placer, la complejidad del tejido eréctil . . . la combinación entre la atracción visual y el diseño mecánico.[1]

Sin duda fuimos diseñados de una manera maravillosa. ¿Por qué querríamos mantener a Dios fuera del dormitorio? Nos engañamos a nosotros mismos cuando dejamos a Dios afuera, porque en realidad él ya es partícipe permanente: la idea fue de él.

AMOR SERVICIAL

Como ya dijimos en capítulos anteriores, Dios diseñó de manera diferente a varones y mujeres. Las diferencias no son sólo anatómicas. En lo emocional, en lo físico y en lo relacional, fuimos creados para complementarnos el uno al otro. Si Dios nos creó de esta manera, seguramente lo hizo con un propósito.

Muchas veces nos preguntamos si Dios nos creó con necesidades sexuales complementarias con el propósito de ayudarnos a crecer en nuestra habilidad de servirnos mutuamente. El plan de Dios para los matrimonios es el amor servicial, el amor que se interesa por el otro.

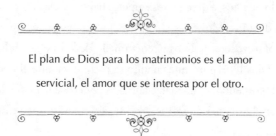

El plan de Dios para los matrimonios es el amor servicial, el amor que se interesa por el otro.

Ese amor impulsa a la esposa a conocer a su esposo, a entender su ritmo sexual y a anticiparse para satisfacer sus necesidades. Y el esposo no se ocupa de la lista de tareas de la esposa sólo a cambio de tener sexo esa noche. El amor servicial inspira al esposo a actuar de manera desinteresada, expresando con sus acciones, "Te amo. Te valoro. Te aprecio. Quiero satisfacer tus necesidades. Quiero que te sientas segura, protegida y cómoda, tanto en nuestra vida sexual como en nuestro matrimonio."

No es fácil cultivar esta actitud. Requiere esfuerzo. Va en contra de la naturaleza humana. En el matrimonio y en la relación sexual, luchamos cada día contra el egoísmo. Queremos que nuestras necesidades sean atendidas primero y nos sentimos frustrados cuando nuestro cónyuge no lo hace. Nuestra vida sexual se enfría, se vuelve mecánica y se agota. En algunos casos muere por completo. Es como si quedáramos atrapados en el dolor, la angustia y las frustraciones de las expectativas insatisfechas. Nunca podremos liberarnos por nosotros mismos y desarrollar un matrimonio y una vida sexual excelente: necesitamos ayuda sobrenatural.

Hace poco yo (Barbara) leí un pasaje en la Biblia en el que Moisés y Dios estaban conversando. Dios había elegido a Moisés para enfrentar al faraón, el líder de los egipcios. Durante ese encuentro, Moisés debía exigir al faraón que dejara en libertad a los israelitas, el pueblo de Dios, a quienes los egipcios habían esclavizado durante cientos de años. Moisés estaba intranquilo por el papel que debía hacer como vocero de Dios y tenía miedo de lo que podía hacer el faraón. Dios le aseguró que cuando se presentara ante el poderoso líder, experimentaría una fuerza aún más poderosa: la mano de Dios en acción. Dios quería recordarle a Moisés, y a nosotros a través del relato, quién es Dios.

Esto fue lo que le dijo: "Así que ve y diles a los israelitas: 'Yo soy el Señor, y voy a quitarles de encima la opresión de los egipcios. Voy a librarlos de su esclavitud; voy a liberarlos con gran despliegue de poder y con grandes actos de justicia. Haré de ustedes mi pueblo; y yo seré su Dios. Así sabrán que yo soy el Señor su Dios, que los libró de la opresión de los egipcios. Y los llevaré a la tierra que bajo juramento prometí darles a Abraham, Isaac y Jacob. Yo, el Señor, les daré a ustedes posesión de ella.'"[2]

Mientras leía, pensé en las parejas angustiadas a las que Gary y yo aconsejamos, parejas con historias complicadas. Vemos mucha esclavitud en los matrimonios de hoy. Los vemos sufrir y observamos que hay muchos asuntos de los que no hablan y para los que no buscan ayuda porque no saben cómo hacerlo. Hay muchas parejas que viven en su propio Egipto. Son esclavos que ansían la libertad.

¿Estás tú en Egipto? ¿Qué te mantiene cautivo? ¿Una vida demasiado activa? ¿Expectativas equivocadas o insatisfechas? ¿Malos entendidos? ¿Pecados ocultos? ¿Vergüenza? ¿Dolor? ¿Abuso? ¿Traumas? ¿Estrés? ¿Cansancio? ¿Pornografía? ¿Sexo prematrimonial? ¿Desconfianza? ¿Engaño? ¿Falta de perdón?

Querido lector, necesitas saber que, cualquiera sea tu situación, sin que importe qué es lo que te mantiene cautivo, Dios tiene la llave maestra para liberarte. Por medio de su hijo, Jesucristo, se acercó a tu celda, metió la llave en la cerradura, la giró y abrió la puerta de par en par y te dio la libertad. Él te mira a los ojos, examina tu corazón, tu sufrimiento y tu esclavitud y te dice: "Eres libre."

Sin embargo, con demasiada frecuencia no comprendemos la verdad de lo que Dios quiere hacer en nuestras vidas. Observemos el resto de la conversación entre Dios y Moisés. Cuando Dios terminó de hablar, Moisés se dirigió a los israelitas para decirles todo lo que

Necesitas saber que, cualquiera sea tu situación, sin que importe qué es lo que te mantiene cautivo, Dios tiene la llave maestra para liberarte.

había escuchado. Pero en lugar de creerle y reaccionar con alegría, "por su desánimo y las penurias de su esclavitud [los israelitas] no le hicieron caso."[3]

Muchos de nosotros actuamos como ellos. Mantenemos nuestra vida sexual insatisfactoria, difícil y miserable. Quedamos cautivos, como prisioneros que se resisten a ponerse de pie, que ni siquiera caminan hasta la puerta de la celda para tratar de salir. Dios abrió la celda. Él rompió las cadenas. Eres libre. *Libre.* No permitas que el sufrimiento y el peso de tus cargas te mantengan esclavizado.

Aunque Dios te ha dado la libertad, no te forzará a salir de la cautividad. Debes decidir aceptar tu libertad. Puedes elegir Egipto o la Tierra Prometida. *Tú* decides si quieres vivir como un prisionero o como un hijo del Creador, libre y victorioso. Dios nos dice: "Hoy pongo al cielo y a la tierra por testigos contra ti, de que te he dado a elegir entre la vida y la muerte, entre la bendición y la maldición. Elige, pues, la vida, para que vivan tú y tus descendientes."[4]

LAS PROMESAS DE DIOS

Si eliges la vida, si le permites a Dios que te libere y le dé nueva libertad a tu matrimonio y a tu relación sexual, ¿qué puedes esperar que él haga?

1. Te hará libre. Cuando elegimos que sea Dios quien nos guíe, cuando voluntariamente renunciamos a nuestros deseos egoístas e iniciamos una relación con él, cuando lo buscamos en forma activa, él nos dice, "Te haré libre."

El apóstol Pablo nos dice que "Cristo nos libertó para que vivamos en libertad. Por lo tanto, manténganse firmes y no se sometan nuevamente al yugo de esclavitud."[5] Ya no estamos esclavizados por las adicciones ocultas, el sufrimiento y las frustraciones. Gracias a nuestra relación con Dios por medio de Jesucristo, esos sufrimientos, esas cargas, iras y frustraciones ya no tienen dominio ni poder sobre nosotros.

2. Te redimirá. Por nuestra relación con Jesucristo, Dios nos dice: "Te redimiré."

En el libro de Joel, en el Antiguo Testamento, hablando por medio del profeta, Dios anunció a sus seguidores acerca de la redención: "Yo les compensaré a ustedes por los años en que todo lo devoró ese gran ejército de langostas que envié contra ustedes: las grandes, las pequeñas, las larvas y las orugas . . . y alabarán el nombre del Señor su Dios, que hará maravillas por ustedes. . . . Entonces sabrán que yo estoy en medio de Israel, que yo soy el Señor su Dios, y no hay otro fuera de mí."[6] Si tu matrimonio ha perdido vitalidad, si cometieron errores, llévalos a Dios y él te redimirá. Él camina con ustedes. "Porque el Señor tu Dios está en medio de ti como guerrero victorioso. Se deleitará en ti con gozo, te renovará con su amor, se alegrará por ti con cantos."[7]

3. Te aceptará. Dios dice: "Haré de ustedes mi pueblo; y yo seré su Dios."[8] Cuando te entregas a Dios y le pides ayuda, comienzas a pertenecerle. Él se hará cargo de ti. La verdad es que Satanás, el enemigo de nuestro matrimonio y de nuestra vida sexual, quiere que vivamos ya sea en Egipto o en el desierto, solos, aislados y rechazados.

Pero Dios dice que aquellos que invocan su ayuda no estarán solos ni aislados: "Soy yo mismo el que los consuela. . . . Porque yo soy el Señor tu Dios, yo agito el mar, y rugen sus olas; el Señor Todopoderoso es mi nombre. He puesto mis palabras en tu boca y *te he cubierto con la sombra de mi mano*; he establecido los cielos y afirmado la tierra, y he dicho a Sión: 'Tú eres mi pueblo.'"[9]

Lo fundamental es que, si somos seguidores del Dios vivo, hemos sido liberados, redimidos y aceptados. En consecuencia, debemos salir de nuestra parálisis y comenzar a vivir en libertad. Eso significa poner las necesidades de nuestro cónyuge por encima de las nuestras, conversar acerca de nuestros problemas, buscar ayuda, conversar con otros cristianos y vivir confiados.

Muchas veces olvidamos lo poderoso que es Dios. En el fondo, tendemos a pensar que no tendrá poder cuando tenga que enfrentar *nuestra* relación y *nuestra* vida sexual. Olvidamos que para él nada es imposible: ni siquiera sanar o reanimar una vida sexual agotada o insatisfactoria. ¿Quieres saber cuán poderoso es Dios? ¿Quieres conocer la verdad acerca de Dios? Esto es lo que Dios tiene para decirnos: "'¿Con quién, entonces, me compararán ustedes? ¿Quién es igual a mí?', dice el Santo. Alcen los ojos y miren a los cielos: ¿Quién ha creado todo esto? El que ordena la multitud de estrellas una por una, y llama a cada una por su nombre. ¡Es tan grande su poder, y tan poderosa su fuerza, que no falta ninguna de ellas! ¿Por qué murmuras, Jacob? ¿Por qué refunfuñas, Israel: 'Mi camino está escondido del Señor; mi Dios ignora mi derecho'? ¿Acaso no lo sabes? ¿Acaso no te has enterado? El Señor es el Dios eterno, creador de los confines de la tierra. No se cansa ni se fatiga, y su inteligencia es insondable. Él fortalece al cansado y acrecienta las fuerzas del débil."[10]

Muchas veces olvidamos lo poderoso que es Dios.

Este es un Dios poderoso, realmente asombroso. Pero debes decidirte a creer y a aceptar su fuerza, su sabiduría y su poder. Debes permitirle que sea Dios en tu vida, tanto afuera como dentro del dormitorio.

Cómo pedir ayuda a Dios

A veces, hombres y mujeres sufren innecesariamente porque depositan todas sus expectativas en el otro. Cuando el esposo tiene la sensación de que su esposa no satisface sus necesidades, tiende a culparla a ella. Cuando la esposa espera que su esposo satisfaga todas sus necesidades y él no lo hace, acumula dolor. El círculo continúa y aumentan el dolor y el resentimiento.

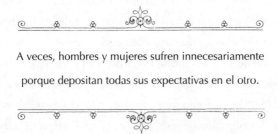

A veces, hombres y mujeres sufren innecesariamente porque depositan todas sus expectativas en el otro.

"Con frecuencia me sentía dolida si Rodrigo, mi esposo, no se mostraba sensible a mis necesidades," admitió Josefina. "A mí me parecía que mis necesidades eran legítimas y en consecuencia lo importunaba o trataba de manipularlo para que las satisfaciera. O bien lo culpaba y de esa manera hacía más grande la brecha entre nosotros. Si sacaba a relucir el tema, por lo general terminábamos discutiendo y eso sólo aumentaba el dolor. Era una espiral descendente. A menudo lloraba hasta quedarme dormida.

"Por fin un día reconocí que estaba depositando en Rodrigo toda la responsabilidad de satisfacer mis necesidades. Comencé a darme cuenta de que sólo Dios podía hacerlo. Recordé algunos versículos del Nuevo Testamento: 'No se inquieten por nada; más bien, en toda ocasión, con oración y ruego, presenten sus peticiones a Dios y denle gracias.'"[11] A partir de ese momento, cuando sentía que Rodrigo no satisfacía mis necesidades, en lugar de intentar un cambio en él, seguí las instrucciones de este versículo. Hablaba con Dios y le decía algo así: 'Dios, Rodrigo se mantuvo distante esta noche y eso me dolió. Está tan preocupado por su trabajo que me siento como una viuda. Si estoy esperando demasiado, muéstramelo. Si debo renunciar a mi necesidad, ayúdame a hacerlo. Ayúdanos a acercarnos. Quiero perdonarlo por estar tan absorbido por su trabajo; ayúdalo a encontrar el equilibrio. Te entrego mi necesidad. Sé que me escuchas. Te agradezco por la responsabilidad y la fidelidad de Rodrigo.' Le digo a Dios lo que necesito y entrego el asunto.

"He hecho una disciplina de esto y han ocurrido varias cosas notables. En primer lugar me siento menos ansiosa acerca de mis necesidades. En segundo lugar, me doy cuenta de que liberé a Rodrigo de la obligación de serlo todo para mí. En tercer lugar, y esto me deja sin aliento, con frecuencia compruebo que, lentamente, al cabo de un tiempo, Rodrigo cambia. En una ocasión me sentía dolida porque no tuvo en cuenta lo desanimada que yo estaba a causa de un conflicto que tenía con una amiga. Varios días después de haber orado sobre el asunto, sin decirle nada a él, Rodrigo se acercó mientras yo estaba frente a la computadora, me masajeó los hombros y me dijo, '¿Cómo van las cosas entre tú y Sara? ¿Resolvieron el problema? Sé lo desalentada que estabas por la forma en la que te trató.' Cuando nos fuimos a la cama, él me escuchó mientras le contaba acerca de la brecha entre Sara y yo. Cuando lloré, él me rodeó con sus brazos. Yo nunca hubiera podido lograr algo así. Pero Dios conocía mi necesidad y la satisfizo por medio de mi esposo. Esa noche, Rodrigo y yo nos mantuvimos abrazados en la cama, y le dije cuánto apreciaba su sensibilidad y cuánto me había ayudado. Él me dijo cuánto me amaba y luego hicimos el amor. Digo una vez más que yo nunca hubiera podido armar ese guión. Fue maravilloso."

Llenar el vacío

Cuando Dios nos creó, nos diseñó de manera que lo necesitáramos. Es como si nos hubiera creado con un vacío en el corazón. Aunque parte del vacío se llena con nuestro cónyuge, este nunca puede llenarlo por completo. ¿Por qué? Porque ese no era el propósito. Dios es quien llena ese vacío.

Cuando no le permitimos a Dios que lo llene, nos sentimos inquietos. Nos sentimos vacíos e insatisfechos y nos volvemos frágiles. Nuestra cultura intenta llenar ese vacío con el sexo y declara que si experimentas más placer, te sentirás satisfecho. Pero luego descubrimos que la emoción del sexo es efímera y el sentimiento de vacío vuelve a instalarse.

Haz que Dios sea parte de tu vida diaria, incluyendo la vida sexual. Permite que él te llene. Desata el poder de los cielos para que puedas experimentar el cielo en la tierra. El Jardín del Edén puede estar en tu dormitorio. ¿Por qué no? Quizás pienses: *¡Ja! Eso suena grandioso, pero mi pareja y yo estamos muy lejos de esa experiencia.* Tal vez represente un esfuerzo conectarse con Dios o entre ustedes, aunque saben que necesitan la ayuda sobrenatural de Dios para amar a su cónyuge a través del tiempo y para soportar el dolor cuando se sienten ofendidos.

Pero Dios es un Dios de segundas oportunidades. Es un Dios que hace milagros. Su perdón nos da una nueva oportunidad y eso incluye el dormitorio.

¿Has cometido errores de los cuales te lamentas? ¿Tienes recuerdos que desearías no tener? ¿Hay lugares en tu vida, en tu mente o en tu corazón donde has escondido pecados secretos y no sabes qué hacer con ellos? ¿Estás vencido por el peso de una carga que piensas que nadie puede entender?

Permite que tus errores y problemas sexuales te den la posibilidad de comprender el poder del perdón. Puedes encontrarte y conocer a quien no sólo es el Creador del sexo sino el Creador de la gracia. La gracia es un favor inmerecido, pero Dios anhela que lo recibamos.

Muchas parejas dicen, "Sí, yo entiendo que Dios creó el sexo." Pero lo que queremos es que entiendas que Dios se interesa por tu vida sexual hoy, en este mismo momento. Está bien que ores por tu vida sexual. ¡No tiene nada de raro! Dios quiere que nos acerquemos a él y le hablemos de *todo* —y eso incluye nuestra vida sexual.

¿Cuáles son las barreras que te impiden incluir a Dios en tu matrimonio? ¿Te enseñaron que sólo se habla de Dios los domingos, que no es el centro de tu vida? Quizás a ti o a tu pareja simplemente no les interesan las cuestiones espirituales. Tal vez tengan pecados secretos. Tal vez son cristianos nuevos y simplemente no saben qué deben hacer. No permitas que las excusas te impidan cultivar la clase de intimidad que Dios quiere que tengas en tu vida y en tu matrimonio.

RECOMPENSAS DE LA INTIMIDAD ESPIRITUAL

Cuando procuras desarrollar una fe vital y cada vez mayor en Jesucristo, tanto en forma individual como en pareja, comienzan a suceder algunas cosas.

Dios se toma la libertad de sacar a luz tus heridas, cargas emocionales o sufrimientos y comienza a sanar tu espíritu lastimado. Con frecuencia lo hace mientras leen juntos la Biblia y comparten lo que encuentran en ella. La intimidad espiritual les permitirá experimentar una honestidad transparente y podrán compartir temores, ansiedades, alegrías y sueños.

A medida que crezcan en lo espiritual, observarán que el carácter de su pareja se vuelve más firme y a la vez más amable y amoroso. Esa transformación construye una base que garantiza más confianza y seguridad en el matrimonio.

A medida que crezcan en lo espiritual, observarán que el carácter de su pareja se vuelve más firme y a la vez más amable y amoroso.

Julia nos compartió su historia: "Mi esposo y yo no crecimos en la misma iglesia, y en consecuencia rara vez asistíamos juntos a los cultos. A mí me fastidiaba ir sola, porque deseaba compartir esta parte de mi vida con él. Finalmente dejé de asistir. Comencé a sentirme sola. Estaba segura que la vida era algo más que eso. Hace seis años, comencé a escuchar que Dios me llamaba para que me acercara a él. Me guió hacia una iglesia excelente y mi vida comenzó a cambiar. Aunque le rogué a mi esposo que me acompañara, no quiso hacerlo. Yo sentía que Dios quería que me concentrara en mi relación con él más que en exigirle a mi esposo que asistiera a la iglesia. A medida que continué cultivando mi relación con Cristo, con el tiempo mi esposo observó cambios en mi persona. Entonces comenzó a acompañarme. Respondió al llamado de Dios y ahora conduce un equipo ministerial en nuestra iglesia. Adoramos juntos; oramos juntos. Ahora tengo la sensación de que nuestra familia tiene un propósito más elevado. Dios salvó nuestro matrimonio y nuestra familia."

El crecimiento espiritual fortalecerá también tu vida sexual. Cuando hacemos consejería matrimonial, comprobamos que las parejas que están creciendo en lo espiritual también mejoran en su vida sexual. Muchas personas nos comentan que como resultado de hacer el amor experimentan una profunda satisfacción espiritual. Tanto el sexo como la espiritualidad comprometen áreas íntimas de nuestro ser. La espiritualidad no carece de pasión. Cuando estés colmado de adoración, fervor y respeto, querrás compartir con tu pareja esas emociones tan intensas. En la revista *Good Housekeeping [Buena Administración de la Casa]*, Lisa Collier Cool dice: "Las personas que sólo consideran el sexo como cópula probablemente hablen más de aburrimiento, engaño y alejamiento. En cambio, aquellas personas que tienen una conexión espiritual fuerte con su pareja, dicen que, a medida que el amor y la confianza crecen a largo de los años, su relación sexual mejora más y más."[12]

Una de las cosas que más valoramos de nuestro matrimonio es

observarnos mutuamente y crecer en la vida espiritual. El compartir lo que Dios nos revela por medio de la Biblia, la oración y la adoración enriquece nuestra vida y nos conduce a un nivel de intimidad que hace del sexo una maravillosa expresión de nuestra unidad. La disciplina de construir una fe más firme no es el juego anticipatorio del sexo, pero cuando esposo y esposa procuran conocer a un Dios grandioso, tendrán sexo grandioso. No hay un ingreso tan extraordinario a la unidad en el sexo como cuando esposo y esposa han orado respecto a su vida sexual y llegan a la relación con el corazón limpio.

A su vez, la vida sexual satisfactoria estimula al varón a construir el vínculo espiritual con su esposa. El acto sexual simboliza unidad. Cuando el varón experimenta la intimidad del contacto físico con su mujer, comprende mejor cómo debería ser la intimidad espiritual. Toma en cuenta lo que escribe Kevin Leman: "El concepto de un hombre y una mujer que son una sola persona es una verdad espiritual profunda. Como cristiano, creo que el acto sexual habla tanto de lo que ocurre en nuestro espíritu como de lo que ocurre en nuestro cuerpo. Un esposo y una esposa crean una unión santa marcada por un factor decididamente espiritual. Quizás un varón tenga dificultades con la oración contemplativa, ¡pero esta es una espiritualidad de la que verdaderamente puede disfrutar!"[13]

LA INTIMIDAD FUNDAMENTAL

Honestamente, ¿pensaste alguna vez que la oración tenía algo que ver con tu vida sexual? Sin embargo, la Biblia nos dice: "Oren sin cesar."[14] Eso significa que, en esencia, oramos mientras que hacemos de todo: mientras que trabajamos, mientras que arreglamos el jardín, nos relajamos, corremos, conducimos el automóvil, hacemos compras, nos bañamos . . . *y* mientras que hacemos el amor.

Si lo piensas, verás que tiene sentido orar por tu vida sexual. Después de todo, si Dios creó el sexo, ese carácter sagrado casi exige que lo envuelvas con oración. Mediante la misma reconocemos que Dios es quien gobierna cada aspecto de nuestra vida y entonces podemos liberarnos del temor, la ansiedad o la culpa que pudiéramos estar experimentando.

Las dos actividades más íntimas que puede compartir un matrimonio son el sexo y la oración. Y si combinas oración y sexo, tu cónyuge y tú tendrán acceso a la experiencia más poderosa, desinteresada y libre de culpa. Es como si el vínculo que tienes con tu cónyuge y con tu Creador le diera a ese momento un carácter sagrado. La oración te lleva a la presencia misma de Dios.

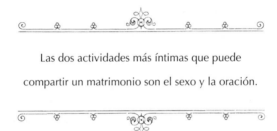

Las dos actividades más íntimas que puede

compartir un matrimonio son el sexo y la oración.

La investigación demuestra que las parejas más felices son las que oran juntas. Un estudio comprobó que 75 por ciento de las personas que oran con su pareja a menudo describen sus matrimonios como "muy felices," en comparación con 57 por ciento de los que no lo hacen.[15] Las parejas que oran juntas con frecuencia tienen el doble de probabilidad de describir a su matrimonio como muy romántico y a mencionar una satisfacción sexual considerablemente más elevada.[16]

Recibimos innumerables cartas y mensajes electrónicos como el siguiente: "Darío y yo habíamos estado casados durante varios años pero teníamos conflictos. Nuestro matrimonio era miserable; yo estaba luchando con la depresión y Darío estaba enojado todo el tiempo. Casi no nos comunicábamos y nuestra vida sexual estaba muerta. Ambos somos cristianos. Orábamos antes de la comida y con nuestros hijos antes de dormir, pero nunca orábamos juntos como pareja. Hasta que nos dimos contra la pared. Yo comencé a sufrir ataques de pánico. Estábamos tan desesperados por recibir ayuda que comenzamos a orar juntos. No había descubierto antes lo poderosa que es la oración. Mis ataques de pánico disminuyeron y Darío y yo comenzamos a conversar otra vez. Crecimos en intimidad. Desde que comenzamos a orar juntos, pudimos comunicarnos en un nivel más íntimo que nunca antes. Somos más pacientes entre nosotros. El romance ha comenzado a florecer nuevamente y el primer amor brilla en todo su esplendor. Todavía tenemos momentos difíciles y a veces interfieren las actividades, pero nos hemos comprometido a orar juntos cada día. ¡No podríamos dejar de hacerlo!"

Muchas mujeres nos dicen que libran una batalla y que se sienten desilusionadas por la falta de interés espiritual de sus esposos. Hemos aprendido que si Dios está animando a la mujer, ella puede pedirle que abra el corazón de su esposo a las cuestiones espirituales. Y puede pedirle a su esposo que lea la Biblia y ore con ella.

Queremos hacerte un desafío por treinta días: Ora durante un mes por tu cónyuge todos los días a la misma hora. Puedes hacerlo mientras te lavas los dientes, cuando sales a caminar o en el momento que desayunas . . . en el momento que prefieras. La clave es que ores a diario a la misma hora.

¿Sobre qué puedes orar? Pídele a Dios que tu cónyuge esté dispuesto a recibir la sabiduría, el consejo y la guía de Dios. Pídele a Dios que te muestre maneras creativas de alentar a tu cónyuge. Ora por tu vida sexual. Pide que un maravilloso sentimiento de asombro y amor los inunde a ambos mientras hacen el amor. Pide que haya una actitud generosa mientras hacen el amor. Pide que tu mente esté lo suficientemente libre como para no pensar en otra cosa que en tu pareja y en el placer que ambos pueden experimentar. Pídele a Dios por el cuerpo y la belleza de tu pareja. ¡Agradece a Dios por los orgasmos! Agradece a Dios por esos pequeños estremecimientos que sientes cuando te excitas. Agradece a Dios por el suave aliento de tu cónyuge sobre tu piel, por los labios que besan y por los dedos que se aprietan durante el orgasmo.

¿Y SI A MI CÓNYUGE NO LE INTERESA LA INTIMIDAD ESPIRITUAL?

Algunas personas encuentran que es difícil interesar a su cónyuge por las cosas espirituales. Si ese es tu caso, aquí encontrarás algunas ideas para que la intimidad espiritual le resulte más atractiva.

1. Habla de tu situación. Puede que te resulte difícil hablar con tu cónyuge sobre asuntos espirituales. El consejero David Clarke ofrece algunas sugerencias. Dile a tu cónyuge que quieres conversar sobre algo importante y pregúntale cuando sería un buen momento para hacerlo. Evita convertir tu presentación en una discusión emocional. Más bien hazlo con un enfoque lógico y práctico. No se trata de presionar ni de mostrarte espiritualmente superior. Ten presente que él o ella no responderán de inmediato. Cuando se dispongan a conversar, dile a tu pareja que no quieres que responda de inmediato (dale tiempo para procesar lo que dirás). Explica tu caso de manera directa y breve (no más de cinco a diez minutos). Dile a tu cónyuge que a tu matrimonio le falta algo y que tú piensas que lo que le falta es la intimidad espiritual. Luego enumera los beneficios: si pasan tiempo orando juntos, leyendo la Biblia y asistiendo a la iglesia, ambos crecerán espiritualmente; le darán al matrimonio intimidad física y emocional y recibirán la bendición de Dios. Pídele a tu pareja que piense en lo que le has dicho. No hay problema si no responde de inmediato, porque has presentado la necesidad, has definido el vínculo espiritual como una prioridad y has establecido la estrategia.[17]

2. Concéntrate en tu vida espiritual. La Biblia enseña que es posible ganar al cónyuge para Cristo sin pronunciar una sola palabra.[18] Puedes atraer a tu pareja hacia Cristo si muestras una fe auténtica. Comparte tu vida espiritual con tu cónyuge. Pregúntale si le parece bien que de vez en cuando le comentes acerca de tu vida espiritual. Cuéntale la manera en que Dios te guía y te enseña. Coméntale de tus triunfos y de tus desaciertos. Menciónale los asuntos por los que estás orando y comparte las respuestas de Dios a tus oraciones. No permitas que el aparente desinterés de tu cónyuge te desanime. Dile con amabilidad y amor las ocasiones en que ves que Dios está obrando en su vida. Elige las oportunidades a medida que Dios te guíe y dile sólo una o dos frases.

3. Busca crecimiento progresivo. No esperes grandes resultados demasiado pronto. Sugiere que te gustaría que oraran juntos y luego espera alguna indicación de que tu cónyuge se muestra dispuesto. Cuando lo hagas comienza agradeciendo a Dios por tu pareja. Sé breve. Luego pídele a tu cónyuge que ore también. Confirma el crecimiento que observes. Sobre todas las cosas, no renuncies. Imagina de qué manera está Dios en la vida de tu pareja, y cómo está preparándose para hacer grandes cosas en y a través de ustedes. Cuando se esfuercen juntos para crecer espiritualmente, su vida sexual también mejorará. Cuando busquen una relación intensa y vital con Jesucristo, en forma individual *y* como pareja, experimentarán verdadera unidad, confianza y seguridad. Ese es el secreto para una vida sexual extraordinaria.

CAPÍTULO 13

Enfrentando las cuestiones más profundas

Este libro ha procurado cubrir los principales temas sexuales que la mayoría de las parejas enfrenta en el matrimonio. Sin embargo, algunos luchan con cuestiones más delicadas: fantasías enfermizas, lujuria, infidelidad, violación, recuerdos de encuentros sexuales anteriores, acceso a sitios pornográficos en Internet o abuso sexual en la infancia. Todos estos factores tienen un efecto devastador sobre el matrimonio. Aun así, por el hecho de que somos seguidores de Cristo y servimos a un Dios que es mucho más grande que cualquier problema con el que debamos enfrentarnos, sabemos que aun en medio de esos desafíos existe la esperanza de encontrar la intimidad sexual.

Aunque en las páginas que siguen nos ocuparemos de algunos de estos temas más delicados, sabemos que no es posible cubrirlos con la profundidad y amplitud que realmente requieren. Si luchas con alguno de estos problemas, utiliza los comentarios de este capítulo como un punto de partida. Luego busca la ayuda profesional de un terapeuta sexual cristiano. Sabemos que muchas parejas se acobardan con sólo pensar en la posibilidad de consultar a un terapeuta sexual, pero es importante recordar que no hay por qué avergonzarse de buscar ayuda confiable. Estás tomando pasos concretos para establecer un cimiento sólido para tu matrimonio y tu vida sexual. Eso es valiente y respetable. Continúa avanzando por ese camino correcto. Allí encontrarás ayuda, esperanza y sanidad.

ENFRENTANDO LAS DIFICULTADES EN PAREJA

Muchas veces, la parte herida de la pareja se retrae y piensa: *Esto es asunto* mío, *me las arreglaré por mi cuenta.* Pero el problema sexual nunca es problema de un solo miembro de la pareja: es un problema *de pareja.* La realidad no es *tengo* un problema, sino *tenemos* un problema. Necesitan hablar de ello *juntos.* Deberán trazar un plan *juntos.* Tendrán que decidir *juntos* qué tipo de ayuda externa necesitan.

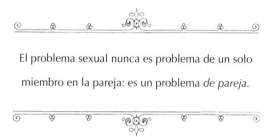

El problema sexual nunca es problema de un solo
miembro en la pareja: es un problema *de pareja.*

En esto no hay opción de aislarse. Cuando la gente se casa, olvida fácilmente que la meta principal del matrimonio no es la realización personal; la meta del matrimonio es la unidad. La meta es reflejar el amor y la sabiduría de Dios. La realización personal es un agradable subproducto de la oportunidad de compartir la bondad de Dios. Cualquiera sea el problema que enfrenten, prométanse que se ocuparán de él *juntos.*

Cuando entiendas estos asuntos más delicados y se los presentes a Dios, podrás comenzar a soltarlos. Pero mientras sean secretos y recuerdos privados, Satanás podrá usarlos como herramientas destructivas. El enemigo de nuestra santidad y pureza se deleita en arrastrarnos hacia las sombras de la tentación o hacia los recuerdos o sufrimientos del pasado. Cada vez que Satanás logra impedir que nos concentremos en nuestro crecimiento en Cristo, o que nos alejemos de la búsqueda de la piedad en nuestro matrimonio, consigue un punto de apoyo desde el cual comienza a erosionar la santidad del matrimonio y finalmente conduce a la destrucción de la unidad. No permitas que esto ocurra en tu matrimonio y en tu vida sexual. Comprométanse juntos a proteger la relación con la ayuda sobrenatural de Dios. Si se lo piden, él los ayudará.

Las próximas secciones de este capítulo explorarán el impacto de cuatro problemas delicados: el sexo prematrimonial, la pornografía, la infidelidad y los traumas sexuales. En la experiencia que hemos tenido con miles de parejas, hemos visto a muchas de ellas devastadas por estos asuntos. Pero también hemos conversado con muchas otras a las que Dios ha redimido y cuyos matrimonios se han restaurado. Nuestra oración es que experimentes la misma sanidad.

LA INTIMIDAD SOBREVALUADA: EL SEXO PREMATRIMONIAL

Sospechamos que muchas de las personas que están leyendo este libro han tenido sexo prematrimonial, ya sea con la persona con la que finalmente se casaron, o con alguna otra. A partir de nuestra experiencia con miles de parejas, también podemos deducir que si tuvieron sexo antes del matrimonio, tienen o han tenido problemas sexuales como consecuencia de aquella actividad.

¿Qué tiene de malo acostarse con alguien fuera del matrimonio? Al practicar el sexo fuera de las fronteras del matrimonio, entregas una parte de ti a la otra persona. La parte que entregas es esa que está santificada (separada) específicamente para tu *cónyuge*. El sexo prematrimonial con frecuencia hace que las parejas pierdan la inocencia y la expectativa de la realización sexual auténtica. También abre la posibilidad de las comparaciones y de los recuerdos de experiencias o amantes anteriores. Muchas parejas no imaginan que algunos de los problemas sexuales que actualmente enfrentan se originaron en acontecimientos que cada uno de ellos vivió antes del matrimonio.

Hace algunos años, una joven mujer casada admitió que había mantenido relaciones sexuales durante sus años en la universidad y que los recuerdos la acosaban constantemente. Ahora tiene conflictos sexuales con su esposo, porque la actividad sexual la transporta a los recuerdos de lo que hacía con su antiguo novio en la universidad. Las consecuencias de aquella elección le han robado a ella *y* a su esposo la libertad que deberían poder experimentar juntos.

¿Por qué tiene consecuencias el sexo prematrimonial? Porque el sexo no es solamente un acto. Es un hecho espiritual. El sexo conecta no sólo dos cuerpos sino dos espíritus, a los que hace uno. Algunas personas nos han dicho: "Está bien, pero eso ocurrió veinte años atrás." Entonces les respondemos: "No importa cuánto tiempo haya transcurrido." Cada vez que tienes sexo con una persona, sus espíritus se ligan, sea que se lo propongan o no.

En su libro *Inviting God to Your Wedding [Invitando a Dios a Su Boda]*, Martha Williamson dice: "Alguien me lo describió así en una ocasión: Cuando tienes . . . intimidad con alguien, es como unir

El sexo conecta no sólo dos cuerpos sino dos espíritus,

a los que hace uno.

con pegamento dos piezas de madera. Cuando luego desprendes las partes, no salen limpias. Cada parte se lleva trocitos de la otra parte. Cuantas más relaciones y más contactos sexuales tengas, tantas más partes de otras personas te llevas contigo. Lamentablemente, cuando llega el momento de casarte, la alegría del sexo y la emoción del descubrimiento disminuye de manera notable."[1]

Tal vez pienses: *Sí, yo me acosté con alguien antes del matrimonio. Lamento haberlo hecho, porque la relación no funcionó, pero no me siento como si hubiera entregado una parte de mi espíritu. No siento que haya pasado nada.*

Siempre respondemos: "La tierra gira alrededor del sol. No nos damos cuenta de que lo hace, pero eso no significa que no ocurra."

Tu actividad sexual prematrimonial, ya sea con la persona que te casaste o con otras, tendrá impacto sobre tu alegría y tu salud sexual en el presente.

Muchas de las personas que practican sexo antes del matrimonio luego luchan con la culpa y la vergüenza. Otro subproducto destructivo del sexo prematrimonial es que la persona compara el sexo en el matrimonio con el que tuvo antes. Algunas personas encuentran excitante el sexo prematrimonial simplemente porque está prohibido. Les gusta la emoción de su carácter ilícito. Pero el sexo en el matrimonio es diferente. Cuando las personas casadas albergan recuerdos de incidentes sexuales anteriores, se desconectan. Tienden a idealizar el pasado. Cuando comienzan a comparar a su cónyuge con un compañero sexual prematrimonial, lo que ven no es lo real. Caen en un modo errado de comparación.

EN BUSCA DE AYUDA: RECUPERANDO LA INTIMIDAD

La buena noticia es que puedes volver sobre tus pasos y encontrar profunda intimidad con tu cónyuge. Si tuviste sexo antes del matrimonio, lo primero que debes hacer es reconocer que tú y/o tu cónyuge se habían apartado de la voluntad de Dios para el matrimonio. Si te pones a derecho con Dios, podrás recuperar la alegría del matrimonio. Confiésense el uno al otro y a Dios. Busca el perdón de tu pareja y el de Dios. Luego perdónate a ti mismo. Libérate. Si fue tu pareja quien tuvo sexo antes del matrimonio, perdónala por haber entregado a otra persona algo que te pertenecía. Perdona a tu cónyuge por haberte impedido disfrutar de algo que debía ser puro, algo que sería un descubrimiento y un disfrute.

Si te pones a derecho con Dios, podrás
recuperar la alegría del matrimonio.

También debes confirmar lo que te resulta placentero. Después de haber mirado en el espejo retrovisor de la promiscuidad y de haber orado para liberarte del pasado, es importante recibir reconocimiento mutuo, y construir un cimiento firme de unidad sexual en el matrimonio. En esencia, están reclamando la pureza sexual y moral que les pertenece; están rompiendo los lazos espirituales que se hicieron fuera del matrimonio.

Martha Williamson habla acerca de la manera en que ella y su esposo rompieron los lazos espirituales que se habían formado por sus relaciones promiscuas anteriores. Anotaron los nombres de sus relaciones en el pasado, tanto las sexuales como las emocionales. "Yo tenía nombres y también los tenía Jon," escribe en su libro. "Nos ocupamos de esto con total honestidad. A medida que escribía, me daba cuenta cuánto deseaba recuperar las partes de mí misma que había dejado adheridas a otras personas, y cuánto ansiaba también liberarme de los trozos ajenos que seguían adheridos a mí." Relata que cuando completaron sus inventarios, "nos acompañamos el uno al otro en oración, a medida que presentábamos la lista ante el Señor. Pedimos a Dios que nos perdonara y renunciamos a nuestras relaciones y conductas del pasado. Uno a uno, fuimos tachando los nombres. Por último, rompimos las listas, las arrojamos y dijimos adiós para siempre al pasado, con la certeza de que ya no tiene poder sobre nosotros.

"De pronto me sentí nuevamente sana y completa, liberada de las partes de otras personas que había estado arrastrando conmigo. Y las partes de mi ser que había entregado a otros se reunieron y me fueron devueltas. Por años no me había sentido como en ese momento. Me sentí limpia. . . . Miré a [Jon] y sonreí. Ahora sí, él era mío y sólo mío. Y yo era de él."[2]

Cuando se confiesen el uno al otro y se perdonen a sí mismos y al otro, Dios comenzará a sanar los recuerdos reemplazándolos con otros nuevos.

LA INTIMIDAD ROBADA: LA PORNOGRAFÍA

Uno de nuestros amigos que es abogado y se dedica a los juicios de divorcio nos dijo que una de las principales razones por las que la gente se divorcia es el impacto de la pornografía. Y no solamente los varones son adictos. Son más y más las mujeres que se estimulan visualmente y que se vuelven adictas a la pornografía en Internet.

Antes la persona tenía que ir a un negocio y comprar la revista *Playboy*. Ahora puede ver pornografía en la privacidad de su casa o en su oficina con sólo activar Internet. En un seminario reciente un hombre nos dijo: "Antes uno tenía que perseguir al pecado. Ahora el pecado te persigue a ti."

Lo que nos parece penoso es que hay consejeros cristianos que animan o sugieren a sus clientes usar pornografía para darle condimento a los encuentros en la cama.

Ya sea que tu cónyuge busque pornografía o que ambos la miren como una manera de avivar las chispas del sexo, el resultado será el mismo: La pornografía daña al matrimonio y a la vida sexual. Amigo lector, la pornografía es un pecado grave. En la pornografía no hay nada que honre a Dios o al cónyuge. Absolutamente nada.

¿Por qué? Mencionaremos varias razones:

1. La pornografía introduce a un tercero en el dormitorio. La pornografía contamina y profana la santidad, la pureza y el carácter sagrado del matrimonio. Al incorporar imágenes de los cuerpos de otras personas en tu vida sexual, es como si estuvieras cometiendo adulterio. La Biblia nos dice: "Tengan todos en alta estima el matrimonio y la fidelidad conyugal, porque Dios juzgará a los adúlteros y a todos los que cometen inmoralidades sexuales."[3]

2. La pornografía incorpora la comparación sexual. Ni tú ni tu cónyuge podrán estar jamás a la altura de los ejemplares físicos, retocados, realzados y hambrientos de sexo que se exponen en los sitios pornográficos. La pornografía sólo lleva a la insatisfacción y a las falsas expectativas respecto a ti mismo y a tu pareja.

3. La pornografía carece por completo de aquello para lo cual fuimos creados: el vínculo. Aunque la contemplación de pornografía y la masturbación producen descarga sexual, dejan a la persona vacía e insatisfecha. Conocemos a un hombre adicto cuyo matrimonio se derrumbó por esta causa y buscó ayuda para superar su adicción. "Lo hacía porque eso no me exigía ningún tipo de compromiso. Estar con mi esposa requería toda una elaboración, mientras que esto era rápido, fácil y accesible. De esa manera satisfacía mis necesidades. Pero ¿a qué precio? Me costó el matrimonio."

4. La pornografía es como una droga. Cuando más se mira pornografía, tanto más se necesita de ella para alcanzar una excitación. El umbral de reacción se eleva más y más. Lo que ya miraste no produce ahora el mismo efecto, de modo que necesitas elevar la apuesta para conseguir excitación.

En busca de ayuda: restaurando la intimidad

David Goetz, autor de *Death by Suburb [Muerte por Suburbio],* relata cómo Garrison Keillor, el humorista y autor del popular *Lake Wobegon,* escribía una columna de consejo para Salon.com. Una mujer preguntó qué debía hacer respecto a la adicción de su esposo a la pornografía, un hábito que le costaba doscientos dólares por mes. La recomendación que le hizo Keillor fue que le dijera a su esposo que ella también quería participar, pero que doscientos dólares por mes era un gasto demasiado elevado, por lo que le sugería que investigara opciones menos costosas. "En su estilo lacónico y sarcástico," comenta Goetz, "Keillor estaba intentando, me parece, que la mujer lo empujara de regreso a la realidad y a la fidelidad. ¿Por qué masturbarse ante imágenes virtuales de un sexo de aspecto animal, si puedes hacer el amor con una persona de carne y hueso?"[4] Si tú o tu pareja están mirando pornografía, estos son algunos de los pasos que podrían dar para recuperarse:

1. Enfrenten la verdad. Lo primero que deben hacer es enfrentar lo que realmente es la pornografía. "No todo lo que brilla es oro," reza un viejo refrán. Enfrenten la verdad de que la pornografía no puede coexistir con una vida sexual exitosa, apasionante, saludable y que honre a Dios.

2. Establezcan fronteras. Admitan el uno al otro en qué momentos se sienten tentados por la pornografía y pídanse cuentas. Permitan que otras personas también les pidan cuentas de su comportamiento. Estén atentos y mantengan la disciplina de manejarse dentro de las fronteras.

Samuel y Gabriela saben de fronteras y de rendición de cuentas. Gabriela nos relató: "Samuel no se queda mucho tiempo en Internet. Entra, hace lo que necesita hacer y se retira. Hace unas semanas, me dijo: 'Debo decirte algo. No puedo creer que haya ocurrido, pero quiero que lo sepas.' Entonces me explicó que estaba ingresando a un sitio relacionado con el trabajo y de pronto se abrió un sitio catalogado como XXX. Mientras él me narraba acerca de la tentación y de cómo la resistió, yo pensé: *¿Por qué me dice esto? No necesitaba contármelo, nunca me hubiera enterado.* Pero, al hacerlo, Samuel estaba declarándome que nunca cederá a la tentación. Su honestidad fortaleció mi confianza en él. Él no necesitaba contarme lo que había ocurrido, no ganaba nada con hacerlo. Pero en otro sentido, fue una ganancia enorme."

Establecer límites significa colocar la computadora en un lugar visible y transitado de la casa: la sala o el comedor. Significa instalarle filtros. Hemos oído de filtros que envían mensajes electrónicos a tres personas designadas como "de responsabilidad" cuando el usuario ingresa a un sitio pornográfico. Establecer fronteras significa ir a la cama juntos por la noche. Significa investigar un poco antes de ver una película y hasta requiere estar dispuestos a dejar de verla si la película es ligeramente pornográfica.

3. Acepta ir paso a paso. Es ingenuo pensar, *Iré al centro comercial, compraré ropa interior nueva y todo será fantástico. De esta manera pondré fin a la adicción de mi esposo*. Un paso a la vez. Lo importante es reemplazar las imágenes anteriores por otras nuevas. Cada vez que se concentran en el acto de hacer el amor entre ustedes y piensan sólo el uno en el otro, renuevan los recuerdos. Y mientras lo hacen y reintroducen la intimidad verdadera y saludable para el matrimonio, las otras imágenes van disminuyendo.

4. Ten en cuenta que la sanidad requiere tiempo. Si tu cónyuge tiene una recaída, mantente a su lado. La crítica no lo ayudará. Ora por tu pareja. Asistan juntos a la consejería. Muéstrale amor. Responde con una actitud racional, "Pensemos en esto con calma," en lugar de reaccionar desde el dolor. Si respondes de manera emocional, tu pareja se encerrará, negará los hechos, se aislará . . . y todo eso dificultará la sanidad y será una barrera para la intimidad sexual.

¿Cómo se puede confrontar a la pareja de una manera racional, sin dejarse llevar por las emociones? Si sospechas que tu cónyuge está mirando pornografía en Internet, revisa el registro histórico de conexiones. Imprímelo y, sencillamente, sin decir una palabra, colócalo ante tu pareja. Repite esa acción cada semana. Y si no aparece ningún sitio pornográfico, imprime el registro, preséntalo a tu pareja y valora su conducta.

5. Cuida tus ojos. Esto significa retirar la mirada de imágenes provocativas, volver la mirada hacia otras cosas, levantarse del lugar e ir a otro, por ejemplo a tomar un café en la cocina. Celeste nos relató: "Durante el invierno, Joel y yo hacemos ejercicio caminando en un centro comercial. Siempre me llama la atención que Joel aleja la vista cuando pasamos frente a la tienda de lencería. No es que sea un mojigato. Tampoco significa que no aprecie la ropa interior sexy; lo sé por experiencia. Pero Joel conoce el poder de la estimulación visual y los maniquíes casi desnudos o los carteles con fotografías seductoras podrían tentarlo. Cuando aleja la mirada, yo me siento segura. Me honra que muestre esa actitud."

Cuando mantenga a dieta a sus ojos y elimine la "comida rápida," ansiará la "comida verdadera," la esposa que Dios le proveyó. Observe lo que le sucedió a Fred Stoecker, uno de los autores de *La Batalla de Cada Hombre,* cuando se comprometió a liberarse de las imágenes dañinas:

> Después de haber renunciado por completo a las imágenes sexuales durante unas tres semanas, recuerdo vívidamente que Brenda se percató de que había aumentado considerablemente mi deseo hacia ella. Estaba diciéndole constantemente lo hermosa que se veía, la seguía por todos lados, le daba palmaditas, la abrazaba, la acariciaba. También tenía deseo más frecuente de hacer el amor y a medida que crecía ese ritmo, Brenda comenzó a pensar que no se trataba simplemente de una etapa o de un episodio aislado. Entró en pánico y exclamó: "¿Qué

estoy haciendo para resultar tan atractiva? ¡Debería dejar de hacerlo!"

Ese fue un momento gracioso. Le dije lo que estaba sucediendo y que simplemente no podía evitar el aumento de mi deseo por ella. "Todo mi deseo se dirige directamente a ti y todavía no sé muy bien qué hacer al respecto. Te prometo que procuraré recuperar un equilibrio que nos venga bien a ambos." Brenda no sabía si sentirse aliviada o conmocionada, pero expresó su voluntad de darme tiempo para encontrar el equilibrio y para resistir hasta entonces. En esos días aprendí cuánto le había estado robando a Brenda.[5]

LA INTIMIDAD VIOLADA: LA INFIDELIDAD

La infidelidad parece una epidemia en nuestros días. Según el artículo "The Roots of Temptation [Las Raíces de la Tentación]" del *Los Angeles Times,* se calcula que una de cada cinco personas probablemente engañe a su cónyuge.[6] Lo tremendo es que muchas personas que dicen tener un matrimonio feliz están cometiendo adulterio. Como cualquier ser humano, las mujeres y los varones casados tienen apetito por el flirteo y por la atracción sexual. Los estudios demuestran que la necesidad de vínculo deforma la capacidad de juicio, aun cuando reconozcan cabalmente los riesgos de la infidelidad. La mayoría de las aventuras no se produce porque existan problemas sexuales en el matrimonio sino por la falta de conexión entre la pareja. Si bien la responsabilidad por el romance corresponde a la persona que violó los compromisos del matrimonio, la otra parte de la pareja a menudo contribuye a la interrupción del contacto.

La mayoría de las aventuras no se produce porque existan problemas sexuales en el matrimonio sino por la falta de conexión en la pareja.

El reconocido investigador de temas de matrimonio John Gottman dice: "Es frecuente que uno de los cónyuges engañe al otro y luego culpe a su pareja por lo sucedido. Si una persona se siente sola o le parece que su cónyuge ha perdido por completo el interés en ella, racionaliza que esa situación la empujó a tener una aventura ilícita."[7] La investigadora Debbie Layton-Tholl ha comprobado que la mayoría de las personas no busca una relación adúltera porque desee otra pareja sexual. De las 4.300 respuestas a su cuestionario, más de 90 por ciento informaron que la búsqueda de otra persona que pudiera satisfacer sus necesidades sólo se inició después de experimentar falta de intimidad y pérdida de la satisfacción emocional y sexual en el matrimonio.[8]

La infidelidad puede provocar inmenso dolor. Cuando se producen aventuras amorosas o sexuales, no sólo se vive un engaño sino una profunda ruptura. El sufrimiento puede ser tan intenso que resulte difícil no revivir constantemente la experiencia. El cónyuge ofendido vuelve una y otra vez sobre el problema y el ofensor tal vez se sienta frustrado y exclame: "Ya dije que lo lamentaba; te pedí perdón. ¿Por qué no puedes superarlo de una vez, para que sigamos adelante?" La restauración no es fácil. La infidelidad es un golpe terrible para el compromiso matrimonial. Tal vez ocurra una sola vez, en una cita fugaz, pero lleva años reconstruir la confianza perdida. La restauración requiere de mucha paciencia, arrepentimiento y amor.

Si un miembro de la pareja ha sido infiel, ambos necesitan hacerse algunas preguntas. El cónyuge que engañó debe preguntarse: ¿Qué debo hacer para evitar que vuelva a ocurrir? La pareja engañada debe preguntarse: ¿Asumo el compromiso de restaurar nuestro matrimonio? La Biblia enseña que en el caso del adulterio Dios permite el divorcio.[9] Pero si se comprometen a la restauración, entonces podemos ofrecerles un plan para lograrla.

En primer lugar, confiésense mutuamente sus pecados y errores. Luego pídanle a Dios que los ayude a perdonarse el uno al otro. A continuación, confirmen y afiancen su compromiso. Si falta el compromiso, faltará una red de seguridad para la tarea de restauración que quieren emprender.

Una conversación inicial sobre el compromiso y la recuperación podría sonar más o menos así: "Sonia, caíste en adulterio. Tu infidelidad salió a la luz, pero quiero que sepas que yo deseo que nuestro matrimonio funcione. Estoy comprometido contigo y con nuestro matrimonio. Voy a sostenerme con la promesa de Dios de que son posibles la redención, el perdón y la gracia. Debo confesarte que a veces no siento muchos deseos de hacer el esfuerzo. Parece no tener sentido, parece ir en contra del sentido común. Pero estoy más comprometido contigo de lo que quiero estar aferrado a esta ofensa. Parte de mi decisión a favor de restaurarnos son nuestros hijos. Una parte de mí también desea hacerlo porque mis padres se divorciaron y yo no quisiera repetir ese camino. Quiero romper ese ciclo. Otra parte de mí quiere hacerlo porque sospecho que no supe responder a todas tus necesidades. Es decir que, aunque no te engañé con otra persona, de alguna forma también te defraudé.

Debo confesarte que estoy asustado. Pero también quiero asegurarte que amo a Jesús y que creo firmemente que la obra que Dios está haciendo en ti dará fruto."

Este esposo no sólo está expresando su vulnerabilidad sino también su compromiso. Depende de Dios para que obre tanto en él como en su esposa.

Otra mujer nos dijo que después de enterarse de la infidelidad de su esposo, se comprometió con la restauración del matrimonio, pero no porque confiara en su esposo. Le dijo lo siguiente: "No estoy segura de poder confiar en ti, pero confío en Dios. Y confío en la obra que él está haciendo. Por eso quiero reiterar mi compromiso a favor de nuestro matrimonio." Este es el punto de partida.

A medida que trabajen por la restauración habrá sufrimiento, lágrimas, acusaciones, peleas. Tal vez terminarán cada día dolidos, pero manténgase en la senda.

BUSCANDO AYUDA: REDIMIENDO LA INTIMIDAD

La clave es aprender a reconstruir la confianza. ¿Qué puedes hacer para recuperar la confianza de tu cónyuge? Aquí sugerimos algunos pasos:

1. Corta todo contacto con el tercero. Si eso requiere renunciar a tu trabajo, al coro de la iglesia, a la sesión de gimnasia . . . hazlo. Esto es algo serio.

2. Da cuenta de cualquier contacto que tengas con la otra persona. Si tuviste algún otro encuentro, díselo a tu cónyuge, sin importar quien lo haya iniciado. El cónyuge engañado necesita practicar tolerancia cero respecto a tu contacto con la otra persona. Si vuelves a volcar tu confianza en el tercero, habrá una nueva herida, un nuevo secreto, una nueva posibilidad de infidelidad.

3. Rinde cuentas. Tu pareja estará observándote para saber si cumples con tu palabra. Si dices que llegarás a casa a determinada hora, pero luego adviertes que no podrás cumplir, telefonea y explica el motivo de tu tardanza. Los detalles más pequeños desanimarán a tu cónyuge y desatarán el destructivo ciclo de desconfianza y sospecha. Tal vez te sientas como un adolescente porque debes informar de tus actividades, pero será una actitud importante durante los primeros meses de reconstrucción de la confianza.

4. Anota todas tus preguntas y luego lleva la lista a un consejero cristiano profesional o a un terapeuta sexual. Si eres el cónyuge ofendido, escribe todas tus interrogantes. Ninguna pregunta debe quedar descartada. Podrías preguntar:

- ¿Cómo te encontraste con él (ella)?
- ¿Dónde tuvieron sexo?
- ¿Dónde estaba yo cuando ocurrió?
- ¿Le dijiste que lo (la) amabas?
- ¿Cómo se vestía?
- ¿Cuántas veces se encontraron?
- ¿Cuántas veces tuvieron sexo?
- ¿Hizo por ti algo que yo no hago?
- ¿Qué mentiras me dijiste para encubrir tu aventura?

La meta es hacer una purga. Anota los temas más temibles que necesitas sacar a luz. Hemos visto listas de veinte a treinta páginas, con cientos de preguntas.

Cuando hayas completado la lista, llévala a un consejero que te ayudará a seleccionar qué preguntas puedes hacerle a tu pareja.

5. Confronta a tu pareja mediante la lista resumida de preguntas. Es mejor hacer esto en presencia de un consejero, que podrá ayudarlos a navegar a través de estos asuntos delicados. Procura plantear las preguntas de la manera más calmada y racional posible.

Si eres el que engañó a tu pareja, responde ofreciendo toda la información necesaria para que tu cónyuge pueda dejar atrás ese punto, pero sin brindar demasiados detalles que pudieran abrumarlo. La idea es confesarlo todo. Todo. Si escondes algo, Satanás usará esos secretos para destruir tu matrimonio. Cuando aconsejamos a parejas que están pasando por esta situación, con frecuencia revisamos las preguntas con el cónyuge ofensor y filtramos las repuestas que le dará a la parte ofendida, con su permiso y bendición. La persona herida no necesita soportar la carga de conocer demasiados detalles acerca de lo ocurrido.

6. Perdona. Es importante entender que el perdón no es algo que se realiza en un solo y único acto. A menudo, cuando el dolor vuelve a la superficie, tendrás que decidir nuevamente perdonar a tu pareja y liberar la ofensa. En su libro *Evite la Tentación en Su Matrimonio*, Nancy Anderson escribe acerca de qué manera su padre le enseñó el perdón. Les dijo a Nancy y a su esposo, Ron, cuando salió a la luz el engaño que ella había cometido:

> Decirle a alguien que lamentas lo ocurrido no es lo mismo que pedirle perdón. Tu lamento es decisión propia. En cambio, cuando pides a alguien que te perdone, la decisión es de la otra persona. Por eso la gente evita pedir perdón, porque hacerlo concede el poder a la otra persona. . . .
>
> Ron, cuando perdonas a alguien, eres tú quien decide . . . desterrar la ofensa de tu mente y de tu corazón. Jesús dijo que cuando él nos perdona, nuestros pecados quedan tan lejos como lejos están el Este del Oeste. En otras palabras,

nuestros pecados quedan perdonados. No porque *no* hayamos sido culpables, sino precisamente porque *lo somos.* El perdón que recibimos es inmerecido. . . . Es un regalo que Dios nos da. Si decides perdonar el pecado de Nancy contra ti, ya no podrás usarlo como un arma contra ella. Si tomas la decisión de perdonarla, Dios te dará la fuerza para comenzar una vida nueva juntos. En cambio, si decides no perdonarla . . . si quieres quedarte aferrado al dolor, castigarla y mantener la herida abierta . . . esa es tu decisión. Pero, creo que en ese caso el matrimonio no podrá sostenerse.[10]

7. Muestra reconocimiento al cónyuge herido y acepta que la restauración requiere tiempo. Cuando hemos sido rechazados y lastimados, tendemos a adoptar una actitud de autoprotección, que incluye la introversión, una posición distante y fría y la tendencia a castigar al ofensor por el dolor que nos causó.

Si eres el ofensor, recuerda que tus actos han dañado severamente la convicción de tu cónyuge para confiar en ti. Es importante que reconozcas el valor de tu pareja. Dile que lo amas o la amas y demuéstralo por medio de conductas que afiancen su confianza. Llama por teléfono y bríndale información si te retrasas o necesitas hacer alguna diligencia adicional.

Y sé paciente. La meta es que tu cónyuge se recupere y que pueda volver al estado anterior al momento en que descubrió tu aventura ilícita. Pero no es tan sencillo. Tu cónyuge tiene que liberarse del aire tóxico que provocó tu conducta. Sólo después podrá moverse hacia la restauración. Mediante una consejería adecuada y una buena red de apoyo, llegará el momento en que tu pareja podrá liberar la ofensa. Pero llegar a ese punto requiere tiempo y ayuda.

8. Reinicia lentamente el contacto sexual. Repetimos, si eres quien cometió la ofensa, no pretendas que una vez que hayas hablado con tu cónyuge sobre lo sucedido, podrán volver de inmediato a la vida sexual normal. Recuperar la intimidad después de un engaño amoroso lleva tiempo. En primer lugar, consulta a un médico para estar seguro de que no contagiarás alguna enfermedad a tu pareja. Lo más probable es que dejen de tener relaciones sexuales por un tiempo. Por lo general es la persona ofendida la que establece el ritmo para regresar a la intimidad, porque después de un engaño el encuentro sexual tiene una vulnerabilidad emocional y espiritual que exige una actitud de gracia y disponibilidad. Pero, ¿es posible restaurar la vida sexual para que sea realmente maravillosa? Sí, es posible. Requiere mucho tiempo y paciencia, pero puede ocurrir.

Aunque tu pareja te perdone, eso no elimina las consecuencias de lo ocurrido. Y una de esas consecuencias es que probablemente no mantengan contacto sexual durante un tiempo. Cuando recomiencen los encuentros, sé sumamente amable y paciente. Tu pareja estará muy sensible al comienzo.

9. Actúa "como si." Aun cuando todavía sientas el dolor de la ofensa, si estás comprometido con tu matrimonio, actúa "como si" amaras a tu pareja. Hacer esto no es lo mismo que simular. Actuar "como si" significa que te comportas de una manera que expresa tu convicción de que en algún momento podrás sentir nuevamente amor pleno. Es una actitud que muestra esperanza. Te dices a ti mismo que tienes confianza en que eso ocurrirá, hasta que finalmente te convences y lo crees.

10. Invierte esfuerzo en la relación. Ocúpate de reconstruir el vínculo en los terrenos que más lo necesiten. Empiecen a cortejarse y a salir de cita nuevamente. No permitas que los contratiempos te desanimen. Una vez que hayan comenzado a reconectarse en lo espiritual y en lo emocional, mediante el perdón y el esfuerzo, la expresión sexual volverá gradualmente.

Cuando Gary era joven, su hermana contrajo polio. El médico dijo que no podría volver a caminar, pero el papá se negó a aceptar ese veredicto. Declaró: "Volverá a caminar. ¡Ya lo verá!" Instaló barras paralelas de gimnasia en la sala de la casa. Puso una piscina en el jardín. Durante cinco años la familia de Gary se concentró en lograr la meta de que la niña volviera a caminar. Y hoy camina.

Lo mismo ocurre en un matrimonio que ha sido devastado por la infidelidad. Las parejas que logran superar el adulterio son las que se lo proponen y adoptan una actitud tenaz como en la guerra. Se comprometen con la tarea de *atravesar* el dolor, no de dar vueltas alrededor de él.

11. Ora. Ora y renueva la consagración de tu matrimonio. Pide a Dios que los sane a ambos. Ponte de pie frente a la cama y pide a Dios que la bendiga. Pide pureza y sanidad para tu matrimonio. Pide la protección de Dios para que ni tú ni tu cónyuge vuelvan a sufrir tentaciones en este terreno, para que sean fuertes y rechacen las tentaciones.

12. Dependan de Dios. En más de veinticinco años de consejería, hemos observado que las parejas que tienen más posibilidades de superar los efectos de la infidelidad son las que profesan con firmeza su fe en Cristo. Vincúlate con un grupo de apoyo en la iglesia. Ora, crezcan juntos espiritualmente, mantén un diario de tu aprendizaje y decisiones. Clama a Dios. Su Espíritu Santo puede sanar rincones del corazón que los seres humanos no podemos alcanzar. ¿Confías en la obra que Dios está haciendo en tu cónyuge? La restauración es un trabajo en equipo: tú, tu pareja, Dios, la red de apoyo de tu iglesia local y un consejero cristiano. De alguna manera Dios restaurará la unión entre tú y tu cónyuge para que puedan disfrutar del don que él les dio.

LA INTIMIDAD DAÑADA: EL TRAUMA SEXUAL

En un artículo sobre la manera en la que se recuperó de los efectos que el abuso sexual en la infancia había tenido sobre su matrimonio, Mary DeMuth presenta las siguientes estadísticas: "Según el Departamento de Justicia [de Estados Unidos], a los 18 años de edad una de cada cuatro mujeres y uno de cada seis varones ha sufrido abuso sexual. ¿Qué les sucede a esta formidable cantidad de hombres y mujeres abusados cuando se casan e inician relaciones sexuales normales con su cónyuge? Un estudio publicado en *Contemporary Family Therapy [Terapia Familiar Contemporánea]* calcula que 56 por ciento de las mujeres que fueron sexualmente abusadas en la infancia sienten incomodidad durante el acto sexual y 36 por ciento de ellas busca alguna forma de terapia."[11]

Gary ha aconsejado a cientos de hombres y mujeres valientes que buscan la sanidad que Dios quiere darles. Durante estas intensas sesiones de consejería a menudo les recomienda que tomen un "descanso sexual" por un tiempo. Gary anima a las parejas a que tomen muy en serio la restauración, con la confianza de que Dios les devolverá el interés sexual saludable a medida que se produzca la sanidad. Sugiere como lectura *Corazón Herido* por Dan Allender mientras asisten a las sesiones de consejería para ayudarles a comprender la realidad de la vergüenza, la culpa y la sanidad. El peor de los errores es renunciar a la posibilidad de una vida sexual sana y encerrarse en uno mismo, disociar el sexo o abandonar la meta de un vínculo profundo con la pareja.

En su libro *Libre,* Beth Moore, quien también sufrió abuso en la infancia, analiza la importancia de renovar la manera de pensar. Presenta la imagen de recorrer una habitación, arrancarle todo el empapelado y volver a empapelarla. Sugiere que uno recorra la sala de la mente y desafíe las mentiras de Satanás, las arranque de allí y las reemplace con la verdad. Recomienda que uno tome pasajes de las Escrituras que declaran la verdad acerca de quiénes somos a los ojos de Dios y las conserve escritas en la cartera o en la billetera. Al salir de compras o estar esperando en una fila, toma los versículos y memorízalos. La idea es reprogramar la mente para reemplazar las mentiras del enemigo con el mensaje de la verdad de Dios.

Es importante entender que la batalla para vencer el trauma del abuso sexual se libra en la mente. Con demasiada frecuencia la gente que ha sufrido trauma sexual intenta reprimir el dolor. Se los ve bien por fuera, pero no experimentan la sanidad que llega desde adentro. La recuperación no es algo que se alcanza de repente. Pero, si se persevera y se avanza paso a paso, la sanidad llega.

El abuso es abuso: abuso espiritual, abuso emocional, abuso físico y, por supuesto, abuso sexual. Cualquier forma de abuso daña

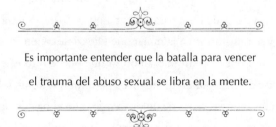

Es importante entender que la batalla para vencer el trauma del abuso sexual se libra en la mente.

el alma, el corazón y el cuerpo. Por supuesto, cada forma de abuso tiene sus características peculiares.

Si tu cónyuge sufrió abuso, escucha con paciencia mientras procesa los sentimientos, los recuerdos y los temores. Muéstrate sensible a las necesidades de tu pareja. La persona que fue abusada con frecuencia se mostrará desconfiada hacia su cónyuge, especialmente si sufrió el abuso en la infancia. Como secuela de ese trauma, tal vez desconfíe de tus caricias o se encierre en sí mismo, especialmente en lo que se refiere al sexo.

Las personas que han sido sexualmente abusadas consideran al sexo como algo malo, sucio y vergonzoso. Tienen la sensación de que si disfrutan del sexo están indultando lo que el abusador hizo con ellos. Y si no disfrutan del sexo, sienten que le están fallando a su cónyuge. En consecuencia, se paralizan. Se sienten congeladas y asustadas y, sin darse cuenta, a veces se desconectan de su pareja.

Si fuiste víctima de abuso sexual, es importante que busques la ayuda de una persona especializada en ese terreno. Te recomendamos que consultes a un terapeuta sexual cristiano. Tu pareja puede incluirse más adelante en la terapia para aprender la manera en que puede ser de consuelo, de ánimo y de ayuda en la recuperación.

Cuando Gary aconseja a un varón cuya esposa ha sufrido abuso sexual, le dice que él puede ser una herramienta increíblemente útil en las manos de Dios para ayudar a que su pareja se valore a sí misma y se transforme en la mujer que Dios desea. Con frecuencia eso significa que el gesto más amoroso que puede ofrecer es el de abstenerse del sexo por un tiempo para permitir que la pareja herida vaya arrancando las capas de dolor y encarando el pasado, a fin de crear un espacio seguro que permita el duelo de la pérdida de la inocencia y la pureza. Todo el que haya pasado por esta experiencia tiene el derecho de sufrir el dolor y la pérdida.

Si sospechas que tu pareja fue abusada sexualmente, pero él o ella no hablan de eso, puedes hacerle preguntas. Sé amable. Algunos hombres y mujeres no han hablado con nadie acerca del abuso, de modo que al comienzo les será difícil admitir lo ocurrido o hablar sobre ello.

La vida sexual de José y Marina había sido difícil desde que se casaron. José tenía la sensación de que Marina nunca estaba realmente presente durante la relación. Y a ella no le gustaba acariciarlo o besarlo. Él comenzó a sospechar que tal vez ella había sufrido algún abuso de niña. Una noche, con mucha suavidad, le preguntó si alguna vez alguien la había traicionado. Mientras conversaban, ella finalmente admitió que le había ocurrido algo terrible. "Siento tanta vergüenza," le dijo Marina a su esposo. "Quería decírtelo, pero tenía miedo de que dejaras de quererme. Me parecía que no tenía sentido contártelo. Cuando nos casamos, no quería decírtelo porque pensaba que tal vez te enojarías mucho conmigo." Esa noche José la consoló, le confirmó su amor y juntos decidieron buscar consejería.

BUSCANDO AYUDA: RESTAURANDO LA INTIMIDAD

Es importante que la persona herida, especialmente si fue agraviada por el abuso sexual durante la infancia, reconozca su condición de víctima. No fue su culpa lo que ocurrió. No podía ser responsable por lo que le sucedió. También es importante que sepa que su cónyuge la ama incondicionalmente, que está comprometido con ella y con el matrimonio. Comienza dando los siguientes pasos:

1. Renueven el compromiso mutuo. Recuérdale a tu pareja

herida que no la abandonarás, que la amas plenamente, de manera incondicional. Dile una y otra vez que están en esto juntos y que juntos emprenderán el camino hacia la sanidad. Dile que no la lastimarás.

2. Absténganse del sexo por un tiempo. Dile a tu cónyuge que durante el tiempo de consejería se abstendrán de tener sexo hasta que se sienta más cómodo de hacerlo. No es suficiente reconocer la herida. Es esencial que estés dispuesto a trabajar junto a la persona que ha sufrido el abuso, y eso puede significar poner a un lado tus propias necesidades sexuales a fin de evitar reabrir las heridas. Hemos escuchado algunas parejas que dicen: "Tengamos sexo y todo se solucionará." No estamos de acuerdo. Lo que probablemente sucederá es que la persona lastimada se aislará y se encerrará en sí misma.

3. Busquen ayuda lo más pronto posible. Recuperarse del abuso sexual requiere la asistencia de una persona capacitada. Los amigos o los líderes de estudio bíblico pueden escuchar y animar, pero no están entrenados para encarar las complejas consecuencias del abuso sexual. Busquen un terapeuta cristiano que esté preparado para atender los casos de abuso sexual.

4. Consuelo. Muestra afecto a tu cónyuge; abrázalo y oren juntos. María nos dijo que había ocasiones en que, mientras tenía relaciones sexuales con su esposo, la asaltaban imágenes de cuando había sido violada por un antiguo novio. En esos momentos se paralizaba y se distanciaba. Cuando eso ocurría, su esposo la abrazaba y le repetía una y otra vez al oído: "Soy tu esposo. Te amo. Nunca te lastimaría. Mírame a los ojos. Soy tuyo. Tú eres mía. Ambos somos de Jesús. Superaremos esto *juntos*."

5. Recuerda que la sanidad toma tiempo. No hay recuperación rápida del trauma sexual. En muchas ocasiones la víctima puede sentirse usada, o puede tener una percepción distorsionada del sexo. La sanidad requiere reconocimiento, saber escuchar, expresar palabras de consuelo y de valoración. La recuperación del trauma sexual es un proceso delicado y es importante que no le impongas cronogramas a tu cónyuge. **6. Habla acerca de la relación sexual.** En su relato acerca de la forma en la que se recuperó del abuso sexual, Mary DeMuth escribió:

> Aunque era difícil hacerlo, Patrick y yo debíamos hablar con franqueza acerca de nuestra relación sexual. Con la fuerza que Dios me daba, finalmente pude decirle a mi esposo, "Cuando te quejas acerca de la frecuencia de nuestros encuentros, tengo ganas de darme por vencida y no intentarlo más," o también "Cuando haces o dices tal o cual cosa, me siento usada, siento que me tratas como un objeto sexual."
>
> También con la fuerza que proviene de Dios, Patrick pudo decirme, "Cuando no le das prioridad al sexo ni al afecto, siento que no me amas," o bien "Cuando no me besas, siento que estamos distanciados."
>
> También decidimos no esconder nuestro enojo ni nuestro sufrimiento. Patrick había enterrado su enojo por mi falta de respuesta y luego había cortado por completo la comunicación conmigo. Erróneamente, yo pensé que si escondía mi dolor por lo que me había ocurrido en el pasado, podía mejorar de alguna manera mágica en el terreno sexual. Pero nos dimos cuenta que el no enfrentar la verdad estaba resultando desastroso para nuestra relación sexual.[12]

7. Ora por tu pareja. Pide al Espíritu Santo que elimine los recuerdos que te asaltan, que unja con aceite sanador el corazón y el espíritu de tu pareja. Recuérdale las palabras de invitación que ofrece Jesucristo: "Vengan a mí todos ustedes que están cansados y agobiados, y yo les daré descanso."[13] A tu pareja le dará mucho consuelo y fortaleza saber que estás orando. Sé un instrumento de Dios para la sanidad y el alivio de tu cónyuge.

Ora para que llegue el día en que tu pareja pueda decir: "Puedo alegrarme en mis sufrimientos, porque sé que el sufrimiento produce perseverancia; la perseverancia, entereza de carácter; la entereza de carácter, esperanza. Y esta esperanza no me defraudará."[14]

Ora para que Dios le recuerde a tu pareja que lo que Satanás pretendió usar para mal, Dios puede usarlo para bien.

Una palabra final

Esperamos que este libro te haya ayudado a ganar una mayor comprensión, no sólo de tus necesidades sexuales sino de las de tu cónyuge. Nuestra oración es que las anécdotas y las sugerencias de este libro te capaciten y te inspiren para satisfacer las necesidades de tu pareja de manera más plena y amorosa.

El matrimonio es un regalo precioso de Dios y fue su idea que las relaciones sexuales formaran parte de la relación matrimonial. Cuando compartimos la relación sexual tal como él la diseñó, nos une a nuestro cónyuge de una forma que las palabras no alcanzan a describir. Experimentar la unidad con tu cónyuge por medio de la relación sexual es un misterio profundo.

Te alentamos a renovar tu compromiso de amar plenamente a tu cónyuge. Disfruta de las diferencias entre la masculinidad y la feminidad. Pon en práctica el amor servicial y decide satisfacer las necesidades de tu cónyuge por encima de las tuyas. Renuncia al egoísmo y atiende a tu pareja. Dios honra esa clase de compromiso.

También esperamos que este libro te haya brindado muchas sugerencias sobre la manera en que puedes profundizar en los aspectos físico, emocional y espiritual de tu relación sexual. Las buenas relaciones sexuales pueden ser muy divertidas en el matrimonio. Mantén la llama viva. Una buena relación sexual puede tener efectos restauradores en el matrimonio. Invita a tu cónyuge a una unión física segura. Una buena relación sexual en el matrimonio honra a Dios. Haz que él sea el centro de tu relación.

Es nuestra oración que Dios los bendiga con relaciones sexuales grandiosas —¡y con un matrimonio grandioso!

APÉNDICE A

¿QUÉ DICE LA BIBLIA ACERCA DEL MATRIMONIO Y DEL SEXO?

La Biblia habla con frecuencia acerca de la relación matrimonial y de la relación sexual. Lee los siguientes textos de la Escritura y permite que te ayuden a modelar tu matrimonio.

El propósito de Dios para el matrimonio

Dios miró todo lo que había hecho, y consideró que era muy bueno. GÉNESIS 1:31

Luego Dios el SEÑOR dijo: "No es bueno que el hombre esté solo. Voy a hacerle una ayuda adecuada." GÉNESIS 2:18

El [hombre] exclamó: "Ésta sí es hueso de mis huesos y carne de mi carne. Se llamará 'mujer' porque del hombre fue sacada." Por eso el hombre deja a su padre y a su madre, y se une a su mujer, y los dos se funden en un solo ser. En ese tiempo el hombre y la mujer estaban desnudos, pero ninguno de los dos sentía vergüenza. GÉNESIS 2:23-25

Pensamientos del Nuevo Testamento sobre el matrimonio

El hombre debe cumplir su deber conyugal con su esposa, e igualmente la mujer con su esposo. 1 CORINTIOS 7:3

No se nieguen el uno al otro, a no ser de común acuerdo, y sólo por un tiempo, para dedicarse a la oración. No tarden en volver a unirse nuevamente; de lo contrario, pueden caer en tentación de Satanás, por falta de dominio propio. 1 CORINTIOS 7:5

Sin embargo, en el Señor, ni la mujer existe aparte del hombre ni el hombre aparte de la mujer. Porque así como la mujer procede del hombre, también el hombre nace de la mujer; pero todo proviene de Dios. 1 CORINTIOS 11:11-12

Porque el esposo es cabeza de su esposa, así como Cristo es cabeza y salvador de la iglesia, la cual es su cuerpo. Así como la iglesia se somete a Cristo, también las esposas deben someterse a sus esposos en todo. Esposos, amen a sus esposas, así como Cristo amó a la iglesia y se entregó por ella. . . . "Por eso dejará el hombre a su padre y a su madre, y se unirá a su esposa, y los dos llegarán a ser un solo cuerpo." Esto es un misterio profundo; yo me refiero a Cristo y a la iglesia. En todo caso, cada uno de ustedes ame también a su esposa como a sí mismo, y que la esposa respete a su esposo. EFESIOS 5:23-25, 31-33

Así mismo, esposas, sométanse a sus esposos, de modo que si algunos de ellos no creen en la palabra, puedan ser ganados más por el comportamiento de ustedes que por sus palabras, al observar su conducta íntegra y respetuosa. 1 PEDRO 3:1-2

Advertencias acerca del comportamiento en el matrimonio

No cometas adulterio. ÉXODO 20:14

Yo había convenido con mis ojos no mirar con lujuria a ninguna mujer. JOB 31:1

Bebe el agua de tu propio pozo, el agua que fluye de tu propio manantial. ¿Habrán de derramarse tus fuentes por las calles y tus corrientes de aguas por las plazas públicas? Son tuyas, solamente tuyas, y no para que las compartas con extraños. ¡Bendita sea tu fuente! ¡Goza con la esposa de tu juventud! Es una gacela amorosa, es una cervatilla encantadora. ¡Que sus pechos te satisfagan siempre! ¡Que su amor te cautive todo el tiempo! ¿Por qué, hijo mío, dejarte cautivar por una adúltera? ¿Por qué abrazarte al pecho de la mujer ajena? Nuestros caminos están a la vista del SEÑOR; él examina todas nuestras sendas. PROVERBIOS 5:15-21

Pero yo les digo que cualquiera que mira a una mujer y la codicia ya ha cometido adulterio con ella en el corazón. MATEO 5:28

No se amolden al mundo actual, sino sean transformados mediante la renovación de su mente. Así podrán comprobar cuál es la voluntad de Dios, buena, agradable y perfecta. ROMANOS 12:2

¿No saben que ustedes son templo de Dios y que el Espíritu de Dios habita en ustedes? Si alguno destruye el templo de Dios, él mismo será destruido por Dios; porque el templo de Dios es sagrado, y ustedes son ese templo. 1 CORINTIOS 3:16-17

Huyan de la inmoralidad sexual. Todos los demás pecados que una persona comete quedan fuera de su cuerpo; pero el que comete inmoralidades sexuales peca contra su propio cuerpo. ¿Acaso no saben que su cuerpo es templo del Espíritu Santo, quien está en ustedes y al que han recibido de parte de Dios? Ustedes no son sus propios dueños; fueron comprados por un precio. Por tanto, honren con su cuerpo a Dios. 1 CORINTIOS 6:18-20

Tengan todos en alta estima el matrimonio y la fidelidad conyugal, porque Dios juzgará a los adúlteros y a todos los que cometen inmoralidades sexuales. HEBREOS 13:4

Pautas para una relación saludable

El charlatán hiere con la lengua como con una espada, pero la lengua del sabio brinda alivio. PROVERBIOS 12:18

¡Viento del norte, despierta! ¡Viento del sur, ven acá! Soplen en mi jardín; ¡esparzan su fragancia! Que venga mi amado a su jardín y pruebe sus frutos exquisitos. . . . Yo soy de mi amado, y mi amado es mío; él apacienta su rebaño entre azucenas. . . . Yo soy de mi amado, y él me busca con pasión. CANTARES 4:16; 6:3; 7:10

El amor es paciente, es bondadoso. El amor no es envidioso ni jactancioso ni orgulloso. No se comporta con rudeza, no es egoísta, no se enoja fácilmente, no guarda rencor. El amor no se deleita en la maldad sino que se regocija con la verdad. Todo lo disculpa, todo lo cree, todo lo espera, todo lo soporta. 1 CORINTIOS 13:4-7

Por lo tanto, si alguno está en Cristo, es una nueva creación. ¡Lo viejo ha pasado, ha llegado ya lo nuevo! 2 CORINTIOS 5:17

Eviten toda conversación obscena. Por el contrario, que sus palabras contribuyan a la necesaria edificación y sean de bendición para quienes escuchan. EFESIOS 4:29

Abandonen toda amargura, ira y enojo, gritos y calumnias, y toda forma de malicia. Más bien, sean bondadosos y compasivos unos con otros, y perdónense mutuamente, así como Dios los perdonó a ustedes en Cristo. EFESIOS 4:31-32

No hagan nada por egoísmo o vanidad; más bien, con humildad consideren a los demás como superiores a ustedes mismos. Cada uno debe velar no sólo por sus propios intereses sino también por los intereses de los demás. FILIPENSES 2:3-4

Por último, hermanos, consideren bien todo lo verdadero, todo lo respetable, todo lo justo, todo lo puro, todo lo amable, todo lo digno de admiración, en fin, todo lo que sea excelente o merezca elogio. FILIPENSES 4:8

Promesas de Dios: su ayuda

Crea en mí, oh Dios, un corazón limpio, y renueva la firmeza de mi espíritu. SALMOS 51:10

¿Por qué murmuras, Jacob? ¿Por qué refunfuñas, Israel: "Mi camino está escondido del SEÑOR; mi Dios ignora mi derecho"? ¿Acaso no lo sabes? ¿Acaso no te has enterado? El SEÑOR es el Dios eterno, creador de los confines de la tierra. No se cansa ni se fatiga, y su inteligencia es insondable. Él fortalece al cansado y acrecienta las fuerzas del débil. ISAÍAS 40:27-29

Vengan a mí todos ustedes que están cansados y agobiados, y yo les daré descanso. MATEO 11:28

Estoy convencido de esto: el que comenzó tan buena obra en ustedes la irá perfeccionando hasta el día de Cristo Jesús. FILIPENSES 1:6

No se inquieten por nada; más bien, en toda ocasión, con oración y ruego, presenten sus peticiones a Dios y denle gracias. FILIPENSES 4:6

APÉNDICE B

RECURSOS DONDE ENCONTRARÁS ESPERANZA Y AYUDA

Si deseas más información, consulta los siguientes recursos:

Libros

Randy C. Alcorn, *The Purity Principle* (Sisters, OR: Multnomah, 2003). Publicado en español como *El Principio de la Pureza* por LifeWay Church Resources.

Dan B. Allender, *The Wounded Heart* (Colorado Springs: NavPress, 1995). Publicado en español como *Corazón Herido* por Editores Caribe/Betania.

Dan B. Allender y Tremper Longman III, *Intimate Allies [Aliados Íntimos]* (Carol Stream, IL: Tyndale, 1995).

Nancy C. Anderson, *Avoiding the Greener Grass Syndrome: How to Grow Affair-Proof Hedges around Your Marriage* (Grand Rapids: Kregel, 2004). Publicado en español como *Evite la Tentación en Su Matrimonio* por Editorial Portavoz.

Stephen Arterburn y Fred Stoeker, *Every Man's Battle: Winning the War on Sexual Temptation* (Colorado Springs: WaterBrook, 2000). Publicado en español como *Batalla de Cada Hombre* por Editorial Unilit.

Steve Bell y Valerie Bell, *Made to Be Loved: Enjoying Spiritual Intimacy with God and Your Spouse [Hecho para Ser Amado: Gozando de la Intimidad Espiritual con Dios y con Tu Cónyuge]* (Chicago: Moody Press, 1999).

William Cutrer y Sandra Glahn, *Sexual Intimacy in Marriage* (Grand Rapids: Kregel, 1998). Publicado en español como *Intimidad Sexual en el Matrimonio* por Editorial Portavoz.

Gregory Godek, *1001 Ways to Be Romantic* (Naperville, IL: Casablanca Press, 2000). Publicado en español como *1001 Ideas Para Ser Románticos* por Robinbook.

John M. Gottman y Joan DeClaire, *The Relationship Cure: A Five-Step Guide to Strengthening Your Marriage, Family, and Friendships* (New York: Three

Rivers Press, 2001). Publicado en español como *Guía del Amor y la Amistad* por Kairos.

Archibald D. Hart, *The Sexual Man* (Dallas: Word, 1994). Publicado en español como *El Hombre Sexual* por Betania.

Chip Ingram, *Love, Sex, and Lasting Relationships* (Grand Rapids: Baker, 2003). Publicado en español como *Amor, Sexo y Relaciones Duraderas* por Casa Bautista de Publicaciones.

Ginger Kolbaba, *Surprised by Remarriage: A Guide to the Happily Even After* *[Sorprendido por el Segundo Matrimonio: Una Guía para Ser Feliz "Aun Después"]* (Grand Rapids: Revell, 2006).

Kevin Leman, *Making Sense of the Men in Your Life: What Makes Them Tick, What Ticks You Off, and How to Live in Harmony [Comprender a los Hombres de Su Vida: Qué Están Pensando, Qué Le Fastidia y Cómo Vivir en Harmonía]* (Nashville: Nelson, 2000).

Kevin Leman, *Sheet Music: Uncovering the Secrets of Sexual Intimacy in Marriage* (Carol Stream, IL: Tyndale, 2003). Publicado en español como *Música entre las Sábanas: Descubra los Secretos de la Intimidad Sexual en el Matrimonio* por Editorial Unilit.

Howard Markman et al., *Fighting for Your Marriage* (San Francisco: Jossey-Bass, 1994). Publicado en español como *Salve a Su Matrimonio* por Gestion.

Louis McBurney y Melissa McBurney, *Real Questions, Real Answers about Sex: The Complete Guide to Intimacy as God Intended [Preguntas Verdaderas, Respuestas Verdaderas sobre el Sexo: La Guía Completa a la Intimidad como Dios la Ordenó]* (Grand Rapids: Zondervan, 2005).

Christopher y Rachel McClusky, *When Two Become One: Enhancing Sexual Intimacy in Marriage [Cuando Dos Se Vuelven Uno: Engrandeciendo la Intimidad Sexual en el Matrimonio]* (Grand Rapids: Revell, 2004).

Beth Moore, *Breaking Free: Making Liberty in Christ a Reality in Life* (Nashville: B&H, 2000). Publicado en español como *Libre: Haz que la Libertad en Cristo Sea una Realidad en Tu Vida* por Editorial Unilit.

Les Parrott y Leslie Parrott, *Saving Your Marriage before It Starts: Seven Questions to Ask before (and after) You Marry [Salvando a Su Matrimonio antes que Empiece: Siete Preguntas que Hacer antes (y después) de Casarse]* (Grand Rapids: Zondervan, 1995).

Clifford Penner y Joyce Penner, *The Married Guy's Guide to Great Sex: Building a Passionate, Intimate, and Fun Love Life* (Wheaton, IL: Tyndale, 2004). Publicado en español como *Relaciones Extraordinarias: Una Vida Amorosa, Apasionada, Íntima y Divertida* por Grupo Nelson.

Douglas Rosenau, *A Celebration of Sex* (Nashville: Nelson, 1994). Publicado en español como *Una Celebración del Sexo* por Grupo Nelson.

Eugene Shippen y William Fryer, *The Testosterone Solution: the Hormone that Improves Men's Mental Functions, Sex Drive, and Energy Levels [La Solución Testosterona: la Hormona que Mejora las Funciones Mentales, el Instinto Sexual y los Niveles de Energía del Hombre]* (New York: M. Evans, 1998).

Gary Smalley, *Connecting with Your Husband* (Carol Stream, IL: Tyndale, 2003). Publicado en español como *Conéctase con Su Esposo* por Editorial Unilit.

Gary Smalley, *Making Love Last Forever* (Dallas: Word, 1996). Publicado en español como *Para Que el Amor No Se Apague* por Grupo Nelson.

Gary Smalley y Norma Smalley, *For Better or for Best [En lo Bueno o En lo Mejor]* (Grand Rapids: Zondervan, 1988).

Suzanne Somers, *The Sexy Years: Discover the Hormone Connection [Los Años Sexy: Descubra la Conexión Hormonal]* (New York: Crown, 2004).

Steve Stephens, *20 (Surprisingly Simple) Rules and Tools for a Great Marriage [20 Reglas y Herramientas (Soprendentemente Sencillas) para un Matrimonio Grandioso]* (Carol Stream, IL: Tyndale, 2003).

Gary P. Stewart y Timothy J. Demy, *Winning the Marriage Marathon: Six Strategies for Becoming Lifelong Partners [Ganando el Maratón del Matrimonio: Seis Estrategias para Convertirse en Parejas de Toda la Vida]* (Grand Rapids: Kregel, 1999).

David Stoop y Jan Stoop, *When Couples Pray Together: Creating Intimacy and Spiritual Wholeness [Cuando las Parejas Oran Juntos: Crear Intimidad e Integridad Espiritual]* (Ann Arbor: Vine Books, 2000).

Neil Clark Warren, *Learning to Live with the Love of Your Life [Aprender a Vivir con el Amor de Su Vida]* (Wheaton, IL: Tyndale, 1995).

Ed Wheat, *Love Life for Every Married Couple: How to Fall in Love, Stay in Love, Rekindle Your Love [La Vida Amorosa de Cada Matrimonio: Cómo Enamorarse, Permancer Enamorados, Volver a Enamorarse]* (Grand Rapids: Zondervan, 1980).

Ed Wheat y Gaye Wheat, *Intended for Pleasure* (Grand Rapids: Revell, 1997). Publicado en español como *El Placer Sexual Ordenado por Dios* por Grupo Nelson.

Martha Williamson, *Inviting God to Your Wedding [Invitando a Dios a Su Boda]* (New York: Harmony Books, 2000).

Revistas

Marriage Partnership [Compañerismo Matrimonial], revista cuatrimestral publicada por Christianity Today International; ver www.marriagepartnership.com.

NOTAS

Capítulo 1: No se trata sólo de técnica

1. Efesios 5:31-32.
2. Robert T. Michael et al., *Sex in America: A Definitive Survey [El Sexo en América: Una Encuesta Definitiva]* (Boston: Little, Brown, 1994), citado en Neil Clark Warren, *Learning to Live with the Love of Your Life [Aprender a Vivir con el Amor de Su Vida]* (Wheaton, IL: Tyndale, 1995), 121.
3. Robert T. Michael, et al., *Sex in America: A Definitive Survey* (Boston: Little, Brown, 1994), citado en Lisa Collier Cool, "Am I Normal? [¿Soy Normal?]" *Good Housekeeping [Buena Administración de la Casa]*, (Marzo 2001): 73.

Capítulo 2: Redefiniendo el sexo

1. 1 Corintios 7:3-5.
2. John F. Walvoord y Roy B. Zuck, eds., *The Bible Knowledge Commentary* (Wheaton, IL: Victor, 1995), 517. Publicado en español como *Conocimiento Bíblico* por Editorial Las Américas.

Capítulo 3: ¿Qué necesitan los cónyuges el uno del otro?

1. Jill Savage, "Scheduling Intimacy? [¿Intimidad en la Agenda?]" *Marriage Partnership [Compañerismo Matrimonial]* (Verano 2005): 21.

Capítulo 4: Las tres principales necesidades sexuales de la esposa

1. Linda J. Waite y Maggie Gallagher, *The Case for Marriage: Why Married People Are Happier, Healthier, and Better Off Financially [En Defensa del Matrimonio: Por Qué las Personas Casadas Son Más Felices, Más Saludables, y Más Próperas]* (New York: Doubleday, 2000), 88.
2. Ibid., 96.
3. Clifford Penner y Joyce Penner, *A Married Guy's Guide to Great Sex* (Wheaton, IL: Tyndale, 2004), 32. Publicado en español como *Relaciones Extraordinarias* por Grupo Nelson.
4. 1 Corintios 13:5.
5. Gary Smalley y Norma Smalley, *For Better or for Best [En lo Bueno o En lo Mejor]* (Grand Rapids: Zondervan, 1988), 60.
6. Liberated Christians, "Getting in Touch with Intimacy and Meaningful Sexuality in a Sexually Immature Culture [Hallando la Intimidad y la Sexualidad Profunda en una Cultura Sexualmente Inmadura],"

Liberated Christians, Inc., http://www.libchrist.com/intimacy/intouch. html. Usado con permiso.

7. Masterpeace Center for Counseling & Development, Online Resources, "Building the Bridge of a Secure Marriage [Construir el Puente de un Matrimonio Seguro]," http://www.mpccd.com/resources/resources_buildingbridge.htm.

8. Estos pensamientos fueron tomados y adaptados de Neil Clark Warren, *Learning to Live with the Love of Your Life*, 71–75.

9. *UCLA Monthly*, (Marzo–Abril 1981): 1.

10. Smalley y Smalley, *For Better or for Best*, 108.

11. Shirley Glass con Jean Coppock Staeheli, *Not "Just Friends": Protect Your Relationship from Infidelity and Heal the Trauma of Betrayal [Algo Más Que "Buenos Amigos": Proteja Su Relación de la Infidelidad y Sane el Trauma de la Traición]* (New York: Free Press, 2003), 27.

12. Ibid., 57.

13. Efesios 5:25.

14. Steve Stephens, *20 (Surprisingly Simple) Rules and Tools for a Great Marriage [20 Reglas y Herramientas (Soprendemente Sencillas) para un Matrimonio Grandioso]* (Carol Stream, IL: Tyndale, 2003), 82.

15. Ibid., 82–83.

Capítulo 5: Las tres principales necesidades sexuales del esposo

1. Warren, *Learning to Live with the Love of Your Life*, 121.

2. Shaunti Feldhahn, *For Women Only: What You Need to Know about the Inner Lives of Men* (Sisters, OR: Multnomah, 2004), 94. Publicado en español como *Sólo para Mujeres* por Editorial Unilit.

3. David Kantor, citado en Amy Hertz, "To Love, Honor, and Last Longer than a Year [Amar, Honrar y Durar Más que un Año]," *O, The Oprah Magazine [La Revista de Oprah]* (Marzo 2002): 205.

4. John M. Gottman y Joan DeClaire, *The Relationship Cure: A Five-Step Guide to Strengthening Your Marriage, Family, and Friendships* (New York: Three Rivers Press, 2001), 4. Publicado en español como *Guía del Amor y la Amistad* por Kairos.

5. Gary Smalley, *Connecting with Your Husband* (Wheaton, IL: Tyndale, 2003), 38. Publicado en español como *Conéctase con Su Esposo* por Editorial Unilit.

6. Ed Wheat, *Love Life for Every Married Couple [La Vida Amorosa para Todo Matrimonio]* (Grand Rapids: Zondervan, 1997), 78.

7. Kevin Leman, *Sheet Music* (Carol Stream, IL: Tyndale, 2003), 46–47, 52. Publicado en español como *Música entre las Sábanas* por Editorial Unilit.

8. Feldhahn, *For Women Only*, 103.

9. Agradecemos estas percepciones a Douglas Rosenau, Debra Taylor, Christopher McCluskey y Michael Sytsma, excelentes terapeutas sexuales cristianos de Sexual Wholeness Inc. Fueron compartidas durante el congreso norteamericano Ministerios del Matrimonio y la Familia, llevado a cabo en Phoenix, Arizona, en 2005.

10. Edward Laumann, Anthony Paik, y Raymond Rosen, "Sexual Dysfunction in the United States: Prevalence and Predictors [Disfunción Sexual en Estados Unidos: Prevalencia e Indicadores]," *Journal of the American Medical Association [Boletín de la Asociación Médica Americana]* (10 de febrero de 1999).

11. Penner y Penner, *The Married Guy's Guide to Great Sex*, 72.

12. Kevin Leman, *Making Sense of the Men in Your Life [Comprender a los Hombres en Su Vida]* (Nashville: Nelson, 2000), 140.

13. 1 Corintios 13:4-5.

Capítulo 6: Las otras necesidades sexuales de la esposa

1. Kelly Maybury, "I Do? Marriage in Uncertain Times [¿Lo Prometo? El Matrimonio en Tiempos Inciertos]," The Gallup Poll, January 22, 2002, http://poll.gallup.com/content/default.aspx?ci=5206.

2. Howard Markman et al., *Fighting for Your Marriage*, (San Francisco: Jossey-Bass, 1994), 285 (publicado en español como *Salve a Su Matrimonio* por Gestion), citado en Gary Smalley: *Making Love Last Forever*, (Dallas: Word, 1996), 103. Publicado en español como *Para Que el Amor No Se Apague* por Grupo Nelson.

3. Nick Stinnett y John DeFrain, *Secrets of Strong Families [Los Secretos de las Familias Fuertes]* (Boston: Little, Brown, 1985), citado en Smalley, *Making Love Last Forever*, 103.

4. Louise Lague, "How Honest Are Couples, Really? [¿Qué Tan Honestas Son las Parejas, Realmente?]" *Reader's Digest*, RD.com, http://www.rd.com/content/openContent.do?contentId=15351.

5. Sue Johnson, citado en Robert Kiener, "How Honest Are Couples, Really?" *Reader's Digest* (Canadá), http://www.readersdigest.ca/mag/2003/04/couples.html.

6. Estas ideas fueron sugeridas por Elisa Morgan y Carol Kuykendall, "Spiritual Intimacy [Intimidad Espiritual]," *Marriage Partnership* (Verano 2000): 60.

7. Gregory Godek, *1001 Ways to Be Romantic* (Naperville, IL: Casablanca Press, 2000), (publicado en español como *1001 Ideas para Ser Románticos* por Robinbook), citado en *Marriage* (Marzo–Abril 2002): 10.

8. "Dr. Phil: The Love Survey [El Dr. Phil: La Encuesta del Amor]," *O, The Oprah Magazine* (Febrero 2004): 32.
9. Jim Mueller, "Strategic Romance [Romanticismo Estratégico]" growthtrac, Articles, http://www.growthtrac. com/artman/publish/article_15.php.
10. Greg Godek, *1001 Ways to Be Romantic.* Copyright © 1999 por Greg J. P. Godek. Usado con permiso de Sourcebooks, Inc., 800-432-7444.

Capítulo 7: Las otras necesidades sexuales del esposo

1. Kevin Leman, "10 Reasons Your Husband Is Always Thinking about Sex [10 Razones Por Qué Su Esposo Siempre Está Pensando en el Sexo]," *Marriage* (Marzo–Abril 2002): 30.
2. Clifford y Joyce Penner, "You Don't Believe These Sexual Myths, Do You?! [No Creen Estos Mitos Sexuales, ¿O Sí?]" *Marriage* (Enero–Febrero 1998): 13–15.
3. Paraphrased from Douglas Rosenau, *A Celebration of Sex* (Nashville: Nelson, 1994), 193. Publicado en español como *Una Celebración del Sexo* por Grupo Nelson.
4. David Bjerklie, "When It's Time for Sex, She Knows [Cuando es Hora del Sexo, Ella Sabe]," *Time* 163, no. 25, (Junio 21, 2004), http://www. time.com/time/archive/preview/0,10987,994480,00.html.
5. David y Claudia Arp, "Pleasure through All Your Married Years [Placer en Todos los Años de Matrimonio]," *Marriage* (Noviembre–Diciembre 2002): 25.
6. Cantares 1:16, 2:3.

Capítulo 8: Cuando sus libidos no armonizan

1. Gary P. Stewart y Timothy J. Demy, *Winning the Marriage Marathon: Six Strategies for Becoming Lifelong Partners [Ganando el Maratón del Matrimonio: Seis Estrategias para Convertirse en Parejas de Toda la Vida]* (Grand Rapids: Kregel, 1999).
2. Archibald Hart, *The Sexual Man* (Nashville: W, 1995), 5. Publicado en español como *El Hombre Sexual* por Betania.
3. Christopher y Rachel McCluskey, *When Two Become One: Enhancing Sexual Intimacy in Marriage [Cuando Dos Se Vuelven Uno: Engrandecer la Intimidad Sexual en el Matrimonio]* (Grand Rapids: Revell, 2004), 157–58.
4. Shay Roop, "Nine Reasons Orgasms Are Good for You [Nueve Razones Por Qué los Orgasmos Son Saludables]," *Marriage Partnership* (Verano 2005): 7.

5. Michele Weiner Davis, citado en "When 'I Do' Becomes 'I Don't Want to' [Cuando 'Sí' Se Convierte en 'No Quiero']," *USA Today,* 22 de enero de 2003.

6. Lynn Vanderzalm, *Finding Strength in Weakness: Hope and Help for Families Battling Chronic Fatigue Syndrome [Encontrar Fuerza en Debilidad: Esperanza y Ayuda para Familias Luchando con Encefalomielitis Miálgica]* (Grand Rapids: Zondervan, 1995), 201.

7. Rosenau, *A Celebration of Sex,* 86.

Capítulo 9: Cuando estás demasiado cansado para tener sexo

1. Susan Crain Bakos, "The Sex Trick Busy Couples Swear By [La Técnica Sexual Favorita de Parejas Ocupadas]," *Redbook* (Marzo 2001): 125.

2. Ver 1 Corintios 7:3-5.

3. David y Claudia Arp, "Partner First, Parent Second [Pareja Primero, Padre Segundo]," *Marriage* (Julio–Agosto 2004): 33.

4. Ver Éxodo 20:1-17.

5. Ginger Kolbaba, "Fried! [¡Molido!]" *Marriage Partnership* (Otoño 2005): 52.

Capítulo 10: El elefante en el dormitorio: Hablemos del sexo

1. Leman, *Sheet Music,* 193.

2. "Let's Talk about Sex, Baby [Hablemos del Sexo]," *Marriage Partnership* (Primavera 2001): 9.

3. Leman, *Sheet Music,* 193–94.

4. Algunas de esas preguntas son adaptadas de nuestro libro *40 Unforgettable Dates with Your Mate [40 Citas Inolvidables con Su Pareja]* (Wheaton, IL: Tyndale, 2002), 162–64.

5. Leman, *Sheet Music,* 195.

6. Adaptado de Louis y Melissa McBurney, "Christian Sex Rules [Normas Cristianas del Sexo]," *Marriage Partnership* (Primavera 2001): 34ff; ver también http://www.christianitytoday.com/mp/2001/001/4.34.html.

7. 1 Corintios 6:18-20.

Capítulo 11: Mantener la diversión y el entusiasmo en el sexo

1. Warren, *Learning to Live with the Love of Your Life,* 123.

Capítulo 12: Dios en el dormitorio

1. Philip Yancey, "Holy Sex: How It Ravishes Our Souls [Sexo Santo: Algo Que nos Cautiva el Alma]," *Christianity Today* (Octubre 2003): 47.

2. Éxodo 6:6-8.

3. Éxodo 6:9.

4. Deuteronomio 30:19.
5. Gálatas 5:1.
6. Joel 2:25-27.
7. Sofonías 3:17.
8. Éxodo 6:7.
9. Isaías 51:12, 15-16, cursivas añadidas.
10. Isaías 40:25-29.
11. Filipenses 4:6.
12. Cool, "Am I Normal?" 74.
13. Leman, "10 Reasons Your Husband Is Always Thinking about Sex," 31.
14. 1 Tesalonicenses 5:17.
15. Andrew M. Greeley, *Faithful Attraction: Discovering Intimacy, Love, and Fidelity in American Marriage [Atracción Leal: Descubrir la Intimidad, el Amor y la Fidelidad en los Matrimonios Americanos]* (New York: Tom Doherty Associates, 1991).
16. Les Parrott y Leslie Parrott, *Saving Your Marriage before It Starts [Salvando a Su Matrimonio Antes que Empiece]* (Grand Rapids: Zondervan, 1995), 145.
17. Adaptado de David Clarke, "Spiritually Alone? [¿Espiritualmente Solo?]" *Marriage Partnership* (Invierno 2003): 30.
18. Ver 1 Pedro 3:1-2.

Capítulo 13: Enfrentando las cuestiones más profundas

1. Martha Williamson, *Inviting God to Your Wedding [Invitando a Dios a Su Boda]* (New York: Harmony Books, 2000), 84–85.
2. Ibid., 85–86.
3. Hebreos 13:4.
4. David Goetz, conversación personal.
5. Stephen Arterburn y Fred Stoeker, *Every Man's Battle*, (Colorado Springs, CO: WaterBrook, 2000), 135–36. Publicado en español como *Batalla de Cada Hombre* por Editorial Unilit.
6. Benedict Carey, "The Roots of Temptation [Las Raíces de la Tentación]," *Los Angeles Times*, Octubre 20, 2003, F1.
7. Elizabeth Enright, "A House Divided [Una Casa Dividida]," *AARP Magazine*, (Julio–Agosto 2004), http://www.aarpmagazine.org/family/Articles/a2004-05-26-mag-divorce.html.
8. Debbie Layton-Tholl, "Extramarital Affairs: What Is the Allure? [Aventuras Adúlteras: ¿Cuál es la Atracción?]" personal Web site, http://hometown.aol.com/affairlady/article.htm.
9. Ver Mateo 5:31-32.
10. Nancy C. Anderson, *Avoiding the Greener Grass Syndrome*, (Grand

Rapids: Kregel, 2004), 37. Publicado en español como *Evite la Tentación en Su Matrimonio* por Editorial Portavoz.

11. Mary DeMuth, "Opening the Door to Healing [Abrir la Puerta a la Sanación]," *Marriage Partnership* (Otoño 2005): 38.

12. Ibid., 40.

13. Mateo 11:28.

14. Paráfrasis de Romanos 5:3-5.

ACERCA DE LOS AUTORES

DR. GARY & BARBARA ROSBERG pertenecen a la organización America's Family Coaches, cuyo propósito es el de preparar y alentar a las familias a vivir y culminar bien la vida. Con un matrimonio de más de treinta años, Gary y Barbara tienen un mensaje único para las parejas.

Ellos han consagrado su ministerio a la campaña Matrimonios a Prueba de Divorcio . . . *por el bien de la próxima generación*. Esta campaña entrena a las iglesias, a grupos células y a las parejas para construir matrimonios bíblicos y saludables.

Los Rosberg son coautores de más de una docena de recursos, incluyendo: *El Gran Libro Sobre el Matrimonio, Matrimonio a Prueba de Divorcio, Las Cinco Necesidades de Amor de Hombres y Mujeres* (finalista del Gold Medallion 2001), *Sana las Heridas en Tu Matrimonio, Renewing Your Love: Devotions for Couples [Renovar Su Amor: Devocionales para Parejas], Guard Your Heart [Vigile Su Corazón]* (revisado para parejas), *40 Unforgettable Dates with Your Mate [40 Citas Inolvidables con Su Pareja], Descubre de Nuevo el Amor de Tu Vida* (serie de videos en DVD), *Descubre de Nuevo el Amor de Tu Vida* libro de ejercicios, *Serving Love [Amor Servicial]* libro de ejercicios, *Guarding Love [Vigilar el Amor]* libro de ejercicios, *Connecting with Your Wife [Conéctase con Su Esposa]* y la serie HomeBuilders para parejas de FamilyLife: *Improving Communication in Your Marriage [Mejorar la Comunicación en Su Matrimonio]*.

Gary y Barbara conducen diariamente un programa radial sindicado que se difunde a nivel nacional, *America's Family Coaches . . . LIVE!* En este programa con llamadas al aire, que se escucha en todo el país, ellos brindan consejería sobre una variedad de asuntos relacionados con la familia. Los Rosberg también conducen un programa radial los días sábado que puede escucharse en el Medio Oeste en la emisora galardonada WHO 1040 AM.

Los Rosberg han dirigido seminarios sobre temas familiares y de relaciones en más de cien ciudades en los Estados Unidos. Su seminario principal *Descubre de Nuevo el Amor de Tu Vida* está impactando congregaciones y comunidades en todo el país. Han integrado el equipo nacional de oradores en las conferencias *Weekend to Remember [Un Fin de Semana para Recordar]* de FamilyLife desde 1988. Gary también ha desarrollado conferencias ante miles de hombres en los encuentros anuales de Promise Keepers [Guardianes de Promesas] desde 1996 y ante padres y adolescentes en las giras *Life on the Edge [La Vida Extrema]* de Focus on the Family [Enfoque a la Familia].

GARY obtuvo su Ed.D. en la Universidad de Drake; se ha desempeñado como consejero familiar y matrimonial durante más de veinticinco años. Es fundador y coordinador de Cross Trainers, un ministerio semanal para hombres en Des Moines, que reúne alrededor de 500 participantes. Gary es presidente y miembro de la junta directiva de America's Family Coaches. **BARBARA** obtuvo su B.F.A. en la Universidad de Drake; es autora de *Connecting with Your Wife* y coautora de muchos otros libros con su esposo, Gary. Ella es también una destacada oradora en la serie de vídeos Extraordinary Women [Mujeres Extraordinarias] producida por la Asociación Norteamericana de Consejeros Cristianos. Barbara es vice presidente ejecutiva y miembro de la junta directiva de America's Family Coaches.

Los Rosberg viven en las afueras de Des Moines, Iowa. Tienen dos hijas casadas y tres nietos.

Para más información sobre el ministerio
America's Family Coaches, dirigirse a:

AMERICA'S FAMILY COACHES
2540 106th Street, Suite 101
Des Moines, Iowa 50322
1-888-ROSBERG
www.divorceproof.com

GINGER KOLBABA es la editora de la revista *Marriage Partnership [Compañerismo Matrimonial]*, una publicación de Christianity Today International. Ha dado charlas en conferencias nacionales y ha sido entrevistada en CNN Headline News y radio Family Life. También ha trabajado como editora para la revista *Today's Christian Woman [La Mujer Cristiana de Hoy]* y como editora asistente para *Preaching Today [Predicando Hoy]*. Ginger ha sido columnista para *Let's Worship [Adoremos]* y ha publicado más de cien artículos. Ha sido autora o coautora de cinco libros, entre ellos un candidato para la Medalla de Oro, *Refined by Fire [Purificado en las Llamas]*, y *Surprised by Remarriage [Soprendido por el Segundo Matrimonio]*. Su primera novela, *Desperate Pastors' Wives [Esposas Desesperadas de Pastores]*, de la serie Secrets from Lulu's Café [Secretos del Café de Lulu], fue publicado en Marzo de 2007. Puede aprender más acerca de Ginger en www.GingerKolbaba.com.

EL GRAN LIBRO SOBRE EL MATRIMONIO

/ THE GREAT MARRIAGE Q & A BOOK

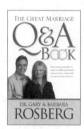

Disponible en inglés y español por Tyndale.

En base a conversaciones actuales difundidas en su exitoso programa radial a nivel nacional, Gary y Barb Rosberg nos brindan respuestas francas y reveladoras a más de 150 preguntas que frecuentemente nos hacemos sobre el matrimonio. Desde cómo empezar "con el buen pie" hasta cómo llegar bien al final, *El Gran Libro Sobre el Matrimonio* le brinda las respuestas que usted necesita para lograr que su matrimonio sea maravilloso.

40 CITAS INOLVIDABLES CON SU PAREJA

/ 40 UNFORGETTABLE DATES WITH YOUR MATE

Disponible sólo en inglés por Tyndale.

Devuélvele la chispa a su matrimonio con *40 Unforgettable Dates with Your Mate* [*40 Citas Inolvidables con Su Pareja*], un libro que proporciona a ambos cónyuges ideas sobre cómo satisfacer las 5 necesidades de amor de la pareja.

Matrimonio a Prueba de Divorcio

/ 6 Secrets to a Lasting Love

Descubre De Nuevo el Amor de Tu Vida

/ Discover the Love of Your Life All Over Again

Disponible en inglés por Tyndale y en español por Editorial Unilit.

Todos quieren un matrimonio que durará toda la vida, y ahora Gary y Barbara Rosberg han revelado los 6 secretos que no sólo le ayudarán a crear el matrimonio que siempre ha soñado sino uno que durará para siempre. (El libro de trabajo *Discover the Love of Your Life All Over Again* [*Descubre De Nuevo el Amor de Tu Vida*] también disponible.)

Sana las Heridas en Tu Matrimonio

/ Healing the Hurt in Your Marriage

Disponible en inglés por Tyndale y en español por Editorial Unilit.

Aprenda cómo perdonar las heridas del pasado en su matrimonio, a cerrar el círculo de conflictos no resueltos y a restaurar la esperanza y la sanidad en su relación matrimonial.

LAS 5 NECESIDADES SEXUALES DE HOMBRES & MUJERES

/ THE 5 SEX NEEDS OF MEN & WOMEN

Disponible en inglés y español por Tyndale. Disponible en audio solo en inglés por Tyndale.

En este libro que sigue al éxito de librería *Las Cinco Necesidades de Amor de Hombres y Mujeres*, Gary y Barb Rosberg enseñan a las parejas cómo satisfacer las necesidades físicas, emocionales y espirituales más íntimas de su cónyuge, así como a desarrollar una perspectiva sagrada de la intimidad sexual.

LAS CINCO NECESIDADES DE AMOR DE HOMBRES Y MUJERES

/ THE 5 LOVE NEEDS OF MEN & WOMEN

SERVING LOVE

/ AMOR SERVIDOR

Disponible en inglés por Tyndale y en español por Editorial Unilit.

¿Está usted satisfaciendo las necesidades de amor de su cónyuge? ¿Sabe acaso cuáles son? Descubra los anhelos más íntimos del corazón de su pareja mientras Gary y Barb Rosberg comparten consigo los resultados de su investigación que muestra cómo satisfacer las necesidades más íntimas de cada cónyuge. La guía *Serving Love [Amor Servidor]* disponible solo en inglés por Tyndale.

Vigile Su Corazón

/Guard Your Heart

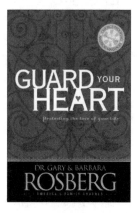

Disponible sólo en inglés por Tyndale.

Todos necesitamos cuidar nuestros corazones y nuestros matrimonios. En *Guard Your Heart* [*Vigile Su Corazón*], Gary y Barb Rosberg exponen los peligros y tentaciones que pueden destruir un matrimonio. Ellos también enseñan a las parejas cómo cuidar efectivamente sus corazones contra la tentación y a fortalecer su relación conyugal. (También está disponible el cuaderno de trabajo *Guarding Love* [*Vigilando el Amor*].)

Renovando Su Amor

/ Renewing Your Love

Disponible sólo en inglés por Tyndale.

Este devocional de 30 días facilita que las parejas se concentren en la Escritura, reflexionen sobre su matrimonio, oren juntas y establezcan metas para vigorizar su amor.

Conéctese con Su Esposa

/ Connecting With Your Wife

Disponible sólo en inglés por Tyndale.

Barb Rosberg aconseja a los hombres sobre lo que les encanta a las mujeres y revela lo mejor que un hombre puede hacer por su matrimonio —y por qué es tan importante.

Praise for *Backflash* and Richard Stark:

"Parker returns, tougher than ever. . . . As Donald E. West-lake or Richard Stark, this crime novelist gives the best lines to the bad guys." —*Time*

"What's not to like? . . . Buy *Backflash*. You'd be chump not to." —Michael Dirda, *Washington Post Book World*

"Richard Stark's Parker novels . . . are among the most poised and polished fictions of their time and, in fact, of any time." —John Banville, *Bookforum*

"The style is lean, the pacing relentless, and the plot chock-full of surprising twists. . . . Westlake is a genuine writing phenom, an author whose inventiveness continues to keep pace with his prodigious output." —Dick Lochte, *Los Angeles Times*

"Brilliantly deadpan. . . . Westlake demonstrates again his ability to create compulsively readable Parker books—and to make it look easy." —*Seattle Times & Post-Intelligencer*

"A pleasure . . . Westlake's ability to construct an action story filled with unforeseen twists and quadruple-crosses is unparalleled." —*San Francisco Chronicle*

Backflash

Parker Novels By Richard Stark

The Hunter (Payback)

The Man with the Getaway Face

The Outfit

The Mourner

The Score

The Jugger

The Seventh

The Handle

The Rare Coin Score

The Green Eagle Score

The Black Ice Score

The Sour Lemon Score

Deadly Edge

Slayground

Plunder Squad

Butcher's Moon

Comeback

Backflash

Flashfire

Firebreak

Breakout

Nobody Runs Forever

Ask the Parrot

Dirty Money

Information about the complete list of Richard Stark books published by the University of Chicago Press—and electronic editions of them—can be found on our website: http://www.press.uchicago.edu/.

Backflash

RICHARD STARK

With a New Foreword by Lawrence Block

The University of Chicago Press

This is for Walter and Carol,
who got married tomorrow

The University of Chicago Press, Chicago 60637
Copyright © 1997 by Richard Stark
Foreword © 2011 by Lawrence Block
All rights reserved
University of Chicago Press edition 2011

Printed in the United States of America

20 19 18 17 16 15 14 13 12 11   1 2 3 4 5

ISBN-13: 978-0-226-77060-4 (paper)
ISBN-10: 0-226-77060-5 (paper)

Library of Congress Cataloging-in-Publication Data

Stark, Richard, 1933–2008.
  Backflash / Richard Stark ; with a new foreword by Lawrence Block.
    p. cm.
  Summary: The master thief, Parker, plots to rob a floating casino on the Hud-
son River. He puts together a team of robbers, ensures weapons are smuggled
on board, and arranges for a getaway boat. The planning is meticulous, but will
chance favor the enterprise?
  ISBN-13: 978-0-226-77060-4 (pbk. : alk. paper)
  ISBN-10: 0-226-77060-5 (pbk. : alk. paper) 1. Parker (Fictitious character)—
Fiction. 2. Criminals—Fiction. 3. Hijacking of ships—Fiction. I. Block, Lawrence. II. Title.
  PS3573.E9B4 2011
  813'.54—dc22
                         2010032165

♾ The paper used in this publication meets the minimum requirements of the
American National Standard for Information Sciences—Permanence of Paper
for Printed Library Materials, ANSI Z39.48-1992.

FOREWORD

In 1997, Donald Westlake published *Comeback*, his seventeenth novel about a professional thief named Parker. The title was remarkably apt, as twenty-three years had come and gone since *Butcher's Moon*, the sixteenth book in the series.

When Parker returned in *Comeback*, it was as if he'd never left. He was still very much himself, still happily coupled with Claire, still doing the same sort of work and leading the same kind of life between engagements. Nor was his return that of an old performer managing one last star turn before slipping into permanent retirement; on the contrary, he was back with a vengeance, and in the next decade seven more novels rolled out of their author's typewriter (a Smith-Corona manual portable, in case you were wondering) and took their place on bookstore shelves.

Backflash followed *Comeback* a year later, and was followed in turn by *Flashfire, Firebreak*, and *Breakout*. Does a subtle pattern begin to emerge? Don liked a certain amount of gimmickry in series titles, and the gimmick here was simple enough; each title would be a two-syllable compound word, with the second syllable of one book becoming the first syllable of the next. After *Breakout* in 2002,

FOREWORD

the next book would logically begin with *Out*. *Outcome* would have brought matters full circle, but I don't believe Don seriously considered it; instead he dropped the titular sequence and moved on to *Nobody Runs Forever*.

This was not the first title sequence for the series. The early books were all two-word titles, consisting of a noun preceded by *the*. *The Hunter*, *The Outfit*, *The Mourner*, *The Score*, *The Jugger*, *The Seventh*, *The Handle*. (And yes, I've omitted book two, *The Man with the Getaway Face*.) Then came a four-book *Score* sequence: *The Rare Coin Score*, *The Green Eagle Score*, *The Black Ice Score*, and *The Sour Lemon Score*. Then *Deadly Edge*, *Slayground*, *Plunder Squad*, and *Butcher's Moon*.

Title sequences serve chiefly to remind the reader that there's a series here, but they can serve other purposes as well. One of these is the author's personal amusement; it is by no means coincidental that *The Seventh*, so-called because the proceeds of a job are to be split seven ways, was indeed the seventh book of the series.

With the post–*Butcher's Moon* books, the linked titles helped keep the reader aware of the order of the books, with one title—and one book—leading to another. And, because in this particular instance Don thought of the next title before he knew what the book would be about, they helped lead him to his plot.

That's less obvious with *Backflash*, which suggests the word *flash-back*, and in which the storyline doesn't particularly echo the title. Afterward, in *Flashfire* and *Firebreak*, the title and the plot are more closely linked, and *Breakout* is, obviously, about a breakout.

Nobody Runs Forever (2004) was an ominous title, suggesting that Parker's run might in fact be over. Not so. Two years later he was back in *Ask the Parrot*, and in 2008 he made his last appearance, in *Dirty Money*.

A few months later, on the last day of the year, Don died. Nobody writes forever.

FOREWORD

When the car stopped rolling, Parker kicked out the windshield and crawled through onto the wrinkled hood, Glock first.

Title patterns come and go over the two dozen Parker novels, but a couple of other elements have been more of a constant. The opening is one of these. In each book's initial sentence, something happens and Parker reacts. When this happened, Parker did this—and we're off and running.

When the guy with asthma finally came in from the fire escape, Parker rabbit-punched him and took his gun away.

When the woman screamed, Parker awoke and rolled off the bed.

When the bandages came off, Parker looked in the mirror at a stranger.

When the knock came at the door, Parker was just turning to the obituary page.

When the bellboy left, Parker went over to the house phone and made his call.

When a fresh-faced guy in a Chevy offered him a lift, Parker told him to go to hell.

When the helicopter swept northward and lifted out of sight over the top of the hill, Parker stepped away from the tree he'd waited beside and continued his climb.

When the shit hit the fan, Parker threw himself in front of it.

Well, no, I made up that last one. But you get the idea. When A, then B.

There are a few books that open differently—*The Black Ice Score, The Sour Lemon Score, Deadly Edge.* I don't think Don wanted to be a slave to anything, even if it were something of his own devising. A title sequence would be maintained until it became unwieldy, or tiresome; an opening would serve until a variation seemed to serve better.

✻ ✻ ✻

FOREWORD

If we can spot a pattern in openings and titles, so can we find one in the structure of the Parker books. Typically, they consist of four sections, and it is not much of a stretch to think of them as four movements of a symphony. The first two sections are told entirely from Parker's point of view, and in their course he settles on a criminal enterprise, assembles a crew, makes his plans and preparations, and has at it.

Then, in the third section (or sometimes the second), every episode is recounted from the point of view of one of the other characters. Parker may or may not be present in any of these scenes, but we're not privy to his thoughts and impressions. Instead, we watch the story unfold through the eyes of all the other players in the game, including both his partners and the players on the other side, as well as those citizens caught in the middle.

The fourth section returns us to Parker's point of view, as he does what he can to see things through to a favorable conclusion.

Not every book adheres strictly to this pattern—in *Deadly Edge*, for example, the non-Parker section is told entirely from the point of view of Claire, who is in jeopardy—but it's the template for most of the series. But for the word's unfortunate connotations, it would not be unfair to describe the books as formulaic.

To many readers, and not a few writers as well, the idea of a formula suggests that it makes things easy for the writer, that it reduces the need for imagination and creativity, that he who possesses a formula can simply dash off or grind out books as required, with no need to be inventive. The writer becomes a sort of blackjack dealer, hitting sixteen and staying with seventeen, scooping up losing bets and paying off winners, and, inevitably the beneficiary of a mathematical edge, coming out ahead in the end.

And, by God, anybody could do it, if only one possessed the formula. But, alas, it's as closely guarded as the formula for Coca-Cola.

Well, that's not how it works. First of all, one remarkable thing about prose fiction is that there are no secrets concealed in it. The process is wholly self-evident. You might wonder how a painter managed to achieve the particular luminescence on a particular canvas, but you can see at a glance how a writer achieved a given effect. He took these words—the ones you see on the page—and he put them in this particular order. And there you have it.

* * *

Parker doesn't age much in the course of the series. Time passes and his history accumulates, with characters recurring from book to book, but Parker remains pretty much the same unspecified age. Early middle age, I suppose. Forties, fifties. It doesn't much matter. He's always Parker.

Whether a series character will age or evolve is one of the decisions an author has to make. Among my own series, Bernie Rhodenbarr never gets a day older, while Matthew Scudder has aged in real time, going from his late thirties to his early seventies in the years I've been writing about him. (Sue Grafton found an interesting variant for Kinsey Millhone; Kinsey ages in real fictional time, but it takes three books for one year to pass; now, as the series nears its end, the books are set a couple of decades in the past.)

Parker's world changes, and that's how the early books show their age. There are no cell phones or credit cards, and it's a lot easier to live off the grid and fly under the radar. By the later books, it's hard to find anything to steal; big blocks of cash, there for the taking, are hard to come by in a credit economy.

Parker's world, it should be said, is a small one; it consists only of what touches his awareness. There is no war, no politics.

Does Parker himself change at all? It seems to me he mellows the slightest bit. Some of that may be Claire's doing, but some may simply be time. Parker's not much for small talk, and his humor is pretty much limited to irony, but I'd say he's somewhat better

FOREWORD

company in the later books.

Still, you wouldn't want to rile him.

***

I had the feeling, when I signed on to introduce these books, that the project would have me reading the books again. And I've been doing just that, and not only the three it's been my pleasure to introduce. When I took a moment to discuss opening lines, one of the books I picked up was *The Black Ice Score*. I read it through, and the two that followed it, *The Sour Lemon Score* and *Deadly Edge*. Next is *Slayground*, but I think I'll drop back first and refresh my memory of Parker's meeting with Claire, in *The Rare Coin Score*.

I remember when Don researched that one. I took him along to a numismatic convention in Indianapolis, where he enjoyed himself talking to coin dealer friends of mine. He used Indianapolis for the book's setting, used the hotel as well, changing its name from the Claypool to the Claymore.

What is it that makes the books so re-readable? They're suspenseful, but that is less a factor when you've already read them. They're brilliantly written, too, and it's nice watching a master at work, but I don't think that's enough to explain the phenomenon.

It's Parker, I guess, when all is said and done. He's a sociopath, I suppose, and God knows he's got the social skills of a boulder, but the choices he makes and the way he executes them make him compellingly interesting. Even when you know what he's going to do next, it's just plain fascinating to watch him do it.

And that's enough from me. Here's Parker in *Backflash*—and, whether you're reading it for the first time or the fifth, I've a feeling you're going to enjoy yourself.

Lawrence Block

FOREWORD

LAWRENCE BLOCK has written series fiction about Matthew Scudder, Bernie Rhodenbarr, Evan Tanner, Chip Harrison, and a killer named Keller. You can email him at lawbloc@aol.com, check him out at lawrenceblock.com, or look for him on Facebook.

Backflash

ONE

1

When the car stopped rolling, Parker kicked out the rest of the windshield and crawled through onto the wrinkled hood, Glock first. He slid to the left, around the tree that had made the Seville finally jolt to a stop, and listened. The siren receded, far upslope. These woods held a shocked silence, after the crash; every animal ear in a hundred yards was as alert as Parker's.

Nobody came down the hill, following the scar through the trees. There was just the one car in pursuit up there, federal agents of some kind, probably trying right now to make radio contact with the rest of their crew, and still chasing the truck with the rockets, figuring they'd come back to the wrecked car later.

Later was good enough for Parker. He eased around the tree and bent to move down the lessbattered right side of the Seville, where he'd been seated next to the driver. The glass from that window was gone; he looked in at Howell at the wheel, and Howell looked back, his eyes scared, but his mouth twisted in what was supposed to be an ironic grin. "They clamped me," he said, and shook his head.

Parker looked at him. The firewall and steering column and door had all folded in on him, like he was the jelly in the doughnut. He'd live, but it would take two acetylene torches four hours to cut him out of there. "You're fucked," Parker told him.

"I thought I was," Howell said.

Parker moved on and tried to open the rear door, which still had its glass, but it was jammed. He smashed out the window with the barrel of the Glock, reached in, grabbed the workout bag by the handle, and pulled it out through the new hole. Bag in left hand, Glock in right, he moved over again to look in at Howell, and Howell hadn't moved. He was still looking out, at Parker. Howell was mostly bald, and his head was streaked with bleeding cuts and hobnailed with hard drops of sweat. He breathed through his open mouth, and kept looking at Parker. His legs and torso and left arm were clamped, but his right arm was free. His pistol was on the seat by his right hip. He could reach it, but he left it there, and looked at Parker, and breathed through his open mouth, and more blood and more sweat oozed out onto his bald head.

Parker hefted the bag, and the Glock. Howell

shook his head. "Come on, Parker," he said. "You know me better than that."

Parker considered him. He didn't like to leave a loose end behind, sometimes they followed you, they showed up later when you were trying to think about something else. He moved the Glock slightly, rested the barrel on the open window.

Howell said, "You *know* me, Parker."

"And you know me."

"Not anymore." Howell smiled, showing blood-lined teeth, and said, "This crash knocked my memory loose. I don't even know who *I* am, anymore. It's all gone."

"They'll try to make it worth your while, bargain you down."

"Not worth *my* while," Howell said. "Not with you out there. I'll catch up on my reading."

Parker thought about it. He knew Howell, he trusted him on the job, they'd watch each other's back, they'd give each other a straight count when the jackpot was in. But for the long haul?

Howell nodded at the bag. "Have a beer on me," he suggested.

Parker nodded, and made up his mind. "See you in twenty years," he said, and turned away, to head downslope.

"I'll be rested," Howell called after him.

2

It was a house on a lake called Colliver Pond, seventy miles from New York, a deep rural corner where New York and New Jersey and Pennsylvania meet. A narrow blacktop road skirted the lake, among the pines, and the house, gray stone and brown shingle, squatted quiet and inconspicuous between road and shore. Now, in April, the trees not yet fully leafed out, the clapboard houses on both sides could clearly be seen, each of them less than fifty feet away, but it didn't matter; they were empty. This was mostly a resort community, lower-level white-collar, people who came here three months every summer and left their "cottages" unoccupied the rest of the year. Only fifteen percent of the houses around the lake were lived in full-time, and most of those were over on the other side, in the lee of the mountain, out of the winter wind.

For Parker, it was ideal. A place to stay, to lie low when nothing was going on, a "home" as people called it, and no neighbors. In the summer, when the clerks came out to swim and fish and boat, Parker and Claire went somewhere else.

Late afternoon, amber lights warm in the windows. Parker turned in at the driveway, at the wheel of a red Subaru, two days and three cars since the Seville had gone off that mountain road and he'd left Howell behind. The Subaru was a mace, a safe car, not in any cop's computer, so long as nobody looked too closely at the paperwork and the serial numbers. Parker steered it down the drive through the trees and shrubbery that took the place of the lawn here, and ahead of him the left side door of the double attached garage slid upward; so Claire had seen him coming. He drove in and got out of the car as the door slid down, and Claire was in the yellow-lit rectangle of doorway to the kitchen. "Welcome home, Mr. Lynch," she said.

Claire had jokes, and that was one of them; they were all wasted on Parker. She'd known him as Lynch when they'd first met, so she liked to greet him with that name, because it showed they had a history. She wanted to believe they had a history, in both directions.

"Hello," he said, and crossed out of the garage, carrying the workout bag. He stopped in the doorway to kiss her, and in that move opened himself again to all the warmth he'd shut out since he'd gone away. The homecomings were always good, because they were a kind of coming back to life.

After the kiss, she smiled at him and took his hand and nodded at the workout bag: "Not the laundry," she suggested.

"A hundred forty thousand," he told her. "Supposed to be. I didn't count it yet."

"I like it that you save the fun parts for me," she said.

What she meant was, she didn't want any part of it at all, what happened when he was away. They'd met in the first place because her ex-brother-in-law, an idiot named Billy Lebatard, had involved her in a robbery at a coin convention that had gone very sour. At the end of it, Billy was dead, there was blood everywhere, and Parker had dragged Claire into safety at the last second. She'd been married once, earlier, to an airline pilot who'd died in a crash; with that, and the mess Billy'd made, she wanted no more. Once, a couple of hard-edged clowns had broken in here, but Parker had dealt with it, and now he and Claire were together most of the time, warming themselves at each other's fire, liking the calm. When Parker went away, as he sometimes did, she wanted to know nothing about it. She was willing, at the most, while he showered, to count the money and leave it in stacks on the coffee table in the living room for him to see when he came in, wearing a black robe and carrying a glass. She sat on the sofa without expression and said, "A hundred forty thousand exactly."

"Good."

"Just like the paper said."

He sat on the sofa beside her and cocked his head. "The paper?"

"You haven't read any newspapers?"

"I've been moving."

"Before you went away," she said, "a man named Howell phoned you."

"Right."

"A man named Howell is dead."

That surprised him. "Dead? How dead?"

"Injuries from an automobile accident. While escaping, the car he drove crashed down a mountainside. The other three people, and a small truck with anti-tank rockets, all escaped. Arrests are expected."

"They killed him," Parker said.

"Who killed him?"

"The law. Feds or local. Let me see the paper."

She got up and crossed to the refectory table near the stone fireplace, and brought back a day-old newspaper turned to the national news page. Handing it to him, sitting again beside him, she said, "Why would they kill him?"

"They were in a hurry," Parker told her. "They wanted names, they wanted to know where we'd be. Especially because they lost the rockets. Howell was hurt, but he wouldn't tell them anything. We talked about it before I left, and he said he wouldn't tell them anything, and I believed him, and it turns out I was right. And they were in such a hurry, they didn't wait to see how much he was wounded, maybe hurt inside, before they leaned on him, and he died."

"Poor Mr. Howell," she said.

"He wasn't really much of a reader anyway," Parker said, and turned to the newspaper, which told him several things he knew and nothing he didn't. Three rogue Marines had been trading with a terrorist group, selling them weapons stolen from a military depot. There was to be an exchange, rockets for cash. The two groups didn't know there were two other groups involved as well; the Feds, who'd got wind of the thefts at the depot and were trying to follow the trail, and the four professional thieves who showed up at the transfer point meaning to take everything from everybody. Which they did, at the cost of one of their own, a man named Marshall Howell. The Feds expected to round up the other three momentarily.

Parker put the paper down and said, "That's the end of it. The other two keep the rockets, sell them to somebody else. I keep this." And he nodded at the money.

Claire pointed at the newspaper. "That could have been you."

"It always could," he said. "So far, it isn't. I go away, and I come back."

She looked at him. "Every time?"

"Except the last time," he said.

She put her arms around him, touched her lips to the spot where the pulse beat in his throat. "Later," she said, "let's have a fire."

3

The best place to hide money is in somebody else's house. The morning after he got back, Parker filled seven Ziploc bags with ten thousand dollars each, put them in the pockets of his windbreaker, and went for a walk along the lakefront.

There were five houses along here he'd previously set up for himself, both as drops and as potential backup sites if trouble ever came too close. He'd made simple clean access to each house and prepared banks for himself in all of them. A false joist in a crawlspace; an extra ceiling in a closet; a new pocket in the wall behind a kitchen drawer. These people all liked their summer houses just the way they were, but it would pay them, though they didn't know it, to remodel.

He was gone not quite an hour, a householder taking a long casual walk along the lake in the thin spring sunlight, and when he got back to the house Claire said, "Mr. Howell called."

Parker looked at her, and waited.

She smiled slightly. "Mr. Marshall Howell."

"Did he."

"He left a number where you could call him."

He made a bark of laughter. "That must be some number," he said, and took off the windbreaker and read the phone number on the pad in the kitchen, then opened the phone book to see where that area code was. 518. Upstate New York, around Albany.

He used the kitchen phone to make the call, and after four rings a recorded woman's voice, sounding like somebody's secretary, announced the number he'd just dialed, then crisply said, "Please leave a name and number after the tone. Thank you."

No. Parker waited for the tone, then said, "Mr. Howell will phone at three o'clock," and hung up, and at three o'clock he stepped into the phone booth at the Mobil station out on the highway to New York, the only enclosed phone booth within eight miles, and dialed the number again.

One ring, and the man who answered sounded fat, middle-aged, wheezy. "Cathman," he said.

"Not Mr. Howell," Parker said.

A wheezy chuckle. "Not really possible," Cathman said. "That's Mr. Parker, isn't it?"

"I don't know anybody named Cathman," Parker said.

"We're meeting now, in a way," Cathman pointed out. "The fact is, Mr. Howell was going to be doing something for me, but he told me he had this other project with you first, and then we could get together to plan our own enterprise. Unfortunately, he didn't survive that earlier obligation."

Parker waited. Was he supposed to be responsible for this fellow's plans coming apart?

Cathman said, "I don't want to sound forward, Mr. Parker, but I believe you share much of the expertise I found so valuable in Mr. Howell."

"Possibly." If this was an entrapment call, it was the flakiest on record.

"I expect," Cathman said, "you're not particularly looking for work at the moment, since I believe your part of the activity just completed was rather more successful than our friend Howell's."

"Oh," Parker said. "You want me to take Howell's place."

"If," Cathman said. "If you're interested in further work in, well, not the same line. A similar line. If you'd prefer to rest, take time off, of course I'll understand. In that case, if you could recommend someone . . ."

This fellow, whoever he was, was recruiting people for some sort of criminal undertaking *over the telephone*. Had Howell really taken this clown seriously? Or had Howell been interested in something else, that Cathman didn't realize? Parker said, "I don't make recommendations."

"But would you be— Well, would you care to meet? There are things, you understand, one doesn't say on the phone."

Well, he knew that much, though he didn't seem to understand the concept in its entirety. Parker said, "A meet. For you to tell me what Howell was going to do for you."

"Just so. You could come here, or if you prefer I could go to you. I'm not exactly sure where you are . . ."

Good. Parker said, "Howell gave you this phone number?"

"His wife did. I presume she's his wife."

"I'll come to you," Parker decided, because Cathman sounded more dangerous than interesting. He had no sense of self-preservation, and he was walking around with knowledge that could hurt other people. If he turned out to have something interesting, Parker might go along with it, take Howell's place. If not, Parker might switch him off before his broadcasting interfered with anybody serious.

"Oh, fine," Cathman said. "We could do lunch, if you—"

"A meet," Parker said. "Your territory. Outside. A parking lot, a farmer's market, a city park."

"Oh, I know," Cathman said. "The perfect place. Amtrak comes up the Hudson. Could you take the train, from Penn Station? In New York."

"Yes."

"It's less than two hours up, the stop is called Rhinecliff. Wait, I have the schedule here. What would be a good day?"

"Tomorrow."

"That's wonderful. All right, let me see. Yes, you

take the train at three-fifty tomorrow afternoon, you'll get to Rhinecliff at five twenty-eight. I'll come down from Albany, my train gets there at four fifty-one, so I'll just wait on the platform. You'll find me, I'm heavyset, and I have about as much hair as our poor friend Howell, and I'll be wearing a gray top-coat. Oh, and probably a gray hat as well, so the baldness doesn't help, does it?"

"I'll find you," Parker said.

4

Amtrak was new, but the station at Rhinecliff was old, one end of it no longer in use, rusted remains of steel walkways and stairs looming upward against the sky like the ruins of an earlier civilization, which is what they were. At the still-working end of the platform, a long metal staircase climbed to a high enclosed structure that led above the tracks over to the old station building. The land here was steep, coming up from the river, leveling for the tracks, then continuing sharply upward.

A dozen people got off the train with Parker, and another two or three got on. He came down to the concrete last, the only passenger without luggage, and stood on the platform while the rest of them trudged up the stairs and the train jerked forward behind him. In his dark windbreaker and black chinos and heavy black shoes, he looked like some sort of skilled workman, freelancing, brought in by a contractor to do one specific job. Which he was.

The stairs were to his right, with the people slowly receding upward. Along the platform were three or four backless benches, and on one of them, down to the left, sat a dumpy man in a pearl-gray topcoat and hat, his back to the train now leaving as he gazed out and down at the river.

When the train was gone, Parker turned to look across the track at a chain-link fence, and a parking lot, and a steep hillside, and a curving steep street, and some old houses. One passenger, having climbed up this set of stairs, was now thudding down a second staircase over there, headed for the parking lot. He was rumpled, in his forties, wearing an anorak that was too heavy for this season, and carrying a thick heavy briefcase. He seemed to be muttering to himself.

Parker watched that fellow descend, and the man never looked in this direction. At the foot of the stairs, he turned and hurried along between the rows of cars, fishing his keys out of his pocket as he went. He hit his electronic opener and a Saab over there went *beep* and flashed its amber lights. The man reached his car, tossed the briefcase in the back, got behind the wheel, and drove out of there. In the car, his lips were still moving. He didn't show interest in anything at all outside his own head. So there must be a college around here somewhere.

The Saab drove up the steep street and made the turn, and went out of sight. Then Parker walked along the platform to Cathman, who looked up and smiled and nodded. "Good afternoon," he said.

The bench was long enough so they could both be on it with some space between. Parker sat next to Cathman and said, "You aren't in the same business as Howell."

Cathman laughed, self-conscious. "Heavens, no. Not at all. That's why I *needed* Mr. Howell. Or you. Or whoever it might be."

"You just go around talking to people? In bars, and here and there?"

"Certainly not," Cathman said, and gave Parker a sudden keen look. He said, "Mr. Parker, I don't know your world very well, or your . . . business. But that doesn't mean I'm a fool."

"Uh huh."

"I am not going to talk to an undercover policeman, believe me."

"Maybe you are right now," Parker told him.

Cathman smirked, and shook his head. "I was sure of Mr. Howell," he said, "and I'm sure of you. Mr. Parker, do you gamble?"

"Not with people I don't know."

Cathman made a sudden irritated hand-gesture, sweeping away a misunderstanding. "I don't mean that," he said. "I mean gambling, legal gambling. Lotteries, betting parlors. Las Vegas, Atlantic City, Foxwood."

Parker looked at him: "Foxwood?"

Cathman's hand-wave this time was airy, dismissive. "Over in Connecticut," he said. "On the Indian reservation, so state laws don't apply. The casino there makes millions."

Parker nodded. "So the Indians finally found a way to beat the white man."

"My question was, do you gamble?"

"No."

"May I ask why not?"

What did this have to do with anything? But Parker had learned, over the years, that when somebody wants to tell you his story, you have to let him tell it his own way. Try to push him along, speed it up, you'll just confuse him and slow him down.

So the question is, why not gamble? Parker'd never thought about it, he just knew it was pointless and uninteresting. He said, "Turn myself over to random events? Why? The point is to try to control events, and they'll still get away from you anyway. Why make things worse? Jump out a window, see if a mattress truck goes by. Why? Only if the room's on fire."

That was apparently the right answer. Cathman beamed like a man who'd won the turkey at the raffle. He said, "The reason you feel that way, Mr. Parker, if I may presume, and the reason *I* feel that way, is, we are not in despair. We are not bored and miserable with our own lives. We don't pay twenty dollars every week for a cluster of numbers in the state lottery, in hopes we're buying a new car, a new house, a new job, a new wife, better children and a firmer stomach. Gambling preys on misery, Mr. Parker, misery and discontent. Where the people are comfortable and confident, gambling does not flourish."

Parker was beginning to see that Cathman was not a man with a job, he was a man with a cause. So why did he need a Howell, or a Parker? He said, "Tell me where you're going with this."

"Let me first tell you who I am," Cathman said, and reached inside his topcoat. Parker tensed, looking at the Adam's apple he'd hit, but what Cathman brought out was a small flat leather case. Opening it, he took out a business card and handed it over. Parker took it:

HILLIARD CATHMAN

Hilliard Cathman Associates	14-162 State Plaza
Urban & Policy Planning	Suite 1100
Resource Apportionment Consultants	Albany, NY 12961

518 828-3344   fax   518 828-3388

"Since I retired from state government," Cathman explained, "I've been able to use my contacts and expertise in a broader and more satisfying way. Not limited to New York State any more, nor to one administration."

Parker extended the card, but Cathman waved it away: "No, keep it. I want you to understand. I am knowledgeable, and I am reliable. In my area. As Mr. Howell was in his, and as he led me to believe you are in yours."

"I still don't see where we're gong," Parker said.

Cathman looked out at the river, apparently to gather his thoughts. The river was wide here, and moved briskly. It was a hundred miles from here to the harbor and the sea.

Cathman said, "Gambling fever has struck the politicians, I'm afraid. They see it as a safe form of taxation, a way to collect money from the people without causing discontent or taxpayer revolt. The lottery does it, and OTB does it, and casino gambling can do it. Three resort areas in New York State have been designated by the state legislature for legalized gambling. This area is not one of them."

"Then they're lucky," Parker said.

"Yes, they are, but they don't know it. Foxwood in particular has driven them wild. It's so close, and it's so profitable. So a new bill has worked its way through the legislature, and will be signed before the end of the month, which adds a fourth gambling district in New York State." He gestured outward: "The river."

"A casino boat?"

"Yes. There are any number of them around America, and they tend to be migratory, as laws change, state by state. The boat which will be used on the Hudson, between Poughkeepsie and Albany, which is at this moment steaming up the Atlantic coast toward its new assignment, was until recently called the *Spirit of Biloxi*. But there are so many casinos in the Biloxi area now, the competition is so fierce, that the owners of the boat had no problem with the idea of changing its name to the *Spirit of the Hudson*."

"Loyalty," suggested Parker.

"They have nailed their colors to a weathervane," Cathman agreed. "At this point," he went on, "because there is a strong anti-gambling faction in the legislature—or, that is, several anti-gambling factions, some religious, some practical, some spiteful—approval has been given only for a four-month trial period. And, since they have learned from OTB and elsewhere that people will, if given the chance, spend far beyond their income when the gambling bug strikes, for this four-month trial period only, no credit will be allowed."

Parker frowned. "They can't do it. It doesn't work that way."

"Nevertheless, that is the compromise that has been struck. If the four-month trial is considered a success, and the boat continues to be the *Spirit of the Hudson*, then credit wagering will be permitted. But during the trial period, no. No credit cards, no checks, no letters of credit."

"Cash," Parker said.

Cathman nodded. "A boat swimming in cash," he said. "Through my access to various government departments, I can obtain virtually any information you could possibly need. Blueprints of the boat, details of security, employee backgrounds, locations of safes, schedules, security arrangements at the two ports where the ship will touch land, being Albany and

Poughkeepsie, the turnaround points. The details of any robbery that might take place on the boat, of course, are your concern."

"And what do you want for this?"

Cathman shrugged inside his expensive topcoat. "I'm a little tired," he said. "I would like to live in a state with less severe winters, pick and choose my clients with more freedom. If you proceed, and if you are successful, I would like ten percent."

"You're gambling," Parker told him.

Cathman's smile was wan. "I hope not," he said. "If I am dealing with professionals, and I know myself to be professional in my own line of work, is that gambling? I don't think so. You'll have no reason to begrudge me my ten percent."

"You're the inside man," Parker pointed out. "The law will be looking for the inside man."

Now Cathman laughed outright. "Me? Mr. Parker, no one in New York State government would suspect me of so much as taking paper clips home from the office. My reputation is so clear, and for so long, that no one would think of me as the inside man for a second. And there would be dozens of others who might have been the ones who helped with inside information."

Parker nodded. He thought about it. On the river, a black barge full of scrap metal was pushed slowly upstream by a tug, the water foaming white across its blunt prow. Parker said, "When does this boat get here?"

5

Claire said, "What are you going to do?"

"Find out some things," Parker told her. "Talk to some people who might maybe like to come along. Take my time. It's at least three weeks before the boat opens for business."

"There's something you don't like about it," Claire said.

Parker got to his feet and started to pace. They were on the screened porch on the lake side of the house, the chitter of a light spring rain filling the silences around their words. The lake surface was pebbled, with little irruptions where the breeze gusted. Usually the lake was quiet, glassy, reflecting the sky; now it was more like the river he'd been looking at yesterday.

"I don't like boats," he said, pacing, looking out at the lake. "To begin with. I don't like anything where there's one entrance, one exit. I don't like a cell. A boat on the water is a cell, you can't just get up and go away."

"But the money," she said.

"Cash." He nodded. "Cash is the hardest to find and the easiest to deal with. Anything else, you have to sell it, it's two transactions, not one. So the idea of the cash is good. But it's still cash on a boat. And besides that, there's Cathman."

"What about him?"

"What does he want? Why is he doing this? There's something off-key there."

"Male menopause."

Parker did his barking laugh. "He isn't chasing a fifteen-year-old girl," he said, "he's chasing a boat full of money. And he wants ten percent. Ten percent."

"It's a finder's fee. *You'll* be doing all the work."

"Why isn't he greedier? Why doesn't he want more? Why isn't he afraid we'll stiff him? Why does he have to tell me his thoughts about politics and gambling?"

"He's new to this," she suggested. "He's nervous, so he keeps talking."

"Well, that's another thing that's wrong. He says he's got a perfect rep, nobody would think twice he could be linked up to something like this. So why is he? Why is he taking thirty years of straight arrow and tossing it in the wastebasket for ten percent of something that might not happen? If he never thought this way before, how can he think this way now? What's different in him?"

"Maybe he lied to you," she said. "Maybe he's not as clean as he says."

"Then the cops will be on him the day after we pull the job, and what he has on me is a name and a phone number." He stopped his pacing to look around the porch, and then at Claire. "You want to move from here?"

"I like this house."

He paced again, looking at nothing. "I was thinking, when I was there, yesterday. There was an access road there, went down to the water, right next to the station, with a ramp at the bottom where you could launch a boat. I was thinking, there's nobody around, nobody even looking at the river, it's too early in the season. This guy knows two things about me, I could launch him right now, and come home, and forget it. All done."

She winced a little at the idea, but said, "Why didn't you?"

"Because he makes no sense," he told her. He paced the porch as though he were in the cell he'd said he didn't like. "I want to figure him out. I want to know what's behind him, what he's doing, I want to know who he is, what he is, why he moves the way he does. Then I'll decide what to do about him." He stopped in front of her, frowning down at her, thinking. "You want to help?"

She blinked, and looked tense. "You know," she said, "I don't like . . . there's things I don't like."

"Nothing with trouble," he promised. "I've got the guy's calling card. You just spend some time in the library, spend some time on the phone. He'll have a paper trail. Get me a biography."

"I could do that," she agreed. "And what will you be doing?"

"I'll go talk to a few guys," Parker said.

6

Edward Lynch," Parker said, and extended a credit card with that name on it.

"Yes, sir, Mr. Lynch," the desk clerk said. She had a neat egg-shaped head with straight brown hair down both sides of it, like curtains at a window, and nothing much in the window. "Pleasant trip?"

"Yes," he said, and turned away from her canned chatter to look at the big echoing interior of the Brown Palace, Denver's finest, built around a great square atrium and furnished to let you know that you were in the western United States but that good taste prevailed. On the upper floors, all the rooms were on the far side of the halls, with a low wall on this side, overlooking the lobby. Here and there in the big space, groups of people sat in the low armchairs and sofas, leaning toward one another to talk things over, their words disappearing in the air. But a shotgun mike in any of the upper halls could pick up every conversation in the room.

"Here you are, Mr. Lynch."

Parker signed the credit card slip and took the plastic key. "I think I have messages."

She turned, as neatly articulated as a Barbie, and said, "Yes, here we are. Two messages." She slid the envelopes across the desk toward him. "Will you want assistance with your luggage?"

"No, I'm okay."

His luggage was one small brown canvas bag; he'd be here only one night. Picking the bag up, stuffing the message envelopes into his jacket pocket, he crossed to the elevators, not bothering to look out over the groups in the lobby. Mike and Dan wouldn't be there, they'd be waiting for his call, in their rooms.

You don't meet where you're going to pull the job, nowhere near it. And you don't meet anywhere that you've got a base or a drop or a contact or a home. Three days ago, just after his conversation with Claire, Parker had started making phone calls, and when he made contact with the two guys he wanted he did a minimum of small talk and then said the same thing both times: "I ran into Edward Lynch the other day. Remember him?" Both guys said yeah, they remembered Edward Lynch, what's he doing these days? "Salesman, travels all over the country. Said he was going to Denver, meet Bill Brown there on Thursday, then on and on, travel every which way. I'd hate that life." Both guys agreed that Edward

Lynch sure had it tough these days, and they did a little more nonsense talk, and hung up, and now it was Thursday and Parker was here as Edward Lynch, and he had the two messages in his pocket.

The room was a room, with a view of Denver, a city that's flat and broad. From a high floor like this, it looks tan, unmoving, a desert where people once used to live.

After Parker threw cold water on his face and unpacked his bag, he spread the two messages on the table beside the phone. Both gave him numbers here in the hotel. One was from Jack Strongarm and the other from Chuck Michaels. Jack Strongarm would be Dan Wycza, a big burly guy who was known to work as a professional wrestler when times were tough; the Strongarm moniker was what he used in the ring. Chuck Michaels would be Mike Carlow, a driver who was also a race-driver on the professional circuit; a madman on the track, but otherwise solid and reliable and sure.

Parker had no idea yet if this boat thing could be made to work, but if there was anything in it he'd need good pros to help put it together. He'd worked with both Wycza and Carlow more than once, and the best thing was, the last two times out with each of them everybody'd made a profit. So Wycza and Carlow would have good memories of Parker and reason to want to work with him again.

He called both message numbers, and both were answered by wary voices. "Is this four twenty-nine?" he asked each time, since his room was 924, and both said no. He apologized twice, hung up, carried the bucket away to get ice, and when he was headed back he saw Mike Carlow coming the other way. A narrow rawboned guy in his forties, Carlow was a little shorter than medium height; good for fitting into those race cars. He had the leathery face and pale eyes of a man who spends a lot of time outdoors. His nose was long and narrow, lips thin, Adam's apple prominent. He got to 924 before Parker, and when Parker arrived he nodded and said, "Hello, Parker. A long time since Tyler." That was the last place they'd worked together. They'd all done well in Tyler, better than twenty-five thousand dollars a man. The memory gleamed in Carlow's pale eyes.

Parker unlocked them into the room. "There's a bottle there, and the glasses, and here's ice."

Looking at the glasses, Carlow said, "Three of us."

"Dan Wycza."

"For the heavy lifting. Good." Wycza had also been along in Tyler.

Carlow put an ice cube in a glass and poured enough bourbon to float it, then looked over at Parker, held up the bottle, and said, "You?"

"The same," Parker said, and someone knocked with a double rap. "Make it two," he said, and crossed to open the door.

Dan Wycza was a huge bald man with a handsome, playful face and heavy shoulders that he automatically shifted to an angle when he walked through doorways. He looked out at the world with amused mistrust, as though everybody he saw was an opponent in the wrestling ring who maybe couldn't be counted on to stick to the script. There was a rumor he was dead for a while, but then he'd popped up again. He was also known to be a health nut, which wouldn't keep him from accepting a glass of bourbon. He came in now, squared his shoulders, nodded a hello to Parker and said, "Mike. Long time."

"Tyler," Carlow said, and brought Parker and Wycza their drinks.

"I spent that money," Wycza said. Before drinking, he looked at Parker: "We gonna get some more?"

"Maybe. Sit down, let me describe it."

There were two chairs in the room. Parker sat on the windowsill and said, "It's cash. It's all in one place for several hours. I've got an inside man to give me the details. But there are maybe problems."

Carlow said, "Is the inside man one of the problems?"

"Don't know yet. Don't have him figured out. My woman's checking into him, his background, see what his story is."

Wycza said, "What does he say his story is?"

"Retired from state government, New York. Consultant to governments. Gave me his card."

Wycza smiled in disbelief. "He has a card?"

"He's legit, his whole life long. Got a reputation you could hang your overcoat on."

Carlow said, "So why's he giving you this score?"

"That's the question. But if it turns out he's all right, there's still problems, and the first one is, it's a boat."

30

Carlow said, "On the ocean?" The question he meant was: What do you want with a driver?

"On a river," Parker told him. "A gambling casino boat, a trial period, no gambling on credit, all cash, they take the cash off every six hours."

"Not easy to leave a boat," Wycza suggested, "if all at once you want to."

"That's part of the problem."

Carlow said, "How much cash?"

"The boat isn't running yet," Parker said. "So nobody knows what the take is. But a Friday night, five hours between ten P.M. and three A.M., it should be enough. I don't think the money's the problem, I think the boat's the problem."

Wycza said, "The boat isn't on that river now?"

"It's heading there. It used to be in Biloxi."

Wycza grinned and said, "The *Spirit of Biloxi*?"

"It's going to be the *Spirit of the Hudson* now. You know the boat?"

"You're giving me a chance to get my money back," Wycza said. "But, you know, they do heavy security on that boat. I did an automatic case when I was aboard, decided not to try it. They got rent-a-cops in brown everywhere you look. Cash goes straight down through a slot into some safe room down below. When you cash in your chips, they got a vacuum tube with little metal-like rockets in it, to send up just your money."

Parker said, "How about security when you're getting aboard?"

"Airport," Wycza told him. "You go through a metal detector. No X-ray, but they eyeball bags."

"So no way to bring weapons aboard," Carlow said. "Unless . . ." He looked at Wycza. "Could you bring your own boat alongside?"

"Not without being seen. The dining rooms and other stuff is along the outside of the boat, gambling rooms inside. No windows when you gamble, windows all over the place when you eat a meal or have a drink or just sit around."

"So that's the second problem," Parker said. "Guns. And the third problem is, getting the stuff off the boat."

"And us," Wycza said.

"That's the fourth problem," Parker said.

Carlow said, "The money's easy. Throw it overboard, in plastic. You got a boat trailing. That's me. I do boats as good as I do cars."

Doubtful, Wycza said, "They light up that boat pretty good."

"A distraction at the front end," Parker suggested. "Maybe a fire. Nobody likes fire on a boat."

Wycza said, "*I* don't like fire on a boat. And I also don't jump in a river in the dark and wait for Mike to come by and pick me up. Nothing against you, Mike."

"I don't want people," Carlow told him. "Not with a boat. Plastic packages I can hook aboard and take off the other way."

"We don't have this money yet," Parker reminded him. "To get it, we need a way to get guns aboard. We need a way to get into the room where they keep the money."

Wycza said, "This source of yours. Can he give us blueprints?"

"When I told him I'd think about it," Parker said, "he gave me a whole package of stuff. Blueprints, schedules, staffing, I got it all."

Carlow said, "What does it say about guards? I'm wondering, are *we* guards, is that how we get the guns on board?"

"You mean, hijack some guards," Wycza said, "take their place. That's possible, it's been done sometimes."

"I don't think so," Parker said. "You've got two security teams. Those rent-a-cops you saw when you were on the boat, they're hired by the private company owns the boat. They're regulars, they know each other. Down in the money room, the guards and the money counters are hired by the state government, they're a different bunch entirely. The way it's gonna work, a state bus picks them up, on a regular route, takes them to the boat all in a bunch, takes them home again the same way. They bring food from home, they don't get food on the boat. They're locked in at the start of their tour, unlocked again at the end when the money on their shift comes off the boat, surrounded by the money room crew plus armored car company guards."

Carlow said, "Maybe it isn't a boat job, maybe it's an armored car job."

"My inside man can only help me with the boat,"

Parker said. "In Albany, that's where the money comes off, it's like a three-block run from the dock to the bank, all city streets, heavily guarded."

"Forget I said anything," Carlow said. "Anybody else want another?"

They did. Carlow distributed more ice and more bourbon, sat back down and said, "We can't do a switch with the guards, the outer guards, the rent-a-cops. It wouldn't help us. Anyway, the big thing is, how do we get into the money room."

"Parker's fire," Wycza said. "Set the fucking boat on fire, they'll open that door in a hurry."

"I don't want to be on a burning boat," Parker said. "That wasn't the idea, about the fire, I just meant something small, to keep everybody looking forward when we do something at the back."

"Three questions we got," Carlow said. "How do we get on, with the guns? How do we get into the money room? How do we get off again?"

Wycza said, "Who can carry a gun onto the boat? Legit, I mean. The guards. Anybody else?"

"A cop," Parker said. "An off-duty cop, he could be carrying, they'd probably leave him alone."

"Maybe," Wycza said. "Or maybe they'd be very polite, thank you, sir, if you don't mind, sir, we'll just check this weapon for you until you leave the boat, sir. They're not gonna let people carry guns unless there's a reason."

"Bodyguards," Carlow suggested, and turned to Wycza to say, "Does this boat have entertainment? Shows? Would celebrities come aboard?"

"They got shows," Wycza said, "but not what you'd call headliners. Not people you been reading about in the *National Enquirer.*"

"Bodyguards," Parker said. "There might be something there. Wait, let me think." He turned his head to look out the window at tan Denver.

Wycza said to Carlow, "You been racin much?"

"I totaled a Lotus at a track in Tennessee," Carlow told him. "Broke my goddam leg again, too. I need a stake to build a new car."

"I gotta quit wrestlin for a while," Wycza said. "I get tired of bein beat up by blonds. In capes, a lot of them."

Parker turned back. "Either of you know a guy named Lou Sternberg?"

Wycza frowned, then shook his head. Carlow said, "Maybe. One of us?"

"Yes."

"Lives some funny place."

"London."

"That's it."

Wycza said, "An Englishman?"

Parker told him, "American, but he lives over there. Only he never works there, he always comes to the States when he needs a bankroll."

"He was on a bank thing I drove," Carlow said. "In Iowa. Jeez, seven, eight years ago. I came in late, the guy they had first got grabbed on a parole violation, so I didn't get to know the rest of the string very much. Just the guy, Mackey, that brought me in."

"Ed Mackey," Wycza said. "Him we all know. Him and Brenda."

Carlow said to Parker, "What about Sternberg?"

"Remember what he looks like? How he talks?"

"Sure. Heavyset, sour most of the time, talks like a professor."

"Can you see him," Parker said, "as a state legislator? One of the anti-gambling crowd, coming for an inspection."

Wycza laughed. "And we're his fucking bodyguards!" he said.

Carlow said. "An assemblyman, with bodyguards? Are you sure?"

"He's had death threats," Wycza explained. "Cause he's such an uncompromising guy. So he's got us to guard him."

"Armed to the teeth," Parker said.

7

"Hello?"

"I'm looking for Lou Sternberg."

"Oh, I'm sorry, he's gone out. May I tell him who rang?"

"Ed Lynch."

"Does he know the subject, Mr. Lynch?"

"Not yet, not until I tell him."

"Does he know *you*, Mr. Lynch?"

"We were in the art business together one time. Buying and selling art."

"Oh, I believe he's mentioned that. It wasn't a very profitable business, was it, Mr. Lynch?"

"No profit at all."

"And are you still in the art business, Mr. Lynch?"

"No, I gave that up."

"Probably just as well. What business are you in now, Mr. Lynch?"

"Politics. . . . Hello?"

"You surprise me, Mr. Lynch."

"Things change."

"So I see. May I ask— Forgive me, but I know Mr. Sternberg will ask *me*, so I should know the answers."

"That's okay. I thought he might like to run for state assemblyman."

"Mr. Sternberg?"

"Yes."

"But— Mr. Sternberg lives in London."

"That's where I'm calling him."

"Wouldn't he have to be resident in the United States?"

"For a little while."

"Oh, I see. This wouldn't be a full term, then. Completing someone else's term, something like that."

"Something like that. My friends and me, we think Mr. Sternberg has the right look, he could inspire confidence in people."

"Probably so. Well, I have no idea if Mr. Sternberg would be interested. May I have him ring you when he gets in?"

"When would that be?"

"I expect him, oh, in ten minutes."

"I'm calling from the States."

"Yes, I assumed that."

"The number here's two oh one five five nine nine one three."

"And is that a business or residence?"

"It's a gas station."

"Ah. Petrol, we call it here. If Mr. Sternberg is interested, he'll ring you within fifteen minutes. If he doesn't ring back by then, you'll know he isn't interested."

"We say 'call back' here."

"Yes, I know. Goodbye, Mr. Lynch."

Parker sat in the car next to the phone booth and watched the customers pump their own gas, then pay the clerk in the bulletproof glass booth. Nine minutes later, the phone rang.

8

Claire made meals for herself when Parker was away, but when he was at home they always ate out. "You wouldn't want what I eat when I'm here by myself," she told him once. "No man would think it was dinner." So they'd drive somewhere and eat.

Tonight's place was competent and efficient and, like a lot of country restaurants, too brightly lit. Claire waited until the waitress had brought their main courses, and then she talked about Cathman: "He's a bureaucrat. He's exactly what he says he is."

"Then he doesn't make any sense," Parker said, and carved at his steak.

Claire took a small notebook from her bag and opened it on the table beside her plate. "He's sixty-three," she said. "He has an engineering degree from Syracuse University, and his entire adult life he's worked for state government in New York. He was in

40

some sort of statistical section for years, and then he moved on to fiscal planning. Two years ago, he retired, though he didn't have to. I think what it is, he disagreed with state policy."

"About what?"

"Gambling."

Parker nodded. "That's where it is," he said. "Whatever's thrown him out of whack, the gambling thing is where it is."

"You mean that would make him change his spots."

"Change the whole coat."

Claire sipped at her wine, and said, "Maybe he needs money after all. A mid-level civil servant, retired early, maybe it's rougher than he thought it would be."

"What about this consultant business?"

Claire shook her head. She sliced duck breast, thinking about it, then said, "I don't think it's doing all that well. Mostly I think because he's advising state governments against gambling and they're all in favor of it."

"He told me about that," Parker agreed. "The pols see it as painless taxes."

"People don't want you to consult with them," Claire said, "if you're only going to advise them not to do what they've already decided they're going to do. So what jobs he gets, mostly, have to do with fund allocation for mass transit and highways and airports. Here and there, he gets a job doing research for anti-gambling groups in state legislatures, but not that much."

The music in here was noodling jazz piano, low enough to talk over but loud enough for privacy. Still, when the waitress spent time clearing the main course dishes from the next table, Parker merely ate his steak and drank some of his wine. When she left, he said, "But he isn't in it for the money, I don't think. The thing with me, I mean."

Claire nodded, watching him.

Parker thought back to his dealings with Cathman. "It doesn't *feel* like it," he said, "as though money's the point. That's part of what's wrong with him. If it isn't money he wants, what *does* he want?"

"You could still walk away," she said.

"I might. Bad parts to it. Still, it's cash, that means something."

"The boat isn't even here yet," she pointed out. "You still have plenty of time to be sure about him, learn more about him."

"You do that," Parker told her. "His home life now. Wife, girlfriend, children, whatever he's got. People bend each other; is anybody bending Cathman?"

"You want me to do that?"

"Yes."

Claire nodded. "All right," she said, and ate a bit, and then said, "What will you be doing?"

"The river," Parker said.

9

It was called the Lido, but it shouldn't have been. It was an old bar, a gray wood cube cut deep into the ground floor of a narrow nineteenth-century brick house, and at two on a sunny afternoon in April it was dark and dry, smelling of old whiskey and dead wood. The shirtsleeved bald bartender was tall and fat, looking like a retired cop who'd gone to seed the day his papers had come through. At the bar, muttering together about sports and politics—other people's victories and defeats—were nine or ten shabbily dressed guys who were older than their teeth.

Not looking at any of them, Parker went to the corner of the long bar nearest the door, sat on the stool there, and when the barman plodded down to him like the old bull he was, he ordered beer. The muttering farther along the bar faltered for a minute, while they all tried to work out what this new person

43

meant, but Parker did nothing of interest, so they went back to their conversations.

Parker paid for his beer, drank it, and left, and outside the sunlight seemed a hundred percent brighter. Squinting, he walked down the half block to the Subaru he was still driving—no reason not to, and he'd dump it after the job, if the job happened—and leaned against its trunk in the sunlight.

He was in Hudson today, a town along the river of the same name, another twenty miles north and upstream from Rhinecliff, where he'd met Cathman at the railroad station. The town stretched up a long gradual slope from the river, with long parallel streets lined like stripes up the hill. At the bottom was a slum where there used to be a port, back in the nineteenth century, when the whalers came this far up the Hudson with their catch to the plants beside the river where the whale oil and blubber and other sellable materials were carved and boiled and beaten out of the cadavers, to be shipped to the rest of America along the Erie Canal and the Great Lakes and the midwest rivers.

The whalers and the whale industry and the commercial uses of the waterways were long gone, but the town was still here. It had become poor, and still was. At one point, early in the twentieth century, it was for a while the whorehouse capital of the northeast, and less poor, until a killjoy state government stepped in to make it virtuous and poor again. Now it was a drug distribution hub, out of New York City via road or railroad, and for the legitimate world it was an antiques center.

The Lido was just about as far from the water as it could get and still be on one of the streets that came up from the river. Where Parker waited in the sunlight he couldn't see the river at all, just the old low buildings in two rows stretched away along the upper flat and then downslope. Being poor for so long, Hudson hadn't seen much modernization, and so, without trying, had become quaint.

About two minutes later, one of the shabby guys came out of the Lido, looked around, saw Parker, and walked toward him. He looked to be about fifty, but grizzled and gray beyond his years, as though at one time he'd gone through that whale factory and all the meat and juice had been pressed out of him. His thin hair was brown and dry, his squinting eyes a pale blue, his cheeks stubble-grown. He was in nondescript gray-and-black workclothes, and walked with the economical shuffle Parker recognized; this fellow, probably more than once in his life, had been on the yard.

Which made sense. To find this guy, Parker had made more phone calls, saying he wanted somebody who knew the river and could keep his mouth shut. Most of the people he'd called were ex-cons, and most of the people they knew were ex-cons, so why wouldn't this guy be?

He stopped in front of Parker, reserved, watchful, waiting it out. He said, "Lynch?"

"Hanzen?"

"That's me," Hanzen agreed. "I take it you know a friend of mine."

"Pete Rudd."

"Pete it is," Hanzen said. "What do you hear from Pete?"

"He's out."

Hanzen grinned, showing very white teeth. "We're all out," he said. "This your car?"

"Come on along."

They got into the Subaru, Parker pulled away from the curb, and Hanzen said, "Take the right."

"We're not going to the river?"

"Not in town, there's nothing down there but jigs. Little ways north."

They drove for twenty minutes, Hanzen giving the route, getting them out of town onto a main road north, then left onto a county road. Other than Hanzen's brief directions, there was silence in the car. They didn't know one another, and in any case, neither of them was much for small talk.

From the county road, Hanzen told Parker to take the left onto a dirt road between a crumbled barn and a recently plowed field with some green bits coming up. "Corn later," he said, nodding at the field; his only bit of tour guiding.

This dirt road twisted downward around the end of the cornfield and through scrubby trees and undergrowth where the land was too steep for ready plowing. Then it leveled, and they bumped across railroad tracks, and Parker said, "Amtrak?"

"They always yell when they're comin," Hanzen said.

Just beyond the tracks, the road widened into an oval dirt area where a lot of cars had parked at one time or another and a number of fires had been laid. Low ailanthus and tall maples crowded in on the sides, and the river was right there, at the far end of the dirt oval. Its bottom was mud and stone, quickly dropping off. To the left, downstream, three decayed and destroyed small boats lay half in and half out of the water. One of them was partly burned. About ten feet from the bank a gray outboard motorboat pulled at its mooring in the downriver current. A rough-made low windowless cabin painted dark blue covered the front half of the boat.

Parker and Hanzen got out of the car. Hanzen took off his shoes, socks and pants, rolled them in a bundle and put them on the ground. He wore white jockey shorts that bagged on him, as though they'd been washed too many times. He waded out into the water, grabbed the anchor line, and pulled the boat close, then untied the line from the float and used the line to tow the boat to shore, saying as he came in, "I got to keep it out there or the kids come and shoot up in it." Pointing, "Set it on fire, like that one."

"Nothing's easy," Parker said.

"Amen," Hanzen said. He waded out of the water, pulling the boat after him until the prow scraped on dry land, then pulled on the side of the boat until it came around far enough that the deck behind the cabin was reachable from the bank. "Climb aboard," he said.

Parker stepped over the gunwale. The interior was recently painted, gray, and very neat. Two solid wood doors were closed over the cabin, with a padlock.

"Take this stuff, will you?" Hanzen said, holding out the roll of his clothes, and Parker took them and put them on the deck next to the cabin door, while Hanzen pushed the boat off again from shore until it floated, then climbed over the side. "Give me a minute," he said.

"Go ahead."

Hanzen unrolled his pants, found a ring of keys, and unlocked the padlock on the cabin. He pulled the doors open, and Parker got a look at a narrow lumpy bunk under a dark brown blanket, some wooden boxes and cardboard cartons used as shelves and storage, and Playboy bunnies on the inside of the cabin doors. Then Hanzen stooped inside, found a towel, dried his legs, tossed the towel in on the bunk, shut but didn't lock the doors, and dressed himself. Only then did he go to the wheel beside the cabin doors, put the key in the ignition, and start the motor.

By then they'd drifted a ways south and out into the stream. There was no place to sit, so Parker stood on the other side of the cabin doors from Hanzen and the wheel, put one forearm on the cabin top, and looked at the bank. As they floated farther from shore, he could see other landings north and south, a few old structures, some small boats at anchorage.

There was no apparent commerce, and he didn't see anything that looked like vacation settlements or estates.

Hanzen said, "It's north you care about, right?"

"Yes."

Hanzen turned the wheel, and goosed the motor, and their slow drift backward became a steadily increasing push forward. Wake hissed along the sides. "We'll go up this bank, down the other," Hanzen said. He had to speak a little louder now.

They rode in silence for about five minutes. There were no boats around at all, though Parker knew there was still some barge traffic sometimes along here, and in summer there would be the pleasure boaters, both sail and motor. But off-season the river wasn't used much.

They were keeping close to the east bank, and it stayed pretty much the same until they passed another river town, smaller than Hudson, and looking poorer, its clapboard houses climbing above one another back up the hill from the water. Hanzen steered farther away from shore at that point, out closer to the middle of the river, which was very wide here, the other bank visible but not clear, just a blur of green and the colors of structures.

North of that town, Hanzen steered closer to the bank again and said, "You don't mind, I got some stuff of my own to look at along here."

"Go ahead."

"First we see if my alarm's okay," Hanzen said, and steered abruptly leftward, toward the middle of the river, so that Parker had to press his forearm down on the cabin top to keep his balance. Hanzen drove out a ways, then swung around in a wide half-circle, looking toward the shore, and smiled in satisfaction. "There it is," he said. "You see the big branch bent down?"

Parker shook his head. "Just so you do," he said.

Hanzen grinned at him. "That's right, I guess. We know what we have to know, and we see what we have to see."

Parker said, "What is this branch?"

"I've got some stuff in there," Hanzen said. "Nobody's gonna bother it except law. If the law finds it, they're gonna touch it, probably pull it outa there. The minute they do, the minute they touch it at all or come at it the wrong way, that big tree branch I got tied so it bends down, it'll release and go right back up. I come here, I don't see my branch bent down, I just drive on by. Happened to me once, three years ago. Not here, another place."

What Hanzen was doing here, Parker knew, was showing his credentials, his qualifications, should it be that Parker might have further use for him and want to know what sort of man he was. Because all they had between them so far was that Parker would give him three hundred dollars for a tour of the river north of Hudson up toward Albany, and more money if he was needed for anything else later. The subject of this trip was not for Hanzen to worry about, and the trip was not for him to talk about with anybody else. But of course he had to know something was being planned here, and wonder if maybe they could use a trustworthy river man later on.

Maybe. Time would tell.

As they neared shore, Hanzen slowed the boat to an easy glide, so the prow was no longer lifted and they left barely a ripple of wake. Ahead of them was a stretch of undeveloped bank, tangled with undergrowth. Large tree branches reached out over the water. It would be almost impossible to get to the bank anywhere along here, and probably just as tough to get to the water from the other side. Whatever Hanzen was hiding, he'd picked a good spot for it.

"There they are. My babies." Hanzen grinned with fatherly pride. "See?"

There were about a dozen of them, widely spaced along the shoreline, under the overhanging branches, and it took Parker a minute to figure out what they were. Fifty-pound sacks of peat moss. Facing upward, they hung just barely above the water, suspended from strong-test fishing line fastened to all four corners of each bag and to strong tree limbs above. In each bag, two long slits had been cut along the upper side, and marijuana planted in the peat moss through the slits. The young leaves were bright acrylic green, hardy and healthy. The bags and their crop received filtered sunlight through the trees, but would be invisible from just about anywhere, including low-flying aircraft. You'd have to steer in here from the river to see them, and even then you pretty well had to already know they existed or you probably wouldn't notice.

"We're a long way from the ocean," Hanzen said, steering slowly along beside his babies, looking them over, "but we still get the tidal effect. Twice a day, they get a good long drink of water."

"Nice setup," Parker agreed.

"My only problem is, if somebody steals a boat," Hanzen said. "Then you got deputies in their launch, poking in places like this, looking for the goddam boat, and finding all this. Happened once, could happen again. In the fall, maybe, a fisherman might anchor in here, do some fly-casting out into the current, but by then I'm harvested and out of here."

"You got much of this?"

"Sixty bags, up and down the river. Little farther on, there's one more batch I want to check, that's all in this direction." Hanzen smiled out at the empty river. "You can really be alone out here, if you want," he said. "If you know what you're doing out here, the world's your oyster."

"I suppose so."

Hanzen studied Parker. "You don't like rivers," he decided. "Water, whatever. But you're doing something, and right now you need the river, so I guess what you're looking for's a place to go out from the bank, or come ashore, or both. I'd be happier if you didn't use my place down there."

"I need to be farther north," Parker told him.

"Closer to Albany," Hanzen suggested, "but not all the way to Albany."

"Right."

"And you'd like to mark it, and not tell me which spot you picked." Hanzen grinned. "That's okay, I understand. Only it won't work."

"No?"

"Things look different from the land," Hanzen explained. "From out here, you could pick the spot you want, but when you get on shore you'll never find it."

"Not without you, you mean," Parker said.

"Not without somebody knows the river," Hanzen said.

"Somebody I trust," Parker said.

Hanzen grinned again; things didn't bother him much. "You're already trusting me," he said, "out here on my boat, even though that's a little .22 under your shirt. Come on, let's head upriver, and you sing out when you see something you like."

10

They spent three hours on the river, and there were four spots along the way that Parker thought he might be interested in, three on the east shore and one on the west. Hanzen had road maps in his cabin that showed this part of the river, and he pointed out to Parker where each potential spot was, so he could see what road access he'd have, and what towns were nearby.

From time to time, as they moved, long low barges went slowly past, upriver or down, piled with boxed cargo or with trash. The crews waved, and Hanzen waved back, and each time their smaller boat rocked from side to side in the long slow undulations of the barge's wake, no matter how far off to the side they were.

They also saw, at one point on the way back, as they hugged the more thickly settled western shore, a fast

54

speedboat, white with blue trim, heading downriver across the way, close to the opposite bank. A police launch. "Stay away from my babies, now," Hanzen told it.

Parker said, "They patrol much?"

"Not at all," Hanzen said. "Not enough activity on the river to keep them out here regular. They'll come out for the fun of it, sometimes, in the daylight, but at night they only come out if there's a problem." Nodding at Parker, he said, "You can count on it, though, if there's a problem, they will come out."

"All right," Parker said.

A while later, Hanzen said, "Seen enough?"

Parker looked around. "We're back?"

"That's my mooring," Hanzen said, pointing across the river, where nothing specific could be seen. "I don't think you care about anything south of this."

"No, you're right."

"You might as well pay me now."

Parker took the envelope out of his hip pocket and handed it over. Hanzen squeezed it enough so the slit opened and he could see the edges of the twenties. Satisfied, he pulled open one cabin door long enough to toss the envelope onto the bunk. "Nice doing business with you, Mr. Lynch," he said. "Maybe we'll do it again sometime."

"Maybe," Parker agreed.

As Hanzen steered them across the wide river, Parker held the map down on the cabin top and studied the possibilities. If it seemed like the job would work out, Mike Carlow would come here and look over the routes, see which one he liked best, which one fitted in with whatever way they decided to work it.

When they were more than halfway across, with the current slapping hard at the left side of the boat, Parker could begin to see the dark red color of the Subaru straight ahead, parked just up from the water. He could see people, too, three of them, in dark clothing. And two or three motorcycles. "You've got visitors," he said.

Hanzen nodded. "Friends of mine. And you're just Mr. Lynch, a man looking for a place to put a restaurant with a river view."

"Here's your map," Parker said.

"Put it in the cabin," Hanzen told him, so Parker opened a cabin door and dropped the map in onto the bunk next to the envelope of twenties, then shut the door again.

Hanzen slowed as they neared the shore, and Parker looked over at the three of them waiting there. Bikers. Two were heavyset middle-aged men with heavy beards and mean eyes and round beerguts; the third was younger, thinner, clean-shaven. All were in leather jackets and jeans. The two older ones sat on the ground, backs against their motorcycles, while the third, jittery, hopped-up, kept walking this way and that in the little clearing, watching the approaching boat, talking to the other two, looking back up the road they'd all come down. Finally one of the older men spoke to the young one, who agreed and came down to the water's edge to wait for the boat.

Hanzen steered carefully forward, and the young biker leaned way out over the water to grab the prow. As he pulled the boat partway up onto the bank, Hanzen again stripped out of shoes and socks and pants, and rolled them in a ball. "Ernie!" he called, and the young biker, who had a face like a white crow with smallpox, looked alert. "Catch!"

Hanzen tossed his bundle of clothes, and Ernie caught it like a football, with both forearms and belly. The other two bikers laughed, and Ernie turned around, jumpy, with a twitchy grin, to pretend to throw a forward pass. One shoe fell out of the bundle onto the ground, near the water.

Hanzen, sounding more bored than irritated, called, "Don't fuck around, Ernie, you don't want to get my shoe wet. Pull the boat round sideways so Mr. Lynch can get off."

Ernie hustled to pick up the shoe, carry it and the bundle farther from the water, put them down, and hurry back to pull the boat around at an angle to the bank.

Parker said, "See you around."

"Anytime," Hanzen said. "You know where I am." He stuck out his hand and Parker shook it, then climbed over the side onto the bank.

The older bikers watched with slow interest as Parker walked toward the Subaru. Behind him, at Hanzen's continuing orders, Ernie pushed the boat free of the shore, apparently getting his own feet wet in the process, and that was good for a general laugh.

Parker got into the Subaru. Offshore, Hanzen was tying the anchor line to the float. Parker started the Subaru, backed in a half-circle, shifted into drive, and saw that one of the bikes, with its owner seated leaning against it, was in his way. He drove forward and put his foot on the brake, and the biker pretended not to see him, to be interested in watching Hanzen wade ashore.

Parker leaned his head out the Subaru window: "You care about that bike?"

The biker turned his head. He contemplated Parker for a long minute, unmoving, and just as Parker took his foot off the brake he grunted and struggled to his feet and wheeled the bike out of the way.

Hanzen was on shore now, drying his legs with a towel Ernie had brought him from his own bike's saddlebag. Parker completed his turn to the dirt road and jounced over the railroad track.

They all watched him go.

11

Claire had her own car, a gray Lexus, legitimately registered in her name at the Colliver Pond address. She'd driven off in it three days ago, to look into Hilliard Cathman's private life, so when Parker heard the garage door opener switch on at three that afternoon it was probably Claire coming back. But it didn't have to be Claire coming back.

Parker had been seated in the living room, looking at maps of New York State, and now he reached under the sofa to close his hand on the S&W .32 revolver stored there. He tugged, and the clip holding the revolver gave a small metallic click, and the .32 nestled into his hand.

He rose, crossed the living room and hall and the kitchen, looked through the hole he'd drilled a long time ago at eye level in the door between kitchen and garage, and saw the Lexus drive in, this side of the

Subaru already parked in there. Claire was alone in the car, and didn't seem troubled by anything. He watched her reach up to the visor to lower the garage door behind her.

When Claire walked into the living room, Parker was again studying the maps. The revolver wasn't in sight. He looked up and said, "Welcome back."

She nodded at the maps. "Planning a trip?"

"You tell me."

"Ah." She smiled and nodded. "You can keep them open, I guess. After I shower and you bring me a drink, I'll tell you all about it."

It was nearly six when they got around to talking, the long spring twilight just starting to stretch its fingers outside the house. Claire sat up in bed, back against the headboard, a sheet partly over her. Her drink, the ice cubes long gone, she held on her up-bent knee, the tan skin looking browner against the clear glass. Parker, in black trousers, paced as he listened.

She said, "Cathman's a widower, his wife died of cancer seven years ago. No girlfriends. Three grown daughters, all married, living in different parts of the northeast. Everybody gets along all right, but they're not a close-type family. At Christmas he'll go to a daughter's house, that's about it."

"He's alone?"

"He lives alone. In the two-room office he's got for his consulting business, he has a secretary, an older woman named Rosemary Shields, she worked with him for years when he was with state government, she retired when he did, kept working for him. She's one of those devoted secretaries where there's never been sex but she'd kill for him and he wouldn't know how to live without her."

"He has to know other people," Parker said. He frowned out the window at the lake, where it now reflected the start of sunset, as though a lot of different pastel paints had been spilled on it. "He isn't a loner," he said.

"Not by choice," Claire agreed. She sipped at her drink and said, "He's always been a bureaucrat, his friends have always been other bureaucrats. They all got older together, retired, died off, moved away. He's in correspondence with a couple of people in Florida, one in California. He still knows a few people around Albany, but doesn't hang out with them much. When he wants to see somebody in his office on business, the guy is usually in for him."

Parker touched the window glass; it was cool. He said, "Money?"

"His retirement. The consulting business brings in a little, not much. He's lived in the same house for thirty-four years, in a suburb called Delmar, paid off the mortgage a long time ago."

"Protégés? Young bureaucrats coming up?"

"He's on the wrong side of the issue," she said. "Or he's got the wrong issues. And he was never important enough to cultivate. I think basically people are ready to forget him, except he's still around here and there. Comes to the testimonial dinners and the news conferences."

"Brothers, sisters?"

"Two older brothers, both dead. Some cousins and nephews and nieces he never sees. He comes from two old New England families, his first name, Hilliard, was his mother's maiden name. Anglican ministers and college professors."

Parker nodded, then turned to offer Claire his thin smile. "That's why the anti-gambling."

"His forebears would turn in their graves."

"Armed robbery," Parker said. "They'd spin a little for that one, too, wouldn't they?"

"I'd think so," Claire agreed.

Parker turned back to the window. The spilled paint on the lake was getting darker. He said. "He'll think about those forebears, won't he? He'll want to make it right, not upset them a lot."

Claire watched his profile and said nothing.

After a minute, Parker shook his head in irritation. "I don't like wasted motion," he said. "But I just have the feeling, before this is over, I'm gonna have to put Cathman out of his misery."

12

Rosemary Shields was as Claire had described her: a rotund older woman with iron-gray hair in an iron arrangement of tight coils close to her head. She escaped an air of the maternal by dressing in browns and blacks, and by maintaining a manner of cold clerical efficiency. When Parker entered her office through the frosted glass door that read:

1 1 0 0
Hilliard Cathman Associates

in gold letters, she was briskly typing at her computer keyboard, making sounds like crickets in the walls. She stopped the crickets and looked up with some surprise; not many people came through that door. But Parker had dressed for the part, in dark suit and white shirt and low-key striped tie, so she wouldn't be alarmed.

"Yes?" she asked, unable to hide the surprise, and he knew she mostly expected to hear he'd come to the wrong office.

Parker shut the door. The hall had been empty, the names on the other frosted glass doors along here describing law firms, accountants, "media specialists" and "consultants." Camp followers of state government. "Cathman," Parker said.

Surprise gave way to that natural efficiency: "Yes, of course," as she reached for the phone. "Is Mr. Cathman expecting you?"

Was Cathman expecting anybody? Parker went along with the fiction that business was being done here, saying, "Tell him it's Mr. Lynch. Tell him I'm with the Parkers."

"Yes, sir," she said, and tapped the intercom button on the phone.

While she murmured into the phone, not quite studying him out of the corners of her eyes as she spoke with Cathman, Parker looked around at the office. It was small and square and without windows, the walls lined with adjustable bookshelves full of law books and technical journals. The one clear area of wall space, behind Rosemary Shields' desk, contained a pair of four-drawer filing cabinets and, above them, a large framed reproduction of Ben Shahn's Sacco and Vanzetti poster. So Cathman was not a man to give up a cause just because it was dead.

Rosemary Shields hung up: "He'll be right out."

"Thank you."

And he was. Parker turned toward the inner door, and it opened. Cathman stuck his head out, like a mole out of his hole in the ground, not sure what he was going to see, and relief showed clearly on his face when he saw it was Parker out there. Fortunately, his Rosemary had gone back to her computer keyboard and didn't see her boss's face. Or was she in on it, along for Cathman's U-turn into crime? Parker doubted it, but there was no way to be sure.

"Oh, yes," Cathman said. "Mr. Lynch, of course. Come in, please."

Parker followed him into the inner office, and Cathman shut the door, his manner switching at once to a fussy indignation. "Mr. Parker," he half-whispered, in a quick high-pitched stutter, "you shouldn't come here like this. It's too dangerous."

"Not for me," Parker told him, and looked around at Cathman's lair. It was a larger office than the one outside, but not by much. One wall was mostly window, with a view out and down toward the huge dark stone pile of the statehouse, a turreted medieval castle, outsize and grim, built into the steep slope and now surrounded by the scuttle of modern life. From here, you saw the statehouse from an angle behind it and farther up the hill—and from the eleventh floor—and the steep city in a tumble of commercial and government buildings on down to the river.

Inside here, Cathman had made a nest for himself, with an imposing partner's desk—inset green felt top, a kneehole and drawers on both sides so the partners could sit facing one another—angled into a corner, where Cathman could look out the window and still face the door. There were more bookcases in here, but better ones, freestanding, with glass doors that closed down over each shelf. Framed diplomas and testimonials and photos were spaced around the walls. An L-shaped sofa in dark red and a dark wood coffee table filled the corner opposite the desk.

Cathman, calmed by Parker's indifference, but still feeling wronged, came forward, making impatient brushing gestures at the sofa. "Yes, well, at least you used a different name," he said. "Sit down, sit down, as long as you're here. But I already told you, I repeatedly told you, I'll be happy to meet you anywhere, anywhere at all, answer any questions you have, just phone me and—"

"Sit down," Parker said.

They were on opposite sides of the coffee table. Cathman blinked, looked at the sofa, looked at Parker, and said, "My secretary—"

"Rosemary Shields."

Cathman blinked again, then thought, and then nodded. "Yes, you do your research. You probably know all there is to know about me by now."

"Not all," Parker said.

"Well, the point is," Cathman said, "Miss Shields will expect me to offer you a cold drink. We're not equipped to do coffee here, but we have a variety of soft drinks and seltzer and so on in the refrigerator under her desk. Business meetings begin with that, she'll expect it. What would you like? I can recommend the Saratoga water, it's a New York State mineral water, very good."

The local politician to the end. Parker said, "Sure, I'll try it."

"*Please* sit down."

Parker sat on the side of the sofa where the light from the window would be behind him. Easier then to see Cathman's face, harder for Cathman to see his. Meanwhile, Cathman went back to the door, opened it, murmured to Miss Shields, shut the door, and returned. "She'll bring it, in just a moment."

"So this is the time we talk about the weather, right?"

Cathman smiled, apparently surprising himself when he did it. "I doubt that," he said, "though it would be usual, yes. But we won't want to discuss— Ah, Miss Shields. Thank you."

They waited and watched her in silence as she brought in a small silver tray, on which faintly jingled two bottles of mineral water and two glasses with ice cubes. She didn't speak, but continued her performance of being in a world where her efficiency mattered. She put the tray on the coffee table, nodded to Cathman, and left, closing the door firmly but quietly behind her.

Cathman actually wanted water; he poured himself some as he said, "Is there really any reason for this urgency?"

"No urgency," Parker told him. "I wanted to talk to you, and I wanted to see your place."

"And now you've seen it. Will you need to see it again?"

"I hope not."

Cathman sipped his bubbly water, put the glass down, and gave Parker a curious look. "That was some sort of threat, wasn't it? What you meant was, the only reason you'd come back here is if you intended to do me harm."

Parker said, "Why would I want to do you harm?"

"Only if I'd done you some." Cathman smiled. "And I'm not going to, so that's an end to that. Mr. Parker, I do understand what sort of man you are, I really do. I knew what sort of man our late friend Marshall Howell was. I am no threat to you, nor to anybody at all except the gambling interests in New York State."

"That's nice," Parker said.

"You wanted to—"

"Talk to you about those gambling interests," Parker told him, "and the people opposed to them. There's some state legislators against it, right?"

"In a minority, I'm afraid."

"That's a list you'll have."

Cathman was startled. "You want a list of anti-gambling legislators? But, why would you want to— You don't mean to *approach* them."

"Cathman," Parker said, "get the list."

Cathman didn't know what to do. He needed reassurance, but if Parker were to consult with him once, give him explanations, then Cathman would want explanations and reassurances all the time. Stop it now, and it's dealt with.

When Cathman couldn't stand the silence any more, he put down his glass of New York State mineral water, with a *click* on the coffee table, louder than he'd intended, and said, "I'll get— But— Of course, it can't leave— Well."

Parker watched him. Finally Cathman got to his feet and hurried from the room.

There was a second door in here, narrower, in the other corner, farthest from the desk. A way out, or a bathroom? Parker rose and crossed over there, and it was a bathroom, small and efficient, with a shower. Towels were hung askew, the soap in the shower was a smallish stub, hotel shampoos were on the shelf in there; so it was used, from time to time.

As Parker headed back toward the sofa, Cathman returned, a thick manila folder in his hand. He saw Parker in motion, looked quickly at his desk, then realized Parker was coming from the other direction, and stopped worrying; about that, anyway.

When they were both seated, Cathman put the folder on his lap, rested a protective hand on it, and said, "If you could tell me what you want . . ."

"An anti-gambling legislator. Not from this part of the state. Short and fat. Sour expression."

Cathman looked alert, ready to be of help. "Do you know his name?"

"You're going to tell me," Parker said. "He should be an obscure guy, somebody most people wouldn't know very much."

"Oh, I see," Cathman said, and shook his head. "I'm sorry, I was confused, I thought you meant one specific person, but you want a *type*, someone to match a— Well, it would have to be an assemblyman, not a state senator, if you want someone obscure. There are many more assemblymen than senators."

"How many assemblymen?"

"One hundred and fifty."

"That's a good herd," Parker said. "Cut me out one. Short and fat. Sour expression. Most people don't know him, or wouldn't recognize him."

"Let me see." Cathman opened the folder, riffled through the sheets of paper in there, then found it was more comfortable to put the folder on the coffee table and bend over it. After a minute, he looked up and said, "Would New York City be all right?"

"Wouldn't they be well known?"

"Not at all. There are sixty assemblymen from New York City alone. And assemblywomen, of course." Cathman shrugged. "And to tell the truth," he said, "the rural people and the people in towns are likelier to know their assemblyman than the people down in the city."

"What have you got?"

"His name is Morton Kotkind, from Brooklyn. His district has hospitals and colleges, a lot of transients. It always has among the lowest percentage of eligible voters who actually cast the ballot. Nobody actually *likes* Kotkind, he's just a good obedient party man who does the job, and it's a safe seat there, where no-body will ever notice him."

"Sounds good."

"He's a lawyer, of course, they're all lawyers. He has a practice in Brooklyn, and devotes most of his time to that, so he consistently has one of the worst absentee records in the assembly. Basically, he shows up only when the party needs his vote."

"Do you have a picture?"

"No, I don't have any photos here, but he's as you described. Short and quite stout, and *very* sour in expression." Cathman smiled faintly. "He's a contrarian, which I think is the only reason he's come out against gambling. Of course, a number of the city legislators object because the city and Long Island have been excluded as gambling locations."

"But he's known to be against gambling."

"Oh, yes," Cathman said. "His name is on all such lists. He's spoken out against it, and he votes against it if he happens to be around."

"You got a home address there?"

Again Cathman looked startled and worried. "You're not going to— What are you going to do?"

"Look at him," Parker said. "Does he have letter-head stationery? Not as a lawyer, as an assemblyman."

"Oh, yes, of course."

"Get me some," Parker said. "And write down his address for me."

Cathman dithered. He said, "Nothing's going to . . . *happen* to him, will it? I mean, the man is . . . inoffensive, he's on our side, I wouldn't want . . ."

Slowly, Cathman ran down. He gazed pleadingly at Parker, who sat waiting for him. There was a notepad on the coffee table, and after a while Cathman pulled it close and copied the address.

13

Parker was the first to arrive. "Lynch," he said, and the girl in the black ball gown picked up three menus and the red leather-covered wine list and led him snaking through the mostly empty tables in the long dim room to the line of windows across the rear wall. Most of the lunchtime customers were clustered here, for the view. Parker sat with his left profile to the view, where he could still see the entrance, then looked out at what the other lunchgoers had come here to see.

First week in May. Sunlight danced on the broad river. Across the way, the Palisades made a vertical curtain of dark gray stone, behind which was New Jersey. This restaurant, called the Palisader and catering mostly to the tourist trade, was built on the eastern shore of the river, just above the city of Yonkers, New York City's neighbor to the north. That was the northeast corner of New Jersey over there, behind the Palisades, with New York State beginning just to the right, leading up toward West Point. A few sailboats roamed the river today, sunlight turning their white sails almost to porcelain. There were no big boats out there.

Parker looked away from the view, and saw Mike Carlow come this way, following the same hostess. He nodded at Parker, took the seat across from him, then looked out at the view. "Nothing yet, I guess," he said.

"Not yet." Cathman had said it would happen between one and three, and it was now just twelve-thirty.

"I've got a sister in Connecticut," Carlow said. "If we're gonna do this thing, I might bunk in with her for a while, save all this flying around."

"Well, it's looking real," Parker said, and the girl came swishing back through the tables, this time with huge Dan Wycza in her wake. She gestured toward Parker and Carlow with a slender hand and wrist that only emphasized Wycza's bulk, smiled at them all impersonally, and sailed away.

Wycza looked at the remaining places at the table; he could sit with his back to the view or to the door. "Never be last," he announced, and pulled out the view-facing chair. Settling carefully into it, the chair creaking beneath him, he said, "So we'll do it?"

"Unless something new happens," Parker told him. "I called Lou Sternberg again this morning, he'll come over next week."

"Good." Wycza picked up his menu, but then looked out at the river and said, "What we need's somebody that can walk on water."

Carlow grunted. "They don't play on our team," he said.

Wycza shrugged. "If the price is right," he said, and studied the menu.

Their order was taken by a skinny boy wearing a big black bow tie that looked as though somebody was pulling a practical joke on him. After he left, Parker said, "We need a woman. Not to walk on water."

"What about yours?" Wycza asked him.

Parker shook his head. "Not what she does."

Carlow asked, "What do we need?"

"Young, thin, good-looking. That could look frail maybe."

Grinning, Wycza said, "Like the little lady led me here."

"Like that," Parker agreed. "But one of us."

Carlow said, "There was a girl with Tommy Carpenter like that. You know Tommy?"

"We worked on something together with Lou Sternberg once," Parker said. "What was her name? Noelle."

"Noelle Braselle," Carlow said, and smiled. "I always thought that was a nifty name."

Parker said, "But she comes with Tommy, doesn't she? That's two more slices, not one."

Shaking his head, Carlow said, "Tommy got arrested or something. Well, they both did."

"That's the job," Parker said. "The same job, with Lou. Some paintings we took. Those two got grabbed, but then they got let go, they had a good lawyer."

"Well, it scared Tommy," Carlow said. "You wouldn't think he'd be a guy to spook, but he did. He quit, right then and there."

Wycza said, "Do I know these people?"

"I don't think so," Parker said.

"You'd remember Noelle," Carlow told him.

Parker said to Carlow, "Where's Tommy?"

"Out of the country. Went to the Caribbean somewhere, doing something else. Nothing bent, he doesn't want the arm on him ever again. Left Noelle without a partner, but the last I heard, she's still around."

Parker said, "Can you find her? I'd have gone through Tommy's contact, but that can't be any good now."

"I'll ask," Carlow said.

Wycza said, "I smell my money."

They looked at him, and he was gazing out the window, and when they turned that way the ship was just sliding into view from the left. On the gleaming blue-gray water, among the few sailboats, against the dark gray drapery of the Palisades, it looked like any small cruise ship, white and sparkly, a big oval wedding cake, except in the wrong setting. It should be in the Caribbean, with Tommy Carpenter, not steaming up the Hudson River beside gray stone cliffs, north out of New York City.

"I can't read the name," Carlow said. "You suppose they changed it already? *Spirit of the Hudson?*"

"They changed that name," Wycza assured him, "half an hour out of Biloxi."

Parker looked at the ship, out in the center channel. A big shiny white empty box, going upriver to be filled with money. For the first time, he was absolutely sure they were going to do it. Seeing it out there, big and slow and unaware, he knew it belonged to him. He could almost walk over to it, on the water.

TWO

1

The same bums were in the Lido. Parker stood at the street end of the bar to have his beer, then went out to the gray day—no sunlight this time—to lean against the Subaru for two minutes until Hanzen came shuffling out of the bar and headed this way along the sidewalk. Then Parker wordlessly got behind the wheel, and Hanzen slid into the passenger seat beside him, and Parker drove on down Warren Street toward the invisible river.

Hanzen said, "Where we going today?"

"Drive around and talk."

"Take it out of town, then," Hanzen advised. "Do your left on Third Street."

There were lights at every intersection, not staggered. When he could, Parker turned left on Third Street, and within a couple of blocks they were away

79

from houses and traffic lights, with scrubby wood-land on both sides of the road.

Hanzen, sounding amused, said, "I guess you want me to go first."

"If you got something to say," Parker said.

"I talked to Pete Rudd about you."

"I know you did."

"And I know you know. Pete told me what you do, and I could trust you as long as you could trust me."

"I don't trust your biker friends," Parker said.

Hanzen snorted. "I don't come attached to any bikers," he said. "I do business with those boys, that's all, and *I* wouldn't trust them around the corner."

Parker said nothing to that. An intersection was coming up, with signs for a bridge across the river, and Hanzen said, "Bear to the left, we'll stay on this side and go south along the river."

Parker did so, and after a minute Hanzen said, "I get the feeling you want *me* to tell *you* what your story is."

"If you want."

They were on a two-lane concrete road. There was woodsy hillslope up to their left, and the same down to their right, with the slate-gray river every once in a while visible down there. Nodding at the river, Hanzen said, "There's only one change I know of lately, out there."

"Uh huh."

"It's got a boat full of money."

"Uh huh."

"And here you are."

Parker said nothing to that, so Hanzen said, "Pete probably told you I done time."

"He didn't have to."

"Well, yeah, I suppose he didn't. The thing is, I don't want to do any more."

"Good," Parker said.

Hanzen said, "There's fellas, and you know them, too, that *like* to be in there. They won't admit it, they probably don't even know it themselves, but they like it. They like not having to be in charge of their own life, not having that chance to fuck up all the time. Life is regular, simple routines, food not so bad, you can pick some okay guys to be your pals, you don't have to be tense any more."

Parker drove. Traffic was light, mostly pickup trucks and delivery vans. Hanzen said, "You get into a little job with a fella like that, he's just waiting the chance to make that mistake, screw it up just enough so he can say, you got me, officer, and back into the nest he goes. And you with him."

"They exist," Parker agreed.

Hanzen said, "I'm not one of them. I like it out here where I am. So if there's any chance at all, you and whoever you're in with, you're gonna come off that boat in chains, don't even tell me about it."

"Then I'll drive you back to the Lido," Parker told him, but didn't turn around. "Because you ought to know there's *always* a chance something goes wrong. Pete must've told you, I done a number of things for a while now, and never wound up in chains. But every time, it could've happened."

"Security's gonna be shit-tight on that boat."

"Security's tight everywhere there's money."

"That's true. You'd want me to take you out there, after dark, so you can board?"

"No, we'll get aboard our own way."

"So it's when you're coming off. You and the money."

"Right."

"You coming down ropes? Won't they see you?"

"There's a door in the side of the ship, it's what they use themselves when they take the money off. It's five, six feet above the waterline, to be the right level for the dock. There's no windows next to it or under it."

"You've got somebody giving you plans and things."

Parker drove. They went through a little town with a gas station and a blinker light. Hanzen said, "That wasn't a question."

"I know."

"Okay. It don't sound bad. I'm just there in the river, I'm minding my own business, here comes the boat. I see a fuss on that boat, I don't even come over. Don't look to me for no James Bond rescues."

"I don't look to anybody for James Bond rescues," Parker assured him.

"When you figure to do this?"

"You worried about the chains?"

"Not as long as I'm just some of the traffic out there in the river."

"Then I'll call you," Parker said. "You won't need a lot of advance notice."

Hanzen laughed. "Trust is a wonderful thing," he said.

2

It isn't the lap of luxury," the real estate agent said, "but the price is right. And you fellas don't care about fancy stuff, I don't think."

"Not us," Mike Carlow agreed. "We just like to come up from the city, weekends, do some fishing."

"Then this is the place for you," the real estate agent said. He was a jolly round-faced man with bushy white hair over his ears, so that he looked like a beardless Santa Claus. "I'm a fisherman myself, you know," he said.

"Oh, yeah?" Carlow actually looked interested. "What do you go after, mostly?"

"Trout. Not in the Hudson, but in the little streams coming in."

Carlow and the real estate agent continued through the house, talking crap about fishing, while

Parker looked around, thinking it over. *Was* this the place for them?

It was just north of a small river town about thirty miles south of Albany, on the east side of the river, the same as Hanzen's mooring, but farther upstream. A dirt road led in from the state highway, past several rundown private houses, to this piece of land on a low bluff about fifteen feet above the water.

Four small cottages had been built here, back in the twenties, and hadn't been taken care of much since. They stood side by side in a row, identical rectangles facing away from the river, with shingle roofs and clapboard siding painted a worn green. They were shabbily old-fashioned, from their rattly and holey screen doors to the lines-and-squares pattern linoleum on their kitchen floors. There was room to park a car beside each, and a screened porch on the back of each one faced the river. Beyond them, at the end of a brief stone path, an old wooden staircase with a log railing led from the bluff down to a mooring and a short wooden pier.

These cottages were rented to vacationers, by the week or the month, but very few vacationers wanted to rough it with this sort of accommodation any more. The real estate agent had told the two of them frankly, driving them out here from his office on the highway, that only the occasional group of fishermen was likely to want to rent any of the cottages, and that at the moment none of them were occupied. "The owners' a couple sisters live away, one in Washington, D.C., and the other over near Boston. They inherited, they don't much give a damn about the place, just so it pays the taxes and the insurance and the maintenance. Hunting season, especially deer season, they'll be rented out full, but the rest of the year they're mostly empty."

There was nothing to choose between them; they were identical. Inside, there was a small living room with a fireplace and pine paneling and just enough furniture to get by, a very small kitchen with twenty-year-old appliances in it, a closet of a bathroom with appliances even older, and three small but neat bedrooms, each with a double bed, a dresser, an armoire, one bedside table, one bedside lamp, one ceiling light and no closet.

There were a number of such places up and down the river, left over from a time when upstate New York was a part of New York City's vacation land, before the jumbo jets opened the world. Most tourist accommodations around here had been torn down by now, replaced by housing or farming or light industry, but along the poorest parts of the river there had never been an economic reason to change, since nobody was going to come here anymore anyway.

This spot, Tooler's cottages, was the best location Parker and Mike Carlow had seen in the last three days of being two New Yorkers, working men, looking for a cheap place along the river for fishing weekends for themselves and their friends for the next month or so. No other houses were visible from here, and the cottages would be hard to notice from the river.

Coming out, they'd asked their usual question. Would the owner mind if other people were invited along sometimes? Not a bit. "Long as you don't burn the place down," the real estate agent told them, "the Tooler sisters don't care what you do."

He'd said, during their first conversation back in his little cluttered office with the Iroquois Indian memorabilia all over the place, that he had three houses he thought would suit them, but that the Tooler cottages were probably the best, so why didn't they take a look at them first? Fine. Now the question was, would there be any point looking at his other two possibles.

Parker and Carlow had seen almost two dozen rentals the last three days, and there'd been something wrong with every one of them. There were neighbors too close, or the access to the river wasn't simple enough, or the owner would be too inquisitive, or it was right next to a county road. This one had privacy, accessibility from both land and water, and absentee owners.

Parker met up with the other two in the living room, where Carlow was still talking fish. Maybe, when he wasn't driving cars, Carlow was a fisherman; he'd never said, and Parker had never asked.

Now, Carlow said, "What do you think, Ed? Looks good to me."

"Fine," Parker said. He was being Edward Lynch again.

"And the price is right," the real estate agent assured them, grinning at them both, happy to have some profit out of his morning's work.

Carlow said, "And there's room, some of the other guys want to come up sometime, room for them, too."

The real estate agent said, "Just don't use more than one cottage, okay? The Toolers got a maid comes in once a week, cleans up, makes sure everything's okay. If she tells the Toolers there's two cottages been used, but I only show rent for one, there'll be hell to pay."

"Then we'll only use the one," Carlow promised.

Parker said, "What day does she come?"

"Monday. People usually leave after a weekend, so Marie comes in on Mondays."

Not a problem, then; they planned to do their thing on a Friday. Parker said, "Anybody else come here?"

Carlow explained, "Ed wants to know do we have to lock up," which wasn't true, but a good thing to say.

The real estate agent grinned and shook his head. "I don't think you *could* lock up," he said, "unless you brought your own, and your own hasps. I know there's fewer keys than doors, and there's at least two of these back doors, old wood, shrunk down, you can push 'em open when they're locked."

Parker said, "So nobody else comes around."

"The propane gas man makes deliveries. If you boys take the place, I'll call him and tell him, and he'll come by with two fresh bottles. Otherwise, nobody else comes out." Grinning again, he said, "You won't get mail here."

"Good," Parker said, and Carlow said, "That's what we want, get away from it all."

"I knew this was the right place for you fellas," the real estate agent said.

Parker said, "I'll pay you the rent and deposit with a money order, if that's okay. Neither of us wants his wife to see this place in the checking account."

The real estate agent laughed hugely. "You boys got it all worked out," he said.

"We hope so," Carlow said.

3

'd vote for him," Wycza said.

He and Parker stood in the international arrivals building of American Airlines at JFK, where the passengers from the London flight were just now coming through the wide doorway from Customs and Immigration. Waiting for them out here were some relatives, a lot of chauffeurs holding up signs with names written on them, and Parker and Wycza. Parker had just pointed out the guy they were waiting for, Lou Sternberg, the American heister who lived in London and who was going to be their state assemblyman.

Short and stout, with thick black hair and a round face wearing a habitual expression of grievance, Lou Sternberg was in a rumpled brown suit and open Burberry raincoat, and he walked with slow difficulty, twisted to one side to balance the heavy black garment bag that weighed down his right shoulder. A smaller brown leather bag dangled from his left hand. He looked like a businessman escaping a war zone, and pissed off about it.

"Travels light," Wycza commented.

"He likes to be comfortable," Parker said.

"Yeah? He don't look comfortable to me."

Sternberg had seen them now, so Parker turned around and walked out, Wycza with him, and Sternberg trailing. They went out past the line of people waiting for taxis, and the inner roadway full of stopped cars at angles with their trunks open, and paused at the outer roadway, where Wycza pushed the traffic-light button.

Before the light changed to green, Sternberg caught up with them, huffing and red-faced. He was known for dressing too warmly for any climate he was in, so he was sweating now, rivulets down his round cheeks.

Parker said, "Dan, Lou."

Wycza nodded. "How ya doin."

"Miserable," Sternberg told him, looked him up and down, and said, "You look big enough to carry this bag."

"So do you," Wycza told him, but then shrugged and grinned and said, "But what the hell." He took the garment bag and put it on his own shoulder, and it seemed as though it must be much lighter now.

The light was green for pedestrians. They walked over into the parking lot and down the row toward the car Wycza was using, a large forest-green Lexus, big enough so Wycza could ride around in it without feeling cramped. Unlocking the Lexus, they put Sternberg's bags in the trunk and Sternberg in the back seat, where he sat and huffed like a long distance swimmer after a tough race.

Wycza drove, Parker beside him, and as they headed out of the airport Parker turned partway around in the seat to tell Sternberg, "The guy you've got to look at is in Brooklyn, but there aren't any hotels in Brooklyn, so we're putting you in one in Manhattan, but way downtown, so it won't take you long to get over there."

Sternberg had taken out a large white handkerchief and was mopping his face. He said, "Who's financing?"

"We're doing it ourselves, as we go," Parker told him. "There isn't that much for the setup."

"So I must be here legitimately," Sternberg said. "I know, I'm looking at art."

"Then that's why you're downtown," Parker told him. "Near the galleries."

"I think of everything," Sternberg agreed. Then he said, "I don't know our driver here, Dan—thank you, Dan, for carrying that goddam heavy bag—but I take it he's a good friend of yours. Who else is aboard? Anyone I know?"

"Two you know," Parker told him. "Talking about art. Remember that painting heist went wrong?"

"Unfortunately, yes."

"There was a girl in it, Noelle Braselle."

"Oh, yes," Sternberg said, brightening up. "A tasty thing. Tommy Carpenter's girl, isn't she?"

"Was. He's off the bend, she's still on."

"I liked looking at her, as I recall. So that's a plus. Who else?"

"Our driver's Mike Carlow, he says he worked with you in Iowa once, with Ed Mackey."

"I do remember him," Sternberg said. "He came in at the last minute, something happened to the first driver, I forget what. He seemed all right. Anybody else?"

"I got a river rat to run the boat we need," Parker told him. "He isn't one of us, isn't a part of the job, he's just the guy with the boat. So we don't tell him a lot, don't hang out with him."

"Where'd you get him?"

"A fella named Pete Rudd, that's reliable."

"I don't think I know any Rudds, but I'll take your word for it. Does this river rat get a full share?"

"No."

Sternberg smiled. "Does he get anything?"

Parker shrugged. "Sure, why not. If he does his job, and lets it go at that."

4

All-City Surgical and Homecare Supply occupied an old loft building in the east twenties of Manhattan, among importers, jobbers, restaurant equipment wholesalers, and a button manufacturer. Because there are petty thieves always at work in the city, every one of these buildings was protected at night by heavy metal gates over their street-level entrances and display windows, plus gates locked over every window that faced a fire escape.

Because none of the businesses on this block did much by way of walk-in trade, they all shut down by five or six in the afternoon, so when Parker and Carlow drove down the block at quarter after six that Wednesday evening nothing was open. One curb was lined with parked cars, but there was very little moving traffic and almost no pedestrians.

They stopped in front of All-City Surgical and

Homecare, and got out of the van they'd lifted earlier today over in New Jersey. On both sides, the van said, TRI*STATE CARTAGE, with a colored painting of a forklift. Carlow stood watching as Parker bent over the padlock holding the gate and tried the half-dozen keys in his palm, one of which would have to work on this kind of lock.

It was the third. Parker removed the padlock, opened the hasp, and shoved the gate upward. It made a racket, but that didn't matter. It was full daylight, they were clearly workmen doing a legitimate job, they had a key, they weren't trying to hide or sneak around, and what would they find to steal, anyway, in a place full of wheelchairs and crutches?

The fourth of another set of keys opened the entrance door, and as they stepped inside Parker was already taking the small screwdriver from his pocket. Right there was the alarm keypad, just to the left of the door, its red light gleaming in the semi-darkness. While Carlow lowered the gate and shut the door, Parker unscrewed the pad and pulled it from the wall. He had either thirty or forty-five seconds, depending on the model, before the pad would signal the security company's office; plenty of time. He didn't know the four-digit code that would disarm the system, but it would work just as well to short it across these two connections back here.

Done. He put the pad back in the wall, screwed it in place, and Carlow said, "There's some over here."

Wheelchairs.

It was a deep broad dark shop, with a counter facing forward near the back, and two doors in the wall beyond it leading to what must be storage areas. Here in the front part, there were shelves and bins down both sides, behind lines of wheelchairs, motorized and not, plus scooters for the handicapped and wooden barrels with forests of crutches standing in them.

Parker found a switch for the overhead fluorescents, turned it on, and they went over to see what was available. A lot of different kinds, it turned out, but what they wanted was a non-motorized wheelchair with handles that extended back so someone could push it. There were different kinds of those, too, so next they were interested in what was under the seat of each kind.

"Take a look at this," Carlow said.

He'd found one with an enclosed black plastic box built in beneath the seat, curved across the front and angled where the sides met the back. There was a chrome handle in the middle of the back, and when Carlow had tugged on it the whole box slid back. It had no top except the seat, against which it made a tight fit, though the seat didn't move with the box, and the inside was filled almost completely by a white plastic bowl with an arced metal rod attached to it. When stashed, the metal rod lay flat in a grove on top of the bowl, but when the box was pulled out the rod could be lifted into a carrying handle, and the bowl would lift out.

They looked at this thing. Carlow lifted the bowl out of the box and looked at the blank black space inside it, shaped to fit the bowl. He put the bowl back. Meantime, Parker looked at the seat and saw the cushion was a donut, with a hole in the center, and a round panel in the plastic seat itself could be swiveled out of the way, revealing a hole above the bowl. "It's so whoever's in the wheelchair can go to the can," he said. "There's probably tubes and such, somewhere around here."

"Jesus," Carlow said. He pushed the box back under the seat, where it clicked into place. "What a life," he said.

"You'd get used to it," Parker told him. "People get used to everything but being dead."

Carlow went on to look at other wheelchairs, but Parker stayed with the one with the bowl. He studied the way the parts were put together, the wheels and the frame and the seat and the back and the foot supports and the handles.

After a while, Carlow came over again. "This one, you think?"

"Is there another one like it?"

"Yeah, same gray. Over there."

"We'll take them both," Parker said.

"What do we need two for?"

"Because I want the second box. If we walk out of here with two wheelchairs, no signs of entry, nothing fucked up, they'll think their records are wrong. And if they don't, the cops will. But if we take just the box and leave the chair, they'll *know* somebody was in here. I don't want a lot of cops looking for a hot wheelchair."

"Okay." Carlow gave the wheelchair a critical look. "You sure that's big enough down there?"

"We can move the seat up, dick around with it a little. There'll be room."

Carlow was still not sure, although Parker was already walking one of the wheelchairs toward the door. Carlow called after him, "Won't they pull that handle? Won't they look in there?"

"Not twice," Parker said over his shoulder, and Carlow laughed and went to get the other wheelchair.

5

Normally, Parker would stay as far as he could from any civilian that might be involved with a piece of work, and he'd prefer to stay away from Cathman, too, but he couldn't. The man bothered him, he rang tin somehow. Was he a nutcase all of a sudden, after all those years running in the squirrel cage, liking it? If so, what kind of nutcase was he, and how much trouble could he cause if he flipped out the rest of the way? And if not, if Cathman actually had some sort of idea or plan behind what he was doing, Parker needed to know that, too. No civilian agendas allowed.

According to Claire, Cathman had owned his home, a single-family house in an Albany suburb called Delmar, for twenty-seven years. Mortgage all paid up, his free and clear. His three daughters grew up there and married and moved out. His wife died there, seven years ago. He was still in the house. It ought to know everything about him by now.

Parker drove the Subaru down that block at three-thirty in the afternoon. Small two-story clapboard houses dating from the late forties' building boom lined both sides, each with a neat lawn in front and a neat driveway to one side. They'd started out looking all the same, cookie-cutter tract houses, but owners had altered and adapted and added to them over the years, so that by now they looked like relatives but not clones.

Cathman's was number 437, and his additions had been an attached garage at the top of the driveway and the enclosing of the front porch with windows that bounced back the spring sun. Shades were drawn over those windows and over the front windows upstairs.

Parker took the next left and drove two blocks back out to the main shopping street, where there was a supermarket on the near right corner. He left the Subaru there, put on the dark blue jacket that read *Niagara-Mohawk Electric* across the back, picked up the clipboard from the passenger seat, and walked away down the sidewalk, the only pedestrian in miles.

In front of Cathman's house, he stopped to consult the clipboard, then walked up the driveway. A narrow concrete path went around the garage, and he followed it to the back yard, which was weedy and shaggy and uncared for. Chain-link fence separated it from the better-kept yards to both sides, and a tall wooden fence had been built for privacy by the neighbor at the rear. Some kids were playing with toy trucks in a yard half a block down to the right; they never glanced Parker's way.

The lock on the kitchen door was nothing. He went through it without damaging it, and spent the next hour tossing the house, careful but thorough. He moved furniture so he could roll up carpets to look for trapdoors to hiding places. He checked the ceilings and back walls of closets, and removed every drawer from every dresser and table and desk and built-in in the house. He stuck a knife in the coffee and in the flour, he took the backs off both TVs, he took off and then replaced every light switch and outlet plate. At the end, he put everything back the way it had been.

Nothing was hidden, nothing here changed the idea of Cathman as a solid citizen, predictable and dull. The only thing new Parker learned was that Cathman was looking for a job. He'd written more or less the same letter to about twenty government agencies and large corporations, listing his qualifications and stating his availability. The answers he got—and he always got an answer—were polite and respectful and not interested.

Clearly, he did this stuff at home, in this office upstairs at the back of the house that must originally have been a daughter's bedroom, because he didn't want his Rosemary Shields to know he was on a job hunt. That consulting business was just a face-saver, it cost him money instead of making money. He wasn't strapped yet, but how long could he keep up the fake show? Was that reason enough to turn to the heisters?

Parker finished with the house at ten to five. There was no beer in Cathman's refrigerator, but an open jug of Italian white wine was in there, cork stuck partway back in the bottle. Parker poured himself a glass, then sat in the dim living room and thought about the things that needed to be done. Noelle. The wheelchair. An ambulance or some kind of van that could take the wheelchair with a person in it. The limo for Lou. The chauffeur uniform. The guns. And Cathman's part: ID.

He heard the garage door motor switch on, and got up to go to the kitchen, where the side door connected with the garage. He refilled his glass, and poured a second, and when Cathman walked in, slope-shouldered and discouraged, Parker was just turning with a glass in each hand. "You look like you could use this," he said.

Cathman stared at him, first in astonishment, then in fear, and then, when he understood the glass that was extended toward him, in bewilderment. "What— what are you—"

"Take the glass, Cathman."

Cathman finally did, but didn't immediately drink. And now, because of having been startled and scared, he was moving toward anger. "You broke in here? You just come in my *house?*"

"We'll talk in the living room," Parker told him,

and turned away, and Cathman had no choice but to follow.

The electric company jacket and the clipboard were on the sofa. Parker sat next to them, drank some wine, put the glass on the end table beside him, looked at Cathman standing in the doorway unable to figure out what to do next, and said, "Sit down, Cathman, we got things to talk about."

Cathman blinked at him, and looked around the room. Trying to sound aggrieved, but coming off as merely weak, he said, "Did you *search* in here?"

"Naturally."

"Naturally? Why? What did you want to find?"

"You," Parker said. "You don't add up, and I want to know why."

"I told you who I am."

Parker said nothing to that. Cathman looked at the glass in his hand, as though just realizing it was there. He shook his head, walked over to sit in the easy chair to Parker's right, and drank a small sip from the glass.

Parker wanted to shake him up, disturb him, see what fell out, but at the same time not to spook him so much he couldn't be useful any more. So he'd come in here and show himself, but not make a mess. Not sit in the living room in the dimness when he comes home, but stand in the kitchen and offer him a glass of wine. Give a little, then get hard a little. Watch the reactions. Watch him, for instance, just take that tiny sip of wine and put the glass down. So he's under good control, whatever's driving him it isn't panic.

Cathman put the glass down, and frowned at Parker. "Did you learn anything, coming in here like this?"

"You aren't a consultant, you're a guy out of work."

"I'm both, as a matter of fact," Cathman said. "I know your type, you know. You want to be just a little menacing, so people won't try to take advantage of you, so they'll do what you want them to do. But I don't believe it's just bluff, or I'd wash my hands of you now. It's habit, that's all, probably learned in prison. I'll do you the favor of ignoring it, and you'll do me the favor of not being more aggravating than you can help."

"Well, you're pretty cool, aren't you?" Parker said. "I came in here to read you, so now you're gonna read me."

"I see you disguised yourself as a meter reader or some such thing," Cathman said. "But I'd rather you didn't do it again. If something goes wrong and you get arrested, I don't want to be connected to a criminal named Parker."

Ignoring that, Parker said, "What I need is ID, two pieces."

Cathman frowned. "What sort of ID?"

"You tell me. If an assemblyman is out on an official job of some kind, he might ask for bodyguards, right?"

"Not bodyguards, not exactly," Cathman said. "Oh, is that what you're going to do, go on board as assemblyman Kotkind? Is that why I gave you his letter-head stationery?"

"What do you mean, not exactly bodyguards?"

"He might ask for a state trooper, to drive him, if it's official."

"In a patrol car?"

"No, a state car, with the state seal on the doors. Black, usually."

"Trooper in uniform?"

"Probably not," Cathman said. "He'd be a plain-clothesman from the security detail."

"Then that's the ID I want," Parker said. "Two of them."

"They'd be photo IDs."

"Then get me blanks. Get me something I can adapt."

Cathman picked up the wine glass, took a sip, brooded at Parker. He said, "When are you going to do it? The robbery."

"Pretty soon. So get me the IDs."

"No, I mean *when*."

"I know what you mean," Parker told him. Leaving his wine unfinished, he got to his feet and said, "I'll call you here, next Monday, in the evening, tell you where to bring them."

Cathman also stood. "Are you going to do it next week?"

Parker shrugged into the jacket, picked up the clipboard. "I'll call you Monday," he said, and left.

6

I bet that's her," Carlow said.

Parker looked, and it was. Among the people getting off the Chicago Trailways bus here at the Albany terminal, that was the remembered face and figure of Noelle Braselle. She looked to be about thirty, tall and slender and very together, but she also looked like a college girl, with her narrow-legged blue jeans and bulky orange sweater crossed by the straps of a dark blue backpack, and her straight brown hair pulled back from her oval face to a black barrette and a short ponytail. She saw Parker and Carlow across the street from the terminal and waved, and as the other disembarking passengers crowded around the driver while he pulled their luggage out from the bus's lower storage area, she came across to them, smiling. Noelle traveled light. "Long time no see," she said to Parker.

"You haven't changed," he told her.

"I sure hope not," she said, and raised a curious eyebrow at Carlow.

Parker said, "Noelle, this is Mike Carlow. He's your driver."

"*My* driver?"

"We're taking different routes, on the night. Come on, I'll tell you about it."

They'd borrowed Wycza's big Lexus, for comfort, because it was almost an hour drive from here to Tooler's cottages, and it was parked now a block from the terminal. As they walked, Noelle said, "You still got that nice lady stashed?"

"Claire," Parker agreed. "Yeah, we're together."

"Good. Tommy and I split, you know."

"I heard."

"Funny," she said. "I used to think there wasn't anything would scare him, then all at once everything did, and goodbye, Harry. Is this it? Nicer than a bus."

"Very like a bus," Carlow told her.

Carlow drove, Noelle beside him, Parker in back. They had to cross the river on one of the big swooping bridges here, and then head south. Parker said, "You remember Lou Sternberg."

"From that painting disaster? Angry guy, overweight, drove the big truck."

"That's him. He's with us on this. And a guy I don't think you know, Dan Wycza."

She turned to grin at Parker in the back seat and say, "I hope this one comes out a little better."

"It will," he said.

*   *   *

Wycza, in shorts and sneakers, was doing push-ups on the weedy grass in the sun in front of the cottage. Noelle, seeing him as they drove in, laughed and said, "Is this supposed to be my birthday?"

"Dan Wycza," Parker told her, and Carlow said, "For the heavy lifting."

"I can see that," she said. "Is Lou Sternberg here?"

"Not yet. He's in Brooklyn, watching a guy for later."

Wycza got to his feet when he saw the car coming. He offered a small wave and went into the house, while Carlow parked the Lexus. They got out, Noelle carrying her backpack slung over one shoulder, and went into the house, where Wycza stood now in the living room, rubbing his head and neck with a tan towel.

Parker said, "Noelle Braselle, Dan Wycza."

"Hi," Wycza said, and Noelle frowned at him and said, "I know you. Don't I know you?"

Grinning, Wycza said, "I wish you did, honey."

"No, I've seen you somewhere," she said. The two wheelchairs were in this room, one still together, the other mostly apart; she hadn't remarked on them yet, but she did put her backpack on the complete one now as she continued to frown at Wycza, trying to place him.

"If I'd ever met you," Wycza promised her, "I'd remember. Trust me."

All at once her brow cleared: "You're a wrestler! That's where I saw you!"

Wycza gazed at her like he couldn't believe it. "You're a fan?"

"I went with a guy a few times," she said. "I kind of loved it."

Speaking confidentially, he said, "It's all fake, you know. I'm not really getting beat up by those clowns."

"I know! That's what's so great about it! I look at you, and I see you could open those guys like pistachios, and you just goof around instead. Wait. Strongarm! You're Jack Strongarm."

"Miss Braselle," Wycza said, "you got a convert."

"Well, if that isn't something else," she said, and shook her head at Wycza, and grinned. "Nice to meet you."

"And you. Believe me."

She turned to Parker to say, "You were gonna show me what I'm doing. Or should I get rid of my pack first? Which room is mine? What's with the wheelchair?"

"You're gonna be in it," Parker told her.

"I am."

"Every night, starting tomorrow, after we get you the right clothes, Mike's gonna be in his chauffeur suit, pushing you in the wheelchair, and you're gonna be the brave but broken debutante. You'll be six hours on the ship, Albany to Albany. You'll gamble a little, you'll watch a little, you'll do little brave smiles here and there."

"Jesus, I despise myself," she said. "What am I playing this poor little rich girl for?"

Parker slid open the box under the seat, with the white plastic bowl in it. "See this?"

"Oh," she said. "Don't tell me, let me guess."

"This is a wheelchair for people who don't get out of it for anything."

"I get the concept," she said.

"Security's tight on that ship," Parker told her. "When you board, they'll look in there."

"So what?"

"It won't be empty. You'll see to that."

She made a disgusted face and said, "Parker, what are you doing to me? That's going to be under me all night?"

"Six hours. It's airtight, no smell, nothing. But they'll look in it when you come aboard, and they may look in it when you go ashore. And they may the next night, and they may the night after that."

She began to smile. "And one of these nights they won't," she said, "because they *know* what's in there."

"That's right."

"So that's how the guns get on."

"No," he said, "we're getting them on another way, that's what Lou's working on now. What you're doing is, you're taking the cash off."

She looked around, and pointed, and said, "That's what the other wheelchair's for."

Wycza said, "We're adapting it a little, the seat on that one's gonna be higher, so that night you hunker down some."

"I can do that," she said. She looked around at the three men and the two wheelchairs and the old-fashioned cottage and said, "A new experience. I never hatched money before."

7

Parker rode the *Spirit of the Hudson* just once before the night. Since, when it all went down, he'd be in disguise, this time he went open, alone, in jacket and tie. He bought some chips, and he noticed that most of the other people buying chips were using hundred-dollar bills. That was a good sign.

Because this was a new operation, nobody knew yet what the take would be. The ship was medium to small, holding just over eight hundred paying passengers, and if they on average dropped a hundred dollars apiece, including the twelve-dollar fare to come aboard, that would mean eighty thousand dollars in the money room by the end of the night. If the average loss was five hundred dollars, which some area newspapers had estimated, that would be four hundred thousand waiting for them. It was an acceptable range, and from what Parker was seeing, the result would most likely be toward the higher end.

It wasn't true that no credit cards at all were in use on the *Spirit of the Hudson*. Chips you could only buy with cash, but you could pay for your dinner or souvenirs with credit cards. The little bit of cash that came in from those sources didn't go to the casino money room, so Parker didn't think about it.

The casino ship took two runs a day, from noon till six P.M. and from eight P.M. till two in the morning. Every trip began and ended in Albany, with one midway stop at Poughkeepsie, where a few passengers would board or depart and more supplies would be taken on. The money only left the ship, though, at Albany.

Parker chose a Friday night trip, the same as the night they'd be taking it down, to get a feel for the place. The ship was full, action in the casino was heavy, and the people having dinner in the glass-walled dining rooms to both sides of the casino as it sailed past the little river towns were dressed up and making an occasion of it. The sense was, and it was palpable through the ship, this was a fun way to spend money. Good.

From time to time, Parker saw Carlow and Noelle in the distance, but made sure to steer clear of them. Noelle, with a little pale makeup and dark gray filmy clothing that made her seem even more slender than she was, looked mostly like a vampire's victim. Carlow, pushing the wheelchair in his dark blue chauffeur's uniform and cap, leaning on the handles when it was at rest, looked wiry and tough, as though he were as much bodyguard as chauffeur.

People smiled at Noelle, who smiled wanly back. People touched her for luck, or asked her to blow on their dice, and whenever she played a little blackjack or shot craps for a while she was surrounded by people cheering her on.

Noelle and Carlow had been at this game for four nights now, and the security people still looked in the bowl every night—coming aboard, not going ashore—but Noelle was making sure they had a good variety to look at and they were beginning to get embarrassed, and also to recognize her, and to ease up. Parker figured by the middle of next week they'd just be waving her aboard.

He had studied the space and blueprints of the *Spirit of the Hudson,* and knew the ship well, at least in theory, but reality is never exactly the same as the space. He wandered the ship, getting to understand it in this new way, covering every part of it that was open to the passengers.

There were three public decks. The top one was an open promenade, a long oval around the bridge with a lot of deck chairs that probably got more action on the daytime run. The deck below that was wider, another promenade, this one glassed-in, because upstate New York doesn't get that much good weather year-round. This public oval surrounded an interior space of offices, a gift shop, a massage room, a game room with pinball machines, and a tiny joke of a library. The lifeboats were suspended just outside and below this promenade, not to spoil the view; if anybody ever had to actually board those lifeboats, the glass panels in front of them could be slid out of the way.

The third deck down was the important one, the casino, taking up the entire interior of the ship, with no windows, and no doors that opened directly to the outside. It could be reached only through vestibules fore and aft. Everywhere on the ship you were always aware of the humming vibration of the engines and the thrust of them through the water, but in the casino you could very quickly forget that you were afloat.

Flanking the casino were two dining rooms, of different types. The one on the port side was more upscale, with cloth napkins and expensive entrees and an eight-page wine list, while the one to starboard was a sandwich joint. Both were long and narrow, their outer walls all glass. Both, Parker knew from the specs, were served by the same kitchen, directly below the casino, with escalators for the waiters to bring the platters up. And in the center of that kitchen was a round metal post, inside which were the pneumatic tubes that moved money; upward to the casino cashier, in the middle of the casino, in an elaborate cage, and downward to the money room.

There was one bit of public access below the casino; restrooms, fore and aft. Broad carpeted staircases led down from both vestibules outside the casino, to wide hushed low ceilinged areas that looked like hotel lobbies, scattered with low sofas and armchairs, with the men's and women's rooms off that.

In the aft lobby, near the stairs, an unmarked and locked door led to a simpler staircase that went down to the corridor that led to the money room. A guard would be on duty at all times, the other side of that door, to keep people from coming in. He wouldn't worry, until too late, about keeping people from coming out.

The aft section also contained a small elevator from casino vestibule down to restroom lobby, for people who'd have trouble with the stairs. Once every evening, Noelle and Carlow would take that elevator down and, while Noelle waited outside, Carlow would take the bowl into the men's room and tip the attendant there very well to clean it out.

In the course of the evening, Parker ate small meals in both restaurants, when he could get window tables. He also walked the glassed-in promenade, and the top deck open-air promenade, where he was completely alone. Although the ship produced a lot of light, with a creamy nimbus around it on the disturbed water, it was very hard to see in close at the side of the ship. From above, the view was outward, not down. If Hanzen came up from behind, and stayed close to the flank as he approached the open door, no one would see him.

When the ship docked at Albany at two in the morning, Parker was among the first off. He stepped back on the pier, out of the way of the others debarking, and watched that door open in the side of the hull. An armored car was already parked there, facing away from the ship, and once that doorway gaped black the armored car backed up to it until it was snug against the metal side of the ship.

Parker watched Noelle and Carlow go by, both looking solemn, as though what they'd just come out of was church. Neither looked in his direction, but Noelle waggled two fingers as they went by. She was having fun.

8

The man who had the guns was named Fox. *Maurice Fox*, it said on the window of the store, *Plumbing Equipment*, on a backwater side street in the former downtown of New Brunswick, New Jersey. This wasn't the kind of business to move out to the mall with all his former neighbors, so here he stayed, now with a storefront revivalist church on one side and a candle-and-incense shop on the other.

Parker left the Subaru in the loading zone in front of the store and went from the sunny outside to the dim interior, where the store was long and narrow and dark. Dusty toilets were lined up in one row, porcelain sinks in another, and bins full of pipe joints and faucets lined one wall.

A short balding man in a rumpled gray suit and bent eyeglasses came down the aisle between the rows of toilets and sinks. "Yes? Oh, Mr. Flynn, I didn't recognize you, it's been a while."

"I phoned you."

"Yes, sure, of course. You don't go through Mr. Lawson anymore." James Lawson was a private detective in Jersey City who fronted for people like Fox, on the bend.

Parker said, "Why should I? We already know each other."

With a sad smile, Fox said, "Cut out the middleman, that's what everybody does. In my business, most of the time, *I'm* the middleman, why should I love this philosophy? I think I got what you want, come look."

There was a way to talk to this man on the telephone about plumbing equipment and wind up with guns, but when you have to be so careful about listening ears, sometimes it's hard to get the exact details right. But, as Fox turned away to lead Parker deeper into the store, he said, "What I heard, you want two revolvers, concealment weapons such as plainclothes police might carry, and the shoulder holsters to go with them."

"That's right."

At the back of the shop, Fox led them through a doorway, which he shut behind them, and down a flight of stairs with just steps and no risers to a plaster-walled basement. At the bottom, Fox clicked a light switch on a beam, and to the left a bare bulb came on.

Now he led the way across the concrete floor,

mounds of supplies in the darkness around them, to a wooden partition with a heavy wooden door. He took a ring full of keys from his pocket, chose one, and unlocked the door. They went inside, and Fox hit another light switch that turned on another bare bulb dangling from the ceiling. He closed this door, too, when they were inside.

The room was small and made smaller by the cases lining it on all four sides. The floor was wooden slats over concrete, except for one two-foot square in the middle, where there was no wood over the drain. Along the back wall the crates were crowded together onto wooden shelves, and Fox went directly over to them and took out a white cardboard box. The label pasted on the end claimed, with an illustration, that the box contained a bathroom sink faucet set.

A square dark table, paint-stained, stood in one corner. Fox carried the cardboard box to it, opened it, and inside, nestled in white tissue paper, was a nickel-plated .357 Magnum revolver, the S&W Model 27. This was the kind of gun developed for the police back in the thirties, when the mobsters first took to wearing body armor and driving around in cars with bulletproof glass, making the normal .38 almost useless. The .357 Magnum had so much more power it could go through a car from the rear and still have enough strength to kill the driver. One .357 slug could put out a car engine.

While Parker looked it over, Fox went away to his shelves and came back this time with a box claiming to contain a toilet floatball; inside was another S&W 27. "And holsters, one minute," he said, and went away again.

When he came back, with two cartons of "icemaker tubing," Parker held up the second of the revolvers and said, "The serial number's off this one. Acid, looks like."

Fox looked faintly surprised. "Isn't that better?"

"It's got to be shown like a lawman would show it, hand it over and take it back. Maybe they're sharp-eyed, maybe they're not."

"Ah. A problem." Fox brooded at his wall of boxes. "For the same reason," he said, "you'd probably like them both the same."

"That would be good."

"I got an almost," Fox decided. "The Colt Python. Looks the same, same size, same caliber. Could you use that?"

"Let me see it."

Another bathroom sink set. The Python was as Fox had described, and looked a close relative of the 27. "I'll take it," Parker decided.

"You'll want to check them?"

Parker knew how that worked with Fox. Under the drain plate in the middle of the room was loose dirt. To test-fire Fox's merchandise, you stood above the drain and shot a bullet into the dirt. It made a hell of a racket here in this enclosed room, but Fox claimed the boxes absorbed all that noise and none of it was heard outside.

There were times when you expected to use a gun,

and then you'd try it first, but this time, with what they planned on the ship, if they had to use one of these guns, the situation would already be a mess. The revolvers were both clean and well oiled, with crisp-feeling mechanisms; let it go at that. "No need," Parker said. "I'll take them as they are. Let me see the holsters."

They were identical, stiff leather holsters without a strap across the chest. They fit the 27 and the Python, and they were comfortable to wear. "Fine," Parker said.

"The whole thing is three hundred," Fox said, "and when you're done with them, if they haven't been used, you know, you understand what I mean—"

"Yes."

"Well, we done business before," Fox said. "So, if you just use them for show, afterwards I'll be happy to buy them back at half price."

Afterwards, no matter what happened, these guns would be at the bottom of the Hudson. "I'll think about it," Parker said.

9

CONTINENTAL PATRIOT PRINTING said the old-fashioned shield-shaped sign hanging over the entry door. The shop was one of several in a long one-story fake-Colonial commercial building in a faded suburb of Pittsburgh, built not long after the Second World War and long since overwhelmed by the more modern malls. A few of the shops were vacant and for rent, and several of the remainder continued the Colonial theme: Paul Revere Video Rental down at the corner, Valley Forge Pizza next to the print shop.

The plate-glass display window of the print shop was crammed with multicolored posters describing the services available within: "Wedding Invitations — Business Cards — Yearbooks — Letterheads — Newsletters — Announcements." The one thing not mentioned was the service that had brought Parker here.

There was angled parking in front of the shops. Parker left the Subaru in front of Valley Forge Pizza and went into Continental Patriot Printing, where a bell rang when he opened the door, and rang again when he shut it.

The interior of this shop had been truncated, cut to a stub of a room by a hastily constructed cheap panel wall with an unpainted hollow-core door in it. The remaining space was divided by a chest-high counter facing the front door, again quickly made, and with cheap materials. The paneling across the front of the counter and the paneling of the partition itself were heavy with more posters promoting the services available here, with examples of the work that could be done. The general air was of a competent craftsman with too few customers.

The inner door opened, in response to that double bell, and an Asian man came out, in work shirt and jeans and black apron. He was around forty years of age, short and narrow-shouldered, with a heavy forward-thrusting head, and eyes that squinted with deep suspicion and skepticism through round glasses. His name, Parker knew, was Kim Toe Kwai, and he was Korean.

He and Parker met at the counter, where Kim said, "Yes? May I help you?" But beneath that professional courtesy was an undisguisable skepticism, the belief that this new person could not possibly help because nobody could.

"A fellow named Pete Rudd told me I should get in touch with you," Parker said.

The suspicious eyes grew narrower, the mouth became a slit. "I do not know such a man," he said.

"That's okay," Parker told him. "I'll tell you what I need, and after I leave you can look in your address book or wherever and see do you know a Pete Rudd and call him and ask him if you should do business with Mr. Lynch. You see what I mean?"

Kim took an order form out from under the counter and picked up a pen held there with a piece of cord tied around it and thumbtacked to the counter. He wrote "Lynch" on the order form. He said, "You have brochures you want made?"

"That's right," Parker said, and while Kim wrote "brochures" on the order form Parker took a laminated card out of his pocket, plus two small headshot photos, one of himself and the other of Wycza. The laminated card was a legitimate identification card for a New York State trooper. Putting it on the counter for Kim to see, but holding one finger on it, Parker said, "At the end, I need the original back. Undamaged."

Kim squinted at the ID, then frowned at Parker. "This is actual," he said.

"That's right. That's why I got to get it back."

This was what Cathman had come up with, out of the state files; a solidly legitimate ID taken from a trooper currently on suspension for charges involving faked evidence against defendants. Whether the trooper was exonerated or not, Cathman needed to be able to put that ID back in the files, and soon.

Kim pointed at the photo of Parker and then at

the ID. "You want this," he said, and then pointed at the photo of Wycza and again at the ID, "and this."

"Right."

Kim wrote some scribbles on the order form, and then, in the right-hand charge column, he wrote, "$500 each."

Parker put his hand palm down on the form. When Kim looked at him, waiting, Parker took the pen from him, and with the form upside down, he crossed out "each." Putting the pen down, reaching for his wallet, he said, "Pete told me your price structure, and said you were fair in your charges."

Kim gave a sour look, and a shrug. "No doubt," he said, as Parker slid five one-hundred-dollar bills from his wallet and put them on the counter, "he also told you I do very fast work."

"You're right, he did."

"This is complex, this brochure." Kim thought about it. "Three days."

"Thursday. I'll be here Thursday afternoon."

"I close at five."

"I'll be here," Parker said.

Kim peeled off one copy of the order form and pushed it across the counter toward Parker, but Parker shook his head, not taking it. "We'll remember each other," he said.

10

On Assemblyman Morton Kotkind's letterhead stationery, Lou Sternberg addressed Andrew Hamilton, New York State Gaming Commissioner, and wrote as follows:

> As you know, I have been opposed to the further legalization of gambling in New York State, beyond the lottery and the bingo for tax-exempts already existing. I have been in particular opposition to the installation of a gambling ship on the Hudson River, worldwide symbol of the Empire State, site of the first inland European exploration, by famed Henry Hudson in his ship the *Half Moon*, of what was to become the United States of America.
>
> The will of the people's representatives, at this time, has seen fit to look the other way at the potential for abuse in this introduction of casino gambling

into the very heart of our state, where our children can actually stand on the riverbank and see this floating casino, and judge thereby that such activity has the blessing of their elders.

Other esteemed members of the Assembly have assured me that the operation of this floating casino is utterly reputable, that the potential for corruption has been minimized, and that the anticipated tax revenues and economic benefits to the depressed areas of the Hudson River Valley far outweigh any potential for mischief or malfeasance. I am far from changing my attitude in this matter, but even my most severest critics have always had to acknowledge my open-mindedness. I am prepared to listen and to observe.

In this regard, I have decided to undertake a fact-finding tour of inspection of the floating casino on Friday, May 23, this year, on the eight P.M. sailing from Albany. I wish this mission to be as low-key as possible, with no excess attention paid to me and my two aides who will accompany me. I would ask merely for one escort from the ship's complement to conduct me on my tour. I will expect, of course, to see every part of the ship.

At this point, I would take strong exception to this tour of inspection being used for publicity purposes to suggest that my opposition to casino gambling in New York State has altered or diminished in any way. I shall myself make no contact with the press, and I would ask that your office and the operators of the floating casino do not alert the press to this tour of inspection. After the event, if you wish, we may make a joint public announcement.

My assistant, Dianne Weatherwax, will telephone your office from my constituent office in my district in Brooklyn on Wednesday, May 21, to finalize the details. Any questions you may have should be raised through her, at that office.

May I say that, although I do not expect to have my opinions on this issue changed, I would welcome convincing evidence that casino gambling is not the scourge I have long believed it to be.

Yours sincerely,
Morton Kotkind

Sternberg was proud of this letter. "It sounds like him," he said. "Some of it is even from his speeches, like the children on the riverbank. And besides that, it's the way he talks."

It had been part of Sternberg's job to meet Kotkind, study him, get to know him, befriend him. There was a bar near Kotkind's Brooklyn law offices on Court Street where lawyers went to unwind after their hard days, and it had not been difficult for Sternberg, short and stout and sour-looking, to blend in among them, cull Kotkind from the herd, and share a scotch and soda with the man from time to time.

And now Sternberg was upstate, at Tooler's cottages, with the letter. Parker and Wycza and Noelle and Carlow all read it, and all agreed it sounded like a politician/lawyer starting to reposition himself from off that limb he'd climbed out on.

Giving the letter back, Parker said to Sternberg, "So you'll meet up with him on Tuesday—"

"We already got an appointment," Sternberg said. "We're both gonna be in court that day, him in state civil, me in housing, and we're gonna meet at the bar at five o'clock, have a drink before we go home to the trouble and strife, share our woes with the judges. That's when I slip him the mickey."

"What I want is him sick," Parker said. "Through Saturday. Sick enough so he doesn't go to any office, make any phone calls, put in any appearances any-where. But not so sick he gets into the newspapers. Assemblyman down with Legionnaires' disease; I don't need that."

"I'll put him down," Sternberg said, grinning, "as gentle as a soft-boiled egg."

The letter was dated Monday, May 12th, but wouldn't actually be mailed, in Brooklyn, until Friday the 16th, so it wouldn't get to Commissioner Hamil-ton's office until Monday the 19th at the earliest, four days before the tour of inspection. The Post Of-fice would be blamed for the delay, and no one would think any more about it.

Kotkind's Brooklyn constituent office was a store-front open only on Mondays and Thursdays. Carlow and Sternberg had already invaded it twice without leaving traces, and knew how the office worked. Noelle would go to Brooklyn with them on Wednes-day, and from the constituent office she'd phone

Commissioner Hamilton to work out the details of Assemblyman Kotkind's visit, and she'd be happy to stick around a while so they could call her back, if for any reason they had to.

Parker said to Noelle, "That's his administrative assistant, for real, Dianne Weatherwax, from Brooklyn, graduated from Columbia University in New York. Can you do her?"

"Shoe-uh," said Noelle.

11

Throughout America, the states were settled by farmers, who mistrusted cities. State after state, when it came time to choose a spot for the capital, it was put somewhere, anywhere, other than that state's largest city. From sea to shining sea, with the occasional rare exception like Boston in Massachusetts, the same impulse held good. In California, the capital is in Sacramento. In Pennsylvania, the capital is Harrisburg; in Illinois it's Springfield; in Texas it's Austin. And in New York State, the capital is Albany.

State capitals breed buildings, office buildings, bars, hotels and restaurants, but they also breed parking lots. State-owned automobiles, somber gray and black, usually American-made, utterly characterless except for the round gold state seal on their doors, wait in obedient rows on blacktop rectangles all over

Albany, each enclosed in a chain-link fence with a locked gate.

At seven-fifteen on an evening in May, in daylight, under partly cloudy skies with a slight chill in the air, Parker and Wycza stepped up to the chain-link gate in the chain-link fence surrounding the State Labor Department motor pool parking lot on Washington Street. Both wore dark suits, white shirts, narrow black ties. Wycza stood casually watching while Parker quickly tried the keys he held in the palm of his right hand. The third one snapped open the padlock and released the hasp.

While Wycza stood beside the open gate, Parker walked down the row of Chevrolets, his right hand dropping that first set of keys into his trouser pocket while his left hand brought out another little cluster of keys from his outside suitcoat pocket. Switching these to his right hand, he stopped next to one of the cars, tried the keys, and again it was the third one that did it.

The same key started the ignition. Parker drove the black car out of the lot and paused at the curb while Wycza locked the gate and got into the passenger seat, where he scrunched around and pulled his door shut and said, "Couldn't you find anything bigger?"

"They're all the same," Parker told him, and drove off, headed downtown.

As they drove, Wycza took the small bomb from his suitcoat pocket, set it for one forty-five A.M., and put it in the glove compartment. There'd be no way to remove all the fingerprints from this car, so the only thing to do was remove the car.

On State Street, they pulled over to stop in front of a bar with a wood shingle facade. Almost immediately, Lou Sternberg, in a pinstripe dark blue suit and pale blue shirt and red figured tie, came out of the place, briskly crossed the sidewalk and got into the back seat. "I was hoping for a limo," he said.

Wycza said, "You're only an assemblyman."

Parker steered back into traffic, heading downtown and downhill, toward the river.

The *Spirit of the Hudson* had its own parking area, on the landward side of an old converted warehouse, which until the gambling ship arrived had been empty for several years. Now a part of its ground floor had been tricked up with bright paint and plastic partitions and flying streamers and pretty girls in straw hats, and this is where the customers were processed, where they paid for their tickets and signed their waivers to absolve the operators of the ship from any kind of liability for any imaginable eventuality, and received their small shopping bag of giveaways: a pamphlet describing the rules of the games of chance offered aboard, a map of the segment of the Hudson they'd be traveling, pins and baseball caps with the ship's logo, and a slip of paper warning that chips for the games could only be bought with United States currency; no credit cards.

Parker and Wycza and Sternberg ignored that normal way in. At the far end of the warehouse, a blacktop road led around toward the pier, where supplies would come aboard. Parker steered around that way, and when he got to the guard's kiosk he opened his window and said, "Assemblyman Kotkind."

"Oh, yes, sir!" The word had gone out, treat this politico well, we may have a convert. Stooping low to smile in at Sternberg in the back seat, the guard said, "Evening, Mister Assemblyman." Then, to Parker, he said, "Just go on down there and around to the right. There's a place for you to park right down there where the people get aboard."

"Thank you," Parker said, and drove on.

A pretty girl with a straw hat and a clipboard saw them coming, and trotted briskly over to meet them, smiling hard. Looking in at Parker, she said, "Is this the assemblyman?"

"In the back," Parker told her. "Do I leave the car here?"

"Oh, yes, fine. No one will disturb it."

Well, that wasn't exactly true. Parker and Wycza got out on their own, but the girl opened the rear door for Sternberg, who came out scowling and said, "Are you my escort?"

"Oh, no, sir," she said. "Someone on the ship will see to you. If you'll just—"

"I'd rather," Sternberg said, because it seemed like a good idea to be difficult from the very beginning, "meet the person here, be escorted aboard."

"Oh, well, yes, fine," she said, her smile as strong as ever. Pulling a walkie-talkie from a holster on her right hip, she said, "Just let me phone up to the ship."

While she murmured into the walkie-talkie, Parker and Wycza and Sternberg looked over at the stream of passengers coming out of the warehouse and passing along the aisle flanked by red-white-and-blue sawhorses to the short ramp to the ship, that ramp being covered by red-white-and-blue canvas tarp walls and roof. The people seemed happy, cheerful, expectant. It was twenty to eight, and there were already a lot of customers visible moving around on the ship. Friday night; the *Spirit of the Hudson* was going to be full.

"Look at that poor child in the wheelchair," Sternberg said. "And gambling."

"Oh, yes, sir," the girl said, determinedly sunny. "She comes every night. It seems to cheer her up. Ms. Cahill will be down in a moment. Oh, I see her coming."

They all did, emerging from the tarp-covered ramp, a tall slim woman, attractive but more substantial than the girls in the straw hats, she in low-heeled pumps, dark blue skirt and jacket, white ruffled blouse. When she approached their group, her smile looked metallic, something stamped out of sheet tin. The hand she extended, with its long coral-colored nails, seemed made of plastic, not flesh. "Mister Assemblyman," she said, as though delighted to meet him. "I'm Susan Cahill, I talked with your Dianne Weatherwax on Wednesday."

"Yes, she mentioned you," Sternberg said, grumpily, accepting her hand as though it was only the likelihood that she was a voter that made him do it. "This is my escort, Mr. Helsing and Mr. Renfield." Parker had not given Kim Toe Kwai any specific names to use on the IDs he'd made up, and he'd apparently been watching a Dracula movie recently.

Susan Cahill turned to offer a lesser smile to these lesser beings, and Parker said, "My identification," showing her Kim's first-rate handiwork in its own leather ID case, explaining, "Mr. Renfield and I are both carrying firearms. One handgun each. I'm required to tell you that before we embark, and to explain, the law forbids us to give up the weapons when we're on duty."

She blanched a bit, but said, "Of course, I understand completely. If I may?"

He held the ID case open so she could read. She was brisk about it, then nodded and said, "Thank you for informing me."

"We'll have to inform the captain, too."

"I'll take care of that," she assured him.

Wycza had his own ID case out. "This is mine," he said, but as he extended it she said, "No, I'm sure everything's fine. Mister Assemblyman, would you and your escort follow me?"

"Before we go," Sternberg said, "I want to make one thing perfectly clear. This is not an official visit. I am on a fact-finding mission only. I shall not be gambling, and I shall not want any special treatment, merely a conducted tour of the ship."

"And that's what you'll get, Mister Kotkind," Susan Cahill assured him. "Gentlemen?"

They cut the line of boarding passengers, but no one minded. People could tell they were important.

THREE

1

Ray Becker waited an hour after they'd left, the man called Parker and the big one, both in dark suits and ties, the girl in her wheelchair that she didn't need, driven in the Windstar van by the guy in the chauffeur suit, all of them off and away on a Friday night, a big night in the world of casinos, all dressed up to put on a show. Tonight's the night. It's over at last.

Five after six they'd driven away in the two vehicles, the Subaru and the van. The big man could be seen complaining, as they went by, about being crammed into the little Subaru; they'd left his big Lexus behind. So they'll be coming back, without the Subaru. Over the water?

Becker's observation post was the parking lot of an Agway, a co-op farm and garden place, a hundred yards up the road from the turnoff to the Tooler cabins. He'd rented a red pickup truck two weeks ago, over in Kingston, the other side of the river, and during his observation hours he wore a yellow Caterpillar hat low over his eyes and sat lazily hunched in the passenger seat of the pickup, as though he was just the hired man and the boss was inside the Agway buying feed or tools or fencing or whatever. If he squinted a little, he could just barely see that dirt road turnoff down there.

So he could always see them come out. Sometimes they'd turn south, away from him, and then he'd scoot over behind the wheel, start the engine, and race after them. Other times, they'd head north, and he'd have leisure to eyeball them as they drove by, before setting off in pursuit.

But not today. No pursuit today. Today he knew where they were going, and what they planned to do, and where they planned to come afterward with the money. And Ray Becker would be there when they arrived.

Just in case, just to make absolutely sure none of them was coming back for any reason, he waited a full hour in the pickup in the Agway parking lot before at last he roused himself and slid over behind the wheel of the pickup and started the engine. Five after seven. The Agway closed on Fridays at seven, to catch the weekend gardeners and do-it-yourselfers, so the chain-link gate was half-shut; Becker steered around it, waved a happy goodbye to the kid in his Agway shirt and cap standing there waiting to shut the gate the rest of the way after the last customer finally drove on out, and the kid nodded back with employee dignity. Then Becker turned left and drove on down to the dirt road, and in.

This was the first he'd driven this road, though he'd walked down it one night last week to spy on them, being damn careful not to make any noise, attract their attention. He'd found four cottages at the end of the road that night, but only one lit. He'd looked in windows long enough to get an idea of what their life was like in there, and he'd been surprised to see that the girl apparently slept alone. Two of the three men used the other two bedrooms, and the fake chauffeur bedded down on the sofa in the living room. There were guns visible in there, and maps, everything to confirm him in what he already knew: Howell had been right.

Now, just after seven in the evening on a Friday in late May, the sky still bright, late afternoon sunlight making long sharp black shadows that pointed at him through the woods, Ray Becker was back. As he drove along the dirt road toward the cabins, he visualized Marshall Howell as he'd been, the dying man in the wrecked Cadillac, and he grimaced yet again, feeling once more that quick twinge of embarrassment and shame.

He'd almost screwed it up but good that time. He'd known the man in the Cadillac was hurt and vulnerable, but he hadn't had any idea at all that he was in such bad shape, that he was dying.

Well, no, not dying, probably not dying. But killable, as it turned out, very easily killable.

Becker was in such a hurry at that instant. He was

the only lawman on the scene, but that couldn't last. Others had heard the same radio calls, would be coming to the same location, while the Feds continued in pursuit of the other vehicle. Ray Becker, understanding at once what it meant, had raced here at top speed when the radio call came in, because there was supposed to be a hundred forty thousand dollars in this car, and a hundred forty thousand dollars could save Ray Becker's ass. A hundred forty thousand dollars and his patrol car and he could be away and safe forever before they even noticed he was gone.

He'd already been thinking about it when the radio started squawking, thinking how the investigation was getting closer, how the detectives *knew* there must have been a local cop involved in that hijacking two months back, they just didn't know which one. But Ray Becker's reputation wasn't very good anyway, so they were focusing on him, and sooner or later they'd nail him, which was why he needed to get *away* from here, with a lot of money for a cushion. A hundred forty thousand dollars, say.

He almost broke his neck racing down that steep tumbled hillside through the freshly broken branches and crushed shrubs and scarred boulders to the crumpled wreck of the Cadillac, and when he got there the hundred forty thousand was gone. One perp left, crushed inside the car, bleeding and sweating but conscious. Capable of speech.

"We don't have much time," Becker told the son of

a bitch, with his hand closing on the man's throat. "Where's the money?"

"Don't — know."

Lying, he had to be lying, he had to know where his partners were headed. Becker leaned on him, he did things to make the pain increase, and Howell moaned, and tears leaked from his eyes, but his story stayed the same. He didn't know where his partners were going, he didn't know where the money was.

"You got to give me something," Becker told him, and all the rage he felt against the bastards that had double-crossed him and put him in this spot and cheated him out of his share of that other money, all of that rage made him bear down on this one, who finally broke and said, "Some — thing — else."

"What? Another robbery? More money?"

"Yes."

"Quick."

"All— knee. New. York. Cath . . ."

"What?"

"Cath — man. Wan — ted me."

"For a heist. What heist? Quick!"

Howell's mouth opened again, but this time a great sack of blood came out, and burst down the front of the man, dark red and reeking, the heat of it making Becker recoil.

He hadn't known the man was that close to death. He hadn't intended to kill him, and certainly not before he got all his answers, which made him feel stupid and inadequate and a failure then, and still did now. But then, as the man in the Cadillac's last breath came out full of blood, here came the Federals, leaping and sliding down the hill in their dark blue vinyl coats with the big yellow letters on the back, grabbing for holds one-handed, their machine pistols aimed upward at the sky.

Becker stepped back from the Cadillac. He called up to them, "Take your time. They're gone. And so is this one."

But Howell had come through after all, hadn't he? Becker had seen no choice but to follow through on Howell's lead, because he didn't have anything else, and it had all worked out. Hilliard Cathman. Then the one called Parker. Then the rest of them. Then the big white boat on the water, full of money, which *had* to be what they were here for.

It would be dark when they got back with the cash, so no need to hide the pickup. He left it between two of the cabins that weren't in use, then walked into the one they'd occupied. There was no locking these places, and they hadn't bothered to try, so Becker just opened the door and walked in.

Plenty of time. He walked through the place, saw they'd left nothing personal at all, saw they'd taken all the guns but left a few of the maps. He went into the kitchen and opened the refrigerator and there was beer in there, but he wouldn't be drinking anything until after. He'd need to be at his best tonight.

Gatorade, a big bottle of it, pale green. That was probably the big one. Kill him first. Kill the girl last.

Becker carried the Gatorade and a glass into the

living room, turned on the television set, sat down. He looked at the picture when it came up, and abruptly laughed. The damn thing was black and white.

2

The reason Susan Cahill was so good at handling VIPs was that she understood the question of sex. With female VIPs you were—discreetly—hot tamales together under the skin, each acknowledging and admiring the allure of the other, becoming confidants and co-conspirators in the ongoing war of women to carve out a place for themselves in a male-dominated world, armed with nothing more than nerve and sex appeal. It worked; with the baggiest old crone, it still worked.

As for the male VIPs, they were even simpler. You turned on a little sex, a few smiles, a sidelong look or two, some body stretching. Enough to keep their minds focused, but not enough that anybody would lose their dignity. It was a nice tightrope to walk, and by now Susan could do it blindfolded.

She'd started, twelve years ago, as a flight attendant, where the most important skill you could learn, or be born with, was the non-aggressive manipulation of other human beings. She'd been very good at the job, keeping everybody happy at thirty-one thousand feet, and she'd also been very good-looking, and soon she was assigned to one of the choice transatlantic routes, Chicago-Milan. Her love affairs were with pilots or with amusing Italian businessmen. She made decent money, she had a nice high-rise apartment in the Loop overlooking Lake Michigan, she was having a good time, and then she made the one mistake. She'd seen others do it, and knew they were wrong, and knew it was stupid, and yet she did it herself. She fell in love with a passenger.

A banker, named Culver, based in Chicago. She fell in love with him, and took vacations with him, and said yes when he asked her to marry him, and quit the airline to spend more time with him, and then he said they'd be getting together forever just as soon as his divorce came through, which was the first she'd heard there already was a Mrs. Culver. Of course there would never be a divorce, and of course he would be prepared to keep her set up in a much better apartment in the same building, and of course there was a hiring freeze at the airline when she asked for her old job back.

Well, we learn from our mistakes. Susan had had this current job, customer relations with Avenue Resorts, for three years now, and she firmly understood that her job was *not* to have relations with the customers, so she didn't. She knew that Avenue Resorts, even though its management was clean enough to pass any state gaming commission inspection, was mobbed up in some deep echelon of its command, but the fact of the mob didn't have anything to do with her work and didn't impinge on her in any way. The people of Avenue appreciated her, and she appreciated them, and that was that.

For three years she'd enjoyed her nice little house along the canal outside Biloxi, and she was sure she'd enjoy the nice house she'd just bought along the river south of Saratoga Springs, home of the famous racecourse, less than an hour commute from the boat. Mr. Culver the banker had tried to clip the airline attendant's wings, but it hadn't worked. And it wasn't going to work, ever again.

Take Assemblyman Kotkind. At first, he'd tried to be grumpy, insisting on being met on the pier and escorted aboard, defiantly announcing the presence of his armed "aides," two state cops in civvies, all muscle and gun, no brain. She'd rolled with the initial punches, turned up the sex just a little bit, and in no time at all Assemblyman Kotkind was giving her sidelong looks of his own and having a little trouble concentrating on the job at hand.

Which was, she knew, what the politicians call repositioning. When a question is still undecided, a politician can have any opinion at all on the subject, but once the matter is settled, there's only one place for a politician to be: with the majority. Whatever Assemblyman Kotkind might personally think about legal gambling, he'd been publicly opposed to it, probably because that played well in his district, but now legal gambling was a fact, and the sky had not fallen, and it was time for Assemblyman Kotkind to be retroactively judicious.

On the other side, it was very much in Avenue's interests to butter up this assemblyman, to help him in his effort to switch horses in midstream without getting wet. As it says in the Bible, there's more joy when we get one to switch over to us than there is for the ninety-nine we've already got in our pocket. Therefore, "I am yours to command," Susan told the assemblyman, with her most professional smile.

"I just want to see for myself what the attraction is here," the assemblyman said, looking at the front of her blouse. He was short enough to do that without being really obvious about it.

She took a deep breath, and turned slightly into profile, also not really being obvious about it. "That's what we're here for," she assured him. "You look us over as much as you want. Avenue Resorts wants you to see everything on this ship."

"Good," the assemblyman said, and blinked.

"And you'll find—this way, Mister Assemblyman—our first consideration is always safety."

He gave her a different kind of look, considerably more jaundiced. "Not money?"

She laughed lightly. "That's our second consideration," she said. "Safety first, profit second. We'll take this elevator up to the sundeck, you'll get a better idea of what's happening."

It was a fairly tight squeeze in the elevator, but

everybody managed to keep some distance between bodies, even the assemblyman. Riding up, Susan explained the nomenclature of the three decks: sundeck on top, open to the air; boat deck below that, the enclosed promenade with the lifeboats suspended outside; main deck below that, with the restaurants on the outside and the casino within.

At this point, they had the sundeck to themselves. The views up here were terrific, both up and down the river and westward toward Albany, the old and new buildings pressed to the steep slope upward, making a kind of elaborate necklace around the big old stone pile of the statehouse.

"Home sweet home," Susan suggested, with a gesture toward that massive stone building.

"I've seen it before," the assemblyman told her, being gruff again. "Tell me what's happening now."

"Come to the rail."

She and the assemblyman stood at the rail, with the two state cops on the assemblyman's other side. The ship was still tied up at the dock, and would remain there for another five or ten minutes. "First we have our safety drill, then the cruise begins," she explained. "The *Spirit of the Hudson* has never sunk, and never will, but we want to be sure everybody's prepared just in case the unthinkable ever does happen. You see the lifeboats directly below us."

The assemblyman agreed, he did see them there.

"You see the crew opening the glass doors along the promenade. Every passenger's ticket contains a code giving the location of the lifeboat that passenger should go to in case of emergency. The crew members down there are explaining lifeboat procedures now, and showing them the compartments on the inner wall containing life jackets. We don't ask the passengers to try on the jackets, but crew members down there do demonstrate how it's done."

"If this unthinkable of yours does happen," the assemblyman said, "and this unsinkable tub sinks, which is *our* lifeboat?"

Well, she could see she was going to have to do a whole lot of tinkling laughter with this little bastard before the day was done. "Why, Assemblyman Kotkind," she said, "naturally you *and* I would be on the captain's launch."

"Ah, naturally," he said. "And speaking of the captain—"

"He wants you to join him for dinner," she said hastily, knowing that the last thing Captain Andersen wanted while setting sail was some bad-tempered politician underfoot. "You and your aides, of course," she added.

"Of course," the assemblyman said, while the "aides" continued to stand around looking blankfaced and correct. Poor guys, she thought, giving them some of her attention for the first time. If six hours with this gnome is going to be tough for me, what must it be like for them?

3

Dan Wycza thought this woman Susan Cahill would be therapeutic. She looked like somebody who liked sex without getting all bent out of shape over it, somebody who knew what it was for and all about its limitations. Look how she was giving Lou Sternberg those flashing eyes and teeth, those tiny bumps and grinds, not as a come-on but as a method of control, like the bullfighter's red cape. Wycza knew Sternberg would be enjoying the show and at the same time he'd enjoy pretending to be taken in by the show. The bluffer bluffed.

Meanwhile, from the sidelines, Wycza could watch Susan Cahill strut her stuff and think to himself that she would certainly be therapeutic. A good healthy roll in the hay.

Health was extremely important to Dan Wycza. It was, as the man said, all we've got. His body was important to him the way Mike Carlow considered those race cars of his important. Take care of it, keep it finely tuned, and it will do the job for you. The way a car nut likes to tinker with the engine, the fuel mixture, the tire pressure, all those details, that's the way Dan Wycza took care of himself. His diet was specific and controlled, his exercise lengthy and carefully planned. He traveled with so many pills, so many minerals and herbs and dietary supplements, that he seemed like either a hypochondriac or the healthiest-looking invalid in history, but it was all just to keep the machine well tuned.

And sex was a part of it. Simple uncomplicated sex was good for both the body and the mind. There was nothing like rolling around with a good willing woman to keep the blood flowing and the mental attitude perked up. A woman like this Susan Cahill, for instance.

Pity it wasn't going to happen. This woman would never fuck anything but power, or at least her idea of power. At the moment, to her, Dan Wycza, aka Trooper Helsing, was just a spear carrier, part of the furniture, a nothing. Later, he'd be something, all right, but it wasn't likely to be something she'd find a turn-on. Not likely.

For the moment, he and Parker were just doing their dumb-fuck thing, trailing along behind Lou Sternberg while the Cahill woman showed him a little of this and a little of that. Wycza remembered this ship from when he'd been a sucker aboard her, that one time, down in Biloxi. (The healthy woman he was with at the time liked to gamble.) It looked exactly the same, the carpets, the colors of the walls, the shapes of the doors, the edgings around the windows. The only difference was the uniform on the various crew members who worked in public; the pursers, dealers, hostesses, managers. When the ship was the *Spirit of Biloxi*, the uniforms were tan with dark red; sort of the colors of Mississippi dirt. Now that she was the *Spirit of the Hudson,* operating in the Empire State, the uniforms were royal blue with gold. But some of the people inside those uniforms were the same, he was sure of it.

Once the joke of a safety drill was done down on the boat deck, and the ship at last eased away from the dock to start its leisurely amble downstream, Cahill became a little less flirty and more matter-of-fact. "Of course I *will* be taking you around for a complete tour of the ship," she said, "but first I know Captain Andersen wants to greet you. He wasn't able to before this, of course. Departure and arrival are his really busy times."

"I'll be happy to meet him," Sternberg told her, and as she set off across the boat deck toward the bridge, the others following her, he asked, "Was he the captain before? When it was down South?"

"Oh, yes," she said, sounding delighted by the fact that it was the same captain. "Captain Andersen's been with the company for seven years. Longer than I have!" And she did that girlish laugh thing of hers again.

The bridge was amidships, up one steep metal

stairway from the sun deck. Everything up here was metal, thickly painted white. The bridge itself was two long narrow rooms, the one in front featuring an oval wall of glass to give a full hundred-eighty-degree view of everything ahead of the ship and to both sides. The helm was here, and the computers and communications links that made the function of captain almost unnecessary these days. Tell the machine where you want to go, and get out of its way.

The rear room, also full of windows but without the oval, was a kind of office and rest area; two gray vinyl sofas sat among the desks and maps and computer screens. This is where the stairway led, and this is where Captain Andersen stood, splendid in his navy blue uniform with the gold stripes and his white officer's hat with the black brim, as though he were about to lead this ship on a perilous journey around the world, pole to pole, instead of merely a pokey stroll to nowhere; Albany, New York, to Albany, New York, in six hours.

His back was to the open doorway, and he was conferring with three others, two dressed as officers, one as crew. He turned at their entrance, and he was a Scandinavian, or he wanted you to think he was. Tall and pale-haired, he had pale eyebrows and pale blue eyes and a large narrow pale nose. He wore the least possible beard; a narrow amber line down and forward from both ears to define his jaw, and no mustache. In his left hand he held a gnarled old dark-wood pipe.

Cahill did the honors: "Captain Lief Andersen, I'd

like to introduce Assemblyman Morton Kotkind of the New York State legislature."

They both said how-do-you-do, and shook hands, Sternberg with grumpy dignity, Andersen with a more aloof style. "You have a beautiful ship, captain," Sternberg told him, as though forced to admit it.

"And you have a beautiful statehouse," the captain assured him, nodding his narrow beak at it.

They all turned to look, even Wycza, who usually ignored polite crap like that, and it was still there all right, slowly receding. It was now quarter past eight, and though the sun hadn't yet set it was behind the Albany hills, putting the eastern slopes of the city in shade, so that the statehouse looked more than ever like simply a huge pile of rocks.

Sternberg said, "It's all right, I suppose. It's always been a little too much like a castle for me. I'm too instinctive a small 'd' democrat for that."

"The schloss, yes," the captain agreed. "I quite understand. That may be why I like it. There was nothing in Biloxi like that."

"No, there wouldn't be."

"I understand," the captain said, "your associates here carry weapons. As you know, on the ship—"

"That was all taken care of," Sternberg broke in, and Wycza thought, now what.

"I'm sorry, Mister Assemblyman," the captain said, with the faint smile of someone whose decisions are never argued with, "but the company has strict—"

"This was dealt with," Sternberg insisted, showing

a little more impatience, almost a touch of anger, "when the arrangements were made."

"If you were told—" the captain began, but then Parker, standing next to Wycza here in the background, interrupted him, saying, "Captain, Trooper Helsing and I apologize, but we have no choice. We are not permitted to be disarmed while on duty. It's regulations. You could phone our barracks in Albany, speak to the major—"

Holy shit, Parker, Wycza thought, what if he does? What if he even asks for the phone number? Jesus, this was supposed to be solved, the fucking guns are the reason we're playing this dumb game. What are we supposed to do now, shoot our way off the ship? Or hand over the goddam guns and play-act the whole evening and never get to do the caper. Walk into the money room and out again, say thank you very much, and go off somewhere and shoot ourselves in the head.

But before Parker could finish his offer, and before they could know whether or not the captain would have taken him up on it, Sternberg burst in, furious, and now furious at Parker: "Renfield, what's the matter with you? One phone call to the barracks about me being on this ship, and *why*, and *all* of our security is destroyed. The *press* is there, Renfield! The press is always in those offices."

"Oh." Wycza had never seen Parker look abashed, and wouldn't have guessed he knew how to do it, but he did. "Sorry, Mr. Kotkind," he said, with that abashed face. "I didn't think."

Sternberg turned a glowering eye on Susan Cahill: "Ms. Cahill, my office made these arrangements with—"

"Yes, yes, you did," she said, and Wycza felt almost sorry for her. She was between a rock and a hard place, and she hadn't known this was going to happen. She said, "Just give me a minute, Mister Assemblyman," and turned away, to say, quiet but intense, "Captain Andersen, could we talk for just a minute?"

"Susan," the captain said, "you *know*—"

"Yes, yes, but if we could just—"

"There's a perfectly adequate safe in that corner right there, no risk could—"

"Captain."

And finally, not merely holding his arm but stroking the upper arm from elbow to shoulder, up and down, up and down, she managed to turn the captain away as though he were the ship itself and she the small but powerful tugboat, and she walked him away into the forward room, the one with the oval wall of windows.

Once they were out of sight, Sternberg turned on Parker and hissed, "You *know* there's to be no publicity about this! You *understood* that!"

Playing it out, Wycza knew, for the benefit of the other crew members in the room, all of whom were pretending to be busy at other things but were clearly listening with all their ears. Still, as Wycza guessed, Parker could play at this game only so far. He'd gone back to his usual stone face, and all he said was, "Yes, sir. I think Ms. Cahill will straighten it out." Enough is enough, in other words.

Sternberg understood the message, and contented himself with a few harrumphs and a couple of glowers in the general direction of the receding city, until a much more cheerful Susan Cahill came back into the room, trailed by a discontented Captain Andersen holding fast to his dignity. "All settled," she announced. "But you see now, Mister Assemblyman, just how careful we are on this ship." Immediately spinning the scene from confrontation to a positive message.

"And I'm glad you are," Sternberg told her, gallantly accepting the spin. "I'm sorry, Captain," he said, "if the special circumstances of this tour mean we have to bend a rule or two. I think you'll agree it's in a good cause."

The captain unbent himself, not without difficulty. "I'm sure it is a good cause, Assemblyman Kotkind," he said, with a small bow. "We are newly arrived in your part of the world, we hope to become good neighbors and to be accepted by all our new friends, as time goes on. For that to be true, I realize, we will have to learn something of your ways. But for now, do follow Susan, let her show you this quite lovely ship, and although you are here for serious business, please do take pleasure in the scenery as we pass by."

"I will," Sternberg promised. "Delighted to meet you, Captain."

"And you, Mister Assemblyman. I understand we'll be dining together. I look forward to it."

"As do I. We won't keep you, Captain, I know you're busy."

As they were leaving, the captain even found a smile to show Parker and Wycza. "I certainly hope, gentlemen," he said, "we shall not be *seeing* those weapons of yours."

Wycza grinned at him. He knew how to handle a soft lob like that. "If you see my weapon on this ship, Captain," he said, "I'm not doing my job."

4

Ray Becker sat in an old wooden Adirondack chair on the screened porch at the back of the cabin, the bottle of Gatorade at his side, and watched the sunset over the river. It's a new day, he thought. I'm starting over, and this time I'm gonna get it right.

He was a fuckup, and he knew it. He'd been a fuckup all his life, third of five sons of a hardware store owner who was never any problem for any of his boys so long as they worked their ass off. Being in the middle, Ray had never been big enough or strong enough to compete with his meaner older brothers, and never been cute enough or sly enough to compete with his guileful younger brothers, so he was just the fuckup in the middle, and grew up knowing that about himself, and had never done anything in his life to make him change his opinion of himself.

God knows he tried. He liked the Army, for instance. Go in there and do your job and don't sweat about promotion, and the Army was never any problem for anybody, so long as they worked their ass off. But drink and bad companions have taken down many a better man than Ray Becker, and he did wind up with a bunch of clowns that had it in mind to rob the base PX, and of course they got caught, and of course Ray was the first to crack, so of course he was the one who wound up with the deal and testified against everybody else, and they went to Leavenworth while he didn't even have a bad mark on his record; a general discharge under honorable conditions. Only the Army wouldn't ever want him back.

Policing turned out to be like the Army, only with different-colored uniforms. But the concept was the same; a strict set of rules, easy to understand. Stay within them, you'll be all right. And in police work, particularly small-town police work, you didn't even have to work your ass off.

But the other little glitch was money. The old man had been as cheap a son of a bitch as it was possible to find, and still was, no doubt; Ray had had no contact at all with the family for more than ten years. What would be in it for him? Work for the old man, and get nothing out of it. The only reason the old man would know Ray wasn't there was if he had to get somebody else to do the heavy lifting.

Thirty-seven years old. A born fuckup who didn't really want much in life, but who simply couldn't keep himself from conniving. Show him a rule, and he'll say, "Oh, thank God, there's rules," and absolutely mean it, and at the same time scheme from the get-go for some sneaky way to get around the rule, subvert it, defy it and ignore it. Maybe that was an inheritance from the old man, too.

Well, Ray Becker's fuckup days were done. This last one was the lesson, for good and all. Four million dollars in commercial paper being trucked north to Chicago out of some bank that went bust down south. A big tractor-trailer full of valuable paper and a handful of armed guards. Two unmarked cars, one ahead and one behind, with more armed guards, and here it all came, stitching up the center of the country, heading for the big stone banks of Chicago, America's Switzerland.

Who knew about this movement of so much valuable paper? Hundreds of people, all of them supposed to be trustworthy. Bank people, the security service that provided the guards, various federal agencies, and police forces along the way, that had to be told what was happening in their territory, as a courtesy and for practical reasons, too.

Ray had no idea who set up the job, but one of the gang was an old pal of his from Army days, one of the boys he'd sent to Leavenworth, who was out now and had joined up with a much more serious bunch of heist artists. Old pal Phil had found his way to Ray Becker to tell him he was prepared to forgive and forget the old Army days because old pal Ray was going to feed old pal Phil the information on how the truck full of valuable paper was coming through; what time of what day on what road with what additional escort.

And just to show there were no hard feelings, Ray's share was going to be two hundred thousand dollars. A nice little nest egg. And just to show this was all in earnest, old pal Phil was handing old pal Ray a thousand dollars, ten new one-hundred-dollar bills, on account.

On account of that was all he was going to get.

The final fuckup. Make a four-million-dollar robbery possible, get one measly miserable thousand dollars out of it, and be the only one who gets caught and goes to jail for it.

Not this time. This time luck had been with him, for once. This time, he thought he'd been given the hundred forty thousand dollars that would help him clear out and start over under another identity somewhere else, but instead he'd been given Marshall Howell, and then Hilliard Cathman, and then Parker and the others, and then the gambling boat.

Spirit of the Hudson. Luck is with me at long last, Ray Becker thought. So maybe I'll take a little of tonight's money, some time soon, take a ride on that gambling boat, see what happens. Not all of it, for God's sake, not even a lot of it, not to fuck up all over again. Take a couple thousand, that's all, see if my luck holds. Win some money, meet some nice blonde woman in a long dress with her tits hanging out at the top, drink a glass of champagne. Buy a necktie before I go.

Across the way, the sun had ratcheted down out of sight. The sky over there was deep red above the jagged black masses of the Catskills, with blackness below, pierced by a few pinholes of yellow light. And here came the boat, the very boat itself, gliding down the river, just *exuding* light. Spreading a pale halo out over the water and the air, a misty milky glow that made it look like a ship from some other universe, a mirage, floating into our plain dark world. Faintly, he could hear music, he could see people move around on the ship, the beautiful white boat surrounded by its veil of light.

And you're coming for *me*, he thought, whether you know it or not. He smiled at the ship. In his mind, the blonde woman leaned toward him, and she smiled, too.

5

For Greg Manchester, it was almost like being a spy. Here he was, on the *Spirit of the Hudson*, anonymous with his tiny pocket Minolta camera and his even smaller palm-of-the-hand audio cassette recorder, snapping pictures here and there around the ship, murmuring observations and data into the recorder, and nobody at all had the first idea he was a reporter.

And the funny thing was, he didn't even intend a negative story. It was just that the management of this ship, Avenue Resorts, based in Houston, Texas, was so antsy about the controversial nature of casino gambling that they demanded total control over every facet of any news story involving them, or they would withhold all cooperation.

It was easy for the management to enforce that policy with television newspeople, of course, because television newspeople necessarily travel with so much gear, cameras and recording equipment and lights and all the rest of it, that they need cooperation everywhere they go. But Greg Manchester worked in the world of print, a reporter with the Poughkeepsie *Journal*, a daily paper in the town that just happened to be the *Spirit of the Hudson*'s southern terminus, and Greg Manchester was determined to get a story that was *not* made dull and bland and predictable by an excess of cooperation with Avenue Resorts.

His editor had been skeptical at first, since the *Spirit of the Hudson* was already an important advertiser, but Greg had said, "Jim, I'm not doing an exposé. What's to expose? They're a clean operation. This will just be fun for the readers, to be a fly on the wall for one cruise of the glamorous ship."

"No controversy," Jim said.

"No controversy," Greg promised.

Well, it was an easy promise to keep. With the *Spirit of the Hudson*, with so much official oversight and political grandstanding all around it, everything was absolutely squeaky clean, from the place settings to the morals of the crew. So what Greg was doing was essentially human interest, which quite naturally led him to the girl in the wheelchair.

Poor goddam thing, he wanted to hug her or something. She looked to be in her late twenties, the same as him, but so frail, so vulnerable, and yet so brave. If he wasn't careful, she'd take over the piece, and he didn't want that. She'd be in it, of course, a part of it, but the story still had to be about the ship.

So he limited himself in the early hours of the

cruise to one brief conversation with the girl in the wheelchair and the rather tough-looking man in a chauffeur's uniform who wheeled her around. They were out on the promenade deck at that time, watching the shoreline go by, and he went over just to make a little small talk—lucky in the weather, beautiful scenery, that kind of thing, just to establish a connection—and they were both gracious, but she was obviously very weak and not up to too much talk, so soon he moved on, looked at other things, took pictures here and there (a few of the wheelchair girl, too, of course, and he'd have to learn her name before the cruise was over), and made his observations into the recorder.

There was somebody else of interest aboard, too, a VIP of some sort, an ill-tempered kind of guy with a couple of bruisers who looked like they must be bodyguards, all being escorted around by Susan Cahill. He remembered Susan Cahill, though she'd have no reason to remember him, from the press conferences when the ship first arrived, when he'd just been a part of the herd of reporters all being schmoozed at once. Susan Cahill was sexy and smart and tough as nails, and Greg could see she was treating this short fat sour-looking man with the softest of kid gloves. Somebody important, at least to the *Spirit of the Hudson.*

He took pictures in the better dining room, on the port side of the ship, but actually ate in the sandwich joint on the other side, since he didn't have an expense account for this little jaunt. He visited the

casino but didn't play, and noticed that the craps tables were the most popular (and the loudest) and
the two roulette wheels the least. Six blackjack tables
were open, three with a ten-dollar minimum and
three with a twenty-five dollar minimum, and all did
well. The rows of slot machines were almost all occupied almost all of the time, but the video poker
games didn't draw as big a crowd.

The ship arrived at Poughkeepsie a little before
eleven, and would stay at the dock for ten minutes.
Now Greg was sorry he hadn't taken the train up to
Albany; if he had, he could get off now, because he
had just about everything he needed for his story, except the name of the girl in the wheelchair and the
identity of the VIP, which would take no time at all.
But he'd driven up this afternoon, so his car was up
there, so he had to do the round-trip. But that was
okay, there could still be more to learn.

A little after eleven, the ship steamed out away
from Poughkeepsie, made a long curving arc out to
the middle of the river, then slowly pivoted on its own
axis there, while the customers who could tear themselves away from the gaming tables crowded along
the rails to stare, until the prow was finally pointed
upstream, white foam now giving it an Edwardian
collar as the ship's engines deepened their hum and
they started up against the current.

Well, he might as well get his two "who" questions
answered, so as the lights of Poughkeepsie faded in
the night darkness behind them Greg went looking
for the girl in the wheelchair and his VIP.

He found the VIP first, in the casino, with his body-guards and Susan Cahill, glowering in disapproval at the roulette wheels. The floor manager, a neat young guy in the royal blue and gold uniform of the ship, stood at parade rest just inside the casino door, and Greg approached him, saying, "Excuse me. That must be somebody important, I guess."

"*He* thinks so," the floor manager said. He had some sort of southern accent.

Greg laughed. "Who does he think he is?"

"New York State assemblyman," the floor manager said. "Not that big a deal, *I* wouldn't think. Name's Kotkind, he's from Brooklyn."

Greg blinked, and stared at the VIP and his entourage across the way. "Are you sure?"

"Absolutely," the floor manager said, and took a business card out of his shirt pocket. "Gave me his card, you see? Handing them out to anybody in the crew he talks to. I told him I don't vote in his district, and he said that's okay, when he runs for statewide office I can vote for him then. Pretty pleased with himself, huh?"

Greg looked at the card, and it was Assemblyman Morton Kotkind's card, sure enough; he'd seen it before. "Well, I'll be damned," he said. "Thanks." And he left there, to try to think this out. What the heck was going on here?

Coming out of the casino, he was just in time to see the nearby elevator door close, with the girl in the wheelchair and her chauffeur companion inside. Going up. He's the one I'll talk to, Greg thought. He felt confused, and didn't want to blow his cover or make a stupid mistake, so he felt he needed somebody to discuss the thing with, and that chauffeur had struck him right away as a competent no-nonsense kind of guy.

Up the stairs he went, and saw the chauffeur just pushing the wheelchair out onto the glass-enclosed promenade. Greg followed, and found very few people up here now, there being so little to see at night, except the few lights of little river towns. The chauffeur pushed the wheelchair slowly along, in no hurry, apparently just to keep in motion. Greg hurried to catch up.

6

Mike Carlow was glad this was the last night. He'd
been pushing this damn wheelchair around for over
a week, carrying Noelle's slops into the men's room,
doing his strong silent (but caring) number, and he
was bored with it.

Also, just pushing the wheelchair got to be a drag.
But he'd learned early the first night out that he had
to keep the wheelchair moving. Stop somewhere,
and the sympathetic people started hovering around,
asking questions, being pains in the ass. Noelle could
pitch a faint every once in a while to make them lay
off, but that was work, too. It was simpler to just keep
moving.

Of course, even then you still got the pushy ones,
of all types, old and young, male and female. Of
them, Carlow thought he probably disliked the
young males the worst, the ones who came on all

sympathetic and concerned but you could see in their eyes that what they really wanted was to fuck Noelle's brains out.

Not that Carlow wanted Noelle for himself. He was meeting her for the first time on this job, he liked her, he thought she was stand-up and could be counted on, but she wasn't the kind of woman who appealed to him in that other way. For that, he liked a heftier woman, someone out of his own world, the kind you'd meet in the auto race circuit, who could change a tire and whose favorite food was pancakes.

For Mike Carlow, everything related back to the track and the fast cars. He'd driven his first race when he was fourteen, won for the first time when he was sixteen, and had never much cared about anything else. For instance, he'd figured it out early that the amount of gasoline in the gas tank affected the car's center of gravity, constantly shifting the center of gravity as the fuel was used up, so while still in high school he'd designed a car that wouldn't have that problem because there wasn't any gas tank; the car was built around a frame of hollow aluminum tubing, and the tubing held the gas. When someone told him it was crazy to want to drive a car where he'd be completely surrounded by gasoline, he'd said, "So what?" He still couldn't see what was wrong with the idea, and didn't understand why no official at any track in America would permit such a design into a race.

Still, there were other cars and other designs that

they *would* accept, so Carlow was reasonably happy. Every year or so he took a job like this one, to raise the money to build more race cars, and every year, one way or another, he survived both his obsession with race cars and the heists he went on to support that obsession.

"Excuse me."

Carlow looked around and it was one of the young studs, in fact one that had hit on them earlier in the evening until Noelle had gone all faint on him. Not wanting to have to deal with the same guy twice in one outing, and also feeling some of the impatience that comes when you know the job is almost finished, and feeling ill-used because he'd come up here to the promenade because it *wasn't* full of annoying people after dark, Carlow gave him a pretty icy look and said, "Yes?"

"Do you mind?" The guy was young and eager like before, but now he also seemed troubled. "I need to talk to somebody," he said, "and I was going to come see you two, anyway. I'm just not sure what to do."

The promenade had benches along the inner wall, but the rest was clear. Down ahead toward the stern, a few people strolled along, moving away. Back toward the prow, an exhausted older couple sat on a bench barely awake. Carlow took all this in because he had a sense for this kind of problem when he was on a job, a sense that told him when there was a rip in the fabric, and he just had the feeling there was a rip in the fabric coming right now. The question was, what had gone wrong, and what could they do about it? "Sure," he said. "Why don't you sit on the bench here so Jane Ann can be part of the conversation."

"All right."

The guy sat, looking disturbed, confused about something, and Carlow arranged the wheelchair and himself so the guy was hard to see from either direction along the promenade. "Tell us about it," he suggested.

"Well, the thing is," the guy said, "I'm here sort of secretly, and I'm not sure if I should blow my cover."

Carlow said, "You mean, you're not an ordinary passenger, you're not what you seem to be, you're something else." A cop? Not a chance.

"That's right. My name's Greg Manchester, and I'm a reporter, and I'm doing a—"

Noelle snapped, with more sharpness than her frail condition would allow, "A reporter?"

Manchester was too involved in his own problems to notice Noelle's slip. He said, "The cruise line company won't permit unescorted reporters, so I just want to do a fly on the wall kind of thing. Not negative, just fun."

Carlow said, "So you're going around looking at things, making notes . . ."

"And taking pictures, too," Manchester said. "When nobody's looking." To Noelle he said, "That's why I was coming to you anyway, to get your name."

Noelle said, "You have pictures of *me*? Oh, I wouldn't like that, the way I look—"

"You're *beautiful*, Miss— Jane Ann, is it?"

Carlow said, "But then something else happened. What?"

"There's a VIP on the ship, I don't know if you—"

"Yeah, we've seen him," Carlow said, thinking, this is it. This is it right here. "What about him?"

"Well, he *says* he's a state assemblyman named Kotkind," Manchester said, "but he isn't. He's a fake. I *know* Assemblyman Kotkind, I've interviewed him."

"Ah," Carlow said.

"What I can't figure out," Manchester said, "is why anybody would *do* that. Did the real assemblyman send this guy in his place? He is handing out the assemblyman's business card. If I say something, *my* cover is blown and maybe I just make a fool of myself. Or maybe something's wrong, and the cruise line should know about it. What do you think?"

Noelle said, "I think—" and began to cough. She tried to go on talking through the coughs that wracked her poor frail body, and Manchester leaned closer to her, concerned, trying to make out what she was trying to say.

Carlow kept his wallet in his inside jacket pocket because he kept his sap in his right hip pocket; a black leather bag full of sand. It was one smooth movement to reach back, draw it out, lift it up, drop it down, and put Mr. Manchester on ice.

Noelle's left arm shot out, her hand splayed against Manchester's chest, and she held him upright on the bench. "Don't kill him," she said.

"Of course not," Carlow told her. He knew as well

as she did that the law goes after a killer a lot more determinedly than it goes after a heister. If it were possible to keep this clown alive, Carlow would do it. He said, "I need a gag, and I need something to tie him."

"You hold him for a minute."

Carlow pushed the wheelchair a few inches forward, and sat on the bench beside the clown. He put his left elbow up onto the guy's chest and said, "Okay."

Noelle was wearing all these filmy garments out of a gothic novel, so now she reached down inside and gritted her teeth and Carlow heard a series of rips. Out she came with several lengths of white cloth, and handed them to him. "I've got him now," she said, and put her hand on Manchester's chest again.

Carlow bent to tie the ankles together, then tied the wrists behind the back, then stuffed a ball of cloth into Manchester's mouth and used the last strip to make a gag.

Noelle said, "What are you going to do with him?"

"Lifeboat."

They'd watched that damn safety drill every night for over a week, so Carlow knew exactly how to open the sliding glass door and how to open one segment of the top of the enclosed lifeboat just below. "You keep him," he said, and started to rise.

"Wait!"

"For what?"

"Damn it, Mike," she said. "Get the camera. That's *my* face he's got there, and probably yours, too."

"Oh. Sorry."

Carlow sat again, and patted him down, and found first the cassette recorder and then the Minolta. "Nice camera," he commented, and pocketed both.

He looked around. The half-asleep couple were still in the same spot. Toward the stern, three or four people were looking out and downriver at where they'd been, talking together. Carlow stood, crossed to the outer glass wall, slid open a panel, stepped through onto the curved roof of the lifeboat, leaned down, gave the stiff handle a quarter turn, lifted, and a rectangular piece of the roof opened right up. Then he crossed back to Noelle, sat beside Manchester again, and said, "Now I have to get him over there."

"Put him on my lap," she said, "and wheel us over."

"Nice."

He held Manchester while Noelle wheeled herself backward out of the way. Then he stood, picked up Manchester under the armpits and placed him seated on top of Noelle. "So this is what they call a dead weight," Noelle said.

Carlow wheeled them both across the promenade to the open glass door, where the cool night air now drifted in. He stopped, and she shoved, and Manchester went toppling out and down into the lifeboat. Carlow winced. He'd land on a stack of life preservers, but still. "Goodbye," Noelle said.

"He'll have a headache in the morning," Carlow

commented, as he moved the wheelchair to one side so he could shut everything up again.

"Let him take a picture of *that*," she said, unsympathetic. "Asshole."

7

Susan Cahill didn't really like Morton Kotkind, Lou Sternberg could tell. She smiled at him, she waved her tits at him, she smoothed the way for him as they made their long slow inspection tour of the ship, she even went out of her way to chat with him during dinner at the captain's table, since the captain himself was making every effort *not* to be friendly and accommodating but was instead doing a very good impression of an iceberg from his native land; and yet, Sternberg could tell, Susan Cahill didn't really like Morton Kotkind.

Which was fine with Sternberg, who hadn't liked Kotkind either, during those days in the lawyers' bar on Court Street in Brooklyn, getting to know the man, getting to know him so well it was an absolute pleasure to feed him the Mickey Finn yesterday. Probably, Sternberg thought, Cahill would be just as happy to feed a Mickey to *me*, and the thought made him smile.

Cahill picked up on that, and smiled right back, across the dinner table. "Mister Assemblyman," she said, "I believe you're enjoying yourself."

"I'm not here to enjoy myself," he snapped at her, and put his pouty brat face on again, which she bravely pretended not to see.

But in fact he was enjoying himself, hugely, which was rare on a heist. For him, pleasure was at home, his little town house in London—2, Montpelier Gardens, SW 6—with its little garden in the back enclosed by ancient stone walls, with roses to left and right, cucumbers and brussels sprouts at the back. There he lived, and in that city his friends lived, people who had nothing to do with any kind of criminality, except possibly in the tax forms they filled out for Inland Revenue.

That was an extra bonus in Sternberg's living arrangements; he filled out no tax forms anywhere. To be resident in the U.K. for more than six months, legally, one had to sign a statement that one will be supported from outside the country, will neither go on the dole nor take a job away from some native-born Englishman. *How* the foreigner supports himself from outside the country doesn't matter, only that he does. So there was never a reason to deal with Inland Revenue. At the same time, since he didn't live or work in the U.S., didn't even pay any bills or credit accounts or mortgages there, he also flew below the IRS's radar. Which meant there was no one anywhere to say, "Just how *do* you support yourself, Mr. Sternberg?" Lovely.

In fact, it was the occasional job with a trusted associate like Parker that took care of his material wants, while the house in Montpelier Gardens saw to his spiritual needs, so except for the occasional soulless transatlantic airplane ride he was a reasonably happy man, though you could never tell that from his face.

The airplane rides were necessitated by his iron rule that he would never work and live in the same territory. London—in fact, all of England—was out of bounds. Whenever it was time to restock the bank accounts, it was off to America once more, with Lillian the char left behind to see to the roses and the cucumbers; the brussels sprouts took care of themselves.

This particular journey to the land of his birth looked to be a fairly easy one, and profitable. The last time he'd worked with Parker it had been anything but profitable, but that hadn't been Parker's fault, and Sternberg didn't hold it against him. This job looked much more likely to provide another year or two of comfort in SW 6.

The problem with the job was that it was taking too long. Sternberg had pretended to be other people before in the course of a heist—a telephone repairman, a fire department inspector—but never for five hours. From eight P.M. till one A.M., in this confined space on the *Spirit of the Hudson*, essentially on his own since Parker and Wycza's job was just to stand around looking tough and competent, Lou Sternberg not only had to be a politician and a Brooklynite, he also had to be a bad-tempered boor. He actually was bad-tempered at times, he had to admit, but he'd never been a politician or a Brooklynite, and he certainly hoped he had never been a boor.

Ah, well. Dinner passed, the turnaround at Poughkeepsie passed, the inspections of the casino and the kitchens and the purser's office and the promenades and the game room and the laughable library and all the rest of it slowly passed. The engine room was interesting, being more like a windowless control tower than like anything purporting to be a steamship's engine room Sternberg had ever seen in the movies. And through it all, he maintained this sour and offensive persona.

There were reasons for it. First, the original was like this. Second, bad temper keeps other people off balance, and they never believe the person being difficult is *lying* in some way; rudeness is always seen as bona fide. And the third reason was the money room.

There'd been only one real fight so far, the one over the handguns, and Sternberg had won that, as he'd expected to. The money room would be another fight—*access* to the money room was almost certain to be a fight—and by the time they got there Sternberg wanted the entire ship's complement to be convinced that if they argued with this son of a bitch assemblyman, they lost.

Of course, if Susan Cahill had led them straight to

the money room at nine-thirty or ten, it would have been a real waste, because most of the money wouldn't have arrived yet, but they'd assumed that she wouldn't want to mention the money room at all, and so far she hadn't.

Twelve-fifteen, and not a single goddam thing left to look at. The last place they inspected was the nurse's office, and found she was well equipped in there for first-level treatment of medical emergencies, and also had a direct-line radio to the medevac helicopter at Albany Hospital, probably for when winners had heart attacks. Sternberg stretched the moment by congratulating her on her readiness and enquiring into her previous work history, and unbent so far he could feel the curmudgeon facade start to crack.

So finally they came out of her office, and it was only twelve-fifteen, and Cahill said, "Well, Mister Assemblyman, that's it. You've seen it all. And now, if you wouldn't consider it a bribe—" and she beamed on him, jolly and sexy "—the captain would love to buy you a drink."

Sure he would. Too early, too early. What should he do? This was Sternberg's call alone, he couldn't confer with the other two, couldn't even take time to look at them. Accept a drink? Should he stall another half an hour that way, then all at once remember the money room and demand to see it? Or go with it now, knowing they'd be cutting their take by about forty-five minutes worth of money?

Go now, he decided. Go now because they were in

a movement here, a flow, and it would be best to just keep it going, not let it break off and then later try to start it up again. And go now because he was tired of being Mister Assemblyman. "We're not quite finished," he said. "When we *are* finished, if there's still time, I'll be very happy to join you and the captain— you will join us, won't you? —in a drink."

Either she was bewildered, or she did bewilderment well. "Not finished? But you've seen everything."

"I haven't seen," he said, "where the money goes. It's still on the ship, is it not?"

She looked stricken. "Oh, Mister Assemblyman, we can't do that."

He gave her his most suspicious glare. "Can't do what?"

"That room," she said, "you see, that room is completely closed away, for security reasons, *nobody* can get into that room."

"Nonsense," he said. "There must be people in there. How do they get out?"

"They have their own door on the side of the ship," she explained, "with access direct to the dock and the armored car, when we land."

He said, "You're telling me there's no way in or out of that place, whatever the place is—"

"The money room," she said. "It's called the money room."

"Because that's the whole point of the operation, isn't it?" he demanded. "The money. And *what happens to it next.*"

"Mister Assemblyman, the company's books are—"

"Very attractive, I have no doubt," he interrupted. "Ms. Cahill, do you suddenly have something to hide from me? The very *crux* of this matter is what happens to gambling money once it has been lost to the casino operator."

"Mister Kotkind," she said, voice rising, forgetting to call him by his title, "we hide *nothing* on this ship! Every penny is accounted for."

"And yet you tell me there's no access to the, what did you call it, money room. And if this ship were to sink, the people in that money room would simply die? If it caught fire? Is *that* what you're telling me? You have human beings in that room, and their safety is at risk for *money?*"

"Of course not." She was scrambling now, not sure how to stay ahead of him. "They can unlock themselves out if it's absolutely necessary."

"And unlock others in," he insisted. "I haven't even seen the *door* to this place. Is there—"

"It has its own staircase," she said reluctantly, "down from the restroom area, with a guard at the top and a *very* locked door at the bottom."

"Oh, does it. And I assume that door has, like any apartment in my district in Brooklyn, an intercom beside the door, and a bell. You can ring that bell and explain the situation and they can open up and let me in to inspect that room and I can see for *myself* what's happening with that money."

"Mister Ambas—Assemblyman, I . . ." She shook her head, and moved her hands around.

"And *without*," he told her, as heavily as any prosecutor, "warning them ahead of time that they are going to be observed."

She'd run out of things to say, but she still didn't want to give in. She was desperate, confused, blindsided but not yet defeated. She stood staring at Sternberg, trying to find a way out.

No; no way out. He let the full flood of his exasperation wash over her: "Ms. Cahill, do I have to go to the *captain*? This absolutely *core* part of my inspection you are unreasonably denying me, and you claim there's nothing to hide? Is *that* what I must take back to the assembly with me and report to my colleagues? Shall I explain what my report is going to be to the *captain*?"

Silence. Cahill took a deep breath. Her previously perfect complexion was blotched. She sighed. "Very well, Mister Assemblyman," she said. "Come along."

8

As far as George Twill was concerned, no matter who upstairs won or lost, he himself was the luckiest person on this ship. He was fifty-one years of age, and he'd been more than two years out of a job, after the State Street in Albany branch of Merchants Bank downsized him. Twenty-two years of steady employment, and boom. Unemployment insurance gone, severance pay almost used up, savings dwindling, no jobs anywhere. Supermarket assistant manager; movie theater manager; parking garage manager; even motel desk clerk: every job went to somebody else. George was feeling pretty desperate by the time he joined the hundreds of other people who responded to the newspaper ad for jobs on this ship, to fill in for the people who hadn't traveled with it up from the south.

And he got the job. Teller in the money room, so

here he was a teller again, though a very different kind of teller from before. But the people in the money room had to not only have some banking background but they also needed solid reputations, because they'd be bonded, so that was why George Twill was at last employed again, at better than his old salary at the bank. And *this* job wouldn't be taken over by an ATM machine.

He was by far the oldest of the five people who worked in here, probably twenty years older than his immediate boss, Pete Hancourt, whose job title was cashier but who was known in the room as Pete. They were a pretty informal bunch in here, happy in their work, and with one another. The two women were Helen and Ruth, and the other male teller was Sam. They worked day shift four days, then three days off, then night shift three nights, then four days off. Good pay, easy hours, fine co-workers; heaven, after the hell of the last two years.

The other thing George had, because he was the oldest here, was one extra responsibility. He was in charge of the panic button. It was on the floor, a large flat metal circle that stuck up no more than an inch, and it was an easy reach, maybe eighteen inches, from where his left foot was normally positioned when he was seated at his counter. If anything ever happened in here that wasn't supposed to happen, like a fire or a sudden illness or a leak in the side of the ship—all of them extremely unlikely—it would be George's job to reach over with his left food and press down just once on that button. Otherwise, his responsibility was not to bump into that button inadvertently. No problem; it was tucked well out of the way.

The work here was easy and repetitious and he didn't mind it a bit. The vacuum canisters came down, with cash for chips, or chips for cash. George and the other three tellers made the transactions and kept track of the drawers of money and the drawers of chips. No cash was used up in the casino; even the slots took only chips.

At the beginning of each run, down here in the money room, they'd have a full supply of chips and just a little money. By the end of each run, they'd be down fifty or a hundred chips, because people forgot they had them in their pockets or wanted to keep them as souvenirs, and they would have a *lot* of money, particularly on Friday and Saturday nights. It was fascinating to see the efficiency with which it worked. And if George Twill had ever had a tendency toward being a betting man—which he had not— being around this efficient money machine would have cured it.

When the buzzer sounded, all of a sudden, at twenty minutes to one, it startled them all, and at first George had no idea what that sound was. Then he remembered; it was the bell for the door, the entry to and from the rest of the ship that was always kept locked and that none of them ever used. He'd only heard it once before, the third day of his employment, and that time it had been the ship's nurse, a recent hire like George, bringing around medical history forms to be filled out. Apparently she hadn't realized she wasn't supposed to have done it that way, but mailed it to their homes. Pete said he'd heard that a couple of executives from the company had really reamed her out that time.

So whatever this was, it wouldn't be the nurse again. Feeling his responsibility, and feeling also a sudden nervousness, wondering what this would turn out to be, George moved his foot closer to the panic button and watched Pete, frowning deeply, walk over to the door and speak into the intercom there.

George could hear that it was a woman's voice that answered, but he couldn't make out the words. Pete said something else, the woman said something else, Pete said something else, and then Pete unlocked the door.

Susan Cahill came in. George remembered her, she was one of the people who'd interviewed him when he applied for the job. She'd seemed remote and cold and a little scary, and he'd thought she didn't like him and would recommend against his being hired, but apparently he'd been wrong. This was the first time he was seeing her since, and the familiar face eased his tension and brought his left foot back to its normal spot on the floor.

Three men followed Susan Cahill into the room. The first was short and stout and grumpy-looking, glaring around at everybody as though looking for the person who stole his wallet. The other two men were large—one of them huge—blank-faced, tough-looking, in dark suits and ties.

Susan Cahill said, "Thank you, Pete," then addressed the rest of the room. She seemed to George to be annoyed or upset about something, and trying to hide it. "Ladies and gentlemen," she said, "this is Assemblyman Morton Kotkind, from the New York State legislature, and he's here on an inspection tour of the ship. We operate, as you know, at the discretion of the legislature. Assemblyman Kotkind wanted to see where the money eventually comes. These are his . . . aides, they are state troopers, Trooper Helsing and Trooper Renfield."

"That's funny," Pete said, grinning at the two troopers.

They turned and gave him blank looks that seemed to contain a hint of menace. Susan Cahill, sounding frazzled, said, "What's funny?"

Pete seemed to belatedly realize this was a formal occasion, not a casual one. "Nothing," he said, and avoided the troopers' eyes as he turned to say to George and the others, "Folks, just keep doing what you're doing. The congressman is here to see how the operation works."

"Assemblyman," the grumpy man said.

"Oh. Sorry."

A vacuum canister slid into the basket in front of George. He picked it up, twisted it open, and five one-hundred-dollar bills dropped out, along with the upstairs cashier's transit slip. Only an hour left on the cruise, and they were still buying chips.

*   *   *

Grey Hanzen, in the darkness at the water's edge, stripped out of shoes and socks and pants. What he really wanted to do was get back in his car and drive down to the Kingston bridge and across the Hudson River and line out west and not stop until the water in front of him was the Pacific Ocean. If only.

How had he got himself into this mess? It had all been so simple and easy to begin with. Now there were all these different bunches of people, and him in the middle like a grain of wheat in a goddam mill. Any one of those people could crush him in a second, and most of them would have reason. How in the good Lord's name was he going to steer himself through these rapids and come out safe and alive on the other side?

"I should just get the hell out of here," he told himself out loud as he waded into the cold water. Gloomy, despairing, not even pretending to have hope, he waded out to his boat, threw his clothing into the bottom and climbed in.

Nothing else to do. You can't escape your goddam fate, that's all.

He was certainly taking his time about it, this assemblyman. George found it hard to concentrate on the task at hand, the numbers coming in, the numbers going out, with those three silent men moving around and around the room, slowly pacing, stopping from time to time to watch a particular operation. They didn't ask any questions at all, which was a relief. But their presence was distracting and made the room feel uncomfortable.

Now the assemblyman was standing beside George, just to his right, watching George twist open a canister, make his entries into the computer terminal in front of him, slide the greenbacks into their bins in their drawer, put the transit slip in its bin, scoop out the right denomination of chips—

He was on the floor. He had no idea what happened, he just had a moment of disorientation and panic. Why am I on the floor? Heart attack?

He was on his right side on the floor, and the left side of his head felt a sharp stinging pain. He blinked, thinking he'd fallen, blacked out, and the pain spread across his head from that electric grinding point just above his left ear, and when he looked up, the bigger of the two state troopers was standing over him, but not looking at him, looking across him at the other people in the room, pointing at them, saying—

A gun. Pointing a gun. A pistol, a gun. Pointing a gun at the people in the room, saying, "Hands on your desks. Helen, Ruth. Come on, Sam, you don't want to die."

And another voice—the other trooper, it must be—was saying, "Pete, hands on your head. Susan, if you reach for that beeper, you're dead."

He *hit* me, George thought, and felt more astonishment at that than even at the fact of the gun and the things they were saying. We aren't children in a schoolyard, we don't hit each other, we don't—

It's a robbery.

The shock of it, being hit, being all at once on the floor, feeling such pain, seeing the astonishing sight of that gun in that man's hand, had befuddled George for so long that only now—thirty seconds? forty?—did he realize what this meant. These people were robbing the ship!

The big one, who'd hit him—with the side of that gun, it must be—now looked down at George. He didn't point the gun at him, but he didn't have to, not with those cold eyes. He said, "George, you can sit up, cross your knees, put your hands on your knees. Don't reach a foot toward that button, George."

He knows! They know everything, they know my *name!*

A sudden spasm of guilt washed through George, and he twisted around to stare toward Pete and Susan Cahill. They'll think it's me! They'll think I'm the one told these people everything, and I'll lose my job, and I'll go to jail!

The assemblyman—no, he can't be an assemblyman, it's all a fake—he was frisking Pete, while the other non-trooper, also now holding a gun, was taking the beeper off Susan Cahill's belt. Pete looked frightened, but Susan Cahill was looking outraged. Both were too involved in what was happening to see George stare at them, so George quickly shifted to look at something else. Don't act guilty, he told himself. Don't make them suspect you.

Susan Cahill, her voice trembling with fury, suddenly spoke: "This is outrageous! How *dare* you men, how *dare* you behave like this! The police will get you, the police will get you, and Avenue Resorts will be *very* tough, you can count on that!"

The non-trooper who'd taken her beeper ignored her, turning away to look at the non-trooper standing over George. "Tape," he said, and pocketed his gun.

"Sure."

This one reached inside his jacket and took out a compact roll of duct tape. He tossed it across to the other one, then looked down and said, "George, I told you to sit *up*."

"Yes. Yes. All right." He didn't want to be hit again, or whatever worse might happen. He scrambled into a seated position, making a point of moving away from that button, that he could see just over there, under the counter. But no power on Earth would make him move toward that button, not even to save his job.

The non-trooper with Susan Cahill peeled off some tape and said to her, "Hands behind your back."

"I certainly will *not!*" She folded her arms under her breasts and glared. "If you think you'll get *away* with—"

He slapped her, left-handed, open-handed, but hard, the sound almost like a baseball being hit by a bat. All of them in the room jumped at the sound, George and Pete and Helen and Ruth and Sam. The three robbers didn't jump.

Susan Cahill staggered from the slap, and stared at

the non-trooper, who stepped closer to her and said, as though he really wanted to know the answer, "Are those your teeth?"

She gaped at him. "What?"

"Are *those* your teeth?"

She didn't know the reason for the question, but she was suddenly afraid not to answer. "Yes."

"Do you want to keep them?"

This answer was smaller, more defeated. "Yes."

"Hands behind your back."

She put her hands behind her back, quivering now with fear, but George could tell that the outrage and the fury were still there inside her, merely prudently banked for the moment. The non-trooper duct-taped her wrists, then started to put another piece of duct tape over her mouth, but she pulled her head away. He stopped, and looked at her, and the next time he moved the duct tape she didn't resist. As he put it over her mouth, he said, "If I was a bad guy, or if you irritated me, I'd put this over your nose, too. You're going to sit down now." He took her arm to help her, and she sat on the floor, and he duct-taped her ankles together.

Meantime, the fake assemblyman had been ordering the others around, telling Helen and Ruth and Sam—by name—to keep doing what they were doing, handling the money and the chips, and not to vary the routine in any way. For instance, not to send anything more or less than normal up to the cashier's cage in each vacuum canister.

"I'll tell you why," he said. "It isn't your money, and

it would be stupid to die for it. The line's insured, you'll still get your salary. If there's trouble, we may get caught but you will absolutely certainly get dead. So cooperate, and this little unpleasantness will soon be over. Pete?"

Pete jumped again, as when Susan Cahill was slapped. "Yes? What?"

"Easy, Pete, gentle down, there's a love. And here's a plastic bag. I want you to fill it with the cash from George's station, since he won't be working any more tonight."

"All right."

As Pete came over with the white plastic bag—kitchen can size—the one non-trooper finished with Susan Cahill and tossed the duct tape back to the one by George, who said, "Okay, George, your turn. Hands behind your back." And, as he put his gun in his pocket, the other one across the room took his out again.

George said, "Excuse me, I'm sorry, but I—"

"Come on, George."

No long explanations, not with these people; only short explanations. George blurted out, "I have asthma!"

The big man looked at him. He seemed really interested. "Yeah? Had it long?"

George hadn't expected that question. He said, "Fifteen years. And—I can't always breathe through my nose, I'm afraid, if you put that tape on—"

"I get it, George," the big man said. "If you got asthma real bad like that, you probably carry some kind of medicine for it, am I right? An inhaler, something like that?"

"Yes."

"How slow can you take it out of your pocket, George?"

"Very slow."

"Go ahead."

George kept his inhaler in his inside jacket pocket, and now realized that was exactly where a tough guy or a bad guy would keep a gun. Hand trembling, sweat starting to trickle down his face, breath becoming raspy already, he reached into his pocket, grasped the inhaler, lost it through his trembling fingers, grasped it again, jerked his hand back, shuddered the motion to a stop, and slowly and shakily brought the little tube into sight.

The big man seemed pleased. "Good, George," he said. "Now, if you gave yourself a spray or two with that, you'd be okay for a while, wouldn't you?"

"I think so," George said.

"We both think so, George," the big man said. "Go ahead, take a shot."

George did. He had so much trouble keeping his right hand steady that he held it with the left hand so he could fit the inhaler into his mouth, lips closed over it, and direct the spray at the back of his throat. He did this twice, and while he did the big man said to the other one, "There's a lot of asthma around these days, you know? Worse than ever. It comes from mold, a lot of times, and I read someplace, you can get it from cockroach dander. Can you believe it? You try to keep yourself in shape and some fucking cockroach is out to bring you down. You set, George?"

George put the inhaler back in his pocket. "Yes."

Hunkered beside him, applying the duct tape, the big man in a friendly manner said, "What I think you should do, now that the working day is done, you got time on your hands, I think you should spend it working on what you're gonna say to the TV news reporters."

"And now, in sports—"

Hilliard Cathman sighed in exasperation; mostly with himself. He knew he should turn off this "news-radio" station, which was in truth mostly a sports-score-and-advertising radio station, and go to sleep, but lately he was having even more trouble than usual dropping off, and he had this need to *know*, to know when they did it. He had to know.

It would be a weekend, that much was certain, when the ship would be the most full of gamblers, when the most money would be lost. A Friday or a Saturday night, and soon. Possibly even tonight.

Wouldn't that be wonderful? Tonight. Get it over with, get this tension behind him at last.

He knew the risk he was taking, the danger he was in. Sitting up in bed past midnight, lights on in half the house, the nightstand radio eagerly rattling off the endless results of games he cared nothing about, Cathman reminded himself he'd known from the beginning the perils in this idea, but had decided the goal was worth it. And it was, and it still was, though these days all Cathman could really see was the expression in that man Parker's eyes. Which was no expression at all.

Marshall Howell had been different, easier to work with, easier to believe one could win out against. He'd been a tough man, and a criminal, but with some humanity in him. This one, Parker . . .

It will happen, that's all, and I don't need to know about it the instant it does. When it happens, I'll know soon enough, and then one of three things will happen. Parker will come bring me my ten percent, which is the least likely, and I'll deal with him in the way I'm ready to deal with him. Or he and the rest of them will fade away, and I have his telephone number, and from that I have found his house, and I have seen his wife, none of which he knows, and I can finish it the other way. Or they will get caught, which would be the best thing, and I will be ready for that as well.

"The time is twelve fifty-two. In tomorrow's weather—"

Oh, enough. Cathman reached out and switched off the radio, but left the lights on. He lay on his back and stared at the ceiling, and for a long time he didn't sleep.

Only Ruth was still at her station at the counter, dealing with vacuum canisters as they came down from the cashier's cage upstairs. George could see the others, Pete and Helen and Sam and Susan Cahill, all seated like him on the floor, backs against the wall, duct-taped into silence and immobility. A degree of background panic gave his own breathing a level of fibrillation that scared him some, but he knew it was under control, that unless something else happened he'd be able to go on breathing through to the end of this.

What was coming down now, from the cashier's cage, at nearly one o'clock in the morning, was mostly chips being cashed in, and very rarely a purchase of more chips by some diehard loser up above. There wasn't much activity at all at this point, and it really would be sensible for the robbers to get out of here now, before they lost part of their loot to customers upstairs cashing in, which they seemed to realize. George watched them give one another little looks and nods and hand signals, and then the one who'd slapped Susan Cahill went over and opened the door, the door they'd come through that was never opened—and how much better if it never had been opened—and headed up the stairs.

George knew there was a guard on duty up there, though he'd never seen him, seated at a desk on the landing in front of the door at the top of the stairs. That guard would have seen this robber with Susan Cahill when they came down, he wouldn't suspect a thing, somebody coming up the stairs like that, he'd been hired to keep people from going *down* those stairs.

Yes. Here he came, a beefy young man in a tan uniform, looking bewildered and angry and scared, hands knitted on top of his uniform hat on his head, holster at his right side hanging empty, the robber now holding two guns, one in each hand, shutting the door with his heel as he came in.

The big one, the one who'd taped George, went smiling over to the guard, saying "Welcome aboard, Jack. You are Jack, aren't you?"

The guard stared at all the trussed people. He stared at the big man. He burst out, "Jesus, you're not supposed to *do* this!"

The big man laughed. "Oh, I know," he said. "We're just regular scamps. Put your hands behind your back, Jack." Then he laughed again and said to the one with the two guns in his hands, "Back Jack; how do you like that?" To the guard he said, "I'm so glad your name isn't Tim I'm not even gonna punch you in the belly for not having your hands behind your back. Not yet, I'm not."

The guard quickly moved his arms, like a panicky drowner lunging toward the surface, and when his hands were behind his back the big man duct-taped them, then his mouth, then helped him sit, then did his ankles.

During which George watched the man who'd claimed to be an assemblyman, but who now seemed much more believable as an armed robber, take a small screwdriver from his pocket and use it to open the control box next to the outer door, the door in the hull through which George and the others would exit at the end of their shift, through which the money would be carried into the armored car, and George saw that what he was doing was dismantling the alarm system in there. Supposedly, if this door were to be opened while the ship was in motion, an alarm would ring up on the bridge; but not now.

Surprised, George thought, why, they've planned it all out.

Carlow pushed Noelle's wheelchair into the elevator. The four other people in the car smiled at her, and she smiled wanly back, and the tiredness she showed was probably real. Carlow felt the same way; this was the longest night of all.

When the elevator doors opened, one level down, the other four people dispersed themselves into the restrooms, the couple who'd been waiting here boarded the elevator—after a smile at wan Noelle—and Carlow pushed the wheelchair over to the door that led to the stairs down to the money room. It was a discreet door, painted to blend with the wall around it. Carlow turned the wheelchair around to face out, then rapped the door once with his heel.

The door opened inward. Carlow heard the click, and immediately went down to one knee. He grasped the handle of the box beneath the seat and pulled out a very different box from the one in the other wheelchair. This one was deeper and wider and much longer, and contained no bowl, empty or full. Carlow slid the box backward, looking down, and saw Parker's hand grab it. Carlow stood, and the door behind him clicked shut.

They stood there for three minutes. A few people passed, and all smiled at Noelle, but all kept going.

Everybody was tired, and they knew she must be tired, too, so they left her alone.

A knock sounded on the door behind him. Two couples, yawning together, waited for the elevator. He watched them, and then the elevator came, empty this time, and they boarded, and its doors shut.

Then Carlow rapped the door with his heel again, and went to one knee, and the box was slid out to him. It was much heavier now, filled with white plastic bags. Carlow slid it into place, stood, pushed the wheelchair over to the elevator, boarded it the next time it arrived.

The money usually went into heavy canvas sacks to be carried off the ship, and the robbers had thoughtfully cut air holes into these sacks before putting them over everybody's head, but had then made sure the airholes weren't placed so the people could see through them.

What don't they want us to see, George wondered. There was a faint smell inside the money sack, not of money, but of something like a cabin in the woods or a thatched hut. The smell made George fearful again of his ability to breathe, but he kept himself from giving way to panic, and he breathed slowly and steadily through his nose, and he told himself he was going to survive, he was going to survive.

It wasn't the TV news reporters' questions he was thinking about now, it was the questions the police would ask. He'd be able to give full descriptions of the robbers, and he'd be able to describe just about everything they did and said.

And now there was the question of what the robbers didn't want them to see. All he had left now was his ears, and he listened as hard as he could. He heard shuffling noises, and then he heard a click of some kind, and wondered what that was. There was something familiar about that click, and yet there wasn't. Inside the canvas sack, George frowned deeply, breathing automatically, not even thinking about his breath now, and tried to think what that click could be, what it reminded him of, where he'd heard it before.

He almost got it, he was seconds from understanding, when another sound distracted him. A whoosh and a foamy rush, and a sudden sense of cool damp air, a breeze wafting over him.

They'd opened the outer door. *That* must be what they didn't want him and the others to see; what sort of transportation awaited them outside.

George strained to hear, leaning forward, staring at the canvas a half inch from his eyes. He heard murmuring, vague movement, and then not even that. And then a slam, as the outer door was shut again.

They've gone, he thought, and never did remember that click any more, and so didn't come to the memory that would have told him that the click was the sound of the inner door closing. And so he never did get to tell the police the one thing they would have been interested to hear: that before the robbers left, one of them went upstairs.

Greg Hanzen trailed the big gleaming ship for several miles, and at every second he wanted to veer off, run for his life. But he was afraid to leave them stranded there, afraid they'd escape anyway somehow and come after him. They would surely come after him.

They might anyway.

The door in the side of the ship, up ahead of him, opened inward, showing a vertical oval of light. Immediately, not permitting himself to think, Hanzen drove forward, in close to the ship's flank, up along the side of that open doorway, where Parker stood in the light, empty-handed.

Hanzen tossed him the line, and Parker handed it on to a much bigger man, who stood grinning down at Hanzen as he held Hanzen's little boat firm against the *Spirit of the Hudson* while Parker and a third man jumped in. Then the big man grabbed the outer handle of the door and jumped across into the boat, slamming the door behind him. That would be, Hanzen guessed, so that there wouldn't be an unexpected light in the hull of the boat for the next hour, to maybe draw attention from shore.

"Okay," Parker said.

But something was wrong. Hanzen looked at the three of them. "Where's the money?"

Parker said, "That's going a different way."

Oh, Christ. Oh, what a fuckup. Hanzen had an instant of even worse despair than usual, and then, afraid Parker might see something on his face, he turned away to the wheel and said, "Well, let's get us out of here."

He put on speed and veered away from the ship into the darkness, as they opened the duffel bag Parker had given him earlier to bring along on the boat. Here were the clothes they would change into, to become fishermen out at night, while the suits and ties and white shirts, into the duffel bag with a rock, would soon be resting on the river bottom.

Hanzen gritted his teeth and chewed his lower lip. Had he given himself away? He snuck a look at Parker, and the man was frowning at him, thinking it over.

Oh, Jesus, I did! He saw it! He knows already. Oh, Christ, *everybody's* got a reason to be down on poor Greg Hanzen, and I never wanted *any* of it. Low man on the totem pole again. *Why* didn't I cut and run when I could?

Whoever survives this night, Hanzen told himself, if anybody does, it won't be me.

9

One-fifteen. It wasn't necessary for Noelle to pitch her faint for another fifteen or twenty minutes, but she was ready to do it now. She really did feel queasy as hell, and it wasn't because she was on a ship; the motion of the *Spirit of the Hudson* as it coursed upstream was barely noticeable.

No, and it wasn't the money under her that had her queasy, either. She understood about that, and agreed with the thinking behind it, and had no trouble with it. She'd been the girl distraction more than once in her life, either carrying the dangerous stuff herself or fronting for the one who did, though she'd never done it as an invalid before. But the idea here was a good one; she was an established presence on the ship. The robbers would have left through the door in the hull, and why wouldn't they have taken the money with them?

Of course, the reason they hadn't taken the money with them was because they would be half an hour or more in that small boat on the river before they reached the safety of the cabin. Nobody knew how soon the alarm would be raised, but when it was, there would be police boats out. They might be suspicious of four night fishermen, but on that boat they wouldn't find any guns, any dress clothes, and most importantly, no money.

Would the police have any reason to think the money was still on the ship? None. Why would they believe that three men would go through such an elaborate con job and robbery and then not take the money with them?

So Noelle wasn't worried about being caught sitting on several hundred thousand dollars. What had her shaky and nauseous was something much simpler; she was dehydrated. Having to sit for over six hours every night in this damn wheelchair—or the other wheelchair, actually, up till tonight—without any opportunity to leave it for any reason at all, meant she'd been avoiding liquids as much as possible the last eight days.

Six hours without a bathroom isn't easy, if you stay with a normal intake of liquids, so Noelle had been cutting back, and finding it a little chancy anyway, and by tonight the drying-out had begun to affect her. She knew it already in the van driving up to Albany, but she didn't dare do anything about it then, with the whole night in front of her, so she'd been hanging in there, feeling sicker and sicker, until by now what she was most afraid of was dry heaves; and dry they'd be.

Apart from the physical discomfort, though, she was having no trouble with this job. Since she and Tommy had split up, it had been harder to find strings to attach to, so money had often been a problem, which tonight should go a long way to solve.

And another good thing about this crowd was, none of them felt he had to hit on her. Parker had his woman Claire, and the other three all seemed to understand that she was simply another member of the crew, and it would screw things up entirely if they got out of line. Also, they probably knew she could be difficult if annoyed; they might even have heard about the guy she'd kneecapped in St. Louis.

It would probably be better all around if she found some other guy on the bend to hook up with, but she'd gotten along before Tommy and she'd get along now, and if another guy appeared, fine. It would certainly be easier, though, if Uncle Ray were still alive.

It was her father's older brother, Ray Braselle, a heister from way back, who'd brought her into the game, over her pharmacist father's objections. Ray Braselle had been around for so long that once, in describing the first bank job he was ever on, he'd said, "And I stood on the running board," and then he'd had to explain what a running board was.

Uncle Ray was all right, though old as the goddam hills. But the people he ran with were more like Parker; tough, but not just smash-and-grab, always with a plan, a contingency, ways in and ways out. For guys like that, a good-looking girl could frequently be part of the plan, and if she was a pro herself, steady and reliable, not a hooker and not a junkie, who knew how to handle a gun, an alarm system or a cop, so much the better.

Uncle Ray liked to spend his free time living off away by himself, in a scrubby ranch he had in Wyoming, north of Cheyenne, up in the foothills before the high mountains toward Montana, and it was there that a horse rolled on him—some kind of accident, no way to be sure exactly what happened—and the body wasn't found for six days. After that, Noelle still got the occasional call from guys she and Ray had worked with, and on one of those jobs she'd met Tommy Carpenter, and they'd lived together for a few years until all of a sudden it turned out Tommy was afraid of the law, so here she was on her own. And feeling mighty sick.

Should she ask Mike to get her a glass of water? No; the very idea made her feel even worse. What would happen if she tried to drink water and she threw it up, right here in this chair? Down to the nurse's office, no way to avoid it; the change of clothing, the examination, the discovery of the money; ten to fifteen in a prison laundry.

Hang in there, she told herself, and to Mike she said, "Mike, could we stay in one place for a while? I feel like shit."

"I thought you did," he said. "Before you start feeling better, let's go talk to the purser."

"Good."

They'd done this on two other nights, so the purser would be used to the idea. Half an hour or so before the ship would dock, they'd go to the purser and Mike would quietly explain that Jane Ann was feeling kind of bad, a little worse than usual, and would it be okay if they got off first, the instant the ship was made fast? Hey, no problem. No problem twice before this, and it should be no problem tonight.

Getting to the purser's office meant another elevator ride; Noelle gulped a lot, and breathed through her mouth, and held tight to the wheelchair arms, and didn't at all have to put on an act for the other people in the elevator.

The purser's office was open on one side, to an interior lobby, with a chest-high counter. The purser himself was there, with two of his girl assistants, all three of them in the blue and gold uniforms. He wanted them to call him Jerry, and he gave them a big smile as they approached: "Hey, Mike. How you doin, Jane Ann? Enjoyin the ride?" Nobody ever asked anybody if they were winning or losing; that was considered bad taste.

"Not so much, Jerry," Noelle told him, and swallowed hard.

Jerry looked stricken, as though he thought the ship was to blame, and Mike leaned close to him to say, "I hate to be a pest, Jerry, asking special favors all the time—" as the phone on the desk behind the counter rang and one of the girls answered it.

"Hey, no problem, Mike," Jerry said. "I can see Jane Ann's ready to call it a day. You be down in that lounge again, you remember? and— Excuse me."

Because the girl who'd answered the phone wanted to say a quick word to Jerry, who tilted his head toward her while continuing to face Mike and Noelle.

One strange thing about all these hours in the wheelchair was the way it changed your perspective on everybody else. They were all big people now, and she was little. Seated in the wheelchair, she was too low to actually see the countertop, but could look at an angle up past it at the faces of Jerry and his girl assistant as the girl, in low tones that nevertheless Noelle could hear, said, "The cashier's cage say they're not getting any change."

Jerry looked blank, but continued to smile at Mike and Noelle. He said, "What?"

"People want to cash in now," she told him, "and they're sending down the chips, but nothing's coming back up."

Here we go, Noelle thought. One twenty-seven by the big clock on the wall at the back of the purser's office. Here's where the hairy part begins. Sooner or later, cops are going to come aboard, and they're going to want to know if there are any anomalies here tonight, any odd or unusual passengers, and will they look at a girl in a wheelchair? Sooner or later they might, but not if she's long gone, off and away from here.

"Excuse me," Jerry said, and turned away from

them, and made a quick phone call. Four numbers; internal. Calling the money room. Waiting. Listening. Waiting. Looking confused.

Exactly one-thirty. Jerry hung up, and stood still for a second, frowning this way and that, trying to decide what to do. Mike said, "Jerry? Something wrong?"

"No, no," Jerry said. "Just a little, uh, communication problem. Excuse me, one second." He made another internal call, and this time it was answered right away, and he said, "It's Jerry. We're not getting anything up from the money room, and when I called down there there's no answer. Can you beep your guy at the top of the stairs? Well, can you send somebody over, see what's up? Thanks, Doug."

Mike, sounding worried, said, "Jerry? Is there gonna be a problem?"

"I'm sure there isn't," Jerry promised him. "Maybe there's an electric failure down there, who knows what. They'll take a look."

Mike, more confidential than ever, said, "Jerry, the reason— See, I'm responsible for Jane Ann."

"I know, Mike, and you do a great—"

"Yeah, but, see, if there's gonna be a problem— Jerry, I gotta get this girl home."

"Don't you worry, Mike, we'll get Jane Ann home, there isn't going to be any reason not. You've got my word on this, okay?"

"Would it be okay," Mike asked, "if we stuck around here to find out what's going on? You know, just so we know. I mean, if we gotta get the medevac helicopter, we oughta know that right—"

Jerry blanched, but rallied. "If it comes to that," he said, "we'll move fast, don't you worry, but it isn't gonna come to that. Sure, stick around, I'm happy to have the company. Jane Ann? Anything I can get you?"

"Oh, no," she said, and put a trembling hand over her mouth.

Jerry looked as though he couldn't figure out which of his problems he should worry about most.

One thirty-three by the big clock, and the phone rang. The same girl assistant answered, then said to Jerry, "Doug."

"Right. Jerry here. Yeah? *What?* Holy *shit*, I—I— I mean *hell*! *Jesus!* What are we— Yeah, okay, I'll come up, too, who knows *what* the fuck we're supposed— oh, God. I'll come up."

He slammed the phone down and gave Noelle an agonized look, saying, "I *do* apologize, Jane Ann, I'm very sorry, that isn't like me, to use language like— I was just— I'm overwhelmed."

Mike said, "Jerry? What is it?"

"I've gotta go see the captain." Jerry was well and truly rattled.

Mike said, "Jerry, don't leave us like this. What's going on?"

Jerry looked both ways, then leaned over the counter and gave them a harsh stage whisper: "We've been robbed!"

"What?" Mike was as astonished as Jerry. "You're

kidding me, nobody could—" Then, moving as though prepared to fling himself between Noelle and an approaching bullet, he said, "They're on the ship? You've got robbers on—"

"No, no, they— I don't know, apparently they came in through the door in the hull, there's a separate door there, I don't know if you ever noticed, the armored car, at the dock—"

"No," Mike said. "They came in through some door in the hull? The side of the ship, you mean?"

"And I guess back out again," Jerry said. "With the money."

Noelle said, "Jerry?"

He leaned close to give her a solicitous look, and to say, "Don't worry, Jane Ann, we'll still get you off, just as *soon* as we dock."

"Thank you, Jerry," she said, "but that's not what I wanted to say. Jerry, do you realize what this is? It's piracy!"

Jerry reared back, thinking about that. "By golly, you're right," he said.

Noelle said, "Look for a man with an eye patch." And, despite how miserable she felt, she smiled.

At one forty-five they made the announcement over the loudspeaker. The money room had been robbed by gunmen who escaped in a small boat. More money was coming from the bank and would meet the boat, and people who still had chips to turn in would be able to do so while exiting the ship. There would be two exit ramps, so if you didn't want to cash in any chips you wouldn't have to wait on that line. All passengers would be required to give their names and addresses and show identification to the police when debarking, but otherwise would not be detained. The ship, its crew and its owners apologized for any inconvenience.

The ship was abuzz with excitement and rumor, and Mike and Noelle stayed well away from it. Mike asked permission to stay in the purser's office till they landed, to protect Jane Ann, and the distracted Jerry agreed, but they didn't hear any more about what was going on. The action had apparently moved to the security office.

When at last they docked in Albany, Jerry was as good as his word. He personally escorted them to the lounge near the exit, he spoke to the first police officers who boarded, and there was no problem about departure from the ship.

Mike showed his fake chauffeur's ID, gave Jane Ann Livingston's spurious address in a mansion on the Hudson, and three minutes after the ship had tied up at the dock he was pushing a thoroughly beat-up Noelle down the gangplank and through the departure building and out to the parking lot, where for the last time he did the elaborate ramp arrangement that got her wheelchair into the van. Then he got behind the wheel, and drove them away from there.

The second traffic light they hit was red, and while stopped he looked at her in his inside mirror and said, "How you doing?"

"Ask me," she told him, "three beers from now."

10

Ray Becker woke up. Holy shit, he fell asleep!

Around ten he'd driven away from the cottages and down into a nearby town to a pizza place, where he got a small pizza and a can of Coke, and came back, and sat here on the porch in the dark, looking out at the black river, with the living room and kitchen lights on in the cabin behind him, and while he ate he thought about where he'd go, once he had his hands on the money.

He wished he could just get completely out of the United States, but he didn't dare. He wasn't sure he could cross any border without ID, and he didn't have any ID he'd care to show anybody official. And if he went somewhere else in the world, what would he know about the place? The laws, the systems, the ways things worked. What would he know about how they handled things? He'd be crippling himself, that's all, and for what?

No, he'd have to stay in the States, which meant he'd have to go somewhere that was both out of the way and far from home; he wouldn't want to run into any old high school pals on the street.

But it couldn't be just anywhere. There were states, for instance, like Florida and Louisiana, that had a floating population of petty crooks and therefore had a lot of police forces alert to the idea of checking out any strangers who hung around too long. For similar reasons, big cities like New York and Chicago were out; but they were out anyway, because Becker had never felt comfortable in big cities.

He'd thought about Oregon and he'd thought about Maine, but the idea of the weather in both those places daunted him. On the other hand, if he went too far south, he'd stand out too much.

Maybe some place like Colorado or Kansas. Move in to some medium-size town, just settle in for a while, then get fresh ID, invest some of the money in a local business, start a new life.

ID wouldn't be a problem, he knew how to do that. You'd choose a good-sized city—Omaha, say, or St. Louis—and look in the newspaper obits there for the year you were born, where you'd eventually find a child that had died before its second birthday. Using that child's name, you'd write to the Hall of Records in that city to ask for a copy of your birth certificate. Using that, you'd go to the nearest Social Security office and explain you'd lived outside the U.S. since you were a kid, with your parents, but now you were back and you needed to sign up. With those two pieces of ID, and the same off-shore story, you'd go get your driver's license, and all of a sudden you were as legit as any citizen in the country.

Kansas, he thought, that's where I'll go, check it out, see if that's the place for me, and on that thought he'd fallen asleep.

Only to spring awake, with the realization that he'd almost made a huge mistake. A *huge* mistake. If the robbers came back with the money and Ray Becker was sprawled in this chair asleep, that would be it. No questions. No more chances.

Kansas? Bottom of the Hudson River, more likely.

The lights are still on! What time is it?

He was trying to look at his watch and jump up from the Adirondack chair, both at the same time, when a voice said, "Whadaya suppose they left the lights on for?"

Becker froze. Someone in the kitchen, directly behind him. He stared ahead of himself, out at the blackness that contained the river, and he listened very hard to the space behind him.

A second voice: "Maybe so they could find the place from the river." Younger, more nasal, than the first voice.

"We'll leave it the way they left it," said a third voice, older and heavier and beerier, like the first one. And how the fuck many of them *were* there? "We want those boys walkin in here all fat and sassy."

Now he knew why he'd come awake. He must have

heard them arrive somehow, a car door slamming or the front door opening or whatever it was.

Get off the porch; that's the first thing. Slowly and silently, without attracting attention, get off this goddam porch.

Becker eased forward off the Adirondack chair onto his hands and knees. Behind him they were talking, making themselves at home, opening and closing the refrigerator door. A beer can popped.

The screen door off this screened-in porch was ahead and to the right, and it opened inward. Becker crawled over there, found the door by feel, pulled it a little way open, and for a wonder it didn't squeak. Holding the door with his left hand, he shifted around to a seated position, then slid himself forward on his rump into the doorway, until his feet found the log step out there between porch level and the ground.

Easing himself out, and down onto that step, without letting the door slam, was damn tricky, but he did it, holding his hand between door and frame at the last, until he could get his feet under him, and reach up to the knob. He pushed the door open just a bit to free his hand, then eased it shut.

Darkness outside, with canyons of light vaulted from the windows. Becker eased along next to the building, peeked in the kitchen window, and saw three of them, all now with beers in their hands.

Bikers. Two big old rogue elephants, bearded and ponytailed and big-gutted, and one young ferret, all three of them in the black leather those boys like so much. One of them was the leader, and was telling the other two where to position themselves for the ambush to come; this one in this room, that one in that room.

Becker went back to the side of the porch, away from the light, then hurried around the next-door cottage to his pickup truck. From there he could see, gleaming in the living room light over there, three big motorcycles. So that's what had waked him, those hogs driving in. Damn good thing.

When he'd first rented the pickup, he'd removed the interior light, so it stayed dark when he gently opened the passenger door. There was a narrow storage space behind the bench-type seat, that you got to by tilting the seatback forward. Not much room back there, but enough for the shotgun he'd taken from the trunk of his patrol car when he'd ditched it, and also for the two handguns he'd always carried; his official sidearm, a Smith and Wesson Model 39, a 9mm automatic with an eight-shot clip, and his extra, a little Smith and Wesson .38 Chiefs Special, a very concealable revolver with a two-inch barrel.

For present purposes, he left the automatic, pocketed the revolver in case he needed to do in-close work, and headed back for the lit-up cottage, carrying the shotgun at port arms.

And now at last he looked at his watch: five minutes to two! Jesus Christ, they'll be back any minute! He had to get rid of those people, he had to get those lights switched off.

It's getting complicated again, goddam it, it's getting screwed-up again. Get it under control. Don't let things spin away into disaster like every other time, this is the last chance, the last chance. The last chance.

The leader first. Moving cautiously along, stooped to stay under the shafts of light, Becker found him in the bedroom off the kitchen, in semi-darkness, looking through the mostly shut doorway at the kitchen, patiently waiting. He had a beer can in his left hand, a big automatic in his right, like the one Becker had left in the truck.

Take care of this now. Take care of it all right now. Get it simple again.

Becker rested the tip of the barrel of the shotgun against the wood frame at the bottom of the screen over the window. The window was open, so it was only the screen in the way. Focusing past it, not seeing the screen at all when he did, Becker aimed the shotgun carefully at the center of the back of that head, just at the knot in the ponytail. His finger slowly squeezed down on the trigger.

FOUR

1

We didn't leave lights on," Parker said, and a shot sounded from up there, on shore.

He had both guns in his hands, the one he'd carried onto the ship in a shoulder holster and the one he'd taken from the guard on the stairs, because he'd planned to throw them out into the river as they left the boat, but now he turned and put the barrel of the Colt Python against Hanzen's near temple. "Turn us around," he said, being very quiet, because sound travels on water. "Take us out of here."

Hanzen did it, without an argument, without a reaction at all, as though he'd been expecting this.

"You know," Wycza said, speaking as quietly as Parker had, "I *thought* this thing was going along too easy."

Parker said, "We'll head for your landing."

"Oh, shit," Hanzen said, but that was all. Behind them, a second shot sounded, and in quick succession a third.

Parker hadn't one hundred percent trusted Hanzen, but had felt he could take care of things if a problem came up. But why would people be shooting back there? Had they been shooting at this boat? What would be the purpose in that?

Nobody spoke for a good three minutes, as Hanzen steered them at a downstream angle out toward the middle of the river. They'd come from upstream, and Hanzen's landing was further on down. For those silent three minutes, Parker held the barrel of the Python against Hanzen's temple, and Hanzen hunched grimly over his wheel, looking straight ahead, asking nothing, offering nothing.

Finally, Parker tapped Hanzen's head lightly with the gun barrel. "I can't hear you," he said.

"You know the story," Hanzen said. He sounded bitter.

"Not all of it."

"Shit, man, *I* don't know *all* of it. Who's shooting back there? Beats the shit out of me. Maybe they got stoned, they're shooting at little green men. Wouldn't put it past them."

That was possible. Or there could be more players in the game. Parker said, "Just how many people you told my business?"

"Only them as leaned on me," Hanzen said, "and you met them."

"They didn't buy our restaurant story, is that it?"

"A businessman don't offer to run over one of them's bikes. You come on too hard, so they wanted to know about you. I figure it's your way, you can't help it."

Wycza said, "What have we got, exactly?"

"Three bikers," Parker told him. "Friends of Hanzen."

"Not friends," Hanzen said.

"They do drug deals together," Parker said. "They saw me one time, I was with Hanzen, the story was I was lookin for a site for a waterfront restaurant. Seems they didn't buy it, and they got curious."

"They leaned on me," Hanzen insisted, "like I said."

Wycza told him, "I look at you, friend, it don't seem to me you'd need much leanin." To Parker, he said, "So Hanzen here told these biker friends of his where they could expect to find us with some money on us."

"And went there first," Parker said.

Lou Sternberg had been silent all this time, seated on the bottom of the boat because his balance wasn't good enough to permit him to stand when it was running through the water. But now he said, "Parker, why are you still talking to this clown? This is a deep enough river, isn't it?"

"We couldn't find his landing on our own," Parker said.

Hanzen said, "That's right, and we all know it. I'll take you to my place— you probably want my car."

"Naturally."

"So there it is," Hanzen said. "I'll take you there, you'll go ashore, you'll kill me, you'll take my car, my problems'll be all over and yours'll still be goin on."

"Maybe not," Parker said. "You're cooperating, and you didn't tell them till they made you."

"Don't try to give me hope," Hanzen said, "it's a waste of time."

Which was probably true, too, so Parker didn't lie to him anymore.

"Leaned on him," Wycza said, scoffing. "They leaned on him. Made faces and said boo."

"That's right," Hanzen said, "they did that, too. They also kicked me in the nuts a couple times, kicked me in the shins so I got some red scars you could look at, twisted my arms around till I thought they broke 'em, closed a couple hands down on my windpipe till I passed out." He turned away from the wheel, though still holding on to it, and looked Wycza up and down. "You're a big guy," he said, "so you figure it don't happen to you. The day it does, big man, when you got seven or eight comin at you, not to kill you but just to make you hurt, you remember Greg Hanzen."

"I'll do that," Wycza promised.

"And remember I told you this. They got wonderful powers of concentration, those boys, they never forget what they're doing. They don't stop. They won't stop, no matter how long it takes, until you say what they want you to say."

"I'll remember that, too," Wycza said.

"Good." Hanzen turned back to the wheel. "We're coming in now," he said, and angled them toward shore.

It was still possible that Hanzen had some other scheme in mind, so Parker kept both guns in his hands and peered at the black and featureless shore as the boat slowed and the river grew wider behind them. How could these river rats find their way around in the dark like this? And yet they could.

"I'll run it on up on the shore," Hanzen said. "Make it easier for you all to get out."

"Good," Parker said.

Hanzen said, "I hope you take them, and not the other way around. Them's the bunch I got a grudge against."

"We'll do what we can," Parker said.

Now the shore was close, very close. There was a little moon, not much, just enough to glint off glass in there; probably the windshield of Hanzen's car. Parker said, "Where are the car keys?"

"In my pocket. Wait'll we stop."

"Fine."

"Brace yourselves now."

Hanzen switched off the engine. There was a sudden tingling floating silence, and then the keel of the boat scraped pebbles in the mud, angled up, ran partway up onto the bank, and jolted to a stop. Hanzen reached into his pocket, came out with a small ring of keys, and extended them toward

Parker, who took them. "It pulls to the left," Hanzen said.

Wycza stepped over the side first onto the bank, then helped Lou Sternberg over. Parker jumped over the side, and Hanzen jumped after him. Then Hanzen stood there, just waiting.

Wycza took Hanzen by the elbow, walked him farther from the water's edge, into the oval clearing, very dark now. They stopped, and Wycza stepped to one side. He said, "Greg."

Hanzen turned his head, and Wycza clipped him across the jaw with a straight right. Hanzen dropped like a puppet when you cut the strings; straight down.

Wycza turned to the others. "Okay, let's go," he said. "I see it's another goddam tiny car. Lou, you're in back."

Sternberg said, "Dan, he isn't dead."

"Oh, what the fuck," Wycza said. "By the time he wakes up, whatever we're doing, it's all over and done with. He's just some dumb poor clown. He helped us one way, and he hurt us another. Listenin to him, out there on the water, I kind of felt for him. Okay?"

Parker and Sternberg looked at one another. To be betrayed, to be set up, to be led into an ambush, and then not deal with the guy that did it? On the other hand, it was certainly true that Hanzen wasn't a threat to them any more, and for whatever reason the ambush hadn't worked, and in fact killing was never a good idea unless there were no other ideas.

"And now," Wycza said, "he's got a broken jaw, so it's not like he's singin and dancin."

Parker shrugged, and so did Sternberg. "Well, Hanzen was wrong about one thing," Parker said, as he walked toward the little Hyundai, the car keys in his hand. "His problems aren't over."

2

Parker drove. He was probably taking a long way around, going out to the main state road and then north, but he didn't know all the back ways around here, particularly at night. Still, the main point was to get to the cottages before Mike and Noelle did, because they wouldn't know they were riding into an ambush. But they couldn't reach there from the ship until close to three, and even going the long way around Parker could make it by two-thirty.

They were silent most of the way up, but as they neared the dirt road that led in to the cottages Parker said to Sternberg, in the back seat, "Lou, here's the gun I took off that guard."

"You've still got your other one? Fine."

"My idea is," Parker said, "Dan and me go in on foot, see what's what. You and the car stay out by the turnoff, watch for Mike and Noelle."

230

"Okay. If I hear anything . . ."

"You do what seems best."

"Right."

The landmark for the turnoff at night was the Agway just to the north of it. They kept lights on up there, in the yard and inside the main store building. Everything else for a few miles around was in darkness at this hour, so when they saw those white and red lights, they knew where they were.

There was no traffic at all; they hadn't seen another car in motion in ten minutes. Parker switched down from headlights to running lights as he made the turn, then switched the lights off entirely before he stopped, with the Hyundai maybe four car lengths in from the blacktop, squarely in the middle of the dirt road. All three got out, and Sternberg, holding the guard's gun loosely at his side, said, "I'll sit against a tree over here."

Wycza said, "Let's hope Mike don't take the turn too fast."

Sternberg said, "Parker, now he's worried about Hanzen's *car*. You sure this guy's one of us?"

"Promise you won't tell," Wycza said, and he and Parker walked on down the road.

There was enough moonlight and starlight to make the paler swath of the road stand out from the darker woods all around it. They walked side by side, guns in their hands, Parker near the left edge of the road, Wycza near the right. After a while, their night vision improved, and they could see a little ways into the woods on both sides. Except for the quiet crunch of their shoes on the dirt, there was no sound. And though the air was cool, there was no breeze.

Light up ahead. They moved more slowly, and saw the lights still on in their cottage. In the cleared space in front stood the three motorcycles, near Wycza's Lexus and Parker's Subaru. There was no sound, no movement.

Wycza reached across and tapped Parker's arm, then pointed. The lit-up cottage was second from the left. Between the two cottages on the right a pickup truck was parked. It was a convention here.

There was no way to move to the left past the cottages, which is what Parker had wanted to do. But if you went that way you'd be picked up in the light-spill, so he moved to the right instead and followed Wycza around the edge of the clearing to the farthest right-hand cottage and around it into the deeper darkness there.

In that darkness they paused for a whispered discussion. Wycza said, "Who's the truck?"

"Wild card."

"There's somebody somewhere. Down at the landing?"

"If they still think we're coming from there. I'll look."

"I'll see what's in the cottage."

"Fine," Parker said, and went first, around the riverside end of the first cottage and straight out to the drop-off, then left to the wooden stairs down to the river, which were just beyond the range of illumination from the house.

The sound here was river against shore, river against support posts; faint whispers of wavelets, not much louder than Parker and Wycza had been, a minute ago.

Parker went silently down the uneven steps. There was no comfortable place for somebody to sit and wait on the steep slope to either side, and there was nobody on the dock. The river reflected moonlight and made a heavy steady sweeping movement from right to left.

Parker went back up the stairs, and at the top he stood and waited and listened. At first he heard and saw nothing, but then he caught the movement as the outside door to the screened porch of their cottage pushed inward, the screen of the door reflecting light differently as it moved. He looked lower, and could just make out Wycza crawling through the doorway, flat on his belly. The screen door eased shut.

Parker moved to his left, to get to the rear of the last cottage, where they'd split up, so he could follow Wycza's route. He turned at that cottage, moved along its screened-in porch, and beyond it saw to his left the pickup, parked facing this way, as though the driver hadn't considered the possibility he might want to leave in a hurry.

As Parker crossed the open space to the next cottage, there were two sudden shots. He dove to the ground, pressed against the stone foundation of the cottage, and lay prone, Python held in both hands on the ground in front of him.

The shots had come from out ahead, probably their cottage. And the two shots had been different, the first one lighter, more of a clap, the second one heavier, a full-throated bark. The kind of sound this Python might make, or Wycza's 27.

Parker waited for some sort of follow-up, but nothing else happened, so he snaked forward along the ground, pulling himself on with his elbows, arms crossed in front of his jaw, Python pointed at the screened porch beside him.

At the corner, he was where the light began. He looked across at the yellow windows, and waited. After a minute, he heard movement, walking; somebody who wasn't trying to conceal himself. Then the front door opened and slammed shut, and a few seconds later Wycza appeared around the corner down there, 27 in his hand but casually, pointed downward. He looked this way and that, but not warily, along the ground, like somebody who's lost a cufflink. He stopped to look at the window to the bedroom off the kitchen, fingering the screen there. Then he came on, and Parker could hear he was singing, not loud, not soft: "Be down to getcha in a taxi, honey, better be ready bout half past eight."

Wycza was not somebody who sang. As he rounded the corner and walked openly past the doorway he'd crawled through just a couple of minutes ago, Parker reversed himself and got crouching to his feet, and hurried bent low back the way he'd come, to the last cottage, and around it to the front, where he saw Wycza just moving out of the range of the light toward the road. He didn't seem to care that he was exposed.

Keeping to the darkness, being sure he couldn't be seen, Parker followed.

3

Down the dirt road, where you couldn't see the light from the cottage any more, Wycza stood waiting. Parker joined him and said, "What's up?"

"The three bikers, like you said, in three rooms. Set up for an ambush, but gunned down. Two dead, one not. Not then."

"Wounded? Took a shot at you."

"The young one. Been hit high on the chest, right side, lying in the living room behind the sofa. *Looked* dead. I found the other two first, one in a bedroom, shot in the back of the head, one in the kitchen, shot in the chest. One shot each."

"Economical."

"I was keepin down, movin slow." Wycza shook his head, remembering. "All of a sudden, this son of a bitch in the living room rolls over, he's got a .22 in his hand. You know as well as I do, you can't hit your own pocket with one of those."

"They're not for work," Parker agreed. "For noise, and for show."

"So he shot at me, hit the ceiling or some fucking thing, and I put him down."

"Okay."

"The thing is," Wycza said, "he startled me, so I come upright, and I did him, and I'm standin there, and all at once I realize, I got windows on three sides of me. You know that living room, it's all across the front."

"But nobody killed you," Parker said.

"Hell of a way to find out," Wycza said. "So where's the guy from the pickup? Those three in the cottage didn't shoot each other, and the pickup's still there, but nobody's shooting at me. Is he hurt? Or is he just waiting? Did somebody maybe put a bullet into the pickup guy?"

"Not with a .22," Parker said.

"The one in the kitchen," Wycza said, "carried a .45 auto, been fired once tonight."

"That's different," Parker said.

"So I figure," Wycza said, "long as nobody's shooting at me anyway, why not just waltz around, have a look?"

"I watched you," Parker told him.

"You weren't the only one, I'm pretty sure," Wycza said. "So you saw me stop at the bedroom window."

"You were interested in that screen."

"Three fresh holes in it, two pushing in, one pushing out. The way it looks to me," Wycza said, "those three were scattered in the house for the ambush. Our pickup guy came over, shot the one in the bedroom. The other one ran over through the kitchen, got to the doorway, saw the pickup guy in the window, took a shot at him, the pickup guy shot him back. Or the other way around. Anyway, the biker dead, the pickup guy wounded. Some blood drops on the wall, like it sprayed when he was hit."

"But he went on after the third one."

"Well, he had to," Wycza said. "In a hurry, hurt, got him in the living room through the side window there, another hole in the screen. But he didn't feel healthy enough to go in and finish the job. Went to hide, hope to feel better, wait for us. But from what I could see, it's only the one guy."

Parker turned and looked back toward the cottages. "So he's there, probably in the cottage between ours and his truck—"

"That's where I'd put him," Wycza agreed. "Where he can watch, but where he can also feel like he's got a way out if he needs it."

"And he's wounded, or maybe he's dead now," Parker said. "Wounded bad, or just scraped."

"He didn't take a shot at me," Wycza pointed out.

"Waiting for the money," Parker said. "If he's alive, that's what he's doing."

Wycza nodded. "That's what I'd do, I was him. And alive."

"If we burn him out," Parker said, "the flames'll bring every volunteer fireman in a hundred miles. If we just go in to get him, he's got too many chances to get us first."

"Fuck him, leave him there," Wycza said.

"I can't do that," Parker said. "Come on, let's go talk to Lou."

4

Before they reached the main road, they saw headlights turn in, then go black. "The money's here," Wycza said.

They continued on, and found the van stopped behind the Hyundai, its sliding side door open, spilling light onto the road. Mike Carlow, without his chauffeur's cap and coat, stood beside the van listening to Lou Sternberg explain the situation, while Noelle sat in the van doorway, feet flat on the ground as she leaned against the side wall to her right. She was still in her invalid filmy white, and she looked like a ghost.

"Here they are now," Sternberg said.

Wycza said, "Noelle? You okay?"

"Not yet," she told him, "but I will be."

"She got dried out," Carlow explained. "What's the situation back there?"

"Three dead bikers," Parker said. "The one that got them's holed up in another cabin, waiting for the money. He's wounded, we don't know how bad."

Sternberg said, "They fought each other even before they got the goods?"

"No, it's somebody else. No idea who."

Carlow said, "He gunned down three bikers by himself, and now he's in there waiting to take *us* down?"

Wycza said, "He's ambitious, we know that much."

Sternberg said, "We're here, the money's here. Let him stay and rot, we'll go somewhere else."

Parker said, "I need to know who he is."

"*I* don't," Sternberg said.

Parker said, "But who is this guy? Where'd he come from? Is he going to be behind me some day?"

"He won't be behind *me*," Sternberg said. "I'll be home in London."

"What I'm thinking about," Parker said, "is Cathman. I've been waiting for something from him, and I'm wondering is this it."

Wycza said, "Cathman? Parker, from the way you describe that guy Cathman, that isn't him back there."

"No, but he could be *from* him."

"Parker," Sternberg said, "you understand the situation. You've got a link with this Cathman, the rest of us don't. He may know your name and your phone number, but he doesn't know a damn thing about me. You got a guy laying in ambush down in there? Fine, let him lay, I'm going home. We did good work tonight, and I'm ready to see the money, put it in my pocket, call British Air in the morning."

"I've got to go along with Lou," Noelle said. "I'm tired, and I feel like shit, and all I want to do is sleep and eat and drink. I don't want to fight anymore."

"Okay, you're right," Parker said. "Whoever this guy is, he's my problem, not any of yours. Mike, can you get the van around this car or do I need to move it out of the way?"

Carlow said, "You need to move it, if I'm going in. Why am I going in?"

"Just to get away from the road, so no county cop comes along while we're splitting the take."

Carlow laughed and said, "*That* would be a moment. Yeah, move it over. Noelle, honey, you wanna get in or you wanna get out?"

For answer, she hunkered back and drew her legs up under her. Seated in the van doorway, cross-legged, slumped forward, she looked like an untrustworthy oracle.

Parker jigged the Hyundai forward and back to the side of the road, waited while Carlow drove around him, then got out and walked with the others after the van. They were all stained red when the brake lights came on, and then it was dark again, except for the van's interior light, gleaming on the ghostly Noelle.

Carlow climbed from the driver's seat into the back of the van and slid the box out from the wheelchair. It was crammed full of the white plastic bags, four of them.

"Excuse me, Noelle," Sternberg said, and climbed up past her into the van. The rear seats had been removed in there, to make room for the wheelchair, which was now pushed as far back as possible, leaving a gray-carpeted open area. Carlow and Sternberg and Noelle sat on the carpet in this area, facing in, and began to count the money, while Parker and Wycza stood outside, sometimes watching, sometimes looking and listening up and down the road.

Three hundred nineteen thousand, seven hundred twenty dollars. Parker had had three thousand in expenses, that he took out first. Sternberg did the math on the rest, and said, "That's sixty-three thousand, three hundred forty-four apiece."

"You each take sixty-three," Parker said. "I'll take the change for dealing with the guy back there."

"A bargain," Carlow said.

Noelle had a handbag that would carry her share, and the others used the white plastic bags. In Parker's bag, there was sixty-seven thousand, seven hundred twenty dollars.

The four of them would take the van, leaving the Hyundai, which nobody wanted. Wycza said, "Coming out, use the Lexus. The key's in the ashtray."

"I will," Parker agreed. "Lou, I'll take back that other gun now."

"Right." Sternberg handed it to him, and said, "Call me again sometime."

"I will."

Carlow drove, Wycza in the seat beside him, Sternberg and Noelle seated on the floor in back. Only the back-up lights were on as Carlow backed past the Hyundai and out to the main road. Parker stood watching, and saw the van's headlights come on as it swung out and away, to the right.

Darkness again. It would take a few minutes to get his night vision back. He had the Python in his left hip pocket, and held the automatic in his right hand, the bag of money in his left. He walked down the road toward the cottages, and when he could see a little better he chose a spot where there was a thick double-trunked maple just to the right of the road. He went around behind it, put the plastic bag on the ground against its trunk, and brushed some dirt and stones and decayed leaves over it.

As he straightened, headlights came, fast, from the cottages. He stayed behind the tree, and the pickup went by, racing too hard for this road, jouncing all over the place. Whoever was at the wheel was impossible to see, and more than impossible to shoot.

The pickup lunged by. Parker stepped out into the roadway and listened, and there was a sudden shriek of brakes when the driver came across the Hyundai.

No crash, though; he managed to get around it. Then silence.

Parker put the Python in his right hand, and walked on toward the cottages.

5

Now there were lights in two cottages, including the one where Parker and Wycza had decided the unknown shooter must be holed up. Parker was certain there was nobody left alive back here, but he was cautious anyway. He took the same route as last time, around to the right, beyond the reach of the glowing windows. Around the last cottage, then hunkered low to go past the space between cottages, where the pickup used to be parked. And then, silently but swiftly, across the screened-in porch to the cottage that was now lit up.

When Parker had checked out all the cottages, back when they'd first moved in here, this back door had not been locked, and it still wasn't. He stepped through into the kitchen, and it was dark, the lit rooms farther away, living room and bath.

Parker listened. Nothing. He crossed the kitchen to the hall doorway, and stopped. Nothing. He went into the hall and looked through the bathroom doorway at a mess. Half a roll of paper towels on the sink, bloody individual paper towels in the sink and the bathtub and on the floor. Blood smears on the sink.

The dark bedrooms he passed were empty, and showed no signs of use. In the living room, a floor lamp at one end of the sofa was lit, shining down on a dark stain on the flower-pattern slipcover. Parker crossed to look at the stain, and it was blood, some dry, some still sticky. It made an irregular pattern, just at the end of the sofa.

Wounded. Wycza had been right about that, about the blood spatters on the outside wall next door. Head-shot, it looked like, except the guy was too active for that. He'd managed, after he'd been shot, to go on and kill the third biker.

But he hadn't had the strength to switch the lights off. He had to know Parker and the others had gone away with the place dark, and would know something was wrong if they came back and it was all lit up. But he hadn't had the strength to do anything about it. He'd come over here to collapse, to try to get his strength back.

So it wasn't that he'd let Wycza live, in order to wait for the rest to show up with the money. He had passed out over here, he'd never seen Wycza at all.

And then came to. Patched himself one way and another, and took off, knowing the ambush was ruined, the money wouldn't be coming here.

Where would he go now? Who the hell was he?

Maybe Cathman had some answers.

6

It was a long night, and getting longer. Parker had walked out the dirt road to get the plastic bag of money and bring it back here and now it was inside the window well of the right rear door of the Lexus. The automatic he'd taken from the guard on the ship had been flung out over the slope into the river. The two simple incendiaries had been set, one in each lit cottage. There would be no surfaces for the technicians to scan for fingerprints. There'd be plenty left here, though, to give the law things to think about.

If he'd done the fuses right, the two fires should start three hours from now, after seven in the morning; daylight, so they could burn longer before being noticed. Yawning, forcing himself to stay awake, Parker got behind the wheel of the Lexus and steered it out to the main road, intending to head north, to deal with Cathman, one way or another. But when he saw the Hyundai, he stopped.

He rubbed his eyes, and the grizzle on his face. Wycza had been wrong, dammit. He had the big man's flaw of every once in a while feeling sorry for the weak.

Greg Hanzen knew their faces, he knew a link to Parker through Pete Rudd, he could describe the getaway from the ship. He could let the law know for sure that the money had not come off with the heisters. And his car was here, next to a scene of a lot of trouble that had to be connected with the robbery, and no way for Parker to get rid of it.

Cathman was to the north, Albany, an hour away. Hanzen was half an hour to the south, at his landing. Or, if he was conscious by now, maybe he'd made his way to a hospital somewhere, a river rat with a broken jaw on a night when a major robbery takes place on the river. Would the cops ask him questions?

I've got to look, Parker told himself. If he's there, that's that. If he's gone, I don't pursue it, I let it play out as it plays.

He turned right and drove south. Ten minutes later, he saw the first lights he'd seen, a 24-hour gas station and convenience store. He filled the tank and bought a coffee and a glazed sugar doughnut, and drove on south, finishing the coffee just before the turnoff in to Hanzen's landing.

He switched off his headlights as he crossed the railroad tracks, and ahead he saw the glow of some other light. He stopped in the clearing, got out of the

Lexus, and the light came from Hanzen's boat, still beached up onto the shore. A not-very-bright light was on in the cabin, and the cabin door was open, facing the river.

Parker didn't get into the boat; he was too tired to climb over the side. He held the Python in his right hand and walked down beside the boat until the water was ankle-deep, cold inside his shoes, where he could look back in at the cabin, and Hanzen was in there. He was awake and miserable, hunched over his battery lantern. He'd tied a towel under his jaw and over the top of his head, like somebody in a comic strip with a toothache. He sensed Parker, and looked at him with watery eyes. "Now what?" he said. His speech was mushy.

Parker said, "I came to tell you, your problems are over after all."

7

Driving north toward Albany on the Taconic Parkway, Parker watched both dawn and a heavy cloud cover move in from the west. He drove with the windows open, for the rush of air to keep him awake.

One more detail, and it was over. He'd take a motel room, sleep the day and night away, not try to get back to Claire until tomorrow.

Howell should never have given Cathman Parker's name and phone number. When he'd done it, of course, Howell hadn't known he'd soon be dead, unable to keep control of what was going on. Still, he shouldn't have exposed Parker this way.

Before Claire, it was simpler. Then, there was no phone number that would reach Parker, no "address" where you could put your hand and touch him. It was harder now to stay remote, but it could still be done. It was just more work, that's all.

North, and then west, over the Hudson toward Albany and the gray day. It was after six, and there was starting to be traffic, early-morning workers. Once Parker left highway to drive on city streets, there were a few school buses.

Delmar was still mostly asleep. The supermarket where he'd left the Subaru when he'd visited Cathman at home that one time was not yet open, and the blacktop expanse of its parking lot was empty. One of the few houses in the neighborhood with lights gleaming inside the windows was Cathman's, both upstairs and down. And in the next block, parked on the right side of the street in front of a two-family house, was the pickup truck.

Parker drove on another half block, looking at the pickup in his rearview mirror, and there was no question. He stopped the Lexus, rolled up its windows, locked it, and walked back to the pickup.

It had some new dents and scratches on it. There was a rental company decal just under the right headlight, like a teardrop. The guy had gone away without locking the truck, and when Parker opened the driver's door to look inside there was a little dried blood on the seatback; not a lot, but some.

These trucks have storage spaces behind the bench seats. Parker tilted the seatback forward, and looked at a shotgun. It too had a decal on it, like the truck, this one smaller, gold letters on black, on the side of the butt, just above the base. It read "MONROVILLE P.D."

Monroville? Did he know that name? And what was this guy doing with a police department shotgun?

And how come he was visiting Cathman?

Parker didn't feel tired any more. He shut the pickup's door, and walked toward Cathman's house, number 437.

8

As before, shades were drawn over the windows of the enclosed porch downstairs and the front windows above. Light gleamed behind the shades, upstairs and down.

Parker took the same route in as when he'd come here wearing the utility company jacket. This time, it was early morning, nobody around, no traffic on this residential side street, so he just walked forward as though he belonged here. With the shades drawn in the house, nobody could watch the outside without shifting a shade, making a movement that he would see.

The kitchen door was locked again, and the lock still didn't matter. He went through it, and then stopped to listen. Nothing; no sound anywhere.

Slowly he moved through the house. Three lamps burned in the living room, but no one was there.

Two magazines and a newspaper lay messily beside one armchair.

Parker continued on, checked the enclosed porch, and the entire downstairs was empty. The staircase leading up was dark, but light shone around the corner up there. He held the Python across his chest and went up sideways, slowly. The stairs were carpeted, and though the carpet was worn the steps didn't squeak.

There was a short upstairs hall, with doorways off it, none of the doors closed. Two of the rooms showed light, and from his last time here he knew the one on the left was Cathman's bedroom, and the one at the end was his office.

The dark room on the right was empty, and so was its closet. Cathman himself was in his bedroom, in bed, asleep, curled up on his side, frowning. The ceiling light and a bedside lamp were both lit. Parker silently crossed the room and checked the closet, and no one was hiding there.

No one else was upstairs at all. Parker came last to the office, and it was empty, too, and where the hell was the guy from the pickup truck? It made sense he was linked to Cathman some way, that had made sense from the time he showed up at the cottages, and it made even more sense when his pickup was parked a block from here. But Cathman is sleeping with his lights on, and there's nobody else around, so something in the equation doesn't make sense after all.

The last time Parker had been in this house the office had been the neatest room in it, as though Cathman were demonstrating his professionalism to himself, convincing himself he deserved a hearing and respect and a job. This time, three or four sheets of lined paper were askew on the desk, covered with handwriting in black ink, with a lot of editing and second thoughts.

What's with Cathman now? Why was he afraid to sleep in the dark? What idea is he trying so hard to express?

Standing over the desk, Python in right hand, Parker moved the sheets around with his left index finger. The writing was very neat and legible, a bureaucrat's penmanship, but there were a lot of crossings-out and inserted additions. Numbers in circles were at the top left of each page. Parker picked up the page marked "1" and read:

"Gambling is not only a vice itself, but is an attraction to other vice. Theft, prostitution, usury, drug dealing and more, all follow in gambling's train."

Oh; it was his dead horse again, still being beaten. Parker was about to put the page back down on the desk, but something tugged at his attention, and he skimmed the page to the bottom, then went on to page 2, and began to see that this was more than just the dead horse, more than just Cathman's usual whine. This time, he was building toward something, some point, some deal . . .

"Knowing the dangers, seeing those dangers ignored by the elected officials around me, believing it was my duty to expose the dangers and give the people of the State of New York the opportunity to choose for themselves what path they might take, I have, for some time, cultivated contacts with certain underworld characters. I felt very out of place among these people, but I knew it was my duty to stay with them. I was convinced that the presence of so much cash money on that gambling ship, so large and obvious and available, would have to attract criminals, as bees are attracted to the honey pot. And now we see I was right."

This was it, this was coming to the point at last. There'd always been something wrong about Cathman, something that didn't ring true, and it was tied up with his fixation on gambling. And now Parker himself had made an appearance in this diatribe, along with Marshall Howell, and the others, all of them certain underworld characters. And all to what purpose?

Parker read on. More pounding on the dead horse, more self-congratulation. Parker skimmed to the bottom, and moved on to page 3, and midway down it he read:

"My recent contacts with career criminals have made it possible for me to be of very material assistance in capturing the gang involved in the crime and also in recovering at least part of the stolen money. In return for my assistance, which could be obtained nowhere else, and which I am offering freely and completely, I would expect proper publicity for my contribution to the solution of this crime. That publicity must include my reasons for having sought out these criminals in the first place, which is my conviction that gambling inevitably brings crime in its wake. I would need the opportunity to make these views widely known to the public. I would insist on at least one press conference . . ."

Insane. The son of a bitch is insane. The dead horse is riding *him*. He's so determined to prove that gambling leads to crime that he's got to rig the crime. He went out to find people to commit the crime for him; first Howell, then Parker. Point them at the ship, give them every bit of help they want, so after they do their job he can say, "See? I was right. Gambling led to the robbery, so shut down the gambling ship. And listen to me from now on, don't shunt me off into retirement, as though I was old and useless and not valuable any more."

There was no way to make that fly. Was he so far gone into his own dreams, his own fantasy, that he didn't see it couldn't work?

Does Cathman really believe he can tell the law he knows details about a robbery, but he won't give them over unless he gets a press conference? If he clams up, that's already a crime. He'll have no choice, once he sends this goddam manifesto to whoever he's going to send it to—the governor, probably, being the megalomaniac lunatic he is—he'll have no choice but to tell the law everything he knows.

And everything he knows is Parker.

"—at the tone seven-thirty. Expect high clouds today, seasonable temperatures . . ."

Cathman's radio alarm clock. It went on, talking

about this and that, and soon it would tell Cathman his designer robbery had come off according to plan. Time he should type up that letter neat and send it out.

Along with what? What else would Cathman have to give? Parker's name and phone number written down somewhere. Maybe a diary? How much of his own involvement with the heist was he figuring to admit? (They'd get the whole thing out of him in five minutes, which he wouldn't be likely to realize.)

Cathman is a danger and an irritation and a lunatic, but he has to be talked to, for just a little while, to make sure all of the danger and all of the lunacy is known about. What else are Cathman and his idle hands up to?

Parker folded the four pages, folded them again, put them in his left hip pocket. Then he picked up the Python from the desk and walked down the hall and stopped in the bedroom doorway.

Cathman lay on his back now, pajama'd arms over the covers, still frowning as he stared at the ceiling. He didn't notice Parker right away, and when the excited news announcer began the story of last night's robbery all he did was close his eyes, as though the effort to make that robbery happen had merely left him exhausted.

"Turn it off," Parker said.

Cathman's eyes snapped open. He stared at Parker in terror. He didn't move.

Parker pointed the Python at the radio. "Turn it off or I shoot it off."

Cathman blinked at the gun, at Parker's face, at the radio. At last he hunched himself up onto his left elbow and reached over to shut it off. Then he moved upward in the bed so he could slump with his back against the headboard. He looked dull, weary, as though his sleep had not been restful. He said, "I didn't know you'd come here. I didn't think you'd actually give me the money."

Parker almost laughed at him. "Give you the money? I just read your confession."

"My con—? Oh. That's not a confession."

"The cops will think it is."

Cathman sat up straighter, smoothing the covers with his hands, looking at Parker more carefully. He had finally realized his survival was at issue here. He said, "You don't think I intend to mail that, do you?"

"With copies to the media."

"Certainly not," Cathman said. He was a bureaucrat, he lied effortlessly. He said, "It occurred to me, there was a remote possibility you people might get caught, and then, what if you implicated *me*? In that case, I had that letter to show, the letter I would have said I was just about to mail."

"What else—" Parker said, and too late he saw Cathman's eyes shift, and something solid shut down his brain.

9

Voices, far away, down a yellow tunnel, then rushing forward:

"All I want is the money."

"Why would I know where any—"

"You *ran* this thing! It's *your* rob—!"

"I never did! I'm not a thief!"

"He's *here.* Look, look at him, he's here."

Handcuffs, behind back. Pain, in small mean lightning bolts, in the back of the head.

"I didn't know he was coming here, I never thought he—"

"I've been watching. You think you can lie to me? I've watched this house. He was here before, dressed like from the electric company, he spent *hours* here—"

"I never *expected* him to—"

"I'm thinking, who is this guy? He's not from the electric company, breaking in, staying hours."

"He wasn't supposed to—"

"You came home. You talked with him."

"He was in my—"

"You drank *wine* with him!"

Lying on the floor. Legs free. That idiot Cathman silent now. This one isn't connected to Cathman after all, he was following him, watching him. Why?

"I didn't hear everything you said, I came over after you came home, I listened at the side window. You called him Parker and he said he needed police ID and there was something about an assemblyman and you asked him when he was going to commit the robbery and he wouldn't tell you."

This one has been here all along, bird-dogging, waiting for it to happen. Who the hell is he? Where did he come from?

Cathman finally had his voice back: "You've still got it wrong. I'm afraid of that gun of yours, I won't pretend I'm not, but you're still wrong. I don't know where the money is. You'll have to ask *him*, if you didn't kill him."

"I didn't kill him, but let's wake him up. Go get a glass of water from the bathroom."

"I'm awake."

Parker rolled over onto his back, as much as he could with his hands cuffed behind him, and tried not to wince. When he moved, the pain in his head gave an extra little kick. He opened his eyes and squinted upward.

The guy was youngish, pudgy, thick-necked, in wrinkled chinos and a pale blue dress shirt; Parker had never seen him before in his life. His right ear was covered by a bulky makeshift bandage, what looked like a length of duct tape over several thicknesses of toilet paper. A red scar pointed to the bandage along his right cheekbone.

The biker back at the cottages had come very close, almost close enough. The .45 automatic slug does a lot of damage even on the near misses, and that's what this had been. The bullet scraped facial bone, took out an ear, and kept going.

Parker nodded at the bandage. "You got any ear left down in there?"

The guy looked surprised, and almost glad. "Are you wising off with *me*?"

"Tell him, Mr. Parker," Cathman said. "Tell him I have nothing to do with it."

The guy laughed. He enjoyed being in charge. "Oh, now he's *mister*, is he?" He held a little .38 revolver in his right hand, which he pointed at Parker as he said, "I bet, if I shoot you in the ankle, and then ask a question, you'll answer it. Whadaya think?"

"I think this is the wrong neighborhood for gunshots," Parker said. "I think it'll fill up with cops, and I don't think anybody in this room wants that. If you'd like to think with your brain instead of your gun, reach in my left hip pocket and read Cathman's confession."

That threw the guy off-stride. "His what?"

Cathman babbled, "It was a letter, I was never going to send it, I needed a—"

"Read it," Parker said. With difficulty, he rolled the other way. "Then we can talk."

The guy was cautious, and not completely an amateur. He came the long way around Parker, staying away from his feet, crouching down behind him, touched the barrel of the revolver to the back of his neck, and held it there while he pulled the folded pages out of his pocket. Then he stood and backed away to the doorway, where Parker could see him again.

Cathman said, "I have to go to the bathroom."

The guy was struggling to unfold the pages while not letting go of the gun or looking away from Parker. Distracted, he said, "Go on, go on."

Cathman, looking like a large sad child in his yellow and green striped pajamas, got out of the bed and padded barefoot into the connecting bathroom, while the guy got the pages open at last and started to read.

Parker rolled again and managed to sit up, then moved backward until he could lean against the foot of the bed. He looked around on the floor and didn't see the Python, so it was probably in the guy's pocket. He watched him read, and thought about how to deal with this situation.

"Jesus Christ." The guy had finished. He dropped the pages on the floor and looked at Parker and said, "He's a fucking lunatic."

"Yes, he is."

"He set you up to do it, so he could turn you in. That isn't even entrapment, I don't know what the fuck that is."

"Stupidity."

"All right." The guy was more relaxed now, as though Cathman being an amateur and an idiot had created a bond between the two of them. He said, "So if you didn't come here to divvy up the money, or anything like that, why did you come?"

"To kill him."

"Hah. No loose ends."

"That's right."

"I wish I'd done it that way myself, years ago," the guy said. "All right, Mr. Parker, I want in. I've got you, but I don't want you, I want money. Are your partners dead, too?"

"No. We know each other, we work together."

"So they're waiting for you to come back, mission accomplished, the loose cannon dealt with."

"Right. And we divvy the money and go our ways."

"So if I kill you," the guy said, "I can't find them, and I can't get any money. But if I let you live, I've got to have money. I need money, that's what it comes down to."

"I could see that."

"So what's your offer?"

"We got over four hundred thousand," Parker said.

The guy frowned. "The radio said three and a half."

"I don't know about that. Usually they estimate high. All I know is, we got over four." Because, to make his story work, there had to seem to be enough for everybody. "There's five of us, so that's eighty apiece, a little more than eighty. You help me in two ways, and—"

"Like letting you live."

Parker shook his head. "You aren't gonna kill me, because I'm not a threat to you like this, and I'm no use to you dead. Don't talk as though we're both ignorant."

"Well, fuck me," the guy said, with a surprised laugh. "You talk pretty tough for somebody sitting under my gun. You think I never killed anybody?"

"I think you never killed anybody when you didn't have a reason for it," Parker said. "Do you want to listen to my proposition?"

The guy shrugged. "Help you two ways, you said."

"First, kill Cathman. I need him dead. I can't do it myself laced up like this, so either you do it or unhook me so I can do it myself."

"We'll work on that," the guy said. "What's the other?"

"For that, I do need to be unhooked," Parker said.

"I don't think so. For what?"

"I've got to search in here and in the office. I've got to see what else he put on paper that could make trouble for me."

"I'll search for you. You tell me what you're looking for."

"No."

The guy looked at him, and waited, and then said, "No? That's it, no?"

"That's it. No. Do you want to hear what your side is?"

"This should be good."

"Why not? If you kill Cathman, or let me do it, and let me run my search in here, that makes you a partner. I won't have trouble with the others, so neither will you. We'll each be getting a little over eighty. So we take twelve out of each of us, that still gives us almost seventy apiece, which is still good, and sixty for you. Is sixty enough for you?"

Clearly, the guy would try to figure out how to get it all, how not to have any partners at the end of the day, but just as clearly he'd also try to figure out how to make it look as though he was content with a piece. Should he pretend to think sixty was enough? Parker watched him think it through, and at last the guy grinned a little and said, "If things'd worked out the way I wanted, I'd have it all. Tell me why didn't you come back to the cabins."

"*You* were there?" Parker said. "Did you by any chance run into some bikers?"

The guy's hand moved toward his wounded ear, but then lowered again. He said, "You know about them."

"We had a guy with a boat," Parker told him, "for when we left the ship. He sold us out to those people, but when we got in his boat it didn't feel right, so we made him tell us what he'd done."

"So where did you go instead?"

"His landing. He's got a place upstream from the cottages, we went there. He had a whole operation up there, a shack by the water, he grows marijuana in peat moss bags suspended on the water. That's his link with the bikers, he's the farmer, they're the processors."

"A shack on the water," the guy said. "I've heard about that peat moss business, it's been tried before. Is that where your partners are, the shack?"

"Yes."

"Telephone there?"

"Of course not."

"And where's the boat guy?"

"In the river."

The guy thought it over. Parker let him have a minute, but then figured it was time to distract him: "Cathman's been gone quite a while."

"What?" Startled, the guy called, "Cathman!" When there was no answer, he strode over to the shut door and hit it twice with the gun butt. Then he pulled open the door and took one step in, and stopped.

Parker said, "Pills?"

The guy stepped back from the doorway. "Well, there's one from your wish list. Or almost. The color of his face, the sounds in his throat, if we called nine one one right now and got the EMT over here on the double, they just might save him. What do you think?"

"I think," Parker said, "we should respect his wishes."

10

Parker thought he was probably a cop. The way he handled himself, some of the things he'd said, turns of phrase. And the shotgun in the truck being from a police department. And that he just happened to be traveling with handcuffs.

Some kind of rogue cop, running away from trouble he'd made for himself, needing a bankroll to start over. Somehow, he'd heard about the ship heist, decided to deal himself in. Wound up at the cottages, same as the three bikers, so all they did was screw up each other's ambush.

The question was, where was his road in? It seemed as though it had to be one of the other four people in the job, but none of them looked right for the part. It hadn't been Cathman, who'd had a different agenda, it wasn't Parker, so who else could it be?

Dan Wycza; Lou Sternberg; Mike Carlow; Noelle

Braselle. He couldn't see this mangled cop cozying up with any of them.

Anyway, if it was one of them, wouldn't this guy know more than he does? But what else could it be?

Maybe, a little later, he'd get a chance to ask that question. But for now, they still had to negotiate their way through this matter of the search. Parker needed to make that search, because the alternative was to uproot Claire and start all over again somewhere else, and if he did that this time he'd be doing it again, and Claire wouldn't be happy on the constant go. Claire liked a nest.

"In here," Parker said, meaning in the bedroom, "you can do it for me. Open drawers, take out anything that's paper, throw it on the bed, let me look at it, and we take away what I want. In the office down the hall there, we could do it this way. I go first, and stop in the doorway. You undo the cuffs, and I walk forward to the desk, so you're always behind me. You stay in the doorway with the gun on me. I do my search. Then I walk backward to the door with my wrists behind my back, you cuff me again. Or you could just cuff me in front, then I could—"

The guy laughed at him. "Sure," he said. "Cuff you in front. I could ask you to hold my gun for me, too."

"Then the other way. You're behind me, you're armed, if I try to do something you don't have to kill me, just wound me. What am I gonna do about you at the desk? Throw a pen at you?"

"I'll have to search it first," the guy said. "Maybe

you happen to know there's a gun in one of those drawers."

"Cathman, with a gun? Search away. You want to help me to my feet?"

"No," the guy said, and backed into the hall. "I don't need to be that close to you, you'll work it out."

Of course he would. Well, it had been worth a try. Using the foot of the bed to push against, Parker turned himself partway around, got one leg under his torso, and pushed upward against the bed until he was on one knee. From there it was easier, except for one second when he wasn't sure he'd keep his balance. But he did, again by leaning on the bed, and there he was, standing.

"I knew you could do it," the guy said. "Come on out, lead the way. We'll do this office first."

They went down the hall and into the office, and the guy had Parker stand in the corner between the two windowed walls, facing the wall, while he did a quick open-slam of all the drawers in the desk. Then he said, "Okay, good. A lotta shit in here, you ask me. Back up to the door."

Parker did, and felt the vibrations of metal scraping on metal as the key moved around the lock.

"Stand still, I'm doing this one-handed."

"Right."

The cuffs came off. "Walk."

Parker walked. His head still ached, and now his wrists were sore. He rubbed them as he walked across the room, giving himself a fireman's grip and kneading the wrists, and then sat at the desk.

A lot of shit in the drawers, as the guy had said, but not all of it useless. He palmed a paper clip, one of the larger thicker ones, and when he bent to open the bottom drawer he clipped it to the front of his shirt, below desk level. There were also ballpoint pens, simple plain ones that didn't retract. He held one up, showing it to the guy in the doorway, saying, "I could use a pen. Okay?"

The guy snickered at him. "To throw at me?"

"Sure."

"You want it, keep it."

Parker dropped the pen in his shirt pocket, and kept searching, and at the end he had two pages from this year's weekly memo book, one with Marshall Howell's name and his own written there (the name "Parker" was followed by a question mark), and one with that phone number of his that Howell had given away. He had also smeared his palms over everything he'd touched. There was nothing else here either of danger or of use.

He held up the two torn-off pieces of paper and said, "I want to pocket these."

The guy shrugged. His carelessness meant it didn't matter what Parker did to avoid the law, he was dead meat anyway. He said, "Go ahead, you aren't armed."

Heisters don't say *armed*, they say *carrying* or *heavy*, because a gun will be heavy in the pocket. Cops are *armed*. They don't carry their guns in a pocket.

"I'm done," Parker said, the two papers stowed away.

"Show me your hands."

"Sure." Parker held up empty hands, turned them to show the palms and the backs, fingers splayed out.

"Okay. Now do like we said. Stand up, turn around, back over to me."

Parker stood, and as he turned he slid the paperclip into his right hand, held between the ball of the palm and the side of the thumb. The fingers of both hands were curled slightly. He backed across the room, seeing the guy indistinctly in the window ahead of him and to the right, and the guy backed across the hall. Very careful, very anxious.

"Okay, stop there."

Parker stopped. The cold metal closed on his wrists again, and he heard the double snap. The guy tugged once on the cuffs to be sure they were locked in place, then said, "Okay, let's go."

"The bedroom."

"Fine, fine."

Parker went first, and in the bedroom he said, "I need those papers you dropped on the floor. Don't tell me to pick them up, all right?"

The guy laughed. "I'll help you out," he said. "Go stand on the other side of the bed." Too far away to kick him in the face, in other words.

"Sure," Parker said, and walked over there, and through the open bathroom doorway he could see the mound of yellow and green striped cloth huddled between sink and toilet, like the laundry waiting for the maid. Well, you made a lot of trouble, Cathman, Parker thought, but tomorrow people will still pay money to see the next card.

The guy picked up Cathman's four-page fantasy and put it in his own left side trouser pocket. He said, "Anything else?"

"Drawers. Dresser, bedside table. Anything paper."

"I know, I know, toss it on the bed. You stay over there."

"Naturally."

While the guy was opening and closing drawers, Parker carefully shifted the paperclip to a more secure position, inside his curled fingers. The search was indifferent, but complete, and produced very little paper. Theater tickets, a medical prescription, a crossword puzzle magazine. Parker looked at it all, scattered on the bed, and thought at least some of this stuff would give this guy's fingerprints to the law; the shiny magazine cover, for instance. He had to know it himself, so he had to already be in too deep shit to worry about such things. Which meant he wasn't exactly careless—in fact, he was very careful—but he was reckless. So he'd be a little more hair-triggered and dangerous, but also possibly more readily confused and manipulated.

"Okay," Parker said. "I'm ready."

11

Then the next problem was the vehicle. They'd come downstairs, Parker being careful to rub along the wall, not wanting to lose his balance without hands to protect him in a fall, and the guy said, "My truck's a block from here. You just walk a little ahead of me."

"You'll want to take my car," Parker told him. "It's about a block and a half that way."

"Leave it, you can come back for it," the guy said. "We'll take my truck."

"You want the car," Parker insisted. He knew the guy was thinking about that shotgun in the truck, and wanted it with him, but Parker was thinking about the sixty-seven thousand dollars in the window well of the car.

The guy gave him an irritated look. "What's your problem? You think the car's more comfortable, because you're cuffed? I don't care about that. We'll take the truck."

"The point is," Parker told him, "when we drive in there, if we're in the car, they won't shoot us."

The guy frowned at him, trying to work out if that was true.

Parker said, "We just pulled a major job last night, everybody's tense. We killed the guy owned that shack, we know the kind of people he hung out with. Some truck shows up, they won't think twice."

"I don't know about this," the guy said.

"Whatever you need out of the truck, get it and throw it in the car." And all the time, he had to be careful to say "truck" and not "pickup," because the guy hadn't called it a pickup and he wasn't supposed to know Parker had ever seen it.

Many things, though, were making him suspicious and antsy. He said, "What do you mean, what I need out of the truck?"

"Suitcase, whatever you've got," Parker explained. "You aren't carrying anything *on* you."

"What is this car?"

"Lexus. A block and a half that way. The keys are in my right side pocket here."

"Keys." The guy didn't even like that, having to come close enough to get hold of the keys.

Parker knew they both knew what he might try at that point; the lunge, the kick, get the guy down and use the feet on him, hoping to get at the key for the cuffs later. But Parker wouldn't do it that way; there was too much chance the .38 could go off, and nobody could know for sure where the bullet would go.

Nothing to do but wait. Words of reassurance would not reassure, they'd merely make him more spooked than ever. Parker stood there, patient, and the guy slowly worked it through, and then he said, "Face to the wall. Put your forehead on the wall. Don't move anything." Absolutely a cop.

Again the cool gun barrel touched the back of his neck. The hand burrowed into his pocket like a small animal, and withdrew, and then the barrel also withdrew.

"All right."

Parker turned around, and the guy had retreated to the middle of the living room. The keys to the Lexus were in his left hand, the .38 in his right. "*Now* we go," he said. "I'll open the front door and step to the side. You go out, I follow. You stay just ahead of me and we walk to your car."

"A block and a half, in cuffs? What if somebody sees them?"

"Maybe I'm arresting you."

"And what if the somebody's a patrol car? This is a middle-class neighborhood, no crime but a lot of voters. This is where the cops like to patrol."

The guy started to sneer, as though about to defend cops, but then must have realized how stupid that would be. Instead, he looked around, saw the shut closet door over near the front door, and went over to open it. He rummaged around and brought out a raincoat. "You'll wear this," he said. "Over your shoulders. Stand still."

Parker stood still. The guy brought the raincoat to him, draped it on his shoulders, and stepped back to consider him. "Works fine," he decided.

It probably did, though too short. "Okay," Parker said. "Now what?"

"Now we walk," the guy said, and opened the door.

The gray day was still gray, the neighborhood still mostly empty, people now off to their jobs or schools. Parker, with the guy to his left and one pace behind him, walked down the street, crossed to the other side after they'd passed where the pickup was parked over there, and stopped at the Lexus.

"Is it locked?"

"Of course."

The guy unlocked it, and said, "Get in."

"Two things," Parker said. "Could you take this coat off me? Throw it in the back seat or on the ground or whatever you want. And just give me a hand on the elbow to help me in."

"I'm your goddam nurse," the guy said, and yanked the coat off him, and let it drop to the curb. "Get in the car, I'll help if you need it."

He needed it; balance was impossible, to shift from standing outside the car to sitting inside it. As he was about to topple, the guy grabbed his right elbow with his left hand, his right hand staying in his pocket with the .38. He pulled back, helped Parker get into position, seated there against his own arms pulled back behind him, and said, "Don't move." He reached across him to strap him in with the seat belt.

Parker said, "Safety first?"

"*My* safety first," the guy said. Then he shut the door, and went around to get behind the wheel.

Parker said, "Where's your truck?"

"Don't worry about it."

"I thought you wanted things from it."

The guy started the engine. "Where to?" he said.

12

The question was gasoline. It had been a while since the Lexus had been refueled. Parker had planned to do that after he finished with Cathman and got his day's sleep, and as he remembered, the last he'd looked at the gas gauge it had shown just under a quarter tank. It was hard to see that little arrow from this angle, in the passenger seat, and he didn't want to be obvious about it.

He was trying now to go through the trips he'd taken with Mike Carlow, when they were looking for a place to stay, when they'd wound up at Tooler's cottages. Different real estate agents had shown them different things, driven them on different back roads. It was important now to remember them right, which road led where.

He needed a destination that would fit in with the story he'd told, in case they were still together that long. But it would be best if he could arrange the route so they arrived at the right kind of gas station when the needle was looking low. A small station, isolated, not too many customers, one guy on duty, no mechanics. So remember those places, too, and the different roads, and the different places the real estate agents had shown them.

Tiredness kept trying to creep in on him, distract him, but the discomfort of having his arms pulled around behind him, and then the weight of his torso against his arms, kept him from getting groggy. He thought about undoing the cuffs now, but he was afraid the freedom would make him careless, permit him to move his arms a little to relieve the pressure, and alert the guy beside him. So he left the cuffs where they were.

At first it was all major highways, across the Hudson River out of Albany and then due east toward Massachusetts. This was called the Thruway Extension and at the state line it would met up with the Massachusetts Turnpike, one hundred fifty miles due east to Boston. A little before that, there was the north-south highway called the Taconic Parkway, the oldest major highway in the state, built in the twenties so the state government people in Albany would have easy access to New York City, one hundred fifty miles to the south and screw the rest of the state, which didn't get a big road until the thruway came in, thirty years later.

The Taconic was the road Parker and the others had been using between the Tooler cottages and Albany, but not today. Some miles before that turnoff was State Route 9, also north-south. "We take that exit," Parker said.

The guy was suspicious of everything. "Isn't there a bigger road up ahead?"

"Out of our way, too far east," Parker told him. "We crossed the river, remember? Now we gotta go south, and then back west to the river. This is the turn."

The guy frowned, but took it, and they drove southward through low hills covered with trees wearing their bright green new spring leaves, and here and there a little town with one intersection and a traffic light. And a gas station, usually, but not the kind Parker wanted.

Time to get off this road. "You'll take the next right," he said. "There's a dark brown church at the corner, little graveyard."

But there wasn't; a different intersection appeared, with a farm stand on the corner, all its display shelves empty, not yet open for the season, nothing yet grown ripe enough to sell.

The guy pulled to a stop in front of the empty stand and said, "All right, what's the story?" He was driving with the .38 tucked into his belt, just behind the buckle, and now his right hand rested on the butt.

"It must be the next one," Parker said.

"Where we headed? Just tell me where we're going, and I'll go there."

"I can't tell you that," Parker said. "This isn't my neighborhood, I just came here a few weeks ago to do the ship. I don't know the names of things and route numbers and all that, I just know how to get from one place to another. I forgot about this intersection, that's all, it'll be the next one."

"If it isn't," the guy said, "we'll try a different idea."

"Fine. It's the next one."

The guy started the Lexus forward, and three miles farther on they came to the intersection with the old brown church. "See?" Parker said. "I'm not an old-time native here, that's all. But I know where I'm going. You take this right, and it comes to a T, and then you take the right off that."

"The right? That sends me north again."

"No, it doesn't," Parker said. "These roads twist all over the place, because of the hills, and because they laid out the farms before they laid out the roads. We won't go north any more, don't worry about it."

But they would. The second right would send them north, to a different road that would send them west again, if they went that far. Parker was grateful for the cloud cover; if the sun was out, it would be a lot harder to move this guy around into the right position.

Before they reached the T, Parker glanced over at the dashboard to see the fuel-low warning light gleaming red. "How long's that been on?"

The guy didn't look down from the twisty road. "What?"

"Low on gas, the light's on."

The guy gave it a quick look. "We're all right," he said. "It isn't far now, is it?"

"In and back out? I don't know. How long's the light been on?"

"Not long," the guy said, but out of irritation, not conviction.

"You're in charge," Parker said, "but if I was driving, and I come across a gas station, I'd put in a few bucks."

"We're fine," the guy said.

As they'd been driving, to ease the tendency to cramp in his shoulders and upper arms, Parker had been rolling his shoulders, exercising them from time to time, keeping them limber. The guy hadn't liked it the first time he'd done it, but then he'd realized the reason, and hadn't minded after that. Now, as they approached that T, Parker rolled his shoulders, and this time he hunched his butt forward just a little on the seat, which increased the pain and pressure on his arms at the same time that it gave his hands some room between his body and the seatback. The fingers of his left hand plucked the paperclip out of his right palm. Both hands worked at straightening one end of the clip. Then the fingers of his left hand found the lock in the middle of the cuffs and bent it up so that it gouged into his flesh, but the fingers of his right hand could insert the end of the clip, holding fast to the part that was still bent.

He'd done this before; it would be painful for a while now, but not impossible. He probed with the end of the clip, feeling the resistance, feeling where it gave. There.

"The T will be coming up in a couple minutes," he

said, the words covering the faint click, already muffled by the seat and his body, as the lock released on the right cuff.

That was enough. He could undo the left cuff later, and in the meantime it could be useful.

They reached the T, and turned right. Parker rolled his shoulders, clenched and released his hands. His arms stung as the blood moved sluggishly through them.

"We turn left up ahead," he said. "There's an intersection with a Getty station and a convenience store."

"If it's there," the guy said.

"No, it's there. I got the church off by one, but this is right. You see the sign? There it is."

The red and white Getty gas station sign was the only thing out ahead of them that wasn't green. It was a small place, two pumps, a small modular plastic shop behind it that had been built in an afternoon. There were fishermen's landings nearby, and a few small manufacturing businesses tucked away discreetly in the hills, not to offend the weekenders with the sight of commerce, so there was enough business to keep this gas station open, but rarely was it busy.

It was empty now. The guy slowed for the intersection, and Parker kept quiet. Push him, and he'd push the other way. And if this place didn't work, there was one cabin that had been shown to them by one of the real estate agents that they hadn't liked because there was no easy way to get down to the river—you were supposed to admire the view, not enter it—but that would do very well now, if necessary. Be better if it hadn't been rented to anybody, but Parker would take what came.

"Maybe I will stop."

Parker nodded, but didn't say anything. The guy angled in toward the pumps. "I also gotta take a leak," he said. Parker had been counting on that. Almost always, people want to take a leak before they go into something dangerous or intensive or important to them. This guy didn't want to face five armed people that he meant to rob, and be thinking about his bladder.

"I could do the same," Parker said.

"You can wait," the guy told him. "Encourage you to get us there quicker." He pulled his shirttail out, so it would cover the gun in his belt, and climbed out of the Lexus, shutting the door.

Parker sat facing front while the guy pumped gas, and then watched to see if he'd pay first or go to the men's room first, and he headed around the side to the men's room.

The second he was out of sight, Parker unhooked the seat belt and got out of the car. The cuffs dangled from his left wrist. He put his fingers through the right cuff, and held it like brass knuckles, as he strode across the asphalt and around to the side of the building, where the two doors stood side by side, MEN and WOMEN, with a broad concrete step in front of both.

Scrubland back here led to woods and nothing

else. There was no one around. Parker stood to the left of the door marked MEN, facing the building, left arm cocked at his chest. He held the ballpoint pen in his right fist, gripped for stabbing. He waited, and the doorknob made a noisy turn, and the door opened outward, and as the guy appeared, in profile, Parker drove the metaled left fist across his chest on a line directly into that bandaged ear.

The guy screamed. He threw both hands up, and Parker stabbed for his right eye with the pen, but one of the guy's flailing arms deflected it, and the pen sank into his cheek instead, high up, through the flesh, then scraping leftward over teeth and gums.

The guy was trying to shout something, but Parker was too busy to listen. His left fist, inside the hand-cuff, chopped at the cheek and the pen jutting out of it while his right hand reached inside the shirt and yanked out the .38.

The guy staggered backward, wide-eyed, blood running down from under the bandage covering that ear, more blood running down his cheek, spilling out of his mouth. He slammed into the sink behind him, but he was scrabbling for his left hip pocket, so that's where Parker's Python would be.

Parker stepped into the room, pulling the door shut behind himself. The guy's hand was in that pocket, closing around something, when Parker shot him just above the belt buckle.

The bullet went through the guy and cracked the sink behind him, and he sagged back, staring, just beginning to feel the shock. Parker stepped forward,

shifting the .38 to his left hand where the cuffs dangled downward again, blood-streaked now, while he
reached around and got the Python out of the left
hip pocket. Then he put the Python away, because it
would be much louder than the .38, switched the .38
to his right hand, and then collected from another
pocket Cathman's four-page dream. He stashed that
inside his shirt, then reached around the guy to find
and collect his wallet. Then he stepped back, .38 in
right hand, wallet in left, and the guy folded both
hands over his stomach where the bullet had gone
in. He stared at Parker with dulled and unbelieving
eyes.

"Now," Parker said, "we can talk."

13

The guy said, "I'm . . . I'm gut-shot," as though it should be a surprise to Parker, too.

Parker opened the wallet one-handed, looked at the ID in there, looked up. "Raymond Becker," he said. "You're a cop, Ray? I thought you might be a cop."

"I need an ambulance, man."

"Local cop, far from home. Sit down on the toilet there," Parker advised him. "Keep holding it in, you'll be all right."

"I'm gonna *die*! I need an ambulance."

Parker said, "I could shoot off your other ear, just to attract your attention. Or you could concentrate. Sit down there."

Ray Becker concentrated. His breathing came loud and ragged, bouncing off the tile walls. He looked at Parker, and saw no help. Slowly, both hands pressed to his bleeding gut, he slid along the cracked sink to his right, and dropped backward with a little bark of pain onto the closed toilet lid.

Meanwhile, Parker studied Becker's ID some more. "You don't act like most cops, Ray," he said. "Particularly far from home. You act more like a guy on the run, desperate for a stake."

"I played my hand," Becker said. He sounded weaker. "I lost. But I don't have to *die*." He was clenching his teeth now, pushing the words through them. The sweat drops that had started to form on his brow, silvery hobnails in the glare of the overhead light, reminded Parker of Marshall Howell.

He said the name aloud: "Marshall Howell."

The name seemed to sink slowly into Becker's consciousness, like a bone dropped into a lake. Parker watched him, and saw his eyes gradually focus, saw him at last look at Parker with a new kind of fear.

Parker nodded. He waved the wallet. "I see where you're from, Ray."

Becker said, "*You* — were the other one — in the car?"

"And walked off with the money, Ray. You were a little quicker, we could've met then."

Becker blinked, but he didn't have anything to say.

"You didn't have a lot of time," Parker told him. "I guess you were already in trouble, you look like that kind. He wouldn't give you me, but he gave you Cathman, and here you come, on the run, gonna kill the whole world if you have to, get your hands on fuck-you money."

"He was dying anyway," Becker said.

"He was not," Parker told him. "But he should have been. I knew it was a mistake to let him live."

He took the Python out of his pocket, put it an inch from Ray Becker's left eye. Becker was saying all kinds of things, panting and spitting out words. "We live and learn, Ray," Parker said, and shot him.

14

Inside the cramped and crowded convenience store was one person, the kid seated on the stool in the narrow space behind the cash register, reading a paperback book. A small black plastic portable radio, dangling by its handle from a hook on the wall above and behind the kid's head, played tinny rock music, pretty loud; another reason he hadn't heard the two shots in the men's room, at the far end of the building. Which was good, it meant he wasn't another problem to be dealt with.

Parker had come around to the store directly from finishing with Becker because he wanted to know if the clerk in here had heard anything and was about to raise an alarm, but the answer was no. So the thing to do was pay the ten dollars out of Becker's wallet for the gas Becker had pumped, meaning the kid still had no reason to remember him or even notice him, and then drive away.

He told himself he should find a motel soon, he was weary and sore, it was almost nine o'clock in the morning, but the adrenaline still pumped through him after Becker, and his exhaustion was offset by nervous tension. He'd left the .38 with Becker, along with the handcuffs, and now the Python was stashed inside the back seat of the Lexus. As he drove, he shredded Cathman's confession, dropping scraps of it out the window for miles.

He stopped the littering as he passed the road in to Tooler's cottages, where a patrol car was parked along the verge and a bored cop walked around on the dirt road, there to keep the curious and the press and the mistaken away from the scene of murder and arson within.

A few miles later, the Lexus crested a hill, and off to the right he could see the river, looking sluggish and dark under the gray sky. At first it was just the river, mottled, slate gray, but then a sailboat appeared out there, a white triangle of sail.

The Lexus drove down the other side of the hill.